"十三五"职业教育国家规划教材

微课版

新编财政与金融
（第七版）

新世纪高职高专教材编审委员会 组编

主　编　苏艳丽　曾　祁

副主编　谢君平　赵　宏

　　　　肖文珍　王　颖

大连理工大学出版社

图书在版编目(CIP)数据

新编财政与金融 / 苏艳丽,曾祁主编. -- 7 版. -- 大连：大连理工大学出版社，2021.10(2025.7重印)
新世纪高职高专财经大类专业基础课系列规划教材
ISBN 978-7-5685-3154-2

Ⅰ.①新… Ⅱ.①苏… ②曾… Ⅲ.①财政金融—高等职业教育—教材 Ⅳ.①F8

中国版本图书馆 CIP 数据核字(2021)第 164903 号

大连理工大学出版社出版

地址：大连市软件园路 80 号　邮政编码：116023
营销中心：0411-84707410　84708842　邮购及零售：0411-84706041
E-mail：dutp@dutp.cn　URL：https://www.dutp.cn
辽宁星海彩色印刷有限公司印刷　　大连理工大学出版社发行

幅面尺寸：185mm×260mm　　印张：17　　字数：457 千字
2002 年 8 月第 1 版　　　　　　　　　　2021 年 10 月第 7 版
2025 年 7 月第 8 次印刷

责任编辑：赵　部　程砚芳　　　　　责任校对：刘俊如
封面设计：对岸书影

ISBN 978-7-5685-3154-2　　　　　　　　　　　定　价：51.80 元

本书如有印装质量问题,请与我社营销中心联系更换。

前　言

《新编财政与金融》(第七版)是"十三五"职业教育国家规划教材、"十二五"职业教育国家规划教材。

编者在广泛听取各高职高专院校教师反馈意见的基础上,根据高职教育的教学特色、教学实际和学生特点,对《新编财政与金融》(第六版)教材进行了全面系统的修订与改进。修订后的教材具有如下特点:

1. 每章新增"思政案例",增强学生对我国经济政策的感知与认同

习近平总书记在全国高校思想政治工作会议中强调:"所有课堂都有育人功能,不能把思想政治工作只当作思想政治理论课的事。""要把做人做事的基本道理、把社会主义核心价值观的要求、把实现民族复兴的理想和责任融入各类课程教学之中,使各类课程与思想政治理论课同向同行,形成协同效应。"因此,本次修订内容中,每章新增"思政案例",融入思政教育,引导学生深刻理解目前我国财政与金融领域取得的成就与坚持党的领导密不可分。在对学生进行潜移默化的思政影响的同时,培育学生经世济民、诚信服务、德法兼修的职业素养。

2. 按"理论必需、够用"构建内容体系

本次修订在保留第六版教材合理框架体系的基础上,充分把握"基础理论够用、专业知识保证、能力培养强化"的原则,在适当借鉴西方国家财政金融理论的同时,兼顾我国财政、金融体制改革的新思路、新举措和发展趋势,使学生既能够读懂财政金融新闻内容,又具备一定的独立思考与分析判断的能力。

3. 突出基础知识,行文简洁通俗

本次修订集实用性、科学性与易学性为一体,便于更好地教与学。本教材遵循"适度、够用"的原则,以归纳理论知识的脉络和解决问题的技巧为出发点,简约各章中的理论阐述内容,力求表达严谨。对于大量生涩的名词概念,改正面阐述为实例渗透,深入浅出、循序渐进地化解难点,让初学者不至于一开始就因大量的抽象理论而对学习失去兴趣或产生畏惧心理。本教材采用通俗的语言在帮助学生理解基本原理的同时,也使教师授课自如,从而提高学生的学习效率与兴趣。

4. 强化技能训练,培养学生应用能力

本教材将基础理论控制在最基本的范围内,将形象化和生动化案例融入相关理论。每章开篇通过"章前引例"导入学习内容与技能要求;每章各节中,均提出要求学生根据所学内容在课堂上"思考与讨论"的问题,归纳出理论知识的脉络,并掌握解决问题的技巧。同时各节还配有"阅读专栏"和与知识点同步的"案例"内容,旨在让学生了解我国当前具体的财政与金融政策、法规和经济现象;为了配合学生课后的自学需要,理解和掌握知识点,编写了"关键概念""课后实训""案例分析"等,培养学生的应用能力、实践能力和创新能力。

5. 保持"数据新、内容新、案例新"的特色

本次修订内容充分体现了我国财政与金融领域的新数据和新动态,将经济中的热词引入教材中,如"十四五""1+1+5+N""特别国债""数字货币""民营银行""贴现通""入摩""入指""碳市场"等。同时,本教材案例的选用以2020—2021年事例为主,以避免与其他教材重复。

本教材由沈阳师范大学苏艳丽、广州华夏职业学院曾祁任主编;沈阳科技学院谢君平、山东农业工程学院赵宏、河南水利与环境职业学院肖文珍、吉林电子信息职业技术学院王颖任副主编;辽河石油勘探开发研究院周光参与了部分教材的编写工作。具体编写分工如下:第一章由曾祁编写,第二章由赵宏编写,第三章由肖文珍编写,第四章由曾祁、王颖编写,第五章、第七章由谢君平编写,第六章、第八章由苏艳丽编写,第九章由王颖、周光编写。苏艳丽负责全书的总纂和定稿工作。

在编写本教材的过程中,编者参考、引用和改编了国内外出版物中的相关资料以及网络资源,在此表示深深的谢意!相关著作权人看到本教材后,请与出版社联系,出版社将按照相关法律的规定支付稿酬。

限于编者水平,书中难免存在不足,敬请广大读者批评指正,并将意见及时反馈给我们,以便更好地完善本教材。

编　者

2021年10月

所有意见和建议请发往:dutpgz@163.com
欢迎访问职教数字化服务平台:https://www.dutp.cn/sve/
联系电话:0411-84706581　84706672

目 录

第一章 财政概述 ... 1
章前引例 ... 1
第一节 财政的概念与特征 ... 2
第二节 市场经济与公共财政 ... 4
第三节 财政的职能 ... 13
课后实训 ... 17

第二章 财政支出 ... 20
章前引例 ... 20
第一节 财政支出概述 ... 21
第二节 购买性支出 ... 28
第三节 转移性支出 ... 34
课后实训 ... 42

第三章 财政收入 ... 45
章前引例 ... 45
第一节 财政收入概述 ... 46
第二节 税收收入 ... 52
第三节 国有资产收益 ... 61
第四节 债务收入 ... 63
课后实训 ... 68

第四章 政府预算 ... 71
章前引例 ... 71
第一节 政府预算概述 ... 72
第二节 预算管理体制 ... 83
课后实训 ... 92

第五章 金融概述 ... 95
章前引例 ... 95
第一节 金融的基本范畴 ... 96
第二节 货币与货币制度 ... 98
第三节 信用与信用工具 ... 104
第四节 利息与利率 ... 115
课后实训 ... 121

第六章　金融机构 ········· 124

- 章前引例 ········· 124
- 第一节　金融机构体系的构成 ········· 125
- 第二节　商业银行 ········· 128
- 第三节　中央银行 ········· 146
- 第四节　政策性银行 ········· 151
- 第五节　非银行金融机构 ········· 153
- 第六节　金融监管 ········· 158
- 课后实训 ········· 161

第七章　金融市场 ········· 164

- 章前引例 ········· 164
- 第一节　金融市场概述 ········· 165
- 第二节　货币市场 ········· 168
- 第三节　资本市场 ········· 177
- 第四节　外汇市场 ········· 193
- 第五节　黄金市场 ········· 205
- 课后实训 ········· 212

第八章　货币供求 ········· 215

- 章前引例 ········· 215
- 第一节　货币供求概述 ········· 216
- 第二节　通货膨胀 ········· 225
- 第三节　通货紧缩 ········· 235
- 课后实训 ········· 239

第九章　财政政策与货币政策 ········· 242

- 章前引例 ········· 242
- 第一节　宏观调控 ········· 243
- 第二节　财政政策 ········· 247
- 第三节　货币政策 ········· 252
- 第四节　财政政策与货币政策的协调配合 ········· 261
- 课后实训 ········· 264

第一章 财政概述

章前引例

2021年是我国现代化建设进程中具有特殊重要性的一年。中央经济工作会议提出,积极的财政政策要提质增效、更可持续。"十四五"新开局,如何发挥好财政职能作用,财政部长刘昆在全国财政工作视频会议透露2021年财政工作新看点。

看点一:精准有效实施积极的财政政策。积极的财政政策"更可持续",主要从支出规模和政策力度着眼,兼顾稳增长和防风险需要,保持政府总体杠杆率基本稳定,为今后应对新的风险挑战留出政策空间。合理确定赤字率和地方政府专项债券规模,保持适度支出强度。

看点二:财政资金直达机制将常态化。2020年,我国创新性建立财政资金直达机制,资金"一竿子插到底",为基层保就业、保民生、保市场主体提供有力支撑。2021年要继续坚持这一行之有效的做法,研究解决实施过程中存在的问题,形成常态化、制度化安排,使资金管得严、放得活、用得准,更好发挥积极财政政策效能。同时,扩大中央财政直达资金范围,基本实现中央财政民生补助资金全覆盖。

看点三:推动构建新发展格局。要积极发挥财政职能作用,紧紧扭住供给侧结构性改革这条主线,注重需求侧管理,推动构建新发展格局迈好第一步。坚持把科技作为财政支出重点领域,强化国家战略科技力量;用好中央基建投资、地方政府债券资金,优化投资结构,发挥政府投资撬动作用;加大税收、社保、转移支付等调节力度,促进扩大居民消费,坚定实施扩大内需战略。

看点四:加强基本民生保障。落实就业优先政策,促进教育高质量发展,稳步提高社会保障水平,完善社保基金管理,推进健康中国建设;完善财政支农政策,保障国家粮食安全,提高农业质量效益。坚持资金投入同污染防治攻坚任务相匹配,大力推动绿色发展。

看点五:做好重点领域风险防范化解。面对当前和今后一个时期复杂严峻的国内外形势,要做好重点领域风险防范化解工作,确保财政经济稳健运行、可持续。

此外,继续深化财税体制改革,以改革的确定性应对诸多不确定性。进一步强化财政管理和监督,加快预算管理一体化建设,完善财会监督体制机制,提升财政资金使用绩效。

(资料来源:申铖.积极的财政政策如何提质增效、更可持续?新华社,2020年12月31日)

在日常生活中,我们经常面对各种各样的财政现象和问题。如通过新闻媒体,听到或看到国家或政府通过财政向某灾区投入救援资金,向某贫困地区投入义务教育和基础医疗资金,在某地区投入资金进行基础工程项目建设等报道。其实,大部分人只是关注国家或政府投入多少资金的问题,并不十分关注也不清楚"财政"这一概念以及与其相关联的内容。通过本章的学习,你将了解财政的基本知识,掌握财政的基本概念、特征与职能;熟悉公共财政和公共产品的含义、特征和意义;了解市场经济与公共财政的关系,认识公共财政在现代经济生活中的地位和作用,为以后深入学习与财政相关的知识打好基础。

第一节 财政的概念与特征

一 财政的一般概念

一般而言,财政是指以国家或政府为主体的收支分配活动。这个定义描述出人类历史进程中不同国家的财政的一般性。而在不同的历史阶段,不同社会制度的国家,甚至同一国家在不同经济体制下,又表现出各自的财政特殊性。为了对财政的概念有完整的认识,在此,我们把几种财政类型在财政活动中表现的不同性质进行归纳,见表1-1。

表1-1 财政类型对照表

经济形态或体制类型		财政类型	财政活动的性质
自然经济		家计财政	满足个人或私人(君主)需要
商品经济	计划经济体制	生产财政	满足国家实现政治、经济职能的需要
	市场经济体制	公共财政	满足社会公共需要

二 财政的基本特征

财政是一种分配形式。这种分配不同于日常经济生活中的初次分配形式。财政与国家之间,存在着同生死、共存亡的密切联系。在财政分配过程中,始终体现着国家的意志。因此,财政分配与其他分配相比就有着自己的明显特征。具体表现在以下三个方面:

1. 财政分配的主体

不同分配形式的分配主体是不相同的,财政分配的主体是国家或政府,且在财政分配中居于主导地位。表现在以下几个方面:

(1)国家或政府进行财政分配的前提是剩余产品,凭借的是政治权力,并决定着财政分配的范围。

(2)国家或政府在财政分配活动中是组织者和支配者,处于主导地位,表现出财政分配的强制性和无偿性。

(3)只有国家或政府才能在全社会范围内进行集中性的财政分配,把集中的财力进行统筹安排,以此实现其职能。

(4)财政分配是国家或政府依据立法机关制定的相关法律进行的。如依据税法、预算法等法律。

2. 财政收入的价值构成

财政分配的对象是社会产品,主要是剩余产品中的一部分。按照我们对社会产品的分析,全部社会产品由补偿生产资料(C)部分、劳动者个人收入(V)部分以及剩余产品价值(M)部分所组成。从财政实际运行的情况看,财政收入包含剩余产品价值(M),也包含劳动者个人收入(V)。就全部收入而言,我国财政分配的对象主要是剩余产品价值(M)部分,随着经济的发展,劳动者个人收入(V)部分对财政分配的影响将增大。

3. 财政分配的目的

财政分配的目的是保证国家或政府实现其职能。国家或政府职能体现了国家的性质与统治者的意志,无论在何种社会形态下,财政分配总是围绕着实现国家或政府职能的目的来进行的。在市场经济条件下,财政分配的目的直接表现为满足社会公共需要,即满足为社会提供安全环境、维持公共秩序、保护公民基本权利和创造经济发展的社会条件等方面的需要,见表1-2。

表1-2 社会公共需要与承担主体

社会公共需要的类型	社会公共需要的层次	政府服务的项目	经费负担的主体
完全的社会公共需要	第一层次	国防、外交、公安、司法、行政管理、普通教育、卫生保健、基础科学研究、生态环境保护等	财政
准社会公共需要	第二层次	专业教育、医疗机构、社会保险、抚恤救济、价格补贴等	财政、企业、居民
视同社会公共需要	第三层次	邮政、电信、交通、供气、电力、大江大河治理、大型农田水利设施等	财政、企业

综上所述,财政的概念表述为:财政是以国家或政府为主体,凭借政治权力,通过政府收支活动集中一部分社会资源,用于履行其职能和满足社会公共需要的经济活动。

▶ **思考与讨论**:为什么我国财政分配的对象主要是剩余产品价值(M)?

阅读专栏1.1

财政与财政学

财政是一种经济行为或经济现象,这种经济行为和经济现象的主体是国家或政府。从起源上考察,财政是伴随国家的产生而产生的。人类社会随着生产力的不断提高,出现私有财产,社会分裂为阶级才产生了国家。国家一旦产生,就必须从社会分配中占有一部分国民收入来维持国家机构的存在并保证实现其职能,于是产生了财政这种特殊的经济行为和经济现象。马克思、恩格斯对财政与国家的关系都有明确的论证:"为了维持这种公共权力,就需要公民缴纳费用——捐税……随着文明时代的向前进展,即使实行捐税也不够了,国家就发行期票,借债,即发行公债","赋税是政府机器的经济基础"。

被恩格斯誉为"创建了财政学"的亚当·斯密所著的《国民财富的性质和原因的研究》一书,其中专门论述财政问题的第五篇被冠以"论君主或国家的收入"的标题;另一本被誉为具有里程碑意义的约翰·穆勒所著的《政治经济学原理》,其中专门论述财政问题的第五篇的标题是"政府的影响"。财政首先是作为经济范畴被人们加以研究的,所以财政学是一门经济学科,是经济学的一个分支。但是,经济与政治本来就是不可分的,而财政这种经济行为或经济现象的一个重要特点,是它与政治的关系更为紧密,其主要原因就在于财政是一种国家(或政府)的经济行为,财政学则是一门名副其实的政治经济学。综观当今西方国家的财政学,也都十分重视财政与国家或政府的关系,甚至将财政学等同于"政府经济学"或"公共部门经济学"。

自20世纪60年代以来,人们将政府经济活动视为与市场经济相对应的一个特殊的经济领域,加强了研究力度,特别是从政治角度研究政府经济活动的特殊规律性,从而协调政府与市场的关系,促进经济的稳定增长。

(资料来源:陈共. 财政学. 中国人民大学出版社,2010年)

第二节 市场经济与公共财政

一 市场经济

(一)市场经济的基本内涵

市场经济是同商品经济密切联系在一起的经济范畴。市场经济以商品经济的充分发展为前提,是在产品、劳动力和物质生产要素逐步商品化的基础上形成、发展起来的。市场经济的形成,市场成为社会配置资源的主要手段,必须具备以下一系列条件:

1. 生产要素商品化

要使资源配置市场化,不仅要求一般消费品和生产资料商品化,而且要求各种生产要素如劳动力、资本、科技、信息等商品化,并在这个基础上形成统一完整的市场体系和反应灵敏的市场机制。

2. 经济关系市场化

一切经济活动,包括生产、交换、分配和消费都要以市场为中心,以市场为导向,听从市场这只"看不见的手"的指挥。

3. 产权关系独立化

市场主体是指那些从事市场经济活动的当事人,主要是企业和居民,必须拥有自己的产权,成为真正意义上的法人实体,有资格参与市场经济活动。

4. 生产经营自主化

生产经营者在国家法律、政策允许的范围内追求经济利益的最大化,自由选择投资地点、行业部门,确保经营范围和经营目标。

5. 经济行为规范化

市场主体追求经济利益,必须讲究职业道德,遵守国家法律,履行契约合同,遵守市场规则和市场管理制度,自觉维护社会经济秩序。

(二)市场经济的特征

1. 自主性

市场经济是一种自主经济,商品生产者必须是独立的市场主体。

2. 平等性

市场经济是平等的经济,它只承认等价交换,不承认任何超越市场的特权。

3. 竞争性

市场经济是竞争经济。为了各自价值的实现,市场主体之间必然激烈竞争,优胜劣汰。因而在市场经济活动中,机会和风险是并存的。这一机制促使企业不断提高自身素质和经营规模,从而在竞争中立于不败之地。

4. 开放性

市场经济是开放性经济。企业为了获取利润,实现产品的价值,会不遗余力地开拓市场。

通过市场经济特征分析,我们可以看出,市场经济是以市场机制为基础来配置社会资源的经济运行方式。市场机制由价格机制、供求机制和竞争机制所组成。在这三个机制的共同作用下,实现优胜劣汰,使社会资源流入经济效益高的部门,从而实现社会经济效益的最大化。

(三) 市场缺陷的表现

市场作为资源配置的主要机制,有利于促进生产和消费的及时协调,推动技术的进步和社会经济的发展,提高资源的利用效率。但是,市场的资源配置功能不是万能的,市场机制也有其自身固有的缺陷。市场缺陷也称市场失灵,是指市场无法有效地分配商品和劳务的情况。市场缺陷具体表现在以下方面:

1. 收入与财富分配不公

市场竞争中的优胜劣汰能够促进经济效率的提高,使资源得到有效配置,但在促进社会公平方面的作用却极为有限。

一般认为,收入分配有三种标准:第一种是贡献标准,即按生产要素的价格、按社会成员的贡献来分配国民收入,这种分配标准能保证经济的效率。但由于社会各成员在能力和机遇上是有差别的,这种分配标准又会引起收入分配上的不平等;第二种是需求标准,即按社会各成员对生活必需品的需要来分配国民收入;第三种是平等标准,即按公平的准则来分配国民收入。后两个标准虽然有利于收入分配的平等化,但不利于经济效率的提高。有利于经济效率则会不利于公平,有利于公平则会有损于经济效率,这就是经济学中常说的公平和效率的矛盾。如果我们只强调公平而忽视效率,就会限制经济的增长,导致普遍的贫穷。可以说,在资源配置与收入分配上,公平与效率是一个两难的选择、一个难解的矛盾。

由于每个人的天赋条件不同,机遇各异,社会环境各异,竞争必然导致富有者在竞争中占有优势,地位不断加强,变得更加富裕;贫穷者在竞争中处于劣势,地位不断减弱,变得更加贫穷,最后势必两极分化,贫富悬殊。竞争的优胜劣汰天然有利于强者。

追求效率就丧失公平,而公平的丧失,收入分配的不公,将会导致一国财富差距拉大。为了衡量一个国家的贫富差距,美国统计学家洛伦兹提出著名的洛伦兹曲线。它是反映实际收入分配平均程度的曲线,如图 1-1 所示,横轴表示人口累计百分比(H),纵轴为收入累计百分比(I)。当收入达到完全平均分配时,洛伦兹曲线是通过原点 O 的 $45°$ 线 OL。当收入达到完全不平均分配时,全国所有的收入全部集中于一个人之手,洛伦兹曲线就是 OHL 折线。在现实社会中,实际收入分配曲线是 ODL。

20 世纪初,意大利经济学家基尼,根据洛伦兹曲线找出了判断收入分配平等程度的指标,称作基尼系数。其计算公式为

$$g = \frac{A}{A+B} \tag{1-1}$$

式(1-1)中,g 为基尼系数,A 为由 ODL 和 OL 所包围的面积,B 为由 ODL 和 $ODLH$ 所包围的面积。基尼系数是一个比例数值,用来衡量一个国家的贫富差距,在 0 到 1 之间变动。其数值越小,收入分配越平等;数值越大,收入分配越不平等。基尼系数为 0 时,表示收入分配完全平等;基尼系数为 1 时,则表示收入分配完全不平等。联合国有关组织规定:若基尼系数低于 0.2,表示收入绝对平均;基尼系数为 0.2~0.3,表示收入比较平均;基尼系数为 0.3~0.4,表示收入相对合理;基尼系数为 0.4~0.5,表示收入差距较大;基尼系数为 0.5 以上,表示收入差距悬殊。

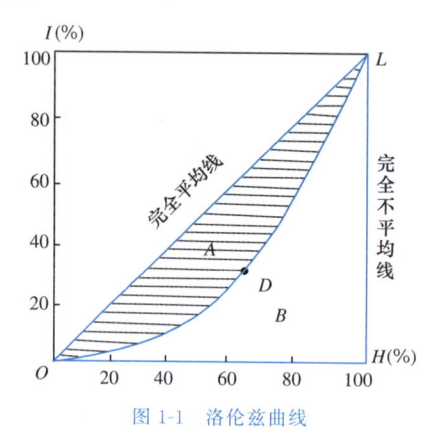

图 1-1 洛伦兹曲线

案例 1.1 看不见的 6 亿中国人

"我们人均年可支配收入是 3 万元人民币,但是有 6 亿中低收入及以下人群,他们平均每个月的收入也就 1 000 元左右。"这是 2020 年 5 月 28 日,总理在答记者问时讲到的一番话,随即引发热议。

数据不会说谎,我们不妨扒一扒统计资料,看看这 6 亿人究竟是怎样的存在。

按照《中国统计年鉴》的统计口径,依据收入水平的不同,可以将全国居民人数进行五等份分组。我国收入水平最高的前 20% 数量的居民,2019 年的人均可支配收入为 76 401 元,折合每个月约 6 367 元,大幅度领先于其他 80% 的人;中等偏上收入群体与中等收入群体,人均可支配收入分别为 39 230 元和 25 035 元,折合每个月为 3 269 元和 2 086 元;中等偏下收入群体与低收入群体人均可支配收入分别为 15 777 元和 7 380 元,折合每个月为 1 315 元和 615 元。据此可知,占全国总人口四成份额的中等偏下收入群体与低收入群体,刚好处在"月收入 1 000 元左右"这一区间内,再加上中等收入群体中一小部分收入较低的人口,规模便与总理提到的 6 亿相当。

从居民收入的基尼系数中也可窥见一斑。Wind 数据表明,我国居民收入的基尼系数自 2000 年首次超过警戒线 0.4 以来,总体呈现出先攀升后稳定的态势。但值得注意的是,2003 年至今,基尼系数从未低于 0.46,而最近三年,更是逐年增大,由 2015 年的 0.462 升至 2018 年的 0.468(图 1-2)。

那么,这 6 亿低收入人群又在哪里呢?

农村肯定是占据大头的。从另一层面看,城镇那些失业者、个体户,以及很多外来务工的农村劳动力都不在最低工资的保障范围内,他们也可能成为城镇中的低收入群体。更进一步,从区域分布角度看,2019 年我国东部、中部、西部和东北四大区域板块中,中部、西部

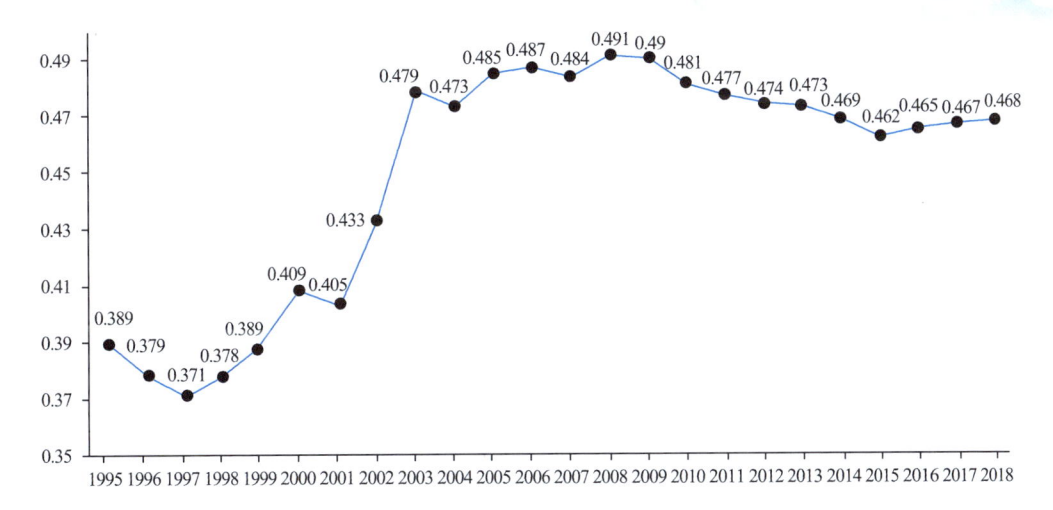

图 1-2 我国居民收入基尼系数变化

和东北地区农村居民每个月人均可支配收入均低于全国平均水平。从 31 个省市农村居民人均可支配收入数值也可看到,云南、青海、贵州、甘肃四个省份农村居民每个月收入低于 1 000 元。这些低收入人群,特别是月收入只有 1 000 元上下甚至更低的人,现在又碰上疫情,其处境之艰难不言自明。

疫情过后,民生为要。针对"如何保障与改善困难群众的基本民生"这一问题,最根本的解决方案仍然是促进就业,只有就业得到保障,才能拥有稳定的收入来源,这也是为什么中央把"稳就业"列为"六稳"之首。

(资料来源:付一夫. 金融界,2020 年 6 月 1 日)

2. 公共物品不足

物品有公共物品和私人物品之分。私人物品是指那些在消费上具有竞争性和排他性的产品或劳务,如衣服、食品、住房、交通工具等。它有两个特点:第一是竞争性,如果某人已经消费了某种商品,则其他人就不能再消费这种商品了;第二是排他性,对商品或劳务支付价格的人才能消费,其他人则不能消费。

公共物品是指那些在消费和使用上具有非竞争性和非排他性的产品或劳务。非竞争性是指对于某一给定的公共物品产出水平,额外增加一个人的消费,不会引起生产成本的任何增加,即消费者人数的增加所引起的物品的边际成本等于零。例如,国防保护了所有公民,其费用以及每一公民从中获得的好处不会因为多生一个小孩或一人出国而发生变化。非排他性是指很难禁止他人不付代价而消费该物品。非排他性表明要采取收费的方式限制任何一个消费者对公共物品的消费是非常困难的,甚至是不可能的。任何一个消费者都可以免费消费公共物品。例如,消除空气中的污染是一项能为人们带来好处的服务,它使所有人能够生活在新鲜的空气中,要让某些人不能享受到新鲜空气的好处是不可能的。公共物品的这一特征与私人物品形成鲜明对照。

根据非竞争性和非排他性的程度,可将公共物品分为纯公共物品和准公共物品两种。完全具备非竞争性与非排他性两种特征的物品称为纯公共物品,例如国防、法律、外交、公安、基础科学研究等,但是现实生活中纯公共物品并不多。只具有局部非竞争性与局部非排他性的物品称为准公共物品,例如高等教育、有线电视、剧院等,准公共物品在现实生活中是大量存在的。

公共物品的非排他性和非竞争性决定了人们不用购买却仍然可以消费。这种不用购买就可以消费的行为称为"搭便车"。"搭便车"就是不花钱而获得享受。例如，行人不必为使用路灯而花钱。这样公共物品就没有交易，没有市场价格，如果仅仅依靠市场调节，就会出现生产者不愿意生产或生产远远不足的现象。

3. 外部性问题

外部性（外部效应）是指个人或企业的行为直接影响其他个人或企业，但其他个人或企业并没有因此支付任何成本或得到任何补偿。

竞争的市场机制能够实现资源的有效配置，但它有一个重要前提，即生产者的生产行为或消费者的消费行为不会对其他人的经济福利造成影响。但事实上，这个重要前提却经常受到破坏，即某生产者或消费者的行为经常损害其他人的经济福利而导致市场的低效率。比如，一些企业在谋求利润最大化时，却不考虑由此造成的废气、污水、噪音等污染给社会带来的危害。当某生产者或消费者的行为对其他人的经济福利造成影响时，就产生了外部性。

按照个人或企业的行为对其他个人或企业所产生的影响，外部性可以划分为两种类型：正外部性和负外部性。

正外部性是指个人或企业的行为对其他个人或企业产生的有利影响，但这些个人或企业却没有得到补偿，而得到有利影响的个人或企业也没有支付成本。例如，某个养蜂人在一个果园旁边养蜂，这一行为客观上促进了果园里的果树结果，但是，种果树的主人不会对此支付任何费用，这个养蜂人也没有因此得到额外的回报。

负外部性是指个人或企业的行为对其他个人或企业产生的不利影响，但这些个人或企业却没有支付任何成本，而遭受不利影响的个人或企业也没有得到任何补偿。例如，某家化工厂排出的污水污染了河流，对下游的养鱼场造成了损害，但是，该化工厂没有对此支付任何成本，养鱼场也没有因此得到任何的补偿。

在存在外部性的情况下，市场对社会资源的配置就不是有效的。因此，在完全竞争的市场里，由商品的供给和需求所决定的商品价格只反映了企业效益和企业成本，而没有反映社会效益和社会成本，所以造成了社会资源配置的不合理，从而使市场的调节发生了失灵。

思考与讨论：目前人类面对的气候变化问题是外部性问题吗？为什么？

案例1.2　共享电单车莫蹈共享单车覆辙

近段时间，共享电单车在国内出现井喷态势。轻便快捷的电单车有助于解决"最后一公里"的出行问题。但这是否意味着就该铺天盖地投放共享电单车呢？答案是否定的。无序投放、挤占道路，运维不力、有车难骑，押金难退、维权无门……这几年，共享单车的速兴速衰大家都看在眼里，留下的烂摊子，至今仍未收拾干净。相比之下，电单车不仅自重大、速度快，还涉及头盔佩戴以及充电安全等问题，可谓是骑行风险与消防风险并存，显然更应审慎处之。

基于前车之鉴，要管好共享电单车，首要一条就是不能任其走"撞墙制动"的老路。此前，面对共享单车这一新生事物，许多城市都没有管理经验。企业投放时，相关部门没有把关调控；单车入场后，管理上也是走一步、看一步。即便明显感觉到了其负外部性，但鉴于这一创造确实为老百姓生活提供了便利，处理上也是格外宽容。回头来看，某种程度上正是管理滞后和失之于宽，才导致了后来的问题累积。

新经济突破的是行业边界，不是责任边界，既然企业打破了公共秩序的平衡，那么自然也该企业负责维护。当然,在这方面,不能全指望企业主动担责,政府部门要积极监管。面对共享电单车投放潮的来袭,相关方面也应该一开始就狠抓企业这个责任主体,遏制其"盲目追风、圈钱就撤"的冲动,运营维护上才能事半功倍。

优化城市交通体系,需要新生力量地融入。但城市的资源与空间终究有限,如何让共享电单车等新角色在规范轨道内运行,防止"公地悲剧",将是一项永远摆在治理者面前的课题。善于总结经验,做好提前应对,考验治理能力,更体现治理水平。

(资料来源:晁星. 北京日报,2020 年 11 月 13 日)

4. 信息不完全和信息不对称

在完全竞争市场中,假定人们能够完全掌握市场信息,当消费者了解各种商品的特性以及自己对各种商品的偏好后,他就可以在各种可能的价格下对商品的需求量做出合理的选择。同样,当生产者了解各种生产要素的效率和价格以及各种生产技术的作用和成本后,他也可以在各种可能的价格下对商品的供给量做出合理的决策。因此,在具备充分的市场信息的条件下,市场能够形成合理的价格,市场价格的变化能够导致社会资源的合理配置。

但在现实的经济社会中,市场信息并不是充分的。消费者不可能完全了解各种可选择商品的特性,生产者也不可能完全掌握各种可选择生产要素和生产技术的效用及成本。这是因为市场机制本身不能生产出足够的信息并有效地配置它们。信息的收集也是需要成本的,在很多情况下,过高的信息成本使得生产者和消费者无法获取充分的信息,就只能在有限信息的条件下做出决策。

信息作为一种有价值的资源,它不同于普通的商品,即人们在购买普通商品时,可以了解该商品的价值,看它值不值得购买,但人们在购买信息时却无法做到这一点。也就是说,出售信息的卖者遇到了一个难题:他该不该让买者充分了解所出售的信息的价值?如果让买者充分了解,那么买者可能由于已经知道了该信息而不去购买;如果不让买者充分了解,那么买者可能由于不知道该信息究竟值不值得购买而心存疑虑,从而不去购买。这样,市场机制在信息的交易上就受到了很大限制。因此,消费者对商品的选择和生产者对商品的提供,就都是在信息不充分的情况下发生的,那么,消费者和生产者的选择就不一定是最优的,导致社会资源的配置也就不一定是有效的。

市场信息不仅是不充分的,而且还是不对称的。

(1) 卖者比买者掌握更多的信息,产生逆向选择问题。比如,旧货市场是卖者比买者掌握更多信息的典型案例。在旧货市场上,买者只有把旧货买回去,并且经过使用以后才能真正了解旧货的实际质量和所隐藏的缺陷,因而可以说市场信息是不对称的。

> **阅读专栏 1.2**
>
> #### 柠檬市场
>
> 著名经济学家乔治·阿克尔罗夫主要以一篇关于"柠檬市场"的论文获得了 2001 年的诺贝尔经济学奖,并与另外两位经济学家一起奠定了"非对称信息学"的基础。"柠檬"在美国俚语中的意思是"残次品"或"不中用的东西"。柠檬市场也称次品市场,是指信息不对称的市场,即在市场中,产品的卖方比买方掌握更多的关于产品质量的信息。在极端情况下,低质品充斥市场,高质品被逐出市场,市场将逐步萎缩甚至不存在,这就是信息经济学中的逆向选择。

关于柠檬市场的说明,最为经典的是二手车市场的案例。假设市场中好车与坏车并存,每100辆二手车中50辆质量较好,50辆质量较差。质量较好的车在市场中的价值是30万元,质量较差的车价值10万元(尽管已经过维修、换新)。二手车市场的特性是卖方(经销商或原车主)知道自己的车是好车或坏车,但买方在交易时无法分辨。在买方无法确知车的好坏时,"聪明"的卖方知道,无论自己手中的车是好车还是坏车,宣称自己的车是"好车"一定是最好的策略(反正买方很难分辨)。但买方真的会以好车的价格向卖方买车吗?不会!买方知道,他买的车有一半概率是好车,有一半概率是坏车,因此最高只愿出价20万元($10 \times 1/2 + 30 \times 1/2$)买车。这意味着一台价值30万元的好车只能卖到20万元,一些好车的车主宁愿留下自用,也不愿忍痛割爱,因此好车逐渐退出市场。当部分好车退出市场后,情况变得更糟。举例而言,当市场中的好、坏车比例由1∶1降到1∶3时,买方此时只愿花15万元($10 \times 3/4 + 30 \times 1/4$)买车,市场成交价降低(由20万元降至15万元)迫使更多的好车车主退出买卖,到最后,二手车市场只剩下坏车在交易。买卖双方有一方信息不完全,因而形成了一种市场的无效率性(好车全部退出市场)。

[资料来源:高鸿业.西方经济学(微观部分).中国人民大学出版社,2011年]

(2)买者比卖者掌握更多的信息,产生道德风险问题。比如,保险市场是买者比卖者掌握更多信息的典型案例。保险公司收取的保险费是根据一般人或其财产发生事故的概率计算出来的。那些认为自己或自己的财产发生事故的可能性极小的人,不会购买保险单;而那些认为自己或自己的财产发生事故的可能性较大的人,才会购买保险单。在这种情况下,市场信息同样是不对称的。

由此可见,在市场信息不充分或不对称的情况下,会产生市场交易量减少,甚至出现交易无法进行、产品质量下降、毁掉名牌产品等问题,使经济运行质量降低,社会资源得不到有效配置。

5. 垄断的存在

垄断是指一家企业控制了一个行业的全部供给的市场结构。市场机制作用的发挥是以充分的市场竞争为前提条件的,但当生产集中于一个或少数几个大企业、市场价格由一个或少数几个大企业所控制时,就会出现垄断。垄断形成的原因如下:

(1)政府特许。例如,军事工业,为了国家的安全,武器基本上是由国家指定的企业生产的,这一行业是不能随便进入的。类似的还有邮电、通信、烟草、保险等,由于企业在生产经营中具有某种特权,所以成为这一行业的垄断者。

(2)技术壁垒。例如,一项新技术发明之后,别人掌握不了其中的诀窍,在一段时间内发明者处于垄断地位(如计算机芯片);有些传统技术(如中药保护品种秘方)如果不外传,就能在一定时期内保持自己的垄断地位,其他企业不得进入。

(3)资源独占。有些垄断产生于对资源的独占,尤其是对某些稀缺原料的控制。如果企业独占了原料供应,则可以垄断由此原料制成的产品。一个典型的例子是美国铝业公司,它在19世纪40年代几乎控制了铝土矿(它是生产铝的基本原料)的所有来源,因而成为当时美国唯一的铝制品生产者。

(4)规模经济。有的企业规模经济性显著,在一个地区,如果建设两家或更多这样的企业,就会使单个企业的规模变小,导致成本和价格较高,损害消费者的利益。对这类企业,政府就特许其在该地区实行垄断,如电力、供水等行业。

垄断一旦形成,市场的竞争性就会减弱,从而使市场配置资源的有效性受到一定程度的限制。主要表现在:

(1)垄断企业可以在一定程度上控制产量和价格,使市场机制作用的发挥受到一定程度的限制。

(2)垄断企业为获得最大利润,其产品的价格会高于竞争条件下的价格,产品的产量也会低于竞争条件下的产量,这意味着生产不足和资源配置的低效率。

(3)垄断利润的存在是以消费者收益的相对减少为代价的,这必然又会导致分配不公。

(4)管理出现松懈。处于垄断地位的企业缺乏尽可能降低成本的压力,缺乏参与竞争的压力,从而会出现管理上的低效率。

6.经济波动与失衡

在市场经济体制下,市场机制自发调节存在盲目性,社会总供给与总需求不一定能够达到最佳的动态平衡。这是由于市场价格对产品供求状况的反映存在滞后效应,只有当生产大量过剩,供给远远大于需求时,价格才会下跌,企业才会改变投资方向,而此时已经造成生产过剩和经济波动。这种经济波动和失衡会给生产者和消费者带来一定损失,社会经济发展也会受到不利的影响和干扰。

在市场经济中,市场对资源配置起主导作用,当市场调节不足以应对所出现的公共物品不足、外部性、信息不对称、垄断等问题时,还需要国家或政府的调控引导,即政府对市场失灵进行治理。主要方法包括:政府通过法律手段来限制垄断和反对不正当竞争;政府可以使用税收和补贴的手段,也可以通过合并相关企业的方法使外部性"内部化";提供公共物品和公共服务;建立健全市场经济体系;纠正市场的信息不对称;调整收入分配,维护社会公平;熨平经济波动,维护宏观经济稳定。显然,财政的内容占有较大比重,因此,财政在优化政府职能与市场机制方面责无旁贷。

二 公共财政

(一)公共财政的概念

公共财政是国家或政府集中一部分社会资源,为社会提供公共物品或服务的分配活动或分配关系,是弥补市场失灵、满足社会公共需要、与市场经济相适应的一种财政体制和财政制度。公共财政的历史使命,在于它支持、促进着市场经济体制的形成和发展。

公共财政就是国家把从纳税人手中获得的税收收入用于政府公共活动的支出,以保证国家的安全,实现国家经济的均衡发展,维护社会公平。其实质就是体现广大公众利益的要求,进而使具体的财政收支合理化。

(二)公共财政的基本特征

公共财政是适应市场经济发展客观要求的一种比较普遍的财政模式,它是市场经济体制下弥补市场缺陷的国家财政。

1.公共财政是弥补市场失灵的财政

市场经济体制下,财政必须且主要在市场机制无法影响的领域内发挥作用,致力于充分协调不完全竞争领域内的经济活动。通过提供公共物品和服务满足社会成员共同需要,加强市场信息沟通,消除外部经济负面效应,促进充分就业,协调效率与公平之间的矛盾,从而弥补市场失灵。

2. 公共财政是为市场主体提供一致性服务的财政

财政活动直接作用于包括企业、个人和金融机构在内的各市场主体,影响其行为。为维护市场的公平和公正,财政必须一视同仁地对待所有的市场主体。政府制定的财政政策和制度对所有市场主体都要保持一致性,不应有亲疏之分。否则,不但不能弥补市场机制的缺陷,反而会加大市场失灵。

3. 公共财政是非营利性的财政

在市场经济条件下,政府作为社会管理者,财政支出的动机不能是取得相应的回报或利润,而是通过满足社会公共需要的活动,为市场的有序运转提供必要的制度保证和物质基础。财政收支活动具有强制性和无偿性的特点,适合于在非营利性领域中实施资源配置。因此,公共财政主要在非营利性领域内活动,特别是在企业与政府共同介入的领域中,非营利性特征往往界定政府的参与程度。例如,在高速公路修建中,政府通过无偿财政投资或补贴方式投入部分资金,使参与投资的企业更容易获得平均利润。财政活动不仅为社会公众提供公共服务,也为市场机制运作提供支持和协调。

4. 公共财政是法制化的财政

公共财政古已有之,财政的"公共性"是与生俱来的。公共财政以满足社会公共需要为基本出发点,财政分配活动涉及全体社会成员的切身利益。为使这一分配行为公平、公正,必须依靠宪政法制进行规范。政府在预算和税收过程中要依法,每个纳税主体要遵法、守法并应有强烈的监督意识,使政府的财政收支行为规范化,为社会成员提供公共物品和服务事项。政府在宪政法制的前提下维护社会经济活动秩序,为持续稳定的经济发展创造良好的环境。

> **思考与讨论**:为什么说财政的"公共性"是与生俱来的?

阅读专栏1.3

夯实公共财政的社会基础

建立公共财政是发展社会主义市场经济的必然要求,也是推动社会发展的有力工具。公共财政以满足社会公共需要为宗旨,提供私人难以通过市场配置获得的公共物品与公共服务。公共财政蕴含着公共理性,体现财政的公共性质及在实现公平正义、普惠社会公众方面的价值。建立公共财政,不仅要处理好政府和市场的关系,而且要处理好政府和社会的关系,夯实相应的社会基础。公共财政的社会基础主要指公共财政存在与运行的社会环境,包括社会的组成与结构、社会存在与运行的规则与方式、社会成员的文化与价值认同等。社会基础是公共财政有效运行的前提,直接影响公共财政的价值取向及其结构、效能和可持续性。公共财政模式的建立与目标的实现,必须与相应的社会基础相适应。

近年来,我国一方面通过优化财政支出结构、实行财政信息公开、强化社会监督等举措,推动社会建设,打造公众参与财政活动的平台,提高了公共财政的运行质量;另一方面积极推进社会治理改革,夯实公共财政的社会基础,公共财政建设取得了重要进展。同时应看到,公共财政建设是一个长期的制度建构过程,不可能一蹴而就。推进公共财政的社会基础建设,可以从以下两方面着力。

加强公共财政自身的基本制度建设,规范行政行为,为社会发展创造基本支撑条件。政府部门首先要努力加强自身建设,提升法治水平,加强对公共权力的约束,为经济社会发展创造适宜的环境。同时,要选择与现实社会相契合的组织路径和发展路径,以规范和优化社会秩序为目标,通过建立和完善社会福利系统、社会文化价值系统等经济社会发展的基本支撑条件,增强人们的社会认同,不断完善社会治理。在这一过程中,政府需要充分发挥动员与引领作用,切实开展以公平正义为核心的公共财政文化建设,努力调动各种社会力量共同参与社会发展基本支撑条件建设。

加强社会建设和社会治理,使之与公共财政发展目标相适应。一是进一步加大社会建设和社会治理的投入。推动公共资源社会投入配置重心下移,注重充实基层财政,有效提高基层政府管理和提供服务的能力,并把基层政府的工作重心转移到社会治理和公共服务上来。二是提高社会自我协调和自我管理能力。充分发挥社区自治组织、工青妇等人民团体、行业协会的作用,广泛动员各种社会力量参与社会管理和服务。在这个过程中,财政应合理运用收支政策工具,促进社会基础发育,提高社会自我协调和自我管理的能力,努力为公共财政有效运行打下坚实的社会基础。

(资料来源:潘修中.人民日报,2019年9月28日)

第三节 财政的职能

在现实社会生活中,财政作为一个经济范畴,表现为政府的一系列收支活动。因此,财政属于政府的经济行为,财政职能当然也就是政府经济职能的体现。政府职能的行使必须借助于财政职能的履行才能完成。在市场经济国家中,财政的基本模式是公共财政。市场经济体制下,从财政宏观调控的角度看,可以把财政职能概括为资源配置职能、收入分配职能、经济稳定与发展职能。

一 资源配置职能

1. 资源配置的含义

资源既包括土地、矿藏等自然资源,也包括人力、财力等经济资源。配置是指资源在不同部门、地区、产品等之间的分配。所以,资源配置就是将各种资源分配于不同的使用方向,从而形成一定的资产结构、产业结构、技术结构和地区结构,以提高资源利用效率的过程。

资源的基本特征是具有稀缺性,无法满足人们的全部需要。因此,在客观上就要求人们在利用资源的过程中进行合理分配。但是,在市场经济体制下,存在着市场失灵,市场自发形成的配置不可能实现最优状态,需要政府通过财政手段介入或干预。财政的资源配置职能就是通过财政本身的收支活动为政府供给公共物品提供财力支持,在一定程度上纠正外部性,引导资源的流向,弥补市场的失效,最终实现全社会资源配置的最优效率状态。

2. 资源配置职能的范围

一般来说,财政资源配置职能的范围取决于政府职能范围和财政自身的能力。经济体制不同,财政参与资源配置的范围也不同。市场经济体制下,市场发挥基础性资源配置作用,政府对经济活动的直接参与范围相对小一些。财政资源配置的范围:一是市场配置失效而社会又需要的公共物品和服务方面,如外交、国防、治安、行政管理、教育、卫生、科技、环保、大型公共设施、基础设施及公共资源管理;二是对外部效应的干预,如控制并治理废水、废气、废料等环境污染,实施森林保护和城市绿化等;三是介入自然垄断行业,如城市供水、供电、供气和公共交通等;四是对短缺资源进行保护和配置。

3. 实现资源配置的手段

财政实现资源配置的手段主要包括:

(1)实现资源在政府和私人部门之间的合理配置。从社会总资源配置的角度看,政府和私人部门各应获得合理的份额。一方面能保证政府提供公共物品的需要,另一方面又能保证私人部门顺利发展的需要,从而实现社会总资源配置的均衡。这就需要根据市场经济条件下政府的职能,确定财政职能的合理范围,进而确定财政参与国民收入分配的适当比例。

(2)优化财政支出结构。财政支出结构即财政资源内部的配置比例,主要包括生产性和非生产性支出的比例、购买性支出和转移性支出的比例。前一个比例表明资本品和消费品的配置结构,而后一个比例则表明财政配置功能的大小。这两个比例的恰当与否,直接决定了财政资源内部的配置是否合理。

(3)合理安排政府投资的规模、结构。政府投资规模主要是指政府投资在社会总投资中所占的比重,它表明政府对社会总投资的调节力度,而政府投资结构则会直接影响国家产业结构的调整。

(4)合理运用财政收支政策,间接调节社会投资方向。政府投资、税收、公债、补贴等财政手段在一定程度上能够引导社会资源在不同地区和不同部门之间的流动,对市场机制配置资源起到指导、修正和补充的作用,从而有助于提高社会总体的资源配置效率。

二 收入分配职能

1. 收入分配的含义

收入分配通常是指一定时期内所创造的国民收入在国家、企业和个人等多种经济主体之间的分割,以及由此形成的流量的收入分配格局和存量的财产分配格局。对于收入分配的理想目标,人们已经形成共识,即实现公平分配。公平分配包括经济公平和社会公平两个方面。其中,经济公平要求各经济主体获取收入的机会均等,等质等量的要素投入应获得等量的收入。经济公平是在平等竞争的环境下由等价交换来实现的,是市场经济的内在要求。社会公平则要求将收入差距维持在现阶段社会各阶层所能接受的合理范围内。社会公平不是收入的均等,其标准受人们的经济承受力、心理承受力、政治经济大环境等多种因素的影响。

在市场经济条件下,收入分配首先受市场机制调节,收入按照投入要素的数量、质量、市场价格进行分配,要素收入与要素投入相对称,所以,市场机制调节收入的结果可以较好地体现经济公平。但是,社会公平却难以通过市场机制予以完全实现。因为个人拥有原始生产要素的不同以及个人禀赋、努力程度的不同,市场机制分配的结果可能会造成富者越富、贫者越贫,即在市场经济中通常不存在以社会公平为目标的再分配机制,一些无劳动能力又无其他要素可以提供的人,就无法通过市场取得收入以维持生存。而且在市场经济中,即使有一些私人慈善机构能够进行某些方面的再分配活动,但由于能力有限和缺乏协调,也不能从根本上解决社会公平问题。所以,政府的介入是必然的,而财政的收入分配职能就是要求财政运用多种方式,参与国民收入的分配和调节,以期达到收入分配的经济公平和社会公平。

2. 收入分配职能的范围

财政执行收入分配职能,首先要界定市场分配与财政分配的界限,各司其职。具体来说:①凡属市场分配范围,如企业职工工资、企业利润、租金收入、红利收入、股息收入等,应由市场机制调节,财政不直接介入,更不应替代;②凡属财政分配范围,财政应尽力做到公平分配。就目前而言,一是要规范工资制度,对公务员及预算拨款事业单位职工,应根据经济发展状况,参照企业职工平均工资确定工资标准,并将所有工资性收入纳入工资总额,取消明贴暗补,提高收入透明度,实现个人消费货币化,取消变相实物工资;二是对医疗保健、社会福利等社会保障资金,财政应履行集中分配职责,通过各种转移支付形式使社会成员得以维持起码的生活水平和福利水平。

3. 实现收入分配的手段

财政实现收入分配的手段主要有税收、转移支付和公共支出。

(1)税收是对全社会收入分配进行强制性调节的分配形式,是财政界定初次分配与再分配的最常用手段。其中,个人所得税、财产税、遗产税和赠与税等都是调节个人收入和财产的基本手段。

(2)转移支付是将资金直接分配给特定地区的单位和个人,有明确受益对象和范围的直接性收入分配调节方式,其具体形式包括专项拨款、各种补贴、补助和社会保障支出。

(3)公共支出主要通过提供公共物品和福利,改善工作生活环境,提高社会整体收入水平,其受益对象范围广泛,亦可间接调整收入分配结构。

三 经济稳定与发展职能

1. 经济稳定的含义

财政的资源配置职能与收入分配职能是财政在微观经济领域发挥的作用,而经济稳定与发展职能则是财政在宏观经济领域发挥的作用。与上述两个职能相比,经济稳定这一职能的重点不是资源在公共需要与私人需要之间的配置,而是维持高水平的资源利用与币值的稳定。在市场经济中,实现充分就业、稳定物价水平、平衡国际收支是财政经济稳定职能的三个方面。

2. 经济发展的含义

经济增长和经济发展是不同的概念。经济增长是指一个国家产品和劳务数量的增加,通常用国民生产总值或国内生产总值及其人均水平来衡量。经济发展是一个包括经济增长、经济和社会进步等若干内容在内的概念。它不仅意味着一国实际产出的增加,而且意味着随着产出的增加而带来的经济结构的优化,经济效益的提高,地区经济发展水平差距的缩小,收入分配结构的改善,以及社会进步和生活质量的提高。例如,教育、文化、卫生、社会保障事业的发展等。简言之,经济发展是一个通过物质生产的不断增长来满足人们不断增长的基本需要的概念。对发展中国家来说,包括消除贫困、失业、文盲、疾病和收入分配不公平等现象。

3. 经济调控的手段

在任何经济体制下,经济的稳定和发展都是政府希望实现的目标。财政作为政府重要的宏观调控手段之一,要通过多种财政手段,有意识地影响和调控经济,以实现经济的稳定发展。概括来说,财政实现该职能的手段主要有:

(1) 运用各种收支手段,逆经济风向调节,促进社会总供求的平衡。经济稳定的目标集中体现为社会总供给和社会总需求的大体平衡。如果社会总供求保持了平衡,物价水平就是基本稳定的,经济增长率也是适度的,而充分就业和国际收支平衡也是不难实现的。当总需求超过总供给时,财政可以实行紧缩政策,减少支出、增加税收或两者并举;一旦出现总需求小于总供给的情况,财政可以实行适度宽松政策,增加支出、减少税收或两者并举,由此扩大总需求。

(2) 运用财政收支活动中的制度性因素,对经济发挥"自动"稳定的作用。例如,通过制定累进所得税制度,当经济过热、投资增加、国民收入增加时,累进所得税会自动随之增加,从而适当压缩人们的购买能力,防止发生通货膨胀。当经济衰退、投资减少、国民收入下降时,累进所得税又会自动随之递减,从而防止因总需求过度缩减而导致经济萧条。

(3) 通过合理安排财政收支结构,促进经济结构的优化。例如通过投资、补贴和税收等多方面安排,加快农业、能源、交通运输、邮电通信等公共设施的发展,消除经济增长中的"瓶颈",并支持第三产业的兴起,加快产业结构的转换,保证国民经济稳定与高速发展的最优结合。

(4) 为经济和社会发展提供和平安定的环境。提高治理污染、保护生态环境以及文教、卫生支出的增长速度,同时完善社会福利和社会保障制度,使增长与发展相互促进,相互协调,避免出现"有增长而无发展"或"没有发展的增长"的经济现象。

思考与讨论:为什么在经济萧条时,政府要减少税种或降低税率?

思政案例　　把党的温暖送到百姓心坎上

从取消农业税,到新农村建设、扶贫项目分红,一摞摞泛黄的旧本子,记录下山东无棣县小吴家码头村多年来的"收支账"。字里行间,跃动着人们对生活"芝麻开花节节高"的喜悦,也折射出财政工作贯彻以人民为中心的发展思想的坚毅有恒。

财政部门始终牢记人民是我们党执政的最深厚基础和最大底气,坚定不移助力增进民生福祉。新民主主义革命时期,根据地筹措军粮恪守"取之于民而民不伤"的准则。中华人民共和国成立后,在发展生产的基础上,让财富"蛋糕"不断向民生倾斜,一直是财政的重要任务。党的十八大以来,财政政策、财税改革更加突出民生导向,补短板、强基础、促公平,为百姓托起稳稳的幸福。

财政投入力度持续增加,集中力量做好普惠性、基础性、兜底性民生建设,织密扎牢托底的民生"保障网"。财政部门立足自身职能,强化职业培训资金投入,完善就业创业政策体系,让"劳有所得"更有后劲;推进企业职工基本养老保险全国统筹,支持养老服务体系建设,令"老有所养"更有底气;提升医疗卫生健康服务水平,提高城乡居民基本医保补助标准,让"病有所医"更有保障;扩大救助保障范围,提高补助资金额度,让"弱有所扶"更加温暖……面对新冠肺炎疫情的严重冲击,财政部门多方筹谋保基本民生、保工资、保运转,护航百姓安居乐业、社会安定有序。

财政投入方式不断创新,提高公共服务共建能力和共享水平,满足老百姓多样化的民生需求。财政资金对供需共同受益、具有乘数效应的民生建设领域给予精准保障,提供更加优质的公共产品,为高质量发展蓄积新动能;发挥杠杆作用,牵手社会资本,提高民生项目的建设速度和运维质量,优环境、促消费;撬动金融信贷,通过担保贴息放大普惠金融对小微企业和重点就业创业群体的支持效应,稳就业、活经济;扶贫资金以资产收益形式让贫困户持续获得分红,带动新型农村经营主体蓬勃发展;政策性农业保险扩围提标,助力农业农村现代化行稳致远……公共环境日益改善,公共服务更加贴心,人民群众获得感、幸福感、安全感不断提升。

民生资金管理监督机制日益完善,确保"好钢用在刀刃上"。中央财政资金直达机制常态化,把急用、急盼的民生资金第一时间送抵企业和百姓手中,体现"惠企利民,一刻也不能等"的民生关切;向全社会公开部门预算、决算"账本",对重点民生政策和重大项目开展绩效评价,严格"民生资金,一分都不能错"的问效问责……通过不断完善财政管理监督,确保民生资金使用管理安全高效,切实提升民生政策效能。

保障和改善民生没有终点,只有连续不断的新起点。今天,全面建设社会主义现代化国家新征程已经开启,让我们努力实现财政高质量发展,充分发挥财政宏观调控作用,助力绘就更加绚丽的民生画卷!

(资料来源:韩铭.人民日报,2021年6月18日)

关键概念

财政　　　　公共物品　　　市场缺陷　　　　公共财政　　　　外部性
资源配置　　　收入分配　　　经济稳定

课后实训

一、单选题

1. 财政是以(　　)为主导进行的分配。

A. 国有企业　　B. 国家或政府　　C. 社会团体　　D. 银行

2. 财政具有收入分配的职能,但是下列选项中(　　)不属于财政收入分配的范畴。

A. 机关职工的工资调整　　　　B. 国有企业职工的工资调整

C. 离退休人员的工资调整　　　D. 部队官兵的津贴调整

3. 财政分配的目的是(　　)。

A. 消除收入分配不公

B. 为了满足人们不断增长的物质和文化生活水平的需要

C. 保证国家实现其职能的需要

D. 促进经济的稳定增长

4. 公共财政提供一致性服务是为了(　　)。

A. 弥补市场失灵　　　　　　B. 维护市场的公正和公平

C. 界定政府的参与程度　　　D. 加强法制

5. 市场机制存在缺陷,但下列各项中(　　)不属于市场机制的缺陷。

A. 垄断　　　　　　　　　B. 信息不充分

C. 物价不稳定　　　　　　D. 不能提供公共物品

6. 某化工厂在其生产的过程中,向附近的河流排放了大量的污水,并因此导致附近的粮食大幅度减产,但该厂却不对农民进行相应的补偿,这种现象的存在通常被称为(　　)。

A. 正外部性　　B. 负外部性　　C. 外部经济　　D. 外部影响

7.2009年,世界银行测算阿根廷、巴西、俄罗斯的基尼系数分别是0.46、0.55、0.40,测算中国2008年的基尼系数是0.474。在上述四个国家中,你认为收入分配最平等的国家是( )。

  A.中国   B.阿根廷   C.巴西   D.俄罗斯

8.与市场经济相适应的财政类型是( )。

  A.生产建设财政   B.计划财政

  C.企业财务   D.公共财政

9.以国家或政府为主体的收支分配活动是( )。

  A.金融   B.财政   C.个人分配   D.公司财务

10.在财政转移支付制度设计上,必须考虑区域间和城乡间的发展差距,这体现了公共财政( )的特征。

  A.公平性   B.非营利性   C.法制性   D.效益性

二、多选题

1.市场失灵表现在许多方面,主要有( )。

  A.不能提供公共物品   B.不能消除负外部效应

  C.不完全竞争   D.收入分配不公

2.公共物品具有的特征是( )。

  A.效用的不可分割性   B.通过市场的等价交换性

  C.消费的非排他性   D.提供目的的非营利性

3.市场经济条件下,财政的职能是( )。

  A.资源配置职能   B.收入分配职能

  C.制定价格职能   D.经济稳定与发展职能

4.财政属于( )。

  A.满足社会公共需要的分配   B.以国家或政府为主导的分配关系

  C.国家与纳税人之间的商品关系   D.一种生产力

5.初次分配和再分配分别保证( )。

  A.公平   B.效率   C.富裕   D.安全

三、判断题

1.财政与人类社会同时产生。( )

2.在发达国家的市场经济中,市场机制的发展已经克服了自身的种种缺陷,市场失灵现象不复存在。( )

3.不具有竞争性和排他性的物品通常称为纯公共物品。( )

4.市场经济的财政收支活动具备严格的法制管理。( )

5.财政分配的目的是保证国家实现职能的需要,这种需要属于社会保障需要。( )

6.垄断企业可以在一定程度上控制产量和价格,从而使市场失灵。( )

7."资源"不是用来生产商品和劳务的投入物。( )

8. 市场失灵是指市场完全不好。   （ ）

9. 任何个人都消费同等数量的公共物品。   （ ）

10. 一般情况下,建在河流上游的化工厂会对下游渔民的生产造成影响,这种情况被称为道德风险问题。   （ ）

四、案例分析

央广网北京 2020 年 12 月 31 日消息(记者刘柏煊),据中央广播电视总台经济之声《天下财经》报道,31 日,全国财政工作视频会议在北京举行。一年一度的全国财政工作会议既是对过去一年财政工作的总结,也是对来年财政政策"敲黑板、划重点"。财政部部长刘昆释放最新信号,2021 年的财政政策有十大重点。

进入 2021 年,中央经济工作会议明确,积极的财政政策要提质增效、更可持续,保持对经济恢复的必要支持力度,政策操作上要更加精准有效,不急转弯,把握好政策时度效。

具体如何落地?刘昆在会议现场表示,2021 年有十大重点工作。

一是精准有效实施积极的财政政策,推动经济运行保持在合理区间;

二是强化财税政策支持和引导,坚定实施扩大内需战略;

三是推动创新发展和产业升级,提高经济质量效益和核心竞争力;

四是坚持尽力而为、量力而行,加强基本民生保障;

五是完善财政支农政策,支持全面推进乡村振兴;

六是坚持资金投入同污染防治攻坚任务相匹配,大力推动绿色发展;

七是做好重点领域风险防范化解工作,确保财政经济稳健运行、可持续;

八是坚持系统集成、协同高效,加快建立现代财税体制;

九是健全制度机制,进一步强化财政管理和监督;

十是深化对外财经务实合作,拓展国际合作新空间。

刘昆说:"进一步完善并抓好直达机制落实,扩大中央财政直达资金范围,提高直达资金管理水平。持续推进减税降费,保持政策的连续性。用好地方政府专项债券,提高债券资金使用绩效。"

根据 2021 年我国财政重点工作内容,分析各项工作是何种财政职能的体现?

第二章 财政支出

章前引例

"十三五"时期,国家"钱袋子"总体保持平稳增长,国家财政实力持续增强。2016 年至 2019 年,分别突破 15 万亿元、17 万亿元、18 万亿元、19 万亿元,年均增长率达到 5.7%。越来越丰实的国家"钱袋子"为促进经济发展、改善人民生活提供了有力的资金保障。

财政支出增长较快,重点领域"花钱"保障有力,彰显积极的财政政策更加积极有为。

多添一个蛋、一盒奶,就托起一份健康成长的希望。为确保更多贫困地区农村学生吃上营养餐,"十三五"时期,中央财政共安排学生营养膳食补助资金 1 030 亿元,每年约有 3 200 万名学生受益。数据显示,2016 年至 2019 年全国财政支出分别突破 18 万亿元、20 万亿元、22 万亿元、23 万亿元,年均增长率达到 8%。从国家发展的重要战略、重大项目,到百姓生活的衣食住行、民生保障,财政"真金白银"在"十三五"时期持续加大投入。

全力保障好脱贫攻坚资金投入,中央财政累计安排专项扶贫资金 5 305 亿元,连续 5 年每年新增 200 亿元;支持打好污染防治攻坚战,中央财政生态环保相关支出累计安排 18 743 亿元,推动生态环境质量持续改善;支持建立更加完善的医疗保障体系,全国财政卫生健康支出从 13 159 亿元增长到 17 545 亿元,年均增长 7.5%;兜牢兜实养老保障网,中央财政累计安排企业职工基本养老保险补助资金 2.4 万亿元,持续加大对基本养老保险基金的补助力度。

公共财政取之于民,必须用之于民。财政部表示,"十三五"时期,财政部门坚持有保有压,不断优化支出结构,精准聚焦增强对国家经济、社会发展大局的支撑能力,支持深化供给侧结构性改革,推动经济高质量发展;与此同时,始终坚持以人民为中心的发展思想,突出财政的公共性、公平性,使改革发展成果更多更公平惠及广大人民群众。

(资料来源:申铖."十三五"时期财政收入平稳增长、支出有力有为.新华网,2020 年 10 月 21 日)

让公民知道政府花了多少钱、办了什么事,这是政府的责任。作为国家的"管家"和"账房",财政部门不仅要把国家有限的财政资金花在公民最需要的地方,还要管好钱袋子,保证公民的"血汗钱"用得安全、高效。那么,怎样才能管好国家的钱袋子,形成严格的财政支出制度化安排呢?

通过本章的学习,你将了解财政支出的概念和分类,掌握购买性支出和转移性支出的主要构成和经济意义,理解目前我国财政支出的原则与重点、财政支出的现状和发展趋势,初步具备解释或分析一些实际生活中与财政支出相关的经济现象的能力。

第一节 财政支出概述

一 财政支出的概念

财政支出也称预算支出,通常是指国家为实现其各种职能,由财政部门按照预算计划,按照一定的方式和渠道,将国家集中的财政资金向有关部门和方面进行支付的活动。财政支出与财政收入一起构成财政分配的完整体系。财政支出是财政收入的归宿,它反映了政府政策的选择,体现了政府活动的范围和方向。所以,它是财政分配活动的重要环节。公共财政支出是指在市场经济条件下,政府为提供公共物品和服务,满足社会共同需要而进行的财政资金的支付。

政府作为社会的组织者和管理者,在为市场提供公共物品和服务的过程中,必然直接或间接地发生各种费用,这些费用就表现为财政支出。它是政府履行其职能必不可少的财力保证;它能够调节和引导市场对资源的合理配置和有效利用,调控经济运行的规模和结构,促进经济持续、协调、稳定地增长。

二 财政支出的分类

为了正确区分财政支出的性质和用途,便于合理地安排和有效地使用财政资金,并进行严格的管理监督,有必要对财政支出进行科学的分类。

财政支出的项目繁多,各种支出的性质、目的等不同,其分类的标准亦不统一。

(一)按财政支出的经济性质分类

按经济性质划分财政支出,主要看财政支出是否直接形成购买力,即以是否与物品和劳务相交换为标准,通常将财政支出分为购买性支出和转移性支出。

1. 购买性支出

购买性支出又称消耗性支出,是指政府按照等价交换的原则在市场上购买物品和劳务的支出,包括购买进行日常政务活动所需或用于国家投资所需的物品和劳务的支出。购买性支出直接表现为政府购买物品和劳务的活动,政府支出获得了等价性补偿,即财政一手付出了资金,另一手相应地获得了物品与劳务的所有权。在这种性质的支出安排中,政府如同其他经济主体一样,在市场上从事等价交换活动,它是政府的市场性再分配活动。

2. 转移性支出

转移性支出是指政府按照一定方式,将一部分财政资金无偿地、单方面地转移给公民和其他受益者。这是一种单方面的无偿支付,政府无任何所得。它是政府的非市场性再分配活动,不存在任何交换的问题。

这种分类具有较强的经济分析意义。虽然各种财政支出无一例外地表现为资金从政府手中的流出,但不同性质的财政支出对国民经济的影响是存在差异的。购买性支出主要影响的是社会资源配置。在市场经济条件下,政府的购买性支出是政府将掌握的资金,在市场上与其他经济主体提供的商品和劳务进行等价交换,因而对资源配置结构即经济结构产生影响,是直接配置资源。同时,它也直接成为一种有效需求,其支出的大小必然对生产、就业以及社会总需求产生直接而重要的影响。转移性支出对经济的影响主要体现在收入分配上。它是资金使用权的转移,是资金从政府无偿转移到特定人群手中,财政活动是直接对收入分配产生影响,政府并没有配置这部分资源。其支出规模和对象不同,所形成的收入分配格局也不同。

因此,在财政支出总额中,购买性支出所占的比重大些,财政活动对生产和就业的直接影响就大些,财政配置资源的职能就强;反之,转移性支出所占的比重大些,财政活动执行收入分配的职能就强。

▷ 思考与讨论:购买性支出与转移性支出有何异同?

(二)按财政支出在社会再生产中的最终用途分类

1. 补偿性支出

补偿性支出是用于补偿生产过程中消耗掉的生产资料方面的支出。该项支出在经济体制改革之前,曾是我国财政支出的重要内容。但目前,属于补偿性支出的项目,只剩下企业挖潜改造支出一项。

2. 消费性支出

消费性支出是财政用于社会共同消费方面的支出。属于消费性支出的项目,主要包括文教科学卫生事业、抚恤和社会救济费、行政管理费、国防费等项支出。

3. 积累性支出

积累性支出是财政直接增加社会物质财富及国家物资储备的支出,包括基本建设支出、流动资金支出、国家物资储备支出、生产性支农支出等项。

(三)按财政支出产生效益的时间分类

1. 经常性支出

经常性支出是维持公共部门正常运转或保障人们基本生活所必需的支出,主要包括人员经费、公用经费和社会保障支出。特点是它的消耗会使社会直接受益或当期受益,直接构成了当期公共物品的成本,按照公平原则中当期公共物品受益与当期公共物品成本相对应的原则,经常性支出的弥补方式是税收。

2. 资本性支出

资本性支出是用于购买或生产使用年限在一年以上的耐久品所需的支出,其耗费的结果将形成供一年以上的长期使用的固定资产。资本性支出的补偿方式有税收和国债。

(四)按财政支出的国际标准分类

从统计核算角度看,国际货币基金组织采用了职能分类法和经济分类法对财政支出进行分类,见表2-1。这也是各国财政支出管理最常采用的一种分类方法,各国政府在编制财政支出预算时也大致采用类似的分类方法。当然,各国的情况有所不同,在分类的项目和包括的内容上也不可能完全相同。按职能分类,财政支出包括一般公共服务支出、国防支出、教育支出、保健支出、社会保障和福利支出、住房和社区生活设施支出、其他社区和社会服务支出、经济服务支出以及无法归类的其他支出。按经济分类,财政支出包括经常性支出、资本性支出和净贷款。

表 2-1　　　　　　　　　　国际货币基金组织的财政支出分类

职 能 分 类	经 济 分 类
1. 一般公共服务	1. 经常性支出
2. 国防	(1) 商品和服务支出
3. 教育	①工资、薪金以及其他有关项目
4. 保健	②商品和服务的其他购买
5. 社会保障和福利	(2) 利息支付
6. 住房和社区生活设施	(3) 补贴和其他经常性转让
7. 其他社区和社会服务	①对公共企业
8. 经济服务	②对下级政府
(1) 农业	③对家庭
(2) 采矿业	④对其他居民
(3) 制造业	⑤国外转让
(4) 电业	2. 资本性支出
(5) 道路	(1) 现存的和新的固定资产的购置
(6) 水输送	(2) 存货购买
(7) 铁路	(3) 土地和无形资产购买
(8) 通信	(4) 资本转让
(9) 其他经济服务	3. 净贷款
9. 无法归类的其他支出	
(1) 公债利息	
(2) 其他	

2007年，我国开始正式按此支出分类统计财政支出，我国财政支出分为24类、170多款、1 100多项。"类"级科目综合反映政府的职能活动；"款"级科目反映为完成某项政府职能所进行的某一方面的工作；"项"级科目反映为完成某一方面的工作所发生的具体支出事项。2019年，我国财政支出分为25类，增加"灾害防治及应急管理支出"类级。2019年我国财政支出主要项目见表2-2。

表 2-2　　　　　　　2019年我国财政支出主要项目　　　　　　单位：亿元

项　　目	预算数	决算数
一、一般公共服务支出	18 971.28	20 344.66
二、外交支出	645.42	617.5
三、国防支出	12 114.06	12 122.10
四、公共安全支出	13 778.79	13 901.93
五、教育支出	34 800.38	34 786.94
六、科学技术支出	9 133.61	9 470.79
七、文化旅游体育与传媒支出	4 151.01	4 086.31
八、社会保障和就业支出	29 042.42	29 379.08
九、卫生健康支出	16 562.18	16 665.34
十、节能环保支出	6 785.51	7 390.20

(续表)

项　目	预算数	决算数
十一、城乡社区支出	23 870.90	24 895.24
十二、农林水支出	22 246.16	22 862.80
十三、交通运输支出	11 752.08	11 817.55
十四、资源勘探信息等支出	4 592.35	4 914.40
十五、商业服务业等支出	1 231.12	1 239.70
十六、金融支出	1 488.23	1 615.36
十七、援助其他地区支出	461.88	471.31
十八、自然资源海洋气象等支出	2 138.58	2 182.70
十九、住房保障支出	6 834.83	6 401.19
二十、粮油物资储备支出	1 887.49	1 897.11
二一、灾害防治及应急管理支出	1 508.93	1 529.20
廿二、其他支出	2 455.27	1 748.79
廿三、债务付息支出	8 224.98	8 442.53
廿四、债务发行费用支出	66.54	65.64
廿五、预备费	500.00	
全国公共财政支出	235 244.00	238 858.37

（资料来源：中华人民共和国财政部网站）

三 我国财政支出的原则与重点

（一）我国财政支出的原则

政府在安排财政支出的过程中会遇到各种复杂的矛盾与问题。例如，财政支出与财政收入的矛盾，财政支出中各项支出之间的矛盾，以及财政支出中如何讲求支出效益等问题。正确处理这些矛盾与问题，必须确立财政支出的原则。财政支出的原则应该能达到两方面的要求：一是该原则能覆盖财政支出活动的全过程，并能缓解财政支出中的主要矛盾；二是能对财政支出活动和经济运行直接起到促进或制约作用，使之良性循环。

1. 公平分配原则

该原则是指通过财政支出对市场调节所形成的初次分配结果，进行有效的再分配，以实现企业和个人在国民收入分配中做到机会均等。

市场不能对分配差距进行有效的再分配和实现社会公平，这就需要政府通过再分配予以调整和克服。财政支出坚持公平分配原则，就是通过再分配纠正市场机制导致的财富分配不公平状况，实现社会分配公平，缩小贫富差距。

2. 效益原则

该原则是以市场机制发挥基础性作用为基点，遵循市场效率准则来安排财政支出，优化资源配置，以最小的社会成本取得最大的社会效益。

效益分为微观效益和宏观效益。微观效益是指每一笔财政支出项目所带来的具体的效果；宏观效益则是指通过对财政支出总量和结构的安排与调整所产生的有关经济和社会发展全局以及公众整体、长远利益的效果，如国民经济的稳定均衡发展、资源的合理配置等。二者之间的关系表现在：第一，宏观效益具有主导决定作用，它是实现微观效益的前提条件，财政支出只有实现国民经济整体的宏观效益,个别项目的微观效益才能得到保证;第二,微观效益是实现宏观效益的现实途径。

从财政部门来看,提高财政支出的使用效益,必须严把财政计划关,加强对财政资金使用单位的日常管理,如机构人员定编定额管理、财务管理等。

3. 稳定与发展原则

该原则是指通过正确安排财政支出的方向和规模,保证宏观经济的稳定和发展。财政支出规模和结果是影响社会总需求规模和结果的重要因素,在社会总供给大于社会总需求时增加财政支出,在社会总供给小于社会总需求时减少财政支出。

(二)我国财政支出的重点

党的十八届三中全会明确提出建立现代财政制度。所谓现代财政制度,就是建立有利于优化资源配置、维护市场统一、促进社会公平、实现国家长治久安的科学的可持续的财政制度。"十四五"(2021—2025年)期间,在总结、借鉴国内外经验的基础上,我国财政支出侧重于优化支出结构,推进财政支出标准化。一是对公共支出的管理控制,目标是支出合规性;二是支出使用的经济性、效率性,目标是提高运营(支出使用)绩效。具体内容如下:

1. 大幅压减非急需、非刚性支出

中央政府带头过紧日子,压缩一般性支出和"三公"经费,尽可能降低行政成本,继续深化机构改革,严控新增楼堂馆所、会议、差旅、培训等经费。

2. 保障重点领域资金投入

支持和保证脱贫攻坚、污染防治、科技创新能力建设、制造业转型升级、城乡区域协调发展、支持就业、完善社保体系等重点支出。加大对国家战略性产业的财政投入,形成面向5G、人工智能、大数据中心、电子化、智能化改造等新一代技术基础设施建设项目,全面塑造经济发展新优势。建立农村低收入人口和欠发达地区帮扶机制,保持财政投入力度总体稳定,接续推进脱贫地区发展。着力保障和改善民生,增强公共产品和服务的供给能力,扎实推进社会事业建设,补齐公共服务的短板。

3. 支持构建"双循环"新发展格局

"十四五"期间,一方面应当充分发挥我国的市场规模优势,通过财政政策支持培育国内市场的内需体系,推动我国由"世界工厂"向"全球消费中心"的转变;另一方面,要支持产业链供应链优化升级,加快发展现代产业体系,更为有效地加入国际经济大循环,加强对产业国际转移和"走出去"对外投资的支持力度,拉动我国产业的出口增长。

思考与讨论:"三公经费"具体指什么经费?它属于什么性质的财政支出?

案例 2.1　民生领域财政投入持续增长

"十三五"以来,我国民生领域财政投入持续增长,同老百姓生活息息相关的社会保障、教育、就业、医疗卫生等民生问题得到较好解决,人民群众获得感、幸福感、安全感更加充实、更有保障、更可持续。

财政投入增加,提高居民生活质量。2020年,中央财政安排74亿元资金支持农村厕所革命整村推进,中央预算内投资安排30亿元支持农村人居环境整治整县推进。为支持贫困地区公路基础设施建设,2016年至2020年中央财政共安排9 538.75亿元补助资金,一条条"致富路""幸福路"通城达乡。"十三五"以来,财政持续发力,我国居民基本养老和医疗保障

网继续织密织牢;租购并举住房制度不断完善,老旧小区改造、公租房保障和城市棚户区改造全面推进;一座座体育馆、大剧院、图书馆拔地而起……人民群众物质和精神文化需求得到更好满足。

财政投入增加,促进人的全面发展。2016年至2019年,全国一般公共预算中教育支出从28 056亿元增加到34 913亿元。"十三五"以来,中央财政共安排700亿元支持乡村教师队伍建设,安排1 292.68亿元用于现代职业教育质量提升计划。2015年,我国设立了首个"国家新兴产业创业投资引导基金"。截至目前,该基金中财政认缴出资135亿元,吸引带动社会出资500多亿元,参股基金总规模超过1 000亿元。财政资金撬动社会资本,助力创新创业。

财政投入增加,提升民生治理效能。"十三五"以来,中央财政拨付地方农业保险保费补贴资金从2016年的135.67亿元增长到2020年的236.07亿元,全国农作物农业大灾保险试点范围扩展至500个种粮大县。洪涝、地震等自然灾害后,人民群众能得到妥善安置;新冠肺炎疫情袭来时,患者能获得免费救治,重点医疗防控物资实现政府"兜底"收储……危急时刻,财政资金为百姓织密"安全网",送来"定心丸"。

(资料来源:曲哲涵,王观.人民日报,2020年11月17日)

四 财政支出的规模分析

财政支出规模分析是要考察财政支出满足社会公共需要的程度,它是依据一定的因素和方法来确定的。财政支出规模从一个财政年度来考察,即为当年的财政支出总额;若从连续的财政年度来考察,则表现为财政支出的增长趋势。

(一)财政支出规模的衡量指标

财政支出规模是指在一个财政年度内所安排的财政支出数量。它可以用绝对数表示,也可以用相对数来反映。

财政支出的绝对量,就是一个财政年度内安排的财政支出的实际数量。如中央财政支出总量、地方财政支出总量。财政支出的绝对量可以直观地反映政府在一个财政年度内的财政支出规模,体现了财政支出总量与宏观经济运行的相互关系,方便对财政支出进行各年度的比较,找出变化的原因、存在的不足和解决问题的办法。但要科学地研究财政支出的规模,仅看财政支出的绝对量是不够的,更重要的是看财政支出的相对量。

财政支出的相对量,就是一个财政年度内财政支出总量占国内生产总值(GDP)或国民生产总值(GNP)的比重。财政支出的相对量反映了在一个财政年度内财政配置资源的数量,体现了财政活动的规模和政府在国民经济运行中的地位及重要程度。通过对年度间、国别间进行比较,对一国的政治、经济、社会等方面的影响进行分析,可以对财政支出规模的合理性及增长趋势做出客观的判断。

财政支出的相对规模在不同的国家是有所不同的,即使在同一国家的不同历史发展时期,也有较大的变化。从我国的情况看,财政支出表现出"稳、降、升"的阶段性特征。1978年以前,财政支出占国内生产总值的比重保持相对平稳且较高水平,1952—1977年的平均水平达到28.4%。这是由当时的计划经济体制所决定的,计划经济实行"统收统支"制度,财政支出占GDP的比重必然较高;伴随着改革开放,为调动微观经济主体的积极性,促使国民经济快速发展,国家财政让利放权,财政支出占GDP的比重持续下降,从1978年的30.

5%一直下降至 1994 年的 11.9%。1994 年财税体制改革使得国家财力逐步恢复,2015 年财政支出与国内生产总值的比值为 25.53%,随后呈小幅下降态势,2018 年下降至 24.03%。近年我国财政支出规模见表 2-3。

表 2-3　　　　　　　我国 2009—2019 年财政支出规模

年份	财政支出额(亿元)	财政支出增长速度(%)	GDP 额(亿元)	财政支出占GDP 的比重(%)
2009	76 299.93	21.9	348 517.7	21.89
2010	89 874.16	17.8	412 119.3	21.81
2011	109 247.79	21.6	487 940.2	22.39
2012	125 952.97	15.3	538 580.0	23.39
2013	140 212.10	11.3	592 963.2	23.65
2014	151 785.56	8.3	643 563.1	23.59
2015	175 877.77	13.2	688 858.2	25.53
2016	187 755.21	6.3	746 395.1	25.15
2017	203 085.49	7.6	832 035.9	24.41
2018	220 904.13	8.7	919 281.1	24.03
2019	238 858.37	8.1	986 515.2	24.21

(资料来源:国家统计局网站)

由表 2-3 可以看出,财政支出增长体现在以下两个方面:

第一,财政支出的绝对数快速增长。改革开放以来,随着经济发展和财政收入水平的提高,财政支出的绝对数增长速度较快,2019 年达到 238 858.37 亿元,比 2009 年的 76 299.93 亿元增加了 162 558.44 亿元,增长了 2.13 倍。

第二,财政支出占 GDP 的比重持续增长。在财政支出绝对数量不断增加的同时,其占 GDP 的比重也持续增长,2009—2019 年财政支出占 GDP 的比重从 21.89% 提高到了 24.21%。这说明一方面在市场化进程中,传统的在国家财政范围内履行的政府职能正逐步削弱;另一方面在原有的国家财政范围之外的新的政府职能,如社会保障职能、社区建设职能等得到了大幅度的加强,这种变化与市场经济在中国的发展是相适应的。

(二)影响财政支出规模的因素

结合当今世界各国财政支出变化的现实情况,影响财政支出规模的因素概括为以下几个方面:

1. 经济因素

经济因素即经济发展水平和经济体制的类型。经济规模决定财政支出规模,经济发展、生产力水平提高,财政支出规模也相应增大。一国的经济体制对财政支出规模也有很大影响,一般来说,实行计划经济体制的国家,政府向经济建设领域延伸过多,职能范围比实行市场经济体制国家的政府职能范围宽,因而财政支出占 GDP 的比重较高,其财政支出规模较大。

即使经济体制相同,但各国由于实行不同福利制度而导致的差异,也对财政支出规模产生影响。例如,同是市场经济体制的美国和瑞典,由于瑞典实行高福利政策,所以其财政支出占 GDP 比重远远高于美国。

2. 政治因素

政治因素对财政支出规模的影响主要表现在：一是政局是否稳定；二是政体结构的行政效率；三是机构设置是否科学。政治因素主要包括社会政治局面的稳定状况、政治体制结构及政府工作效率、政府活动范围等。当一个国家发生战争或出现重大自然灾害等情况时，财政支出规模将超常扩大。从整体结构看，一般情况下权力集中的单一制国家，其财政支出占国内生产总值比重高一些，相反会低一些。从政府工作效率看，如果工作效率高，则用于政府运转的经费开支会相对低一些，反之就要相对高一些。从政府活动范围看，随着社会发展和人民生活水平的提高，社会对公共物品和服务的需求会越来越多、质量要求也会越来越高，使政府提供公共物品和服务的范围不断扩大，相应带动了财政支出规模的日益增长。

3. 政府职能

从某种程度上说，财政支出是政府活动的资金来源，也是政府活动的直接成本。政府职能是影响财政支出规模的最直接因素。因此，政府职能的大小及其侧重点，决定了财政支出的规模和结构。

从我国情况看，中华人民共和国成立 70 多年来，经济管理体制和政府职能从 20 世纪 70 年代末发生了根本性变革。在此之前，国家注重经济职能的实现，政府几乎调动全部资源直接从事各种生产活动，财政支出大量用于经济建设。在此之后，随着改革开放、社会主义市场经济体制的逐步建立，政府正在逐步减少资源配置的份额，财政用于经济建设方面的支出比例不断降低，而用于社会管理、收入分配方面的支出不断增加。

4. 社会因素

人口、教育、卫生、社会救济、城乡差距等社会性因素在一定程度上影响着财政支出规模。在一些发展中国家人口基数大、增长快，相应的教育、保健以及救济贫困人口的支出压力便大；而在一些发达国家人口出现老龄化问题，公众提出改善社会生活质量等要求，也会对财政支出提出新的需求。

第二节 购买性支出

购买性支出包括两部分：一是社会公共消费性支出，即购买各级政府进行日常政务活动所需的物品和劳务的支出，如国防支出、行政管理支出、科教文卫支出等；二是公共投资性支出，即各级政府用于公共投资的支出，如基础设施、基础产业等方面的投资拨款。二者虽同属购买性支出，但存在明显差异。社会公共消费性支出是非生产的消费性支出，其使用不形成任何资产；公共投资性支出是生产的消费性支出，其使用形成资产。

一、社会公共消费性支出

（一）行政管理支出

行政管理支出是国家财政用于国家权力机关、行政机关（包括党派、社会团体）和外事机构行使其职能所需的费用支出。它属于社会消费性支出，虽不直接创造物质财富，但它是保证国家行使职能的物质条件，对我国国家政权的巩固、社会秩序的稳定、对外开放的深化、国民经济的发展等都具有重要意义。行政管理支出的主要内容包括：

(1)行政支出，包括行政机关经费、行政业务费、干部培训费和其他行政经费；

(2)公检法支出，包括公安司法检察机关经费、业务费、警校司法学校经费等；

(3)外交支出，包括驻外机构经费、出国费、外宾招待费、国际组织会费等。

行政管理支出是实现国家基本职能所必需的费用，但它又具有非生产性的特点，所以在实践中应保证完成国家政治、经济任务的前提下，厉行节约经费支出，管好这笔经费。从我国的情况看，我国行政管理支出要合理、适度，不能超越社会经济发展水平，更不能超越国家财政的承受能力。首先，要精简机构，转变政府职能。按照"精简、统一、高效"的原则积极推进政府机构改革，消除由于机构设置过多，造成人浮于事、职责不清、办事效率低的缺陷。这样，不仅可以减少国家财政在行政管理费用方面的支出，而且能确保政府职能的真正转变。其次，要严格财务管理制度，加强对社会集团购买力的管理与控制，认真执行行政费用开支标准，控制不合理支出。最后，要认真贯彻执行预算法，严格预算管理，强化预算的约束力。

(二)国防支出

国防支出是国家财政用于国防建设和武装力量方面的费用，包括国防费、国防科研事业费、民兵建设费和防空经费等。

国防在防御外来侵略、保卫国家安全和领土完整方面，具有不可替代的重要作用。因此必须合理安排国防支出的规模。

(1)安排国防支出要考虑国际政治局势变化。

(2)安排国防支出要考虑国家财力的因素。在经济建设时期，国家应将有限的资源主要用于经济建设项目的投资，适当控制国防支出费用。从长远看，这也有利于国防建设，因为国防建设是以经济建设为基础的。

(3)安排国防支出要考虑国防支出的投向。随着经济发展和科技进步，军队武器装备水平的不断提高，高科技武器装备的研制、采购费用所占比例应上升，国防支出结构应反映这一规律，才能在国防支出总额一定的情况下，提高国防的整体效益。

(三)社会公共事业支出

社会公共事业支出是政府为了实现社会管理职能，满足社会公共需要，通过政府预算安排的用于各种公共事业部门的资金支出，它属于社会公共消费性支出。包括财政用于科学、教育、文化、卫生、体育等事业上的支出，也简称为科教文卫事业费。公共事业虽不直接创造物质财富，但它是社会发展、人类进步所不可缺少的。据有关专家测算，20世纪70年代以来，发达国家劳动生产率的提高，有60%~80%归功于采用了先进的科学技术。因此，要求社会在安排国民收入的用途时，全面考虑生产的当前需要和未来发展的需要，切实保证科教文卫支出占有一个适当的比例，且这个比例应随经济发展而逐步提高。

社会公共事业支出主要是财政用于社会公共事业部门的经常性支出，即支付这些单位工作人员的工资和公用经费，不包括这些部门由财政拨付的基本建设支出、科技三项费用等投资支出。社会公共事业支出包括内容很多，具体而言，主要包括科学事业费、教育事业费、文化事业费、卫生事业费、体育事业费、通信广播事业费等支出。这些支出内容按用途不同划分为人员经费支出和公用经费支出。

1.人员经费支出

人员经费支出主要用于文教、科学、卫生等单位的工资、补助工资、职工福利费、离退休人员费用、人民助学金等开支项目。

2. 公用经费支出

公用经费支出用于解决文教、科学、卫生等事业单位为完成事业计划所需的各项费用开支，主要包括公务费、设备购置费、修缮费和业务费。

关于社会公共事业支出的资金原则上由财政和各经济主体共同承担。下面按这一标准具体分析：

（1）从教育支出的资金来源分析。一般认为，教育是可以由微观主体提供的，需要接受教育的人可以通过花钱"买"到这种服务。所以，教育支出可以不必都由政府予以满足，但随着我国社会主义制度的建立，人们享受到了广泛的教育权利，加之教育对国民经济发展的促进作用，义务教育就成为一种社会公共需要。然而教育作为一种社会公共需要不同于人们对安全和秩序的需要，教育所提供的利益是内在化和私人化的，专业教育尤其如此。所以教育是一种准社会公共需要，其资金来源应是多方面的。在国家财力不足、广大群众收入水平日趋提高的情况下，全社会用于发展教育的经费，应由政府和接受教育的人以及从教育中得益的经济实体共同承担。文化事业也如此。

（2）从科学研究支出的资金来源分析。科学研究可以由个人或某一集团共同完成，其研究成果一般也可以有偿转让，但基础研究成果转让十分困难。所以基础研究成果的经费应当由政府承担，而那些可以通过市场交换来弥补其成本的科学研究可以由微观经济主体承担其经费。

（3）从医疗卫生支出的资金来源分析。医疗服务可以由政府提供，也可以由私人提供，不管谁提供都可以进入市场交换，而且医疗服务的利益完全是私人化的。所以，医疗服务并不一定要政府出资提供。而公共卫生免疫服务，私人不可能提供这项服务，这项服务也不可能进入市场，且公共卫生免疫服务的利益应由社会公众无差别地享受，因此公共卫生免疫服务应由政府出资提供。

案例 2.2　过好"紧日子"花好每笔钱

面对吃紧的财政收支，今年中央部门如何过好"紧日子"？怎样将"钱用在刀刃上"？让每一笔资金花得更有效？在今年 102 个中央部门公开的预算"账本"中，可以找到答案。

压减支出，"钱花得更节约"

"2020 年，落实过紧日子要求，压减一般性支出，把钱用在刀刃上"——打开财政部 2020 年部门预算，这句往年没有的"卷首语"映入眼帘。

在当前应对疫情冲击的特殊时期，财政收支形势严峻程度前所未有，政府如何过好"紧日子"尤为关键。下降 6.9%、5.6% 和 3.6%——记者在查阅审计署部门预算时发现，相较于 2019 年执行数，今年安排在行政运行、机关服务、事业运行项目上的预算均有所减少，个别项目预算降幅达 50%。

"三公"经费也是中央部门"勤俭节约"的一大着力点，财政部、文化和旅游部、中国贸促会等部门压缩力度超过 50%。政府过"紧日子"，是为了让人民群众过"好日子"。通过压减非急需、非刚性支出，可节省下更多的资金和财力，用于促进国家发展和民生福祉。

推进项目支出预算公开，"钱花得更明白"

教育部"'励耕计划'教育助学项目"，生态环境部"大气、水、土壤污染防治行动计划实施管理项目"，国家医疗保障局"医疗保障体系建设项目"，中华全国妇女联合会"促进妇女儿童事业发展与妇女儿童维权项目"……今年,项目支出预算公开是一大看点。通过加大项目支出预算公开力度,可更好体现各部门的经济活动和履职情况,增强部门预算透明度,促进公众对政府"花钱"进行监督。

自2010年首次公开以来,我国中央部门预算公开已进入第十一个年头。今年中央部门预算公开的深度和广度进一步提升,这将进一步打造"阳光财政",推动花好每一笔宝贵的资金,促进政府支出更科学、更规范、更有效。

(资料来源:申铖,新华网,2020年6月12日)

二 公共投资性支出

公共投资性支出又称财政投资支出,它是政府财政用于各种公共性质项目的资金支出。投资与经济增长关系密切,政府为促进经济增长往往利用财政投资来拉动,以调节经济运行。

财政投资在全社会投资中所占比重不大,并不意味着财政投资微不足道。财政投资能弥补市场调节的不足,更可以通过财政投资乘数来引导和制约社会投资的投资总量和投资结构。所以,随着投资格局和投资主体的变化,政府必须注意宏观调控方式的变化。

(一)公共投资的特点

公共投资性支出是社会总投资的一个特殊组成部分。按照投资主体来划分,社会总投资可以分为公共投资和私人投资两个部分。公共投资有如下特点:

(1)公共投资的主体是政府,一般其投资能力和承担风险的能力都较强。

(2)公共投资的目的是社会效益。政府居于宏观调控的主体地位,公共投资一般不单纯从经济效益角度来安排投资,公共投资可以是微利甚至是无利的,但建成后的项目可以极大地提高国民经济的整体效益。

(3)公共投资项目的大型化和长远性。政府财力雄厚,且资金来源大多数是无偿的,可以投资于大型项目和长期项目,这是非政府部门的投资力所不能及的。

(4)公共投资的宏观调控性。公共投资是政府调控经济运行的重要手段。公共投资可以配合国家调控,满足确保国民经济协调、稳定发展的需要。

(二)公共投资的范围

市场经济条件下,市场机制在资源配置中发挥基础性作用。政府投资作为一种非市场的投资行为,虽然可以弥补市场缺陷,促进资源有效配置,但不可过分夸大公共投资的作用。否则会造成政府对市场的过度干预,甚至会窒息市场活力。可见公共投资必须有确定的范围。

1.社会基础设施和公用基础设施投资领域

社会基础设施是一国在科学技术研究和开发方面,以及教育和公共卫生等社会发展方面的基础设施。政府在此方面投资可以提高社会成员的整体素质,保证经济增长的质量和效率,促进社会的全面进步。

公用基础设施是一国经济发展的外部环境所必需的基础设施,如道路、供水、供电、通信等。政府对公用基础设施进行投资对于促进经济增长,提高人民生活水平必不可少。发展中国家普遍存在基础设施发展滞后的问题。

2. 经济基础产业投资领域

经济基础产业大都是关系国计民生的重要产业，是经济增长必不可少的因素，如能源、基本原材料、交通等。这类产业具有资本密集程度高、投资大、建设周期长、投资回收慢等特点，因此非政府投资主体一般不愿意主动进行投资。若没有公共投资支出的支持，经济基础产业很难迅速发展，这必然会影响整个社会经济的稳定增长。所以，政府应介入此产业的投资，同时运用政策鼓励和吸引其他社会资金共同投资。

3. 高新技术产业投资以及重要能源和稀缺资源的开发领域

投资是经济发展的动力，是经济增长的主要因素。但公共投资的范围要多大才算合理，显然没有绝对的答案，就是同一个国家在不同历史发展阶段也是不一样的。一般而言，实行市场经济体制的国家与实行计划经济体制的国家相比，公共投资在全社会投资总额中所占比重要小些，一般不进入具有市场竞争性的行业。经济发达的国家，公共投资在全社会投资总额中所占比重也会小些。发展中国家由于市场存在更多的缺陷和不足，因而政府投资的范围比发达国家要宽些。

阅读专栏 2.1

什么是 PPP 模式？国家为何大力发展该模式？

"PPP"实际上是 Public-private Partnership 的缩写，即公私合作关系。该词最早由英国政府于 1982 年提出。随着实践的证实，这确实是一个利益最大化的合作模式，从而被推广开来。

广义 PPP 也称为 3P 模式，即公私合作模式，是公共基础设施一种项目融资模式。在该模式下，鼓励私营企业、民营资本与政府进行合作，参与公共基础设施的建设。按照这个广义概念，PPP 是指政府公共部门与私营部门合作过程中，让非公共部门所掌握的资源参与提供公共产品和服务，从而实现合作各方达到比预期单独行动更为有利的结果。相当于国家设立项目，给予政策支持，而私人机构投资，并进行运营管理，可谓各取所长。

狭义 PPP 的主要特点是，政府对项目中后期建设管理运营过程参与更深，企业对项目前期可研、立项等阶段参与更深。政府和企业都是全程参与，双方合作的时间更长，信息也更对称。

对于大家最好奇的利益如何分割？实际 PPP 是利益共享，风险共担。但关键的是，PPP 中公共部门与私营部门并不是简单分享利润，还需要控制私营部门可能的高额利润，即不允许私营部门在项目执行过程中形成超额利润。其主要原因是，任何 PPP 项目都是带有公益性的项目，不以利润最大化为目的。如果双方想从中分享利润，其实是很容易的一件事，只要允许提高价格，就可以使利润大幅度提高。不过，这样做必然会带来社会公众的不满，甚至还可能会引起社会混乱。

既然形式上不能与私营部门分享利润，那么，如何与私营部门实际地共享利益呢？在此，共享利益除了指共享 PPP 的社会成果，还包括使作为参与者的私人部门、民营企业或机构取得相对平和、长期稳定的投资回报。利益共享显然是伙伴关系的基础之一，如果没有利益共享，也不会有可持续的 PPP 类型的伙伴关系。

PPP 的应用范围非常广，在发达国家，PPP 既可以用于基础设施的投资建设（如水厂、电厂)，也可以用于很多非营利设施的建设（如监狱、学校等)。从短期管理合同到长期合同，包括资金、规划、建设、营运、维修和资产剥离都可以使用。

（资料来源：张文晖. 人民网，2015 年 5 月 26 日）

(三)政府采购

1. 政府采购与政府采购制度

政府采购又称公共采购,是指各级政府及其所属机构为履行职能的需要,在财政的监督下,按照法定的程序和方式从国内外市场上购买所需产品和服务的活动。显然,政府采购属于购买性支出。政府采购支出是政府为进行这种公共采购所做的支出。

政府采购不仅仅是指具体的采购过程,而是采购政策、采购程序、采购过程、采购管理的总称。合理运用政府采购可以提高购买性财政支出的效益。

政府采购制度作为财政制度的一个重要组成部分,是对政府采购活动加以规范的政策、法规、制度的总称。

2. 政府采购制度的特征

(1)采购活动具有公开性、公正性和竞争性。政府采购一般规模大、对象广,因而由财政部门成立专门的政府采购管理机构,按照公开、公平、公正的原则以招标、竞标的方式进行采购和供应。各供货单位之间公平竞争,所以其又被称为"阳光下的交易"。

(2)采购制度具有规范性、政策性。政府采购活动通常是由政府采购法来规范的,按一定的采购方式和程序运作,同时还要受到严格的管理与监督。因政府采购对整个国民经济有着直接的影响,因而同时具有政策性。

(3)采购的资金来源具有公共性。政府采购的资金来源主要是财政性资金,即政府财政拨款,它是公共资金,这有别于私人采购。

(4)政府采购行为的非营利性。政府采购是为了满足社会公共需要进行的政府支出活动,主要体现为政府各部门的公用事业费和财政投资支出。

3. 我国建立政府采购制度的意义

(1)建立政府采购制度是建立和完善社会主义市场经济机制的必然要求,有利于促进市场经济的公平竞争,促进全国统一大市场的形成,可以更好地弥补市场缺陷。

(2)有利于加强财政监督,提高财政资金使用效率。政府采购制度能够有效地节约资金,主要是因为引入了竞争机制,它一般通过公开招标制度选择供货商,以获得价廉物美的产品和劳务。

(3)有利于加强财政宏观调控的功能。根据社会经济运行状况,采用灵活而有弹性的政府采购制度,实现社会总供求的平衡。当经济过热、需求过旺时,政府推迟采购或压缩采购规模,减少总需求,实现供求平衡;相反,当经济过冷、需求不足时,政府提前采购或扩大采购规模,增加总需求,实现供求平衡。

> **案例 2.3** 政府采购制度形成"1+1+5+N"制度体系

《中华人民共和国政府采购法》自2003年1月1日起实施,标志着我国政府采购由此进入法制化轨道。《中华人民共和国政府采购法》实施18年来,我国政府采购在不断改革中取得了举世瞩目的成绩,我国政府采购制度也完成了破茧成蝶的华丽蜕变,以《中华人民共和国政府采购法》为核心的政府采购制度法律框架初步形成——"1+1+5+N"制度体系。

《中华人民共和国政府采购法》实施后的第二年,财政部发布了《政府采购供应商投诉处理办法》(财政部令第20号)、《政府采购货物和服务招标投标管理办法》(财政部令第18号)、《政府采购信息公告管理办法》(财政部令第19号);2013年,财政部发布了《政府采购非招标采购方式管理办法》（财政部令第74号）；2014年12月31日，国务院第75次常务会议通过《中华人民共和国政府采购法实施条例》，自2015年3月1日起施行；2020年，财政部发布了《政府购买服务管理办法》（财政部令第102号）。

除一部法律、一部行政法规、五个部长令外，财政部还根据实际需要，出台了一系列规范性文件，包括2003年的《政府采购评审专家管理办法》，2007年的《政府采购进口产品管理办法》，2014年的《政府采购竞争性磋商采购方式管理暂行办法》，2015年的《关于规范政府采购行政处罚有关问题的通知》，2016年的《财政部关于加强政府采购活动内部控制管理的指导意见》，2018年的《政府采购代理机构管理暂行办法》，2019年的《关于运用政府采购政策支持脱贫攻坚的通知》和《财政部关于促进政府采购公平竞争优化营商环境的通知》，2020年的《关于开展政府采购意向公开工作的通知》和《关于政府采购支持绿色建材促进建筑品质提升试点工作的通知》等。

2018年11月14日，中央全面深化改革委员会第五次会议审议通过了《深化政府采购制度改革方案》，为贯彻落实方案有关要求，完善政府采购法律制度，财政部研究起草了《中华人民共和国政府采购法（修订草案征求意见稿）》，并于2020年12月4日向社会公开征求意见。

（资料来源：董莹.政府采购信息网，2020年12月21日）

第三节　转移性支出

转移性支出直接表现为政府的部分财政资金无偿的、单方面的转移，包括补助性支出、捐赠支出和债务利息支出等。其中，补助性支出由社会保障支出、财政补贴支出和税式支出构成。从数额上看，补助性支出占转移性支出的份额最大；从经济影响上看，也是补助性支出最为重要，它全面影响着收入分配，并间接影响着资源的配置。因此，本节集中讨论转移性支出中的补助性支出。

一　社会保障支出

（一）社会保障制度的概念

社会保障是指政府向丧失劳动能力、失去就业机会以及遇到其他不幸事故而面临生活困难的公民，提供的基本生活需求保障，是依法进行的国民收入再分配活动。社会保障是现代国家和文明社会的标志，也是现代社会中的一种制度化的安全措施。

社会保障制度是由国家依据一定的法律和法规，按照某种确定的规则经常实施的社会保障政策和措施体系。从广义上来说，社会保险、社会救济、社会福利、优抚安置和社会互助等各项不同性质、作用和形式的社会保障制度构成整个社会保障体系。社会保障支出是政府用于社会保障方面的财政支出，它的规模和大小与一国的社会保障制度密切相关。

由于经济发展水平、历史文化传统、政府的有关政策取向等复杂多样,迄今各国建立的社会保障制度并没有形成统一模式。各国的社会保障制度不同,相应的社会保障支出安排也就存在较大差别。但是,在现代社会下的任何社会制度的任何国家,社会保障支出都是社会公共需要的重要组成部分。

(二)我国社会保障制度的内容

1. 社会保险

社会保险是指以国家立法形式强制实施,以解除劳动者在遭受年老、疾病、伤残、失业、死亡等特殊事件时的后顾之忧为目的,并采取由劳动者、雇佣单位、政府三方共同筹集基金以实现受保障者权利与义务相结合的一种社会保障制度。目前,我国的社会保险包括养老保险、失业保险、医疗保险、工伤保险、生育保险。社会保险具有互济性、强制性、社会性、福利性的特点。社会保险是现代社会保障的核心内容。

2. 社会救济

社会救济是指国家和社会对贫困人口与遭受自然灾害等不幸事故的人所构成的社会弱势群体提供钱款、物资接济和扶助的一种社会保障制度。社会救济的特点:第一,全部费用由政府从财政资金中解决,接受者不需要缴纳任何费用;第二,受保人享受社会救助待遇需要接受一定形式的经济状况调查,国家向符合救助条件的个人或家庭提供救助。经费来源以政府一般性税收为主,以社会团体或个人提供捐赠为辅。

目前,我国以城乡低保、农村五保(吃、穿、住、医、葬)、灾害救助、医疗救助为基础,以临时救助为补充,与廉租住房、教育、司法等专项救助制度衔接配套的覆盖中国城乡的社会救助制度体系基本确立。

3. 社会福利

社会福利是由国家和社会团体通过社会化的福利设施和有关福利津贴,以满足社会成员的生活服务需要并促使其生活质量得到改善的一种社会保障制度。经费来自政府预算拨款。

(1)政府或社会团体兴办的、以全体社会成员为受益对象的公共福利事业。如教育、科学、环境保护等设施。

(2)政府或社会团体为残疾者、孤儿、生活无着的老人等具有特殊需要而又无力自理的人举办的专门性福利事业。如养老院、孤儿院、疗养院、盲聋哑儿学校等。

(3)政府为照顾一定地区或一定范围的居民对部分必要生活资料的需要而采取的局部性或选择性的福利设施。如对寒区居民给予冬季取暖补贴,为低收入居民提供廉价住房。

4. 社会优抚

社会优抚是对革命军人及其家属提供的社会保障。包括军人退役或在战场上牺牲、伤残时,政府对其家属和本人的一种生活补助和优待照顾,属于社会保障的特殊构成部分。

(三)我国社会保障体系的发展现状

我国的社会保障制度是中华人民共和国建立以后从零起步的,经过多年的努力,具有中国特色的社会保障体系框架基本建立。中华人民共和国我国在覆盖城乡社会保障体系建设中取得的成就,获得了国际社会的充分肯定和高度评价。在2016年11月17日,国际社会保障协会第32届全球大会授予中国政府"杰出社会保障成就奖"。党的十八大以来,围绕"坚持全覆盖、保基本、多层次、可持续方针,以增强公平性、适应流动性、保证可持续性为重点,全面建成覆盖城乡居民的社会保障体系",社会保障实现了对人群的制度覆盖,建成了世界上规模最大的社会保障体系。我国社会保障制度建设取得突破性进展,为保障和改善民生做出了积极贡献。主要表现在以下几个方面:

1. 适应社会主义市场经济的社会保障体系框架基本建立

经过40多年的改革发展,我国社会保障制度实现了根本转型,全新的体系框架基本建立,形成了以国家立法实施的社会保险、社会救助、社会福利、优抚安置为基础,以城乡基本养老、基本医疗、最低生活保障制度为重点,以慈善事业、商业保险为补充的多层次社会保障体系。

2. 构建了世界上最大的社会保障网络

据《2019年度人力资源和社会保障事业发展统计公报》统计,截至2019年末,我国基本养老保险参保人数为96 754万人,城镇职工基本养老保险参保人数为43 488万人。年末基本养老保险基金累计结存62 873亿元。还有9.6万户企业建立了企业年金,参加职工人数为2 548万人,年末企业年金基金累计结存17 985亿元。据《2019年全国医疗保障事业发展统计公报》统计,截至2019年末,参加全国基本医疗保险135 407万人,参保覆盖面稳定在95%以上。其中,参加职工基本医疗保险人数32 925万人;参加城乡居民基本医疗保险人数102 483万人。全年基本医疗保险基金(含生育保险)总收入24 421亿元,总支出20 854亿元;全国基本医疗保险基金(含生育保险)累计结存27 697亿元,其中基本医保统筹基金(含生育保险)累计结存19 270亿元,职工基本医疗保险个人账户累计结存8 426亿元。

3. 社会保障法律法规体系逐步建立

改革开放以来,与社会主义市场经济体制相适应的社会保障法律法规体系逐步建立并不断完善。目前,我国已经形成以《中华人民共和国宪法》为根本大法,以《中华人民共和国劳动法》《中华人民共和国社会保险法》《中华人民共和国慈善法》《中华人民共和国军人保险法》等为主干,以相关法律法规为配套,以相关部门规章为补充的社会保障法律法规体系,以立法形式总结和巩固了社会保障制度改革经验。

4. 管理经办服务体系不断完善,管理服务水平不断提升

构建覆盖十四亿人口的社会保障网络,必须建设一支合格的社会保障经办服务机构。经过40年来的发展,从中央到地方已经建立了一支经得起考验的社会保障经办管理队伍。以计算机网络终端、手机移动APP、微信、自助机等信息化经办手段和方式,构建了高效、便捷、安全的社保经办网络体系,全国统一的社会保险公共服务平台建设正在有序推进。

(四)社会保障体系的完善

改革开放以来,我国社会保障体系建设取得了历史性、里程碑式的进展,同时也应看到,"十四五"时期我国社会保障制度建设面临着诸多挑战。如人口老龄化对社会保障的压力日益增大、社会保障的公平性有待提高、多层次社会保障体系亟待健全、经济转型对社会保障的新挑战等。

面对上述压力和挑战,我国社会保障制度要按照十九大报告提出的"兜底线、织密网、建机制的要求",建成覆盖全民、城乡统筹、权责清晰、保障适度、可持续的多层次社会保障体系。具体到"十四五"时期,侧重在以下方面继续完善:

1. 提高基本社会保障制度的共济性

"十四五"以及今后一个时期的社会保障制度改革,应强调并提高其公平性和共济性,实现共享发展。要加快实施职工基本养老保险全国统筹,平衡各地畸轻畸重的养老保险负担和待遇水平,促进全国人力资源的合理流动。划转国有资本补充职工基本养老保险基金的

工作,也应在职工基本养老保险全国统筹的基础上开展。同时,要加快机关事业单位养老保险制度的落实落地,推动机关事业单位养老保险制度和企业职工基本养老保险制度的统一。对于城乡之间以及不同人群之间的社保待遇差别,应视经济社会的发展情况,逐步加以缩小。

2. 进一步完善多层次社会保障体系

目前我国的社会保障制度尚不完备。如参加养老保险人员因病、非因公丧失劳动能力或死亡的,按照《中华人民共和国社会保险法》要求,应从基本养老保险基金中支付抚恤金或遗属待遇等,但目前尚无具体的政策和制度安排,迫切需要建立公平的参加基本养老保险人员的遗属待遇和丧葬补助金制度。再如多层次制度体系不健全,目前基本养老金制度仍是独大,企业年金发展明显不足,商业性养老金更是无法准确辨识自己的客户群体。基本保障一支独大,补充保险存在制度缺陷,保障人群和程度不足,一方面导致政府财政压力越来越大;另一方面,保障水平不高,迫切需要出台更加优惠的税收等政策,加快多层次社会保障体系建设。此外,当前迫切需要打破传统的工伤保险、失业保险等以是否签订"劳动合同"为前提的参保约束,要适应新业态经济发展需要,建立适应各类从业人员的社会保障制度,切实保障新业态从业人员的社会保障权益。

3. 重视老年和儿童的社会保障和社会福利制度建设

近年来,随着经济与社会统筹发展,我国的老年康养体系和儿童社保福利制度建设相对薄弱。针对当前城乡家庭结构转变、生育政策调整和城乡区域间人口流动性加剧的情况,国家的社会保障和社会福利制度要向老年和儿童适当倾斜,应较大幅度增加政府投入,完善大病救助并规范管理体系并鼓励社会和慈善参与,落实家庭责任。

4. 不断完备制度,推动社会保障法制化进程

在"十四五"时期,还需要全面修改《中华人民共和国社会保险法》,修订《工伤保险条例》和《失业保险条例》,并积极推动《社会福利法》纳入立法议程,从而形成比较完善的中国社会保障法律体系。只有社会保障法制走向健全完备,确保社会保障在法治轨道上运行,才能有效规范社会保障行为,为社会保障制度的良性运行与协调发展提供保证。

5. 适应新技术发展需要优化社保经办服务体系

要广泛应用大数据、云计算、互联网和区块链等技术,建立方便、快捷、安全、高效的社会保障经办管理服务网络体系,尽可能方便企业法人和参保人员进行参保登记、缴费、查询、领取待遇等各项服务,改变传统的大厅式、柜员制、面对面的服务模式。利用现代网络技术,提高社会保障缴费、发放以及资金保值增值等各类业务的透明度,以便于参保人员及社会各界对社会保障事业的监督。

案例2.4　世界最大社保体系建成覆盖10亿人的养老保险改革加速

"十三五"时期,我国建成了世界上规模最大的社会保障体系。养老保险制度在"十三五"期间已启动了一系列重大改革,诸如划拨国资充实社保基金、中央调剂金制度等。"十四五"期间改革还将继续向纵深推进,其目标就是"十四五"规划建议提出的:健全覆盖全民、统筹城乡、公平统一、可持续的多层次社会保障体系。

《人力资源和社会保障事业发展"十三五"规划纲要》显示,到"十三五"期末,我国基本养老保险覆盖人数为9.75亿。人社部新闻发言人卢爱红在2020年第三季度新闻发布会上表示,截至9月底,全国基本养老、失业、工伤保险参保人数分别为9.87亿人、2.12亿人、2.63亿人,均提前完成"十三五"规划目标。

"十三五"时期,我国基本养老保险覆盖人数增加了1.3亿人:从2015年底的8.58亿增加到了当前的9.87亿,制度覆盖率超过了90%。这1.3亿中一大部分是灵活就业人员、新业态人员(互联网、快递)以及以农民工为主体的中小企业人员。实施全民参保计划是养老保险参保人数大幅增加的重要原因。通过实施全民参保计划,对中小微企业职工、灵活就业人员等重点人群进行登记补充完善,促进了他们积极参保和长期稳定缴费。

灵活就业人员的社保问题仍然是下一步社保攻坚的重点。健全灵活就业人员的社保制度也列入"十四五"规划建议之中。中国人民大学中国就业研究所所长曾湘泉表示,灵活就业人员工时长,收入不稳定,社保仍然是他们所面临的一个核心问题。灵活就业人员参加社保面临的主要障碍是身份认定,相关政策下一步需要在这方面加以完善。

党的十九大报告明确提出,全面建成覆盖全民、城乡统筹、权责清晰、保障适度、可持续的多层次社会保障体系。健全可持续的多层次社会保障体系,再次写入了"十四五"规划建议。

(资料来源:郭晋晖.第一财经网,2020年12月3日)

(五)社会保障基金的筹集模式

世界各国社会保障制度尽管不尽相同,但归纳起来,可分为现收现付式、完全基金式和部分基金式三种模式。

1. 现收现付式

现收现付式是指以近期横向收付平衡原则为指导,用一个时期正在工作的一代人的缴费来支付已经退休的一代人的养老金,如图2-1所示。

工作的人 —缴纳税费→ 社会保障基金 —支付收益→ 养老金受益人

图 2-1　现收现付式

现收现付式的优点是简便易行,费率调整灵活,社会共济性强,基本上不存在基金受投资风险影响的问题。由于现收现付式没有长远的规划,事先也没有必要的储备积累,因而在未来保障费用急剧增长的情况下,会造成保障费率的大幅提高,加剧对筹资对象的负担风险和社会保障基金的支付危机。从长期看,老龄化趋势明显会增加年轻一代的负担。

2. 完全基金式

完全基金式是一种以远期纵向收付平衡原则为指导的筹资方式,其特征是建立个人账户,使退休金直接来源于社会成员本身的储蓄积累,如图2-2所示。

个人 ⇄ 工作期间的缴费 / 退休后受益 ⇄ 养老基金 ⇄ 资本市场

图 2-2　完全基金式

实行完全基金式的好处体现为:首先,它能够缓解养老保障制度所受到的人口老龄化的冲击,避免了现收现付所需要缴纳的税费的增加。其次,它完全靠劳动者本人融资,没有收入再分配的功能,不会造成政府额外的财政负担。再次,由于每个成员都有明确的个人账户,对自己所缴的费用有充分的权益,不会期待政府的补助和津贴,因此这一模式不会扭曲个人的工作和储蓄行为。最后,该模式会产生更多的储蓄,有助于资本积累。缺点是基金很容易受通货膨胀的威胁,不具有社会共济功能等。

3. 部分基金式

部分基金式是对前两种方式的综合运用，每年的保障资金收入，部分用于现收现付的社会保险支出，部分用于建立社会保险储备基金。

部分基金式是边积累边支出的方式。这种方式多为养老保险所采用，初期费率低一些，以后逐步提高。实行部分基金式，既避免了完全基金式可能造成大量基金贬值或当初征集基金时费率太高给用人单位和劳动者带来压力，又避免了现收现付式频繁调整费率而使政策、法规规范力减弱的负效应。但其收费率的确定有一定的难度，筹集到的资金在满足现实需要后，究竟要留多少以适应未来的需要将很难确定。如果费率过高，会给筹资对象带来不必要的负担；费率过低，又可能满足不了未来支出的需要。

▶ 思考与讨论：我国筹集社会保障基金应选择哪种方式？

二 财政补贴支出

财政补贴是政府为了实现特定的政治、经济和社会目标，在一定时期内，对某些特殊的产业、部门、地区、企业或个人给予的补助。从本质上说，它属于一种转移支付，属于国民收入的再分配。

（一）财政补贴的特点

1. 政策性

财政补贴的依据是政府在一定时期的政策目标。其规模、结构、期限等都必须服从政府的政策需要，体现了较强的政策性。

2. 灵活性

财政补贴的对象具有针对性，补贴的支付具有直接性，它是政府可以掌握的一个灵活的经济杠杆。同时也可以根据国家政治、经济形势的变化和国家政策的需要适时地修正、调整和更新财政补贴的规模和结构。

3. 可控性

财政补贴的对象、规模、结构，以及在哪个环节补贴、何时取消补贴等具体内容都是由财政部门根据政府的政策需要来决定的。

4. 时效性

财政补贴是根据国家一定时期的政策需要而进行的，它需要不断地修正、更新和调整。

5. 专项性

财政补贴只对政府政策规定和指定的项目或事项进行补贴，除此以外的项目均不给予补贴。

（二）我国财政补贴的主要内容

1978 年以前，我国财政补贴的项目和数量都还极为有限。随着经济体制改革的深入，作为配合改革的重要经济杠杆之一，财政补贴的项目和数量有了大幅度的提高。我国的财政补贴主要包括以下几个方面：

1. 价格补贴

价格补贴是国家为了弥补因价格体制或政策原因造成价格过低而给生产经营企业带来的损失所给予的补贴。价格补贴是财政补贴最主要的组成部分。如 2008 年 5 月 25 日，因国际油价大幅上涨，境内成品油价由政府从紧控制，导致原中国石油化工集团公司成品油与原油价格倒挂，炼油业务严重亏损，原中国石油化工集团公司获得财政部 123 亿元补贴。

2. 政策性亏损补贴

政策性亏损补贴是由于国家政策的原因给生产经营企业带来损失而进行的补贴。

3. 财政贴息

财政贴息是国家财政对某些行业、企业或项目的贷款利息,在一定的期限内按利息的全部或一定比例给予的补助。财政贴息主要的目的在于鼓励开发高新技术产品或名特优产品,引进国外先进的技术设备,实现经济的协调发展。此外,目前我国指定由商业银行针对贫困大学生发放的助学贷款也采取财政贴息的方式,在校期间的贷款利息将全部由财政补贴,毕业后再全部自付。

4. 福利补贴

福利补贴是财政直接给予职工和居民的各种福利性的生活补贴。

财政补贴是财政通过对分配的干预,调节经济和社会生活的一种手段,目的是支持生产发展,调节供求关系,稳定市场物价,维护生产经营者或消费者的利益。财政补贴在一定时期内适当地运用,有益于协调政治、经济和社会中出现的利益矛盾,起到稳定物价、维护社会安定、促进经济发展的积极作用。但是,财政补贴范围过广、项目过多,也会使价格关系扭曲,掩盖各类商品之间的真实比价关系,削弱政府的宏观调控能力。因此,在市场经济体制下,必须合理确定财政补贴的范围,适时调整财政补贴的标准和方式,加强财政补贴的管理,有效地发挥财政补贴的调节作用。

> **案例 2.5** 惠民惠农财政补贴资金"一卡"领取

近年来,随着国家惠民惠农政策力度不断加大,大量财政补贴资金通过直接汇入受益群众银行卡(含社会保障卡银行账户)、存折等(以下统称"一卡通")方式发放,对方便服务群众起到了积极作用。但同时也存在补贴项目零碎交叉,补贴资金管理不规范,补贴发放不及时、不精准等问题,影响了政策实施效果。为深化治理成效,经国务院同意,财政部、农业农村部、民政部、人力资源和社会保障部、审计署、国务院扶贫办、银保监会日前联合下发《关于进一步加强惠民惠农财政补贴资金"一卡通"管理的指导意见》。根据意见,到2023年,实现所有直接兑付到人到户的惠民惠农财政补贴资金原则上均通过"一卡通"方式发放;实现中央统筹、省负总责、市县抓落实的监管格局基本建成;实现"一张清单管制度""一个平台管发放",补贴政策的科学性和资金绩效明显提高。

"一卡通"资金的发放使用在以下五个方面开展创新:一是向社会公布补贴政策清单。各省份最迟不晚于2021年6月底,向社会集中统一公开补贴政策清单。二是规范代发金融机构。三是规范补贴资金发放流程。四是搭建集中统一管理平台,实现有关数据的集中采集和管理。五是依法依规公开补贴信息。

农业补贴政策是国家强农惠农政策的重要组成部分。农业农村部相关负责人表示,要做好以下主要工作:一是大力推进农业补贴数据信息化管理,建立健全补贴精准到户的核查监管机制;不断优化完善农业补贴管理机制,完善农业相关转移支付"大专项+任务清单"管理模式,让"一卡通"真正成为农民群众的"明白卡""幸福卡""实惠卡";持续加大对违规问题的检查惩治力度。

最低生活保障、特困人员救助供养、临时救助等社会救助资金是困难群众的"救命钱",关系困难群众切身利益。民政部相关负责人表示,残疾人两项补贴资金将采取社会化发放,通过金融机构转账存入残疾人账户。同时将做好信息共享和数据对接,加强补贴信息的监测、对比和动态管理,促进补贴资金的公开透明和规范管理。

(资料来源:曲哲涵.人民日报,2020年12月13日)

三 税式支出

美国哈佛大学教授、财政部部长助理斯坦利·萨里于1967年首先提出了"税式支出"的概念。税式支出是指在现行税制结构不变的条件下,国家对于某些纳税人或其特定经济行为,实行照顾或激励性的区别对待,给予不同的税收减免等优惠待遇而形成的支出或放弃的收入。

税式支出的实质是政府为实现自己的既定政策目标,增强对某些经济行为的宏观调控,以减少收入为代价的间接支出。其形式主要有起征点、税收扣除、税额减免、优惠退税、优惠税率、盈亏互抵、税收抵免、税收递延和加速折旧等。

四 其他转移性支出

转移性支出中除了社会保障支出和财政补贴支出这两大部分外,还有其他一些支出项目,主要有援外支出、债务利息支出和其他支出。虽然它们所占的比例并不大,但也有其特殊的作用。

1. 援外支出

援外支出是指财政用于援助其他国家、地区或国际组织的各种支出。它在不直接形成国内商品和劳务的需求时,具有转移性支出的性质。在当今世界,国与国之间的政治、经济联系日益密切,对外交流日益增加,援外支出对于加快本国经济发展、维护世界和平,都具有重要意义。如同接受外援一样,国家很自然地要对外提供或大或小的援助。作为发展中国家,我国的援外支出能力有限,在援外方面应量力而行,同时要注意对外援助的方式与效果。

2. 债务利息支出

债务利息支出是指政府财政用于偿还国内外借款的利息支出。国家债务的利息支出,并不对国内资源和要素(商品和劳务)形成直接的需求压力,从这个意义上说,财政的债务利息支出具有转移性支出的性质。

> **思政案例**   **中央财政全力以赴支持打赢脱贫攻坚战**

又是一个丰收年,站在河北省张家口市怀安县第三堡村的田地里,莘柱兵捧着手里的谷穗,给记者算了一笔账:"按今年的行情,一亩地能挣2 400元,比过去种玉米能多挣1 000多元!"正是依托黄小米产业和其他扶贫措施,2019年莘柱兵家成功脱贫。

莘柱兵口中的脱贫利器——黄小米,是当地的特色产品。张家口市财政局将发展特色杂粮产业作为该村的重点帮扶项目来抓,帮助村里建起了小米加工厂,并在资金上倾力帮扶。如今,小米卖得火,日子更红火,第三堡村一举摘掉了贫困村的帽子,村里的贫困户也于去年全部脱贫。第三堡村的产业发展是财政支持脱贫攻坚的一个缩影。

财政作为国家治理的基础和重要支柱,在打赢脱贫攻坚战中肩负重要职责。自脱贫攻坚战打响以来,按照党中央、国务院的决策部署,财政部始终坚持把脱贫攻坚作为头等大事和第一民生工程来抓,切实发挥职责作用,不断健全与脱贫攻坚任务相适应的投入保障机制,加大扶贫资金投入力度、创新支持方式、加强扶贫资金监管,着力提高资金使用效益,全力以赴打赢脱贫攻坚这场硬仗。

如期高质量打赢脱贫攻坚战,资金保障十分重要。财政部将落实好脱贫攻坚投入保障摆到财政工作更加突出的位置,不断健全与脱贫攻坚任务相适应的投入保障机制,为打赢脱贫攻坚战提供充足的"粮草军需"。

财政部坚持脱贫攻坚现行目标标准,不断加大中央财政专项扶贫资金投入力度。2016—2020年,中央财政累计安排补助地方专项扶贫资金5 305亿元,连续5年每年新增安排200亿元。针对脱贫攻坚中仍存在的短板弱项,财政部以挂牌督战县、村为重点,在2020年已安排1 461亿元中央财政专项扶贫资金基础上,再一次性安排支持脱贫攻坚补短板的综合财力补助资金300亿元,支持贫困地区克服疫情影响,重点用于补齐挂牌督战县因疫情影响造成的财政减收缺口、"两不愁三保障"和农村饮水安全、易地扶贫搬迁后续扶持、贫困劳动力就业、产销对接、解决有关地区"苦咸水"问题等方面。同时,不断强化县级基本财力保障,在安排教育、医疗、危房改造、水利、农业、交通、生态等转移支付时向贫困地区、贫困人口倾斜,推动解决贫困地区突出问题。"十三五"期间,还累计安排中央专项彩票公益金100亿元,实现对397个贫困革命老区县的全覆盖,为确保贫困革命老区与全国其他地区同步建成小康社会发挥了积极作用。

在"大扶贫"格局下,财政做保障,也需借金融、社会资本等各方面之力来"帮忙"。为此,财政部千方百计拓宽资金渠道,通过地方政府债券资金、政府性基金、土地收入加大脱贫攻坚投入,并引导金融、社会资本凝聚合力。"十三五"期间,累计安排政府债务限额3 849亿元专门支持易地扶贫搬迁、贫困村提升工程等脱贫攻坚重点项目。实施城乡建设用地增减挂钩节余指标跨省域调剂政策,筹资资金全部用于支持脱贫攻坚和乡村振兴。通过贷款贴息、风险补偿,引导金融机构加大扶贫小额信贷投放力度。此外,出台多项税费优惠政策,减免易地扶贫搬迁相关税费,鼓励社会力量踊跃捐赠,促进贫困群众创业就业。

(资料来源:张曦文.中国财经报,2020年12月31日)

关键概念

财政支出　　购买性支出　　政府采购　　转移性支出　　社会保障
财政补贴　　税式支出　　社会基础设施　　公用基础设施　　社会保险
社会救济　　社会福利　　社会优抚

课后实训

一、单选题

1. 社会保障支出包括(　　)支出。
   A. 抚恤　　　　B. 教育　　　　C. 科技　　　　D. 农业
2. 下列财政支出中,属于社会公共消费支出的是(　　)。
   A. 挖潜改造支出　　B. 财政贴息　　C. 行政管理支出　　D. 支农支出
3. 政府投资性支出属于(　　)。
   A. 转移性支出　　B. 高风险性支出　　C. 购买性支出　　D. 高收益性支出
4. 购买性支出占较大比重的财政支出结构反映政府财政履行(　　)的职能较强。
   A. 收入分配　　B. 资源配置　　C. 行政管理　　D. 国防教育
5. 按财政支出的经济性质分类,政府单方面的、无偿的资金支付属于(　　)。

A. 购买性支出　　　B. 转移性支出　　　C. 补偿性支出　　　D. 积累性支出
6. 下面(　　)行业是基础产业。
A. 能源业　　　　B. 服装业　　　　C. 建筑业　　　　D. 金融业
7. 在市场经济制度下,财政投资主要用于(　　)。
A. 重要的社会投资　　　　　　　B. 重要的生产项目投资
C. 非生产性部门的投资　　　　　D. 重要的公共工程和基础设施项目
8. 社会消费性支出属于(　　)。
A. 购买性支出　　　B. 转移性支出　　　C. 社会保障支出　　　D. 专项支出
9. 社会保障是保障公民的(　　)。
A. 福利权利　　　B. 享受权利　　　C. 生存权利　　　D. 消费权利
10. 遵循市场效率准则来安排财政支出,优化资源配置,以最小的社会成本取得最大的社会效益,体现了财政支出(　　)的要求。
A. 公平分配原则　　B. 效益原则　　　C. 稳定　　　D. 发展

二、多选题

1. 从财政的职能角度看,财政支出一般执行(　　)职能。
A. 行政管理　　　B. 公共服务　　　C. 资源配置　　　D. 收入分配
2. 影响财政支出规模的主要因素是(　　)。
A. 经济性因素　　B. 支出结构　　　C. 社会性因素　　D. 法律性因素
3. 转移性支出主要包括(　　)。
A. 补助支出　　　B. 捐赠支出　　　C. 债务利息支出　D. 行政管理支出
4. 下列各项支出中属于财政补贴支出的有(　　)。
A. 价格补贴　　　B. 困难救济　　　C. 财政贴息　　　D. 政策性亏损补贴
5. 财政支出按经济性质分类,一般分为(　　)。
A. 积累性支出　　B. 消费性支出　　C. 购买性支出　　D. 转移性支出
E. 补偿性支出
6. 政府采购的主要特点包括(　　)。
A. 采购行为非营利性　　　　　　B. 非公开性
C. 公平性　　　　　　　　　　　D. 规范性
7. 下列属于社会公共消费支出的有(　　)。
A. 行政管理支出　B. 国防支出　　　C. 教科文卫支出　D. 社会保障支出
E. 基础设施投资
8. 社会保障包括(　　)。
A. 社会保险　　　B. 社会救济　　　C. 法律援助　　　D. 社会优抚
9. 社会保障基金的筹集模式有(　　)。
A. 储蓄式　　　　B. 现收现付式　　C. 部分基金式　　D. 完全基金式
10. 我国行政管理费支出包括(　　)。
A. 国防事业费　　B. 司法检察支出　C. 外交支出　　　D. 高等教育支出

三、判断题

1. 财政支出是财政分配的归宿,反映了国家的政策、政府活动的范围和方向。　(　　)
2. 社会福利事业费是财政用于解决城乡人民生活困难的支出。　　　　　　　(　　)
3. 财政补贴支出具有很强的政策性,是国家调节经济的一种经济杠杆。　　　(　　)
4. 现代社会保障制度的核心内容是社会救济。　　　　　　　　　　　　　　(　　)

5. "全国建成覆盖城乡居民的社会保障体系"是我国社会保障体系建设的目标。（　　）
6. 购买性支出的收入再分配职能较强，转移性支出的资源配置职能较强。（　　）
7. 对教育支出的性质分析表明应当由政府提供全部的教育经费。（　　）
8. 行政国防支出属于政府的转移性支出。（　　）
9. 政府采购的目的是实现政府职能和公共利益。（　　）
10. 基础产业是指具有显著的竞争性特点的产业部门。（　　）

四、案例分析

2020年7月6日，财政部网站发布《2019年中央一般公共预算支出决算表》，见表2-4所示。

表2-4　　2019年中央一般公共预算支出决算表

项目	预算数（亿元）	决算数（亿元）	决算数为预算数的%	决算数为上年决算数的%
一、中央本级支出	35 395.00	35 115.15	99.2	106.0
一般公共服务支出	1 990.46	1 985.16	99.7	96.8
外交支出	627.10	615.39	98.1	105.4
国防支出	11 898.76	11 896.56	100.0	107.5
公共安全支出	1 797.80	1 839.45	102.3	110.8
教育支出	1 835.13	1 835.88	100.0	106.0
科学技术支出	3 543.12	3 516.18	99.2	112.5
文化旅游体育与传媒支出	309.54	308.84	99.8	110.5
社会保障和就业支出	1 135.71	1 231.53	108.4	105.6
卫生健康支出	243.58	247.72	101.7	134.5
节能环保支出	362.68	421.19	116.1	98.5
城乡社区支出	83.40	91.61	109.8	106.1
农林水支出	451.66	532.34	117.9	90.3
交通运输支出	1 355.18	1 422.32	105.0	108.3
资源勘探信息等支出	326.35	355.26	108.9	102.8
商业服务业等支出	87.21	82.42	94.5	117.5
金融支出	947.72	943.72	99.6	111.6
自然资源海洋气象等支出	314.33	314.17	99.9	91.0
住房保障支出	560.22	561.84	100.3	106.2
粮油物资储备支出	1 177.15	1 204.05	102.3	87.7
灾害防治及应急管理支出	357.36	465.65	130.3	141.5
其他支出	952.79	632.23	66.4	76.5
债务付息支出	4 994.23	4 566.62	91.4	109.7
债务发行费用支出	43.52	45.02	103.4	120.9
二、中央对地方转移支付	75 399.00	74 359.86	98.6	107.4
一般性转移支付	67 763.10	66 798.16	98.6	105.8
专项转移支付	7 635.90	7 561.70	99.0	123.1
三、中央预备费	500.00			
中央一般公共预算支出	111 294.00	109 475.01	98.4	106.9
补充中央预算稳定调节基金		1 328.46		130.1

注：1. 按照预算法规定，中央一般公共预算收入短收490.53亿元，支出结余1 818.99亿元，二者相抵后合计1 328.46亿元，用于补充中央预算稳定调节基金。

2. 2019年中央一般公共预算支出决算数为109 475.01亿元，加上使用以前年度结转资金1 517.65亿元，2019年中央一般公共预算实际支出为110 992.66亿元。具体情况见中央本级支出、中央对地方税收返还和转移支付决算表及说明。

根据此报告的数据，分析2019年中央财政支出特点。

第三章　财政收入

章前引例

2020年,全国一般公共预算收入182 895亿元,同比下降3.9%。其中,中央一般公共预算收入82 771亿元,同比下降7.3%;地方一般公共预算本级收入100 124亿元,同比下降0.9%。全国税收收入154 310亿元,同比下降2.3%;非税收入28 585亿元,同比下降11.7%。主要税收收入项目情况如下:

国内增值税56 791亿元,同比下降8.9%。国内消费税12 028亿元,同比下降4.3%。企业所得税36 424亿元,同比下降2.4%。个人所得税11 568亿元,同比增长11.4%。进口货物增值税、消费税14 535亿元,同比下降8.1%。关税2 564亿元,同比下降11.2%。出口退税13 629亿元,加上动用以前年度结转资金安排的920亿元,全年实际办理出口退税14 549亿元。城市维护建设税4 608亿元,同比下降4.4%。车辆购置税3 531亿元,同比增长0.9%。印花税3 087亿元,同比增长25.4%。其中,证券交易印花税1 774亿元,同比增长44.3%。资源税1 755亿元,同比下降3.7%。土地和房地产相关税收中,契税7 061亿元,同比增长13.7%;土地增值税6 468亿元,同比增长0.1%;房产税2 842亿元,同比下降4.9%;耕地占用税1 258亿元,同比下降9.5%;城镇土地使用税2 058亿元,同比下降6.2%。环境保护税207亿元,同比下降6.4%。车船税、船舶吨税、烟叶税等其他各项税收收入合计1 153亿元,同比增长2.8%。

2020年,全国政府性基金预算收入93 489亿元,同比增长10.6%。分中央和地方看,中央政府性基金预算收入3 562亿元,同比下降11.8%;地方政府性基金预算本级收入89 927亿元,同比增长11.7%,其中,国有土地使用权出让收入84 142亿元,同比增长15.9%。

2020年,全国国有资本经营预算收入4 778亿元,同比增长20.3%。分中央和地方看,中央国有资本经营预算收入1 786亿元,同比增长9.1%;地方国有资本经营预算收入2 992亿元,同比增长28.1%。

(资料来源:国库司.2020年财政收支情况.财政部网站,2021年1月22日)

财政是国家治理的基础和重要支柱,科学的财税体制是优化资源配置、维护市场统一、促进社会公平、实现国家长治久安的制度保障。财政收入的稳定增长,将为政府发挥其职能提供坚实支撑。从历史上看,保证财政收入持续稳定增长始终是世界各国的主要财政目标。在公共需求范围日益扩大的现代社会,保证财政收入增长更是被各国政府所重视。在市场经济体制下,税收作为财政收入的主要来源,既涉及财政资金收入规模又涉及纳税人的切身利益。除税收以外,财政收入还涉及非税收入。有关财政收入的一些理论和政策性问题日益成为财政部门和学术界广泛探讨的热点。

通过本章的学习,你将了解财政收入的形式和影响财政收入规模的因素,掌握税收要素、分类、原则、负担和转嫁等基本原理,理解国债的功能。通过对财政收入基本理论的认识,达到能够正确分析与财政收入相关联的经济现象和问题的目的。

第一节 财政收入概述

一 财政收入的概念

财政收入是指政府为履行其职能、实施公共政策和提供公共物品与服务需要而筹集的一切资金的总和。财政收入表现为政府部门在一定时期内(一般为一个财政年度)所取得的货币收入。财政收入是衡量一国政府财力的重要指标,政府在社会经济活动中提供公共物品和服务的范围与数量,在很大程度上取决于财政收入的充裕状况。

从动态角度理解,财政收入是在筹集财政资金的过程中形成的特定财政分配关系,是财政分配活动的首要阶段。从静态角度看,财政收入表现为一定量的货币资金,是用货币表现的一定量的社会产品价值。

二 财政收入的分类

1. 按财政收入的形式分类

这种分类方法突出了税收收入在财政收入中的主体地位,是一种实用性较强的财政收入分类方法,在我国的财政统计工作中经常采用的就是这种分类方法。

(1)税收收入。税收收入是政府取得财政收入的最直接、最主要的形式。税收收入占各国财政收入的比重一般都在90%左右。税收是财政发展史上最早出现的财政范畴,它具有强制性、无偿性和固定性的特征,使其在筹集财政资金方面具有其他收入不可替代的重要作用,是国家取得财政收入的最佳形式,也是政府调节经济运行、优化资源配置和调节收入分配的重要杠杆。

(2)非税收入。政府非税收入管理范围主要包括行政事业性收费、政府性基金、彩票公益金、国有资源有偿使用收入、国有资产有偿使用收入、国有资本经营收益、罚没收入、以政府名义接受的捐赠收入、主管部门集中收入、政府财政资金产生的利息收入等。

此外,广义的非税收入还应包括债务收入。从1994年开始,顺应市场化改革的要求,我国不再把债务收入列入国家预算收入,而采用国际上通行的做法,将债务收入作为弥补财政赤字的手段。

2. 按财政收入的征收权力分类

(1)强制性财政收入。强制性财政收入,是指政府依据强制性财政征收权力所取得的财政收入,主要包括税收收入和罚没收入等。罚没收入是指工商、税务、海关、公安、司法等国家机关和经济管理部门按规定处理的罚款和没收品收入以及各部门、各单位依法处理追回的赃款和赃物的变价收入。

(2)非强制性财政收入。非强制性财政收入是政府依据法定的非强制性财政征收权所取得的财政收入,主要包括国有资产收益、债务收入、规费收入、捐赠收入等。

国有资产收益是指政府凭借其所拥有的资产而取得的利润、租金、股息、红利和资金占用费等收入的总称。它曾是奴隶社会和封建社会财政收入的主要形式,现阶段许多国家保留这种形式,不再是单纯出于财政目的,而主要是用于提高国家干预经济的能力,促进国有资产的合理有效使用。国有资产收益虽然在国家财政收入中不占主要地位,但在国家的经济政策中仍发挥着重要作用。

债务收入是政府以信用方式从国内、国外取得的借款收入,它是一种特殊的财政范畴,也是一种特殊的信用范畴,兼有财政与信用两种属性。现阶段,债务收入被大部分国家所采用,成为政府财政收入的又一重要形式,它已经不再单纯用于弥补财政赤字,而是政府调节经济的重要手段。

政府收费包括规费和使用费两种。前者指政府部门为公民个人或单位提供某种特定服务或实施特定行政管理所收取的工本费和手续费,如工商执照费、商标注册费、户口证书费、结婚证书费、商品检验费等。后者指政府部门对其所提供的公共设施的使用者按一定标准收取的费用,如路桥费、城市水资源费、排污费、公园门票费等。政府收费收入具有不确定性的特点,不宜作为政府财政收入的主要形式。

3. 按照财政收入的管理权限分类

(1)中央财政收入。即按照现行财税体制,列为中央政府管理的财政收入,如增值税、消费税、关税以及中央规定征收的各项基金等。

(2)地方财政收入。即按照现行财税体制,由地方政府支配的财政收入。这类收入一般可分为以下几种情况:一是由国家统一制定法律、法规,地方负责征收,其收入归地方财政的,如个人所得税等;二是由地方自行按宪法和其他法律的规定立法(或立项),自行组织征收的财政收入,如地方自行确定的收费项目的收入;三是中央财政取得的收入中按照现行财税体制由地方参与分享的收入,即由体制决定的分成所得中的地方收入,如增值税的分成收入等。

阅读专栏3.1

2021年政府收支分类科目

根据机构改革和预算管理的需要,在《2020年政府收支分类科目》的基础上,财政部制定了《2021年政府收支分类科目》,自2021年1月1日起施行。

根据目前我国政府收入构成情况,结合国际通行的分类方法,将政府收入分为类、款、项、目四级。其中,"类""款"两级科目设置情况如下:

1. **税收收入。** 分设20款:增值税、消费税、企业所得税、企业所得税退税、个人所得税、资源税、城市维护建设税、房产税、印花税、城镇土地使用税、土地增值税、车船税、船舶吨税、车辆购置税、关税、耕地占用税、契税、烟叶税、环境保护税、其他税收收入。这是财政预算收入的主体。

2. **社会保险基金收入。** 分设9款:企业职工基本养老保险基金收入、失业保险基金收入、职工基本医疗保险基金收入、工伤保险基金收入、城乡居民基本养老保险基金收入、机关事业单位基本养老保险基金收入、城乡居民基本医疗保险基金收入、国库待划转社会保险费利息收入、其他社会保险基金收入。

3. 非税收入。分设 10 款：政府性基金收入、专项收入、行政事业性收费收入、罚没收入、国有资本经营收入、国有资源（资产）有偿使用收入、捐赠收入、政府住房基金收入、专项债券对应项目专项收入、其他收入。

4. 贷款转贷回收本金收入。分设 4 款：国内贷款回收本金收入、国外贷款回收本金收入、国内转贷回收本金收入、国外转贷回收本金收入。

5. 债务收入。分设 2 款：中央政府债务收入、地方政府债务收入。

6. 转移性收入。分设 15 款：返还性收入、一般性转移支付收入、专项转移支付收入、政府性基金转移支付收入、国有资本经营预算转移支付收入、上解收入、上年结余收入、调入资金、债券转贷收入、接受其他地区援助收入、动用预算稳定调节基金、社会保险基金转移收入、社会保险基金上级补助收入、社会保险基金下级上解收入、收回存量资金。

（资料来源：《2021 年政府收支分类科目》的通知．中华人民共和国财政部，2020 年 8 月 13 日）

三 财政收入的组织原则

财政收入的组织原则是组织财政收入所依据的基本法则，它关系到正确处理国家、企业、个人三者之间的利益关系，关系到社会经济发展和居民生活水平的提高。在组织财政收入时，必须把握好以下原则：

1. 发展经济、广开财源原则

发展经济、广开财源是指在组织财政收入时必须从发展经济的角度出发，扩大财政收入的来源。只有扩大经济发展规模，加快经济发展速度，提高经济效益，才能为财政收入开辟丰富的财源。因此，财政收入的规模和增长速度，取决于经济发展的规模、速度与资金积累水平。从长远看，财政部门在筹集资金时，必须着力优化资源配置，加强企业经营管理，提高经济效益，增加财政收入。所以，发展经济、广开财源是组织财政收入的首要原则。

2. 兼顾三者和两级利益原则

兼顾三者利益是指在组织财政收入时，应兼顾国家、企业和个人的物质利益，正确处理好三者的分配关系。国家代表居民的根本利益，承担着增强国家实力、保卫国家安全的重任，必须有足够的财力满足需要。而国家财政收入的增加，必须依靠企业生产的不断扩大，同时生产力水平的提高又与劳动者个人的生产积极性直接相关。处理好三者关系，才能保障经济持续稳定发展和国家财政收入稳定增加。

兼顾两级利益是指在组织财政收入时，应兼顾中央和地方的利益。按目前的财政管理体制，国家财政由中央预算和地方预算构成两级财政，两级财政有各自的具体职能，也形成各自的利益关系，在组织财政收入时应兼顾两级利益。

案例 3.1　我国财政收入分配结构优化方向

在中国财政学会 2019 年年会暨第 22 次全国财政理论研讨会上，财政部综合司司长曾晓安发表了"我国收入分配结构优化方向与财政政策"的演讲。

曾晓安表示，改革开放以来，我国收入分配取得了显著成就，人民生活水平显著提高，减贫效果明显，收入分配政策和制度体系不断完善，我国收入分配格局不断改善，逐步趋于合理化。从政府、企业、居民三部门可支配收入占国民经济比重的国际比较看，我国政府部门占比并不高,企业部门占比较高,居民部门占比偏低。我国收入分配格局虽然还需进一步完善,但更需关注当前我国政府、企业、居民部门内部收入分配的结构性问题。

从政府部门看,主要表现为各级政府间收入结构不够合理,具有垂直不平衡的特点;从企业部门看,非金融与金融企业、非金融企业中工业与房地产企业分配明显背离,脱实向虚;从居民部门看,收入分配差距仍然较大。从理论研究看,收入分配差距并不会随着经济发展自然解决,政府必须担负起调节收入分配的职责和使命。曾晓安提出的建议如下:

保持政府收入比重基本稳定,加快建立权责清晰、财力协调、区域均衡的中央和地方财政关系。政府收入比重与国际平均水平相比并不高,为保持政府对收入分配的调节能力,总体上要基本稳定政府可支配收入在国民经济中的占比。加快推进中央和地方财政事权和支出责任划分,规范省以下财政收入和支出责任划分,完善转移支付制度,调动中央和地方两个积极性。

优化企业部门内部收入分配结构,营造公平合理的竞争环境。针对企业部门收入分配"脱实向虚"问题,继续实施向制造业倾斜的减税降费方案,优化政府对企业的生产性补贴,规范国家与国有金融机构的分配关系。

稳步提高居民收入占国民经济比重,缩小居民收入分配差距。坚持在经济增长的同时实现居民收入同步增长、在劳动生产率提高的同时实现劳动报酬同步提高,稳步提高居民收入总体占比。大力推进基本公共服务均等化水平,加快户籍制度改革,健全劳动力市场体系,大力支持精准扶贫精准脱贫,着力促进起点和过程公平,最终将居民收入分配差距控制在合理范围内。

(资料来源:才科.经济参考报,2019年10月16日)

3.合理负担原则

合理负担原则是现代税收征管工作应贯彻的一条基本原则,是指在组织财政收入时,按纳税人收入的多少,采取不同的征收比例,实行负担能力强的多负担,负担能力弱的少负担,尽量做到负担公平合理。国家在组织财政收入时,既要确保实现国家职能筹集必要的资金,还要依据客观情况的差异,对不同地区、不同产业、不同企业实行区别对待、合理分配的原则。

4.公平与效率兼顾原则

财政收入的公平是指国家在组织财政收入时,要使各个收入交纳者承受的负担与其经济状况相适应,并使各个交纳者之间的负担水平保持均衡。其公平包括横向公平和纵向公平两方面,横向公平是经济能力或收入相同的社会成员应当向国家交纳数额相同的收入;纵向公平是经济能力或收入不同的社会成员应当向国家交纳数额不同的收入。财政收入的公平原则对调节收入分配不公、弥补市场运作的缺陷,维护社会稳定有积极的作用。

财政收入中的效率包括两方面内容:一是指税收等征管工作本身的效率,即以尽可能少的费用投入获得尽可能多的财政收入,财政收入的征管成本越低,效率越高;二是指财政收入要有利于提高经济效率和经济效益,以促进资源优化配置,实现更高层次的效率。

思考与讨论:如何理解财政收入原则中公平的含义?现阶段应如何更好地体现这一原则?

四 财政收入的规模

财政收入能有多大规模,能以多快速度增长,不以政府的意愿为转移。财政收入规模的大小既要满足政府的需要,又要保证经济的持续增长。财政收入规模过大,政府集中的社会财力太多,就会压缩社会居民与企业消费水平,影响企业的扩大再生产能力;相反,如果财政收入规模过小,又不能满足公众对公共产品的正常需求,就会降低经济效率。因此,财政收入规模必须适当,它要受政治、经济条件的制约和影响。

(一)财政收入规模的衡量指标

衡量财政收入的指标有绝对量指标和相对量指标。绝对量是指一定时期内(从统计的角度,时间通常为一年)财政收入的实际货币数量。如2019年我国的财政收入为190 390.08亿元,比2018年的183 359.84亿元增加了7 030.24亿元。相对量是指一定时期的财政收入与有关经济指标的比率,通常用财政收入占GDP的比重来表示。我国2019年财政收入占GDP的比重为19.3%,2015年至2019年,全国财政收入累计约86万亿元,比上一个五年增加29万亿元,年均增长8.4%左右。相对量指标综合体现了政府占有和支配社会资源的份额,反映了政府调控经济运行和影响社会资源分配的地位和力度。具体数据见表3-1。

表 3-1　　　　　　　我国 2000—2019 年财政收入规模

年份	财政收入(亿元)	财政收入增长速度(%)	GDP(亿元)	财政收入占GDP的比重(%)
2009	68 518.30	11.7	348 517.7	19.66
2010	83 101.51	21.3	412 119.3	20.16
2011	103 874.43	25.0	487 940.2	21.29
2012	117 253.52	12.9	538 580.0	21.77
2013	129 209.64	10.2	592 963.2	21.79
2014	140 370.03	8.6	643 563.1	21.81
2015	152 269.23	8.5	688 858.2	22.10
2016	159 604.97	4.8	746 395.1	21.38
2017	172 592.77	8.1	832 035.9	20.74
2018	183 359.84	6.2	919 281.1	19.95
2019	190 390.08	3.8	986 515.2	19.30

(资料来源:国家统计局网站)

(二)影响财政收入规模的因素

财政收入的规模,从绝对量看,并不是越多越好;从相对量看,也不是越高越好。实际上,财政收入的规模不是由政府的主观意愿所决定的,而是受各种客观因素影响和制约的。

1. 经济发展水平是决定性因素

生产发展规模和商品流通规模以及劳动生产率水平对财政收入具有决定性影响。通俗地说,经济发展与财政收入之间是根与叶、源与流的关系。

经济发展水平从总体上反映着一个国家社会产品的丰富程度和经济效益的高低,它是影响财政收入规模的一个根本性因素,对财政收入的绝对规模来说更是如此。因为财政收入来源于对社会产品的分配,在其他条件不变的前提下,财政收入会随着社会产品总量的增长而提高。2009年GDP为348 517.7亿元,财政收入为68 518.30亿元;2019年GDP为986 515.2亿元,财政收入为190 390.08亿元。财政收入规模与其所依赖的经济规模和发达程度存在着显著的正相关关系,见表3-1。

2. 技术水平是重要因素

一定的经济发展水平总是靠一定的技术水平来维系的。随着社会工业化、信息化的进步,科技对经济增长的贡献越来越大,对财政收入的影响也日益加深。这种影响首先表现为技术进步会带来生产速度的加快、新产品开发能力的加强和生产质量的提高。因此,GDP 的规模也不断扩大,财政分配的物质基础也越来越丰富。其次,技术水平的进步,必然带来物质消耗的降低,产品中新增价值的比重提高得更快,整个社会的资源利用效率更高。由于财政收入主要建立在剩余产品价值的基础上,所以技术进步的幅度越大,对财政收入的贡献也越大。据一些国际经济学家测算,在影响发达国家经济增长的诸因素中,技术进步的贡献率从 20 世纪初的 5.2%,50 年代上升到 40%,70 年代进一步上升到 60% 以上,其中美国和日本等发达国家高达 80% 左右。2020 年 5 月 19 日,科技部部长王志刚在国务院新闻办公室举行的新闻发布会上宣布,2019 年我国科技进步贡献率为 59.5%。

3. 收入分配政策的影响

如果说经济增长决定了财政赖以存在的物质基础,并对财政收入规模形成了根本性约束,那么政府参与社会产品分配的政策倾向则进一步确定了财政收入的水平。

一般来说,实行计划经济体制的国家,政府在资源配置和收入分配上起主导作用,并会采取相应的收入分配政策使政府在一定的国民收入中掌握和支配较大的份额,从而有相对较大的财政收入规模,如 20 世纪 80 年代前的东欧国家以及改革开放前的中国。而实行市场经济体制的国家,政府活动定位于满足公共需要,市场机制在资源配置及收入决定中发挥基础性作用,收入分配政策的选择和实施以弥补市场缺陷为主,财政收入规模就相对较小。

即使在经济发展水平相当的国家,政治、社会、经济制度等方面的差别,也会造成财政收入规模的差异。因为不同的制度对政府职能和作用的要求不同,这必然影响财政在整个国民收入分配中的份额。

此外,在国家基本制度制约下的产权制度、企业制度以及劳动工资制度等都会对财政分配政策和收入制度产生影响,从而引起财政收入绝对规模和相对规模的变动。

如我国在计划经济时期,国有企业没有独立的经济利益,其创造的利润要全部上交政府的财政。居民个人的收入则完全依靠企事业单位发放的工资,基本上没有工资以外的其他收入。1960 年,财政收入占 GDP 的比重达历史最高水平,为 47%。1978 年之后,我国的经济改革率先在分配领域进行突破。为了增加居民的个人收入,国家大幅度提高农产品的收购价格,为城镇职工连续增加工资,推行奖金制度。为了促使国有企业向具有独立经济利益的法人实体转轨,陆续对企业实行了企业基金制度、利润留成制度、利改税、企业承包责任制等一系列改革措施,其核心就是通过减税让利,增强企业自身的经营能力。新的分配政策实施的结果是,1993 年财政收入占 GDP 的比重为 12.6%,中央财政收入占财政收入的比重为 22.02%。1994 年我国市场经济体制的建立,考虑到政府应该承担不断加大的宏观调控功能,财税体制改革的重要任务就是提高财政收入占 GDP 的比重以及中央财政收入占财政收入的比重。2019 年财政收入占 GDP 的比重为 19.3%,中央财政收入占财政收入的比重为 46.9%。从国际看,发达国家财政收入占 GDP 比重一般为 30%~40%,发展中国家一般为 20%~30%。所以,目前我国财政收入并非过高,绝大部分国内生产总值留在企业和民间分配。

4. 财政管理水平的影响

在经济增长水平、政府分配政策等既定的前提下,管理的水平也对财政收入规模有较大影响。现实的财政收入规模如何还取决于具体的管理制度,即能否实现应收尽收,最大限度地减少收入的流失,并做到保护财源、创造财源。

5. 其他因素

(1)价格因素。由于财政收入是在一定价格体系下形成的货币收入,价格水平及比价关系的变化必然会影响财政收入规模。在经济发展水平、财政分配制度以及其他因素保持不变的条件下，价格水平的上涨会使以货币形式表现的财政收入增加，价格下降则使财政收入减少，这实际上是由价格水平的上涨或下跌引起的财政收入虚增或虚减。此外，当商品的比价关系向有利于高税商品变动时，财政收入会有更快增长；反之，则会降低财政收入的份额。

（2）特定时期的社会政治环境因素。特定时期的社会政治状况也会引起财政收入规模的变化。如在发生战争时，国家必须动员各种财力以稳固政权或维护国家利益，因而财政收入规模会急剧扩大。

思考与讨论：如何理解经济发展水平对财政收入规模具有决定性影响？

第二节 税收收入

一、税收概述

（一）税收的概念

税收是国家为满足社会公共需要，实现其职能，凭借政治权力，按照法律规定，强制地、无偿地取得财政收入的一种形式。

对税收的概念可以从以下几个方面来理解：①国家征税的目的是满足社会成员获得公共产品的需要。②国家征税凭借的是政治权力。税收征收的主体只能是代表社会全体成员行使政治权力的政府，其他任何社会组织和个人是无权征税的。与政治权力相对应的必然是政府管理社会和为民众提供公共产品的义务。③税收是国家筹集财政收入的主要方式。④税收必须借助法律形式进行。

（二）税收的特征

1. 强制性

税收的强制性是指国家征税是凭借国家政治权力，通过法律或法令对税收征纳双方的权利和义务进行制约，任何单位和个人都不得违抗，否则就要受到法律的制裁。

税收的强制性包括两个方面：一是税收分配关系的建立具有强制性，是通过立法程序确定的，国家依法征税，纳税人依法纳税；二是税收征收过程具有强制性，其法律保障是税法。

2. 无偿性

税收的无偿性是指国家征税以后，税款即为国家所有，不再直接归还给纳税人，也不向纳税人直接支付任何代价或报酬。但必须指出，税收无偿性也是相对的，因为从个别的纳税人来说，纳税后并未直接获得任何报酬，即税收不具有偿还性。但是若从财政活动的整体来考察，税收的无偿性与财政支出的无偿性是并存的，这又反映出有偿性的一面，即"取之于民，用之于民"。

3. 固定性

税收的固定性是指国家在征税前就以法律或法规的形式预先规定了征税的标准，包括征税对象、征收的数额或比例等，并只能按预定的标准征收。纳税人只要取得了应当纳税的收入，或发生了应当纳税的行为，或拥有了应当纳税的财产，就必须按规定标准纳税。同样，征税机关也只能按规定标准征税，不得随意更改这个标准。

税收的固定性强调的是税收征纳要按法律规定的标准进行，这个法定的标准必须有一定的稳定性，表现为时间上具有一定的连续性。但也并非一成不变，而是随着社会经济条件的变化在必要时进行更新,使其更为科学、合理。

税收的上述三个形式特征(税收三性)共同构成税收区别于其他财政收入形式的标志。判断一种财政收入形式是不是税收,主要是看其是否同时具备这三个特征。凡同时具备这三个特征的,无论什么名称,都是税收。

(三) 我国现行的税种

1994年税制改革之后,我国的税种由25个缩减至2018年的18个。具体包括:增值税、消费税、车辆购置税、关税、企业所得税、个人所得税、土地增值税、房产税、城镇土地使用税、耕地占用税、契税、资源税、车船税、船舶吨税、印花税、城市维护建设税、烟叶税和环境保护税。近几年,我国主要税种的税收收入情况见表3-2。

表3-2 我国2015—2019年税收及主要税种收入情况一览表 单位:亿元

指 标	2019年	2018年	2017年	2016年	2015年
各项税收	158 000.46	156 402.86	144 369.87	130 360.73	124 922.20
国内增值税	62 347.36	61 530.77	56 378.18	40 712.08	31 109.47
营业税				11 501.88	19 312.84
国内消费税	12 564.44	10 631.75	10 225.09	10 217.23	10 542.16
关税	2 889.13	2 847.78	2 997.85	2 603.75	2 560.84
个人所得税	10 388.53	13 871.97	11 966.37	10 088.98	8 617.27
企业所得税	37 303.77	35 323.71	32 117.29	28 851.36	27 133.87

(资料来源:国家统计局网站)

自2012年起,经国务院批准,财政部、国家税务总局逐步实施了营业税改征增值税的试点。2016年3月18日召开的国务院常务会议决定,自2016年5月1日起,我国将全面推开营业税改征增值税(以下简称营改增,指以前缴纳营业税的应税项目改成缴纳增值税)试点,将建筑业、房地产业、金融业、生活服务业全部纳入营改增试点。营改增的目的是加快财税体制改革,进一步减轻企业赋税,调动各方积极性,促进服务业尤其是科技等高端服务业的发展,促进产业和消费升级、培育新动能、深化供给侧结构性改革。2017年废止了营业税暂行条例,修改了增值税暂行条例。此外,调整了增值税的税率、征收率,统一了小规模纳税人的标准。在消费税方面,陆续调整了部分税目、税率。在关税方面,进口关税的税率继续逐渐降低。2018年,全国人民代表大会常务委员会通过了车辆购置税法,自2019年7月起施行。

在企业所得税方面,2017年和2018年,全国人民代表大会常务委员会先后修改了企业所得税法的个别条款。经国务院批准,财政部、国家税务总局等单位陆续做出了关于部分重点行业实行固定资产加速折旧的规定;提高企业研究开发费用税前加计扣除比例的规定;购进单位价值不超过500万元的设备、器具允许一次性扣除的规定;提高职工教育经费支出扣除比例的规定;小微企业减征企业所得税的规定,而且减征的范围不断扩大,等等。

在个人所得税方面,2018年,全国人民代表大会常务委员会修改了个人所得税法,修改内容主要是调整居民个人、非居民个人的标准,部分所得合并为综合所得征税,调整税前扣除和税率,完善征管方面的规定,自2019年起实施。此外,经国务院批准,财政部、国家税务总局等单位陆续联合做出了关于上市公司股息、红利差别化个人所得税政策,完善股权激励和技术入股有关所得税政策,科技人员取得职务科技成果转化现金奖励有关个人所得税政策等规定。

逐步调整资源税的税目、税率。2016年,财政部、国家税务总局发出《关于全面推进资源税改革的通知》,自当年7月起实施,改革的主要内容是扩大征税范围和从价计税方法的适用范围。2016年、2017年,全国人民代表大会常务委员会先后通过了《中华人民共和国环境保护税法》《中华人民共和国烟叶税法》，分别自 2018 年 1 月、7 月起施行。2017 年和 2018 年，通过了《中华人民共和国船舶吨税法》《中华人民共和国耕地占用税法》，分别自 2018 年 7 月、2019 年 9 月起施行。2019 年 8 月 26 日，十三届全国人民代表大会常务委员会第十二次会议通过了《中华人民共和国资源税法》，自 2020 年 9 月起施行。

案例 3.2　中国 18 个税种中已有 11 个税种立法

近日，《中华人民共和国契税法》《中华人民共和国城市维护建设税法》获十三届全国人民代表大会常务委员会第二十一次会议表决通过。截至 2020 年 8 月初，我国 18 个税种中已有 11 个立法，除了最新通过的这两部税法外，还包括《中华人民共和国车辆购置税法》《中华人民共和国车船税法》《中华人民共和国船舶吨税法》《中华人民共和国个人所得税法》《中华人民共和国耕地占用税法》《中华人民共和国环境保护税法》《中华人民共和国企业所得税法》《中华人民共和国烟叶税法》《中华人民共和国资源税法》。

《中华人民共和国立法法》规定，"税种的设立、税率的确定和税收征收管理等税收基本制度"只能制定法律。近年来，不断提速的税收法定进程究竟对推动我国经济社会发展发挥了怎样的作用？

让税收更加稳定权威。税收法定除了将一些新的改革措施通过法律形式固定下来外，还从整体上提升了税收的稳定性和权威性。中央财经大学财政税务学院院长白彦锋教授表示，推动税收法定，对于规范政府部门的征税行为、保护纳税人权利、优化税收营商环境都具有非常重要的意义。当然，"税收法定"绝不意味着"换个马甲"，更重要的是凝聚了广大纳税人共识，促进税法遵从，为广大纳税人创造公平公正的税收征管环境，促进我国经济不断高质量可持续发展。

让优惠更加固定明确。通过税收法定，一系列备受广大纳税人关注的优惠政策也进一步得到了明确和固定。2019 年 1 月 1 日新《中华人民共和国个人所得税法》正式实施后，提高"起征点"、调整税率表、增加专项附加扣除、实行累计预扣法等改革举措让广大个税纳税人真正受益。山东金锣集团包装车间工人张丽就是其中一员："我们车间一线工人月工资 6 000 元左右，原来需要缴纳个税，自从提高了'起征点'，有的同事就不用缴税了。"税收法定中，有一些税种的优惠范围也得到了进一步拓展。比如，《中华人民共和国契税法》基本延续《中华人民共和国契税暂行条例》关于税收优惠的规定，同时还增加了其他税收优惠政策：为体现对公益事业的支持，增加了对非营利性学校、医疗机构、社会福利机构承受土地、房屋权属用于办公、教学、医疗、科研、养老、救助免征契税等的规定。

税收法定正合力提速。"税收法定有助于充分发挥税收在推进国家治理现代化和法治化中的关键作用。"中国政法大学财税法研究中心主任施正文告诉记者，税收法定原则又称税收法定主义，是指国家征税必须要有法律依据，没有法律依据不得要求公民纳税，这是规范税收征纳行为，保护纳税人权益，实现税收公平正义的制度保障。根据财政部今年初发布的 2020 年立法工作安排，将力争在年内完成增值税法、消费税法、关税法的起草工作，及时上报国务院。2019 年 11 月 27 日，财政部、国家税务总局联合发布通知，将《中华人民共和国增值税法（征求意见稿）》向社会公开征求意见。2019 年 12 月 3 日公布了《中华人民共和国消费税法（征求意见稿）》。

（资料来源：董碧娟. 经济日报，2020 年 8 月 22 日）

二 税收原则

税收作为以国家为主体的特定分配关系,在具体征收过程中,一部分社会资源从企业和个人那里转移到政府部门,既增加了国家的财力,也对经济运行和社会发展产生了影响。其中,既有积极影响,也有消极影响。一般情况下,政府总是希望发挥税收的积极作用,减少或避免消极影响。因此,制定国家税收法律制度和政策时必须依照整体上协调一致的基本准则,这种基本准则就是税收原则。我国目前的税收原则包括以下三个方面:

1. 财政原则

强调税收政策和制度必须以保证财政收入的取得,为政府履行职能提供物质基础为核心。财政原则的具体内容是足额、稳定和适度。

所谓足额,是指税收收入要能满足政府各项基本支出需要,其中包括政府机构运转需要的支出、政府提供社会公共产品需要的支出、政府实施宏观调控和促进社会发展需要的支出等。因此,保证财政收入占到全国国内生产总值的合理比重,是衡量足额与否的重要指标。同时,为满足中央政府实施宏观调控的需要,提高中央财政在全国财政收入中的比重以保证中央政府掌握必要财力,亦是体现足额要求的内容。

所谓稳定,是指税收规模相对稳定,年度间不宜剧烈波动,选择税种、确定税制时要注重税基的广度和征收的普遍性,把能够与经济发展同步增长的税种作为主要税种,一次性或偶然性税源不宜作为税制设计的重点。

所谓适度,是指要取之有度,不能征税过头,否则不仅伤害企业和个人生产经营的积极性,也会影响将来财政收入的增长,影响国家的长远利益。

贯彻税收的财政原则,在税制设计上应采取宽税基、低税率的原则。

2. 效率原则

效率原则是指税收征收活动要尽可能避免对经济产生负面影响。政府对企业和个人征税,不仅是集中一部分收入和财富,也是经济资源的转移和重新配置,可能提高经济效率,也可能使效率降低。市场经济体制下,税收的目的是改善资源配置,弥补市场缺陷,提高经济效率。所以在贯彻税收的效率原则时,应使税收征收活动更有利于优化经济结构,在选择税种、确定税基、制定税率时,要注意依据各行、各业、各地区的特点制定相应政策,设计合理的税制方案。

3. 公平原则

公平原则是指税收对个人收入的调节和再分配要公平合理。公平分配是社会稳定的基石。税收对收入分配的调节合理与否,不仅是经济问题,更是社会政治问题。税收公平的基本含义是,应当以能力标准来衡量税负水平,按照个人纳税能力征税,税负水平与收入水平保持合理关系,使纳税能力较强的个人承担较多纳税义务,纳税能力较弱的个人承担较少纳税义务。

三 税收要素

税法是税收制度的核心,税收要素是税法构成要素的组成部分。这些要素包括纳税人,征税对象,税率,纳税环节,纳税期限,附加、加成和减免,违章处理等。

(一)纳税人

纳税人亦称纳税主体,它是指税法规定的直接负有纳税义务的单位和个人。纳税人既有自然人,也有法人。所谓自然人,一般是指公民或居民个人。所谓法人,是指依法成立并能独立行使法定权利和承担法定义务的企业或社会组织。一般来说,法人纳税人大多是企业单位、事业单位、社会团体。

与纳税人相关的一个概念是负税人。负税人是指最终负担税款的单位和个人,是一个经济学分析概念。在税收负担不能转嫁的条件下,纳税人与负税人是一致的;在税收负担可以转嫁的条件下,纳税人与负税人是分离的。

(二)征税对象

征税对象亦称课税对象或征税客体,它是指税法规定的征税标的物。征税对象的确定是解决对纳税人何种经营活动征税的问题,明确征税与不征税的界限,也是税法的基本要素之一。它是一种税区别于另一种税的主要标志。与征税对象相关的一个术语是税目。由于有些税种的征税对象比较笼统,为了满足征税的需要,还必须把征税对象具体化,与征税对象有关的两个概念是:

1. 税源

税源是指税收的经济来源或最终出处。有的税种征税对象与税源是一致的,如所得税,税源与征税对象都是纳税人的所得;有的税种征税对象与税源不一致,如财产税的征税对象是纳税人的财产,而税源往往是纳税人的收入。征税对象解决对什么东西征税的问题,税源则表明纳税人的负担能力。

2. 税目

税目是征税对象的具体化,它规定征税的具体依据。其作用有两个方面:一是明确征税范围,二是解决对征税对象的归类。

(三)税率

税率是应纳税额与征税对象数额之间的比例,是对征税对象的征收比例或征收额度。税率是计算税额的尺度,也是衡量税负轻重程度的重要标志。我国现行税率大致可分为以下四种:

1. 比例税率

比例税率,是指对同一征税对象不论数额大小,都按同一比例征收。我国的增值税、城市维护建设税、个人所得税等采用的就是比例税率。

比例税率在具体运用上可分为以下几种:

(1)行业比例税率。即按不同行业规定不同的税率,同一行业采用同一税率。

(2)产品比例税率。即对不同产品规定不同税率,同一产品采用同一税率。

(3)地区差别比例税率。即对不同地区实行不同税率。

(4)幅度比例税率。即中央在制定税法时只规定一个幅度税率,各地可在此幅度内,根据本地区实际情况,选择、确定一个比例作为本地适用税率。

2. 定额税率

定额税率是税率的一种特殊形式。它不是按照征税对象规定征收比例,而是按照征税对象的计量单位规定固定税额,所以又称固定税额,目前我国的资源税、城镇土地使用税、车船税等采用的就是定额税率。

定额税率在具体运用上又分为以下几种:

(1)地区差别税额。即为了照顾不同地区自然资源、生产水平和营利水平的差别,根据各地区经济发展的不同情况分别制定不同的税额。

(2)幅度税额。即中央只规定一个税额幅度,由各地根据本地区实际情况,在中央规定的幅度内,确定一个执行数。

(3)分类分级税额。把征税对象划分为若干个类别和等级,对各类各级由低到高规定相应的税额,等级高的税额高,等级低的税额低,具有累进税的性质。

3. 超额累进税率

根据征税对象的大小,规定若干个等级,每个等级对应一个税率,其税率水平随着征税对象数量等级的增加而增加,全部征税对象可能适用几个不同级次的税率,将征税对象的各部分按照相应级次的税率分别计算税额,然后合并相加为应纳税额。目前采用这种税率的有个人所得税。

4. 超率累进税率

超率累进税率即以征税对象数额的相对率划分若干级距,分别规定相应的差别税率,相对率每超过一个级距的,对超过部分就按高一级税率计算征收。目前采用这种税率的是土地增值税。

思考与讨论:比较各种税率的异同。不同税率对计算税额会产生什么影响?

(四)纳税环节

纳税环节主要指纳税对象从生产到消费的流转过程中应当缴纳税款的环节。如所得税在分配环节纳税,增值税在生产和流通环节都纳税等。

(五)纳税期限

纳税期限是指纳税人按照规定缴纳税款的期限。比如我国企业所得税规定在月份终了或季度终了后的15日内预缴,年度终了后的4个月内汇算清缴,多退少补。

(六)附加、加成和减免

纳税人负担的轻重主要是通过税率的高低来调节的,但除此之外,还可以通过附加、加成和减免等措施来调整。

1. 附加和加成是加重纳税人负担的措施

附加是地方政府在正税之外,附加征收一部分税款。通常把按国家税法规定税率征收的税款称为正税,把正税以外附加征收的税款称为副税。加成是对特定纳税人的一种加税的措施,有时为了实现某种限制政策或调节措施,对特定的纳税人实行加成征税。加一成等于加正税税额的10%,加二成等于加正税税额的20%,依此类推。

2. 减税、免税、起征点和免征额是减轻纳税人负担的措施

减税、免税,亦称税收优惠,减税是对应纳税额少征收一部分税款;免税是对应纳税额全部免征。减税免税是对某些纳税义务人和征税对象给予鼓励和照顾的一种措施。减税免税的类型有一次性减税免税、一定期限的减税免税、困难照顾型减税免税、扶持发展型减税免税等。把减税免税作为税收制度的构成要素之一,是因为国家的税收制度是根据一般情况制定的,具有普遍性,不能照顾不同地区、部门、单位的特殊情况。

起征点是税法规定的对征税对象开始征税时应达到的一定数额。征税对象未达到起征点的不征税,但达到起征点时,全部征税对象都征税。免征额是指征税对象中免于征税的数额。

税法具有严肃性,而税收制度中关于附加、加成和减免税的有关规定则把税收的法律严肃性和必要的灵活性密切地结合起来,体现因地制宜和因事制宜的原则,从而更好地贯彻税收政策。

📱 扫一扫练一练

📚 **思政案例**　　激活力添动力 万亿减税红利助企业轻装上阵

开局之年，减税降费红利持续加快释放。记者近日调研采访浙江、山东、江苏等多地财政部门和企业后了解到，今年以来，减税降费突出"稳""准""新"，地方落细落实各项政策，持续实施制度性减税，精准发力为小微企业减负，激发企业科技创新热情。"2021年，我国优化和落实减税降费政策，预计全年新增减税降费达到1万亿元。"日前，财政部部长刘昆在全国财政工作视频会议上表示。

今年以来，我国继续实施减税降费政策，助力企业轻装上阵。继续执行降低增值税税率，实施留抵退税等制度性减税降费……地方落细落实各项减税降费政策，持续实施制度性减税，稳定市场的预期和发展信心，突出一个"稳"字。小规模纳税人增值税起征点从月销售额10万元提高到15万元、小型微利企业和个体工商户应纳税所得额不超过100万元的部分，在现行优惠基础上再减免……针对小微企业精准发力，突出一个"准"字。

研发费用加计扣除等一系列减税降费政策，着力加大制造业税负优惠力度，激发企业科技创新热情，突出一个"新"字。"按照中央要求，今年减税降费不搞急转弯，不踩急刹车，继续执行制度性减税降费，继续实施省级出台的降低城镇土地使用税、车船税、印花税等政策，保持了政策的连续性和稳定性，稳住了市场的预期，增强了发展的信心。"山东省财政厅税政处处长陈伟说。据他介绍，今年以来，山东省持续推进减税降费，预计全年新增减税降费将超过700亿元。

江苏省财政厅预算审核中心主任兼预算处副处长朱力介绍，1月至9月，江苏全省累计新增减税降费862.5亿元，其中各类税收减免762.1亿元，社保基金减免94.3亿元，非税收入减免6.1亿元。

浙江省财政厅综合处副处长、二级调研员郑达贵告诉记者，中小微企业是浙江经济发展的生力军，占全省企业数量九成以上。前三季度，浙江省小微企业普惠政策叠加减税525.64亿元，占全省叠加累计减税总额的26.3%。"中小微企业规模虽小但韧性强，减负边际效用最为显著，尤其在疫情期间帮扶企业渡过难关，起到了雪中送炭的作用。"

"从2021年1月1日起，我国制造业研发费用加计扣除比例从75%提升至100%，并且缩短了结算期限，在10月预缴时就可以提前享受，企业享受政策红利的时间更早、力度也更大，进一步降低企业研发成本，增强了科技创新的活力和动能。"潍柴集团财务部部长助理韩妮说。

"今年减税降费侧重调结构，从数量型减税降费转向结构型减税降费。比如增值税起征点提高、应纳税所得不到100万元部分的减半征收，明确指向小规模纳税人和小微企业及个体工商户。"粤开证券研究院副院长、首席宏观分析师罗志恒表示，减税降费有利于降低企业成本费用，提高企业盈利能力，提高企业抗风险能力；也有利于企业增加投资，降成本盈利改善是投资扩张的前提条件；此外，通过减税降费鼓励企业创新，促进产业链升级，助推经济高质量发展。

（资料来源：孙韶华，汪子旭.经济参考报，2021年12月29日）

💬 **思考与讨论**：试分析附加、加成和减免税带给纳税人的不同影响。

（七）违章处理

违章处理是对纳税人违反税法行为的处置，其对维护国家税法的强制性和严肃性有重要意义。纳税人的违章行为通常包括偷税、抗税、漏税、欠税等情况。偷税是指纳税人有意识地采取隐瞒收入、多列支出等非法手段达到不缴或少缴税款的违法行为。抗税是指纳税人对抗国家税法、拒绝纳税的违法行为。漏税是指纳税人由于不熟悉税法而未缴或少缴税款的违章行为。欠税即拖欠税款,是指纳税人不按规定期限缴纳税款的违章行为。偷税和抗税属于违法犯罪行为;而漏税和欠税则属于一般违章行为,不构成犯罪。

对纳税人的违章行为,可以根据情节轻重的不同,分别采取以下方式进行处理:批评教育、强行扣款、加收滞纳金、罚款、追究刑事责任等。

四 税收分类

税收种类很多,名称各异,可以根据不同的标准进行多种形式的分类。

(一)按征税对象的性质分类

按征税对象的性质可将税收分为流转税、所得税、财产税、资源税和行为税五类。这种分类最能反映现代税制结构,因而也是各国常用的主要税收分类方法。

(1)流转税以商品交换和提供劳务为前提,以商品流转额和非商品流转额为征税对象,以商品的销售额或营业额为计算税款的依据,包括增值税、消费税、关税等。

(2)所得税以纳税人的各种收益所得为征税对象,主要有企业所得税和个人所得税。其特点是直接调节纳税人收入,发挥公平税负、调整分配关系的作用。

(3)财产税以纳税人拥有的财产数量或财产价值为征税对象。我国目前的房产税、车船税等属于此类。

(4)资源税是为保护和合理使用国家的自然资源和某些社会资源而征收的税。我国现行的资源税、城镇土地使用税等属于此类。

(5)行为税以纳税人的某些特定行为为征税对象。我国目前的印花税、契税等属于此类。

(二)按征税标准分类

按征税标准可将税收划分为从量税和从价税。国家征税时,必须按照一定标准对征税对象的数量加以计量:一是以实物量为征税标准;二是以货币量即以价格为征税标准。采用前一种方法的税种称为从量税,采用后一种方法的税种称为从价税。从量税的税额随征税对象实物量的变化而变化,不受价格影响,在商品经济不发达时期曾被普遍采用。在现代市场经济条件下,只宜在少数税种上采用。中国目前的资源税、城镇土地使用税、耕地占用税、车船税等属于从量税。从价税的税额随征税对象的价格变化发生同向变化,收入弹性大,能适应价格引导资源配置的市场经济的要求,便于贯彻税收政策和增加税收收入,因而被多数税种采用。

(三)按税收管理权限分类

以税收管理权限为标准,全部税种可划分为中央税、地方税、中央地方共享税。

中央税属于中央政府财政收入,在我国由国家税务局征收管理,如关税、消费税、车辆购置税;地方税属于各级地方政府的财政收入,由地方税务局负责管理,如城镇土地使用税、房产税等;中央与地方共享税属于中央政府和地方政府的共同收入,由国家税务局征收管理,如增值税(不含进口环节由海关代征的部分),中央政府享50%收入,地方政府享50%收入。

(四)按税收与价格的关系分类

1.价内税

凡征税对象的价格之中包含有税款的税,称为价内税。如我国现行的消费税等。价内税的税款是作为征税对象的商品或劳务的价格的有机组成部分,该税款需随商品交换价值的实现方可收回。并且,随着商品流转环节的增加会出现"税上加税"的重复征税问题。

2. 价外税

凡税款独立于征税对象的价格之外的税,称为价外税,如我国现行的增值税、关税。价外税比价内税更容易实现税负转嫁,且一般不存在重复征税问题。

▶ **思考与讨论**:区分按照不同标准对税收的不同分类内容的异同。

五 税负转嫁

税负转嫁是指在商品交换过程中,纳税人通过提高销售价格或压低购进价格的方法,将税负转嫁给购买者或供应者的一种经济现象。它具有以下三个特征:①与价格升降紧密联系;②是各经济主体之间税负的再分配,也是经济利益的一种再分配,其结果必导致纳税人与负税人不一致;③是纳税人的一般行为倾向,即纳税人的主动行为。

税负转嫁方式主要有前转、后转、混转、旁转、消转、税收资本化等方式。

1. 前转

前转指纳税人将其所纳税款顺着商品流转方向,通过提高商品价格的办法,转嫁给商品的购买者或最终消费者负担。前转是卖方将税负转嫁给买方负担,通常通过提高商品售价的办法来实现。由于前转是顺着商品流转顺序从生产到零售再到消费的,因而也叫顺转。前转的过程可能是一次,也可能经过多次,前转顺利与否受商品供求弹性的制约。税负前转实现的前提条件是征税商品的需求弹性小于供给弹性。当需求弹性大时,转嫁较难进行;供给弹性大时,转嫁容易进行。

2. 后转

后转即纳税人将其所纳税款逆商品流转的方向,以压低购进商品价格的办法,向后转移给商品的提供者。税负后转实现的前提条件是供给方提供的商品需求弹性较大,而供给弹性较小。在有些情况下,尽管已实现了税负前转,但仍会发生后转的现象。

3. 混转

混转又叫散转,是指纳税人将自己缴纳的税款分散转嫁给多方负担。混转在税款不能完全向前顺转,又不能完全向后逆转时采用。严格地说,混转并不是一种独立的税负转嫁方式,而是前转与后转等的结合。

4. 旁转

旁转是指纳税人将税负转嫁给商品购买者和供应者以外的其他人负担。例如,纳税人用压低运输价格的办法将某征税对象的税负转嫁给运输者负担。

5. 消转

消转是指纳税人用降低征税品成本的办法使税负在新增利润中求得抵补的转嫁方式。即纳税人在不提高售价的前提下,改进生产技术,提高工作效率,节约原材料,降低生产成本,从而将所缴纳的税款在所增利润中求得补偿。因为它既不是提高价格的前转,也不是压低价格的后转,而是通过改善经营管理、提高劳动生产率等措施降低成本增加利润,使税负从中得到抵消,所以称之为消转。

6. 税收资本化

税收资本化,亦称"赋税折入资本""赋税资本化""税负资本化"。税收资本化是税负转嫁的一种特殊方式,即纳税人以压低资本品购买价格的方法将所购资本品的可预见的未来应纳税款从所购资本品的价格中做一次扣除,从而将未来应纳税款全部或部分转嫁给资本品出卖者。

第三节　国有资产收益

一　国有资产的概念

国有资产的概念有广义和狭义之分。广义的国有资产是指国家所拥有的全部资产,主要包括:国家以投资形式形成的经营性国有资产,国家向行政事业单位拨款形成的非经营性国有资产,国家依法拥有的土地、森林、河流、海洋、矿藏等自然资源。狭义的国有资产是指法律上确定为国家所有,并能为国家直接提供经济收益的各种经济资源的总和。在具体内容方面,狭义的国有资产专指经营性国有资产,通常包括:国家投资形成的国有企业资产、国有控股企业的国家控股性资产、国有持股企业的国家持有的股份资产和从行政事业单位中转化过来的经营性资产。本章从广义角度介绍国有资产收益。

二　国有资产收益的形式

国有资产收益是国家凭借其拥有的国有资产所有权取得的收益。随着国有资产经营方式的多样化,国有资产收益形式也呈现多样化趋势。目前,我国国有资产收益形式主要有以下几类:

(一)国有资产的经营性收入

我国经营性国有资产收入形式,主要取决于国有资产经营方式,从目前来看,主要包括利润、租金、股息和红利三种类型。

1. 利润

利润是我国国有资产收益最常见的形式。主要适用于国有独资企业和实行承包经营的国有企业。

2. 租金

租金是出租方将资产出租给承租人进行经营活动所得到的一种收益。这种形式主要适用于实行租赁经营方式的国有企业。在国有资产的租赁方式下,国家在一定时期内让渡了国有资产的使用权和经营权,必然要求承租者对国家的这种让渡进行价值补偿。这种价值补偿主要取决于出租国有资产的资产价值、出租国有资产的级差收益能力等因素。

3. 股息和红利

股息和红利是一种股权收益,是按照控股者或持股者所占的股份分配给股东的利息和利润。对于实行股份制经营的国有资产,股息和红利是国家作为股东,凭借其拥有的股权参与股份公司资产经营收益分配取得的收入。

(二)国有产权转让收入

国有产权转让收入,是指通过对国有资产所有权和国有资产使用权的转让获得的收入。

1. 国有资产所有权转让收入

国家通过对国有资产所有权的转让、拍卖、兼并等方式所形成的收入。随着我国对一般竞争领域的小型国有工商企业的转让和拍卖以及对一般竞争领域的大中型股份制企业国有股权的转让,我国必然会形成一定数量的国有资产所有权转让收入。

2. 国有资产使用权转让收入

国家通过对国有资产使用权转让而取得的国有资产使用权转让收入,也是国有资产收入的组成部分。如国有土地使用权转让收益,矿藏资源开采权转让收益,山林、草地、河流开发权使用收益,森林采伐权使用收益以及其他国有资产使用权转让收益,都构成国有资产使用权转让收入。

> **阅读专栏 3.2**
>
> **区分国有资产与国有资本管理行为**
>
> 1993年党的十四届三中全会审议通过的《中共中央关于建立社会主义市场经济体制若干问题的决定》提出:"加强国有企业财产的监督管理,实现企业国有资产保值增值。"2003年党的十六届三中全会审议通过的《中共中央关于完善社会主义市场经济体制若干问题的决定》提出:"国有资产管理机构对授权监管的国有资本依法履行出资人职责……督促企业实现国有资本保值增值,防止国有资产流失。"
>
> 事隔10年,同样是党的重要会议,对保值增值客体的提法,却有了质的不同,即从先前的企业"国有资产"变成了后来的企业"国有资本"。虽然就一字之差,但所传递出的讯息却非同一般。其中,最重要的一条是国资监管机构的管理行为要求发生了重大变化。就是说,国资监管机构要清醒认识"国有资产"和"国有资本"两个概念,严格区分国有资产管理和国有资本管理两种行为。
>
> 首先是概念认知。"国有资产"是属于国家所有的一切财产和财产权利的总称。企业国有资产,就是指国家对企业各种形式的出资所形成的权益。"国有资本"是改革开放以后才引起社会关注的一个概念。在国营企业和全民所有制企业的体制下,只有国有资产的存在,不存在国有资本的概念,国有资产直接体现为企业资产。但随着国有企业改革的推进,特别是企业改制为股份制后,国有资产以出资入股的方式投入企业,体现为一定份额的国有股权,这种形态的财产才形成企业"国有资本"。
>
> 其次是行为区分。从侧重点看,国有资本的管理,侧重于价值形态——促进企业国有资本不断增值,而不再是管理具体的企业组织,也不从事、不干扰企业具体的生产经营活动。相反,国有资产的管理,则侧重于实物管理——对具体的企业组织进行直接管理(如选择经营方式、选择经营者、划分隶属关系等),以保证国有资产的有效使用。换言之,国有资本管理从事的是资本运营,侧重于管股权;国有资产管理则从事的是业务经营,侧重于管企业。从管理方式看,国有资本的管理,更多依赖于经济手段(也可适当采用行政手段),通过资产重组、企业购并、债务重组、产权转让、参股控股等方法,调节各生产要素,使其配置不断优化,从而保持国有资本不断增值。其经济管理色彩较重。而国有资产的管理,则更多依赖于行政手段(也用一些经济手段),通过法规法令、暂行条例、试行办法,规范国有资产使用单位的生产经营活动。其行政管理色彩较浓。
>
> 有鉴于此,随着党的十七大提出"深化国有企业公司制股份制改革,健全现代企业制度"和"完善各类国有资产管理体制和制度",国家各级政府及其国资监管机构应尽早树立"国有资本"管理理念,积极培养有别于"国有资产"的"国有资本"管理行为,以便更好地践行《中华

人民共和国企业国有资产法》所赋予的内在使命,更好地监督企业实现国有资本的保值增值。

(资料来源:安林.上海国资,2009年第4期)

第四节 债务收入

债务收入是指一国政府作为债务人在国内外发行债券或借款所形成的财政收入,主要包括在国内发行债券(主要是国库券),向外国政府、国际金融组织、国外商业银行的借款以及发行国际债券等取得的收入。在信用经济高度发达的今天,举债是十分普遍的社会现象。一般称政府举借的债务为公债。公债按发行主体可分为三大类型:①中央政府发行的国债。国债是指中央政府在国内外发行的债券或向外国政府、国际金融组织和国外商业银行借款所形成的国家债务。②政府关系债。指由政府某些特许机构或特殊法人发行的主要用于铁路、交通、基础设施、中小企业发展、技术开发等特定公共项目的债券。③地方政府债券(地方债)。即各级地方政府为筹集地方建设性投资所需资金而发行的债券。

一、国债

(一)国债的性质

1. 国债是一个特殊的财政范畴

国债是一种非经常性财政收入。发行国债实际上是筹集资金,意味着政府可支配资金的增加。但国债的发行必须遵循信用原则,债券或借款到期不仅要还本,而且还要支付一定的利息。国债具有偿还性,是一种预期的财政支出,这一特点和无偿性的税收是不同的。国债还具有认购上的自愿性,除极少数强制国债外,人们是否认购、认购多少,完全由自己决定,这也与强制征收的税收明显不同。

2. 国债是一个特殊的债务范畴

国债与私债的本质区别在于发行的依据或担保物不同。私债是以私人信用为依据。由于作为私人信用保障的私人收入和财产的有限性,其信用基础相对薄弱,从而对债权人来说其风险较大。国债则不同,国债发行的依据是国家信用,而国家信用的基础又是国家的主权和资源。因此,由政府以国家主权和资源作为承担国债偿还责任的基础,其安全性是最高的,俗称"金边债券"。

3. 国债是一个特殊的金融范畴

国债发行,不仅为国民经济发展提供了大量建设资金,也在一定程度上满足了社会各类投资者。如有利于中央银行公开市场业务操作,增加了单位和个人投资理财的品种等。

(二)国债的功能

1. 弥补财政赤字

一般来说,政府弥补财政赤字通常有三种方式:一是增加税收;二是向银行借款或透支;三是向社会发债。增税取决于国民经济运行状况以及企业和居民收入水平,过度征税,"竭泽而渔"会影响经济正常增长,很多情况下不宜采用。向中央银行借款或透支会增加货币供给,容易引发或加剧通货膨胀。包括我国在内的世界各国都通过法律禁止采取向银行透支的方式弥补财政赤字。发行国债是将不属于国家支配的社会资金在一定时期内让渡给国家使用,是对社会财力的调整和再分配,在不改变社会资金存量的情况下,既可以弥补财政收不抵支的差额,又不会引发通货膨胀。发行国债弥补财政赤字,平衡财政收支,已经成为我国国债的基本功能。

2. 动员闲置社会资源,筹集建设资金

发行国债可将社会上部分消费资金和临时性闲散资金有效地集中到政府手中,按国家发展战略和宏观政策意图重新配置,使其由消费领域转向生产领域,由私人领域转向公共领域,由民间领域转向国家重点投资领域,促进经济结构调整优化,弥补市场机制的缺陷与不足。随着市场经济体制的日益完善和现代企业制度的建立,经营性生产建设资金主要由企业通过自身积累和金融市场筹集,国债资金主要用于非经营性项目建设。适量发债,增加公共投资支出,可直接形成社会有效需求,维持经济增长。国债是政府调控宏观经济的重要手段。

3. 具有连接财政政策和货币政策的功能

货币政策与财政政策同属重要的宏观调控工具。货币政策主要通过调节存款准备金率、再贴现率和公开市场业务来调控货币流通量。其中,公开市场业务是中央银行最常用的货币政策工具,其交易对象主要是国债。

我国政府自1981年恢复发行国债,迄今已经有40多年的历史。这40多年里,国债发行规模不断扩大,由20世纪80年代初每年发行几十亿元到2019年发行42 737.18亿元。国债品种有了较多的增加,不断扩大的国债发行规模,为中央银行公开市场业务操作提供了方便,有利于活跃和稳定金融市场,保证财政政策和货币政策的有效实施。

思考与讨论:结合实际,思考现阶段国债的重要作用。

(三)国债的种类

1. 按应债资金来源分为内债和外债

内债是国家在本国国内举借的各种债务,应债资金来源于本国自然人和法人,其发行和偿还一般使用本国货币;外债是国家向外国政府、银行、国际金融组织和联合国各基金组织举借的、由国家财政"统借统还"的借款以及在国际金融市场上发行的外币债券,其发行偿还一般使用外币。2019年中央财政国债余额情况,如表3-3所示。

表3-3　　　　　　　2019年中央财政国债余额情况表　　　　　　　单位:亿元

项　目	预算数	决算数
一、2018年末国债余额实际数		149 607.41
内债余额		148 208.62
外债余额		1 398.79
二、2019年末国债余额限额	175 208.35	
三、2019年国债发行额		42 737.18
内债发行额		41 834.71
外债发行额		902.47
四、2019年国债还本额		24 329.68
内债还本额		24 011.20
外债还本额		318.48
五、2019年末国债余额实际数		168 038.04
内债余额		166 032.13
外债余额		2 005.91

(资料来源:中华人民共和国财政部网站)

2. 按偿还期限分为短期国债、中期国债、长期国债

长短期限是相对而言的。一般将一年期以内的称为短期国债(国库券),十年期以上的称为长期国债,介于两者之间的称为中期国债。永久国债是指没有规定还本期限,只规定按时付息的国债。短期国债主要用于调剂国库资金的周转,其流动性较强。中长期国债则可用于长期投资,流动性较差。以往我国国债绝大多数为三年和五年的中期国债。为满足不同的筹资需要,实现宏观调控目标,近年来我国国债品种日益丰富,期限呈现多样化,先后发行三个月、半年、一年、二年、三年、五年、七年、十年和三十年等多种期限国债,实现国债长、中、短各种期限兼有,期限结构丰富合理的局面。

3. 按发行凭证分为凭证式国债和记账式国债

(1)凭证式国债是指国债承销机构付给购买者的收款凭证,1994年开始发行,针对个人投资者,可以记名、挂失,不能上市流通,从投资者购买之日起开始计息。购买凭证式国债后如需变现,可以到原购买网点提前兑取,除偿还本金外,还可按实际持有天数及相应的利率档次计付利息。对于提前兑取的凭证式国债,经办网点还可以二次卖出。

(2)记账式国债是指国债承销机构利用电子账户通过电脑系统完成国债发行、交易及兑付的全过程。它是世界各国政府债券市场的主要形式。1995年我国首次发行,发行结束后即可上市流通。记账式国债可以记名、挂失,安全性好,发行成本低,发行时间短,发行效率较高,交易手续简便。发行对象主要是单位或购买数量较大的个人。近年来,记账式国债发行份额有逐年增大的趋势。

4. 按流通与否分为可流通国债与不可流通国债

可流通国债是指发行期过后可在证券市场上自由交易的国债,如近年来我国大量发行的记账式国债。不可流通国债是指发行时规定不能进入市场流通,只能按规定时间兑付的国债,如我国近年发行的凭证式国债。

5. 按发行目的分为普通国债、定向国债、专项国债和特别国债

普通国债是指主要用于弥补财政赤字,补充国家财政资金的国债,各国发行的国债多属此类。定向国债是指专门向某些机构发行的国债。专项国债是指用于基础设施建设等重大项目的国债。特别国债是指特殊时期,为践行国家战略用途的国债。

阅读专栏 3.3

"特别国债","特"在何处?

2020年5月22日公布的政府工作报告提出,今年中国将发行1万亿元特别国债。特别国债,"特"在何处?

"特"在时机。此前,中国只发行过两次特别国债。第一次是1998年,中国财政部面向工、农、中、建四大国有银行发行了总规模2 700亿元的特别国债,主要是为改善银行资本金不足的问题;第二次是2007年,财政部面向商业银行和社会公众发行1.55万亿元用于购买外汇,为即将成立的国家外汇投资公司筹措资本金。

与前两次不同,当前疫情对中国经济社会发展带来的冲击前所未有。中国此次重新启用特别国债,堪称特殊时期的特殊之举。此举凸显出中国在经济下行压力加大之际,采取全方位政策对冲负面影响,降低不确定性,稳住经济基本盘。

"特"在用途。自3月中共中央政治局会议提出要发行抗疫特别国债以来,特别国债具体用在哪,一直众说纷纭。有分析人士称,特别国债应用于为银行补充资本金,助力银行为企业和个人纾困;也有人认为,特别国债可考虑用于设立基金,支持企业特别是中小企业渡过难关。

此次政府工作报告明确,1万亿元特别国债和新增的1万亿元财政赤字规模,将主要用于保就业、保基本民生、保市场主体,包括支持减税降费、减租降息、扩大消费和投资等。在全球疫情和经贸形势不确定性很大,中国发展面临难以预料的影响因素之际,就业、基本民生和市场主体,事关中国经济社会稳定大局,是必须保住的"重中之重"。此次特别国债无疑是用在了"刀刃"上。

"特"在用法。根据政府工作报告,此次特别国债将全部转给地方,建立特殊转移支付机制,资金直达市县基层、直接惠企利民。这种"直通车"式的用法,将有助于更高效缓解地方资金的"燃眉之急"。

除了特别国债,中国此次还拿出提高财政赤字率、扩大地方专项债券规模等措施,这一套组合拳将形成重组的资金流,助力中国经济"留得青山,赢得未来"。

(资料来源:李晓喻.中国新闻网,2020年5月22日)

(四)国债的规模

国债规模是指国债的最高额度或国债的适度规模。衡量和表示国债规模是否适度取决于如下因素:一是认购人的应债能力;二是国家的偿债能力;三是国债的使用效益。一般来说,国债是否适度由以下几个指标来衡量:

1. 债务负担率

债务负担率是指年末国债余额占当年GDP的比率。一般认为,国债负担率低于60%,国民经济是可以承受的,没有超过认购人总体的应债能力,表现为国债发行过程比较顺利。

2. 债务依存度

债务依存度是指当年国债发行额占当年财政支出的比重。债务依存度反映财政支出对国债资金的依赖程度,也可以间接反映政府的偿债能力,该指标的国际警戒线为25%。

3. 债务偿债率

债务偿债率是指当年的国债还本付息额占当年财政收入的比重。偿债率可以直接反映政府偿债能力的大小,一般认为,该指标不超过10%为正常。

在衡量财政风险时,通常将欧洲《马斯特里赫特条约》(以下简称《马约》)提出的赤字和债务标准作为参考。《马约》规定,成员国财政赤字占当年GDP的比例不应超过3%;政府债务总额占GDP的比例不应超过60%。需要说明的是,《马约》标准是20世纪90年代欧共体成员国加入欧洲经济货币联盟的标准,是在特殊历史条件下制定的安全系数很高的风险控制标准,并非科学论证的结果,只有一定的参考价值。2016年我国中央财政赤字占GDP的比重为1.8%,年末中央财政国债余额占GDP的比重为16.1%。同时,还应看到,我国还有一定的隐性赤字和债务,仍要注重防范财政风险,促进财政经济可持续发展。

(五)国债偿还的资金来源

1. 通过预算列支

政府将每年的国债偿还数额作为财政支出的一个项目列入当年支出预算,由正常的财政收入保证国债的偿还。

2. 动用财政盈余

在预算执行结果有盈余时,动用这种盈余来偿付当年到期国债的本息。

3. 设立偿债基金

政府预算设置专项基金用于偿还国债,每年从财政收入中拨付专款设立基金,专门用于偿还国债。

4. 借新债还旧债

政府通过发行新债券,作为还旧债的资金来源。实质是债务期限的延长。

二 政府关系债

政府关系债,也称政府机构债券,通常以中长期债券为主,流动性不如国库券,但它的收益率比较高。政府机构债券虽然不是政府的直接债务,但通常也受政府担保,因此债券信誉比较高,风险比较低。政府机构债券通常要交纳中央所得税,不用缴纳地方政府所得税,税后收益率比较高。

目前,我国政府机构债券包括政府支持债券和政府支持机构债券两种类型。

1. 政府支持债券

铁道部发行的铁路建设债券为政府支持债券。国家发改委2011年10月12日下发文件《国家发展改革委办公厅关于明确中国铁路建设债券政府支持性质的复函》明确提出"铁路建设债券具有政府支持地位"。铁道部发行债券募集资金时,可向投资人明确中国铁路建设债券为政府支持债券。

2. 政府支持机构债券

为探索国有金融机构注资改革的新模式,中央汇金投资有限责任公司(简称"汇金公司")于2010年在全国银行间债券市场成功发行了两期人民币债券,共1090亿元。汇金债券被命名为政府支持机构债券。汇金公司是国家对重点金融机构进行股权投资的金融控股机构,它履行国有金融资产出资人的职责,本身并不从事商业活动。它发行债券是为了解决在股权投资过程中所需的资金来源,国家对其发行的债券提供某种方式的信用担保。

三 地方债

地方债指有财政收入的地方政府及地方公共机构发行的债券,是地方政府根据信用原则、以承担还本付息责任为前提而筹集资金的债务凭证。它是作为地方政府筹措财政收入的一种形式而发行的,其收入列入地方政府预算,由地方政府安排调度。

20世纪80年代末至90年代初,我国许多地方政府为了筹集资金修路建桥,都曾发行过地方债。但由于存在融资方式不规范、资金用途不透明、采取行政摊派发行等问题,国务院于1993年发文制止了地方政府举债的行为,1994年预算法进一步明确地方政府不得自主发行地方政府债券。为应对预算法的举债限制,各地方政府纷纷建立地方融资平台公司。在具体融资方式上,主要包括获取银行贷款和发行债券两种方式。其中,融资平台公司发行的债券被称为"城投债",包括企业债券、中期票据、短期融资券等类型。

2011年至2014年,国务院批准财政实力较强省(市)启动地方政府自行发债试点。2015年,新的《中华人民共和国预算法》实施,为地方政府发债融资提供法律支持。自2015年5月18日,江苏债正式发行起,全国共有34个省市(除西藏外)发行地方债3.8万亿元。2016年地方债发行出现了爆发式增长,发债规模6.04万亿元,比2015年扩大近六成。2019年地方政府一般债务余额情况,如表3-4所示。

表 3-4　　　　　　　　　2019 年地方政府一般债务余额情况表　　　　　单位：亿元

项　目	预算数	决算数
一、2018 年末地方政府一般债务余额实际数		110 484.51
二、2019 年末地方政府一般债务余额限额	133 089.22	
三、2019 年地方政府一般债务发行额		17 877.79
中央转贷地方的国际金融组织和外国政府贷款		135.77
2019 年地方政府一般债券发行额		17 742.02
四、2019 年地方政府一般债务还本额		9 691.51
五、2019 年末地方政府一般债务余额实际数		118 670.79

（资料来源：中华人民共和国财政部网站）

允许地方政府发债，对于防范地方政府债务风险、化解潜在的金融风险、顶住经济下行压力，以及推动建立中国多层次的债券市场等，都具有重大意义。当前，我国地方债的发行仍处于关键的起步阶段，从长远发展看，还需要不断优化地方债发行的内外环境，进一步完善相关制度安排。

关键概念

财政收入　　　税收　　　纳税人　　　征税对象　　　税率
税负转嫁　　　税源　　　税目　　　　起征点　　　　免征额
国债　　　　　债务负担率　债务依存度　债务偿债率

课后实训

一、单选题

1. 制约财政收入规模的根本性因素是（　　）。
   A. 税率标准　　　　　　　　B. 纳税人数量
   C. 经济发展水平　　　　　　D. 居民收入水平

2. 国家的财政收入是（　　）。
   A. 国家通过税收形式而取得的资金
   B. 国有企业上缴的利润
   C. 国家以服务费、罚款、没收等形式取得的收入
   D. 国家通过一定的形式和渠道集中起来的资金

3. 由于国债风险小，偿还有保证，通常被称为（　　）。
   A. 保险债券　　　B. 保值债券　　　C. 金边债券　　　D. 银边债券

4. 我国税收收入中的主体税种是（　　）。
   A. 流转税和所得税　　　　　B. 流转税和财产税
   C. 资源税和所得税　　　　　D. 所得税和财产税

5. 国家依据所有权取得的收入是（　　）。
   A. 税收　　　B. 债务收入　　　C. 国有资产收入　　　D. 其他收入

6. 财政收入的横向公平的含义是（　　）。
   A. 具有不同纳税能力的人缴纳相同的税收
   B. 具有相同纳税能力的人缴纳相同的税收
   C. 经济成分不同，但缴纳的税款相同

D. 经营方式相同,但缴纳的税款不同

7. 将税种划分为( ),是按税负转嫁与否进行的划分。
A. 流转税、所得税和财产税　　　　B. 直接税与间接税
C. 中央税与地方税　　　　　　　　D. 从量税与从价税

8. 增加财政收入的根本途径是( )。
A. 增加生产　　B. 提高税率　　C. 厉行节约　　D. 增加企业收入

9. 罚款是政府的一种( )收费。
A. 专项筹集　　B. 事业服务　　C. 行政管理　　D. 行为特许

10. 将税收划分为中央税和地方税的分类标准是( )。
A. 税收缴纳　　　　　　　　　　　B. 征税标准
C. 税收管理权限　　　　　　　　　D. 税收与价格的关系

二、多选题

1. 目前我国财政收入的形式主要有( )。
A. 税收　　　　B. 非税收入　　C. 企业利润　　D. 职工工资

2. 税收的形式特征包括( )。
A. 强制性　　　B. 无偿性　　　C. 固定性　　　D. 稳定性

3. 国债偿还的资金来源有( )。
A. 预算列支　　　　　　　　　　　B. 借新债还旧债
C. 财政盈余　　　　　　　　　　　D. 偿债基金

4. 下列属于流转税的税种是( )。
A. 增值税　　　B. 消费税　　　C. 房产税　　　D. 营业税

5. 凭证式国债是我国国债发行的一种主要形式,其特点是( )。
A. 属于实物国债　　　　　　　　　B. 发行对象是居民个人
C. 可挂失　　　　　　　　　　　　D. 只能在原购买网点兑现

6. 税负转嫁的方式有( )。
A. 前转　　　　B. 后转　　　　C. 混转　　　　D. 消转

7. 我国的经营性国有资产收入形式有( )。
A. 利息　　　　B. 租金　　　　C. 利润　　　　D. 股利

8. 与税收相比较国债所具有的不同特点是( )。
A. 强制性　　　B. 自愿性　　　C. 无偿性　　　D. 有偿性

9. 税收按管理权限划分为( )。
A. 中央税　　　B. 地方税　　　C. 省级税　　　D. 市、县级税

10. 现代税收原则包括( )。
A. 税收效率原则　B. 税收公平原则　C. 财政政策原则　D. 税务行政原则

三、判断题

1. 国家取得的财政收入越多,企业和个人的收益也就越多。( )
2. 区别税种的最主要标志是征税对象。( )
3. 税负转嫁的后转方式是指向生产的前一环节转嫁,即通过压低进价等方式转嫁给上游厂家。( )
4. 我国目前的记账式国债是不可流通国债。( )
5. 预算列支是国债偿还的资金来源之一。( )

6. 国有资产经营收益是财政收入的主要形式。（　　）

7. 财政收入是国家凭借政治权力而取得的收入，在经济和社会发展中发挥着重要作用，所以国家财政收入越多越好。（　　）

8. 减税免税是对某些纳税义务人和征税对象给予鼓励和照顾的一种措施。（　　）

9. 税负不容易转嫁的有生活必需品和征收消费税的商品。（　　）

10. 以新发行的国债来偿还原有到期国债本息的国债偿还方式称为提前偿还法。（　　）

四、案例分析

2020年7月6日，财政部网站发布《2019年中央一般公共预算收入决算表》，见表3-5所示。从收入决算具体情况看，在实施更大规模减税降费、经济增速放缓等情况下，中央一般公共预算收入增长4.5%，增幅比上年降低0.8个百分点。

表3-5　　　　　　　　2019年中央一般公共预算收入决算表

项　目	预算数（亿元）	决算数（亿元）	决算数为预算数的%	决算数为上年决算数的%
一、税收收入	82 500.00	81 020.33	98.2	100.7
国内增值税	30 040.00	31 160.46	103.7	101.3
国内消费税	11 580.00	12 564.44	108.5	118.2
进口货物增值税、消费税	16 980.00	15 812.34	93.1	93.7
出口货物退增值税、消费税	−15 940.00	−16 503.19	103.5	103.7
企业所得税	24 430.00	23 786.02	97.4	106.9
个人所得税	7 740.00	6 234.19	80.5	74.9
资源税	47.00	53.12	113.0	117.7
城市维护建设税	163.00	206.13	126.5	129.4
印花税	1 030.00	1 229.38	119.4	125.8
船舶吨税	50.00	50.26	100.5	101.0
车辆购置税	3 630.00	3 498.26	96.4	101.3
关税	2 750.00	2 889.13	105.1	101.5
其他税收收入		39.79		
二、非税收入	7 300.00	8 289.14	113.5	165.1
专项收入	200.00	284.23	142.1	87.2
行政事业性收费收入	380.00	404.69	106.5	100.0
罚没收入	170.00	132.78	78.1	79.5
国有资本经营收入（特定金融机构和央企上缴利润）	5 650.00	6 659.03	117.9	206.9
国有资源（资产）有偿使用收入	800.00	717.00	89.6	90.9
其他收入	100.00	91.81	91.4	88.0
中央一般公共预算收入	89 800.00	89 309.47	99.5	104.5
中央财政调入资金	3 194.00	3 194.00	100.0	130.2
从预算稳定调节基金调入	2 800.00	2 800.00	100.0	131.5
从政府性基金预算调入	4.23	4.23	100.0	289.7
从国有资本经营预算调入	389.77	389.77	100.0	121.2
支出大于收入的差额	18 300.00	18 300.00	100.0	118.1

注：1. 中央一般公共预算支出大于收入的差额＝支出总量（中央一般公共预算支出＋补充中央预算稳定调节基金）－收入总量（中央一般公共预算收入＋中央财政调入资金）。

2. 本表"其他收入"中含捐赠收入5.67亿元、政府住房基金收入2.12亿元，因金额较小未单独列示。

根据此报告的数据，分析2019年中央财政收入特点。

第四章 政府预算

章前引例

2020年5月28日,十三届全国人大三次会议批准关于2019年中央和地方预算执行情况与2020年中央和地方预算草案的报告,批准2020年中央预算。特殊年份,被称为"国家账本"的预算报告备受关注。

一收一支释放财政资金

根据国务院提出的2020年中央和地方预算草案,全国一般公共预算收入180 270亿元,比2019年预算执行数下降5.3%;支出247 850亿元,增长3.8%;加上调入资金和使用结转结余,全国财政赤字37 600亿元,增加10 000亿元。全国政府性基金预算收入81 446亿元,下降3.6%。全国国有资本经营预算收入3 638亿元,下降8.1%。全国社会保险基金预算收入77 287亿元,下降4.4%。支出方面,全国政府性基金预算支出126 123亿元,增长38%。全国国有资本经营预算支出2 615亿元,增长14.3%。全国社会保险基金预算支出82 284亿元,增长9.7%;本年收支缺口4 997亿元,年末滚存结余89 030亿元。

刘昆在5月22日的两会"部长通道"上表示,一收一支,多出来的逾6.7万亿元就是释放出的财政资金,比去年加大了力度,做好了对冲,实现了"积极"。收入减少,支出增加,钱从哪里来?刘昆表示,财政赤字增加了1万亿元的财政资金;中央财政将发行1万亿元抗疫特别国债,并从国有资本经营预算等方面调入近万亿元资金。此外,还将增加地方政府专项债券规模1.6万亿元。

民生领域是支出大头

在结构调整方面,刘昆表示,一是压本级、增地方;二是压一般、保重点;三是直达基层、直达民生。247 850亿元的全国一般公共预算支出中,教育支出14.8%、社会保障和就业支出13%、文化旅游体育与传媒、灾害防治及应急管理等其他支出11.4%、城乡社区支出10.6%、农林水支出9.5%……民生等相关领域的支出占了大头。

继续加大脱贫投入力度、教育支持力度,提高基本公共卫生服务经费、城乡居民基础养老金最低标准,增强减税降费力度,重点支持中小微企业和交通运输、餐饮住宿、旅游娱乐等受疫情冲击较大的行业。

中央对地方转移支付增加

"加强对地方的财力保障,是今年预算安排的重点。"刘昆介绍,中央财政今年提高赤字率增加的资金全部安排给地方,中央财政发行抗疫特别国债的收入全部用于支持地方基础设施建设和抗疫相关支出,这是地方财政运转的强大支撑。值得注意的是,中央对地方转移支付中新增设了6 050亿元的特殊转移支付。根据预算报告,这笔资金将作为一次性财力安排,重点用于保基本民生、保基层运转、公共卫生体系建设、应急物资保障体系建设以及应对下半年不确定因素等。这笔资金直达市县基层,直接惠企利民,决不允许截留挪用。

刘昆表示,政府过紧日子和保障政权基本运转是没有矛盾的。今年中央本级支出中的非急需、非刚性支出压减超过50%,特别是"三公"经费。严控非急需支出,把该花的钱花在刀刃上,兜牢民生底线。

（资料来源:徐佩玉.管好"国家账本",花好每一分钱.人民日报,2020年6月1日）

预算是指所有的人,包括法人和自然人,如政府、社会团体、企业、事业单位、其他一切组织以及家庭与个人在一定期间(年、季、月)的收支计划。个人预算花费自己的钱,注重效率,受到资金强有力的约束;而政府预算花费全国公众的钱,政府要做的事情必须对公众负责,让公众过得更幸福。而公众过得幸福与否和政府怎么收钱、怎么花钱的计划安排密不可分。政府的计划都要落实到财政上,财政管的是国家"日子"的收支大账。财政部门既是"管钱的科学家",又是"花钱的艺术家"。掌管一个区域的财政收入,必须如科学家般严谨;安排一个区域的财政支出,必须如艺术家般讲究协调。而要做到这些,最重要的一点是必须心中有民,把公众的利益放在第一位。为此,公众一定要关心预算,要看政府每年收入了多少钱,又支出了多少钱,同时这些钱花到了什么地方。预算就是政府应该做什么、不应该做什么,先做什么、后做什么的选择,而这种选择关系到国家发展的方方面面,大到整个经济结构的调整、经济发展方式的转变,小到民众能享受到的具体社会福利的变化。

通过本章学习,你将掌握政府预算的概念与原则、预算管理体制实质和我国现行分税制的内容,认识政府预算在经济发展中的重要作用,理解政府预算的编制与执行程序、分税制运行的成效与存在的问题等内容。

第一节 政府预算概述

一 政府预算的概念

政府预算是指经法定程序审核批准的、具有法律效力的政府年度财政收支计划,是实现财政职能的基本手段,反映国家的施政方针和社会经济政策,规定政府活动的范围和方向。

政府预算作为一个国家年度财政收支计划,从形式上看,它是按照一定标准将政府财政收支分门别类地反映在一个收支对照表中;从内容上看,它是对政府年度财政收支的规模和结构所做的安排,表明政府在财政年度内计划从事的主要工作及其成本,政府如何为这些成本筹集资金。另外,政府预算与一般经济计划不同,预算的成立与执行结果都要经过立法机关审查批准,成为具有法律效力的文件。

二 政府预算的原则

政府预算的原则是指国家选择预算形式和体系应遵循的指导思想,也就是制订政府财政收支计划的方针,即完整性、统一性、真实性、年度性、公开性和法定性。

1. 完整性

政府预算必须包括政府所有的财政收入和支出内容,以便全面反映政府的财政活动。所有法律准许的政府财政活动,都要在预算中清楚地列出,不应另设其他的财政收支账目;政府所有的财政活动都不能脱离预算管理,非政府交易活动必须排除在外。

2. 统一性

在分级财政体制中,各级政府都应编制统一的预算,其中所包含的预算收入和预算支出,都要按统一科目、统一口径和统一程序计算和全额编列,不允许只列收支相抵后的余额,也不应另立临时的预算。预算收支分类要详尽、准确,便于分类管理、控制和审查其效率。

3. 真实性

预算收支数额必须真实可靠,有充分而确实的依据,预算数应尽量准确地反映可能出现的结果,保证预算得到真实可靠的执行,不允许虚列冒估。预算编制既要考虑到可能存在的各种非确定性因素,还要建立应付突发事件的机制。

4. 年度性

政府预算的编制和执行都要有时间上的界定,即预算收支的起讫时间通常为一年(365天),称为预算年度。国家必须按照法定预算年度编制预算。政府预算要反映全年的财政收支活动,不允许将不属于本年度财政收支的内容列入本年度政府预算中。预算年度有历年制和跨年制两种。历年制是从每年的 1 月 1 日起至同年的 12 月 31 日止为一个预算年度,世界上大多数国家均采用此形式。我国预算年度也是历年制。跨年制是从每年某月某日至下一年相应日期的前一日止,中间经历 12 个月,但要跨两个年份。如英国、日本、加拿大等国家的预算年度是从每年 4 月 1 日始至下一年度 3 月 31 日止;澳大利亚、巴基斯坦、埃及等国家的预算年度是从每年 7 月 1 日始至次年 6 月 30 日止,美国、泰国、尼泊尔等国家从每年 10 月 1 日始至次年 9 月 30 日止为一个预算年度。在预算年度内,预算工作程序通常包括预算编制、审查批准、执行和决算评估等环节,各环节在年度内依次递进,在年度间循环往复。

5. 公开性

政府预算反映政府的活动范围、方向和政策,与公众的切身利益紧密相关。因此,政府预算的内容及其执行情况必须明确并采取一定的形式公布,使公众了解预算、参与预算、审查和监督财政收支情况。同时,政府预算收支计划的制订、执行以及决算的过程也应向公众公开。

6. 法定性

政府预算不同于一般意义上的预算,一般意义上的预算由当事人自行决定即可,而政府预算的编制和确定都必须依照一定的法律程序进行,由国家权力机关批准。政府编制的预算未经一定的法律程序之前,只能称作草案。只有经过权力机关批准后,预算才得以成立,成为具有法律效力的文件,执行机关必须照此执行,非经法定程序,不得改变。

在市场经济条件下,政府预算具有"稳定器"和"调节器"的功能,是国家进行宏观经济调控和弥补市场缺陷的重要工具。政府预算调控主要从三个方面实现:一是调节社会总供求,总量调控是宏观调控的主要内容,预算收支直接或间接影响社会总供求,预算收入规模影响部门的产出和需求水平,预算支出则构成社会需求的一部分,并制约供给水平。因此,可以通过调整预算收支规模及对应关系来影响社会总供求关系,使之实现平衡。二是调节经济结构,支持"瓶颈"产业的发展以促进生产要素的合理配置,优化经济结构,提高经济效益。三是促进社会公平,包括通过预算管理体制的合理设计正确处理中央和地方、地方和地方之间的关系,合理分配财力,缩小地区之间的经济差距;通过税收和支出调节城乡之间、地区之间、行业之间的利益关系,缓解分配上的矛盾;通过社会保障的安排做到老有所养、病有所治、难有所帮,促进社会和谐。

阅读专栏 4.1

怎样理解"政府预算"与"国家预算"这两个概念

在我国,政府预算与国家预算这两个词常混用,这两词相同之处在于同为"预算"。

现代文献中,西方一般多用政府预算一词,也很少有关于政府预算与国家预算区别的专门论述。这样,对于政府预算与国家预算的区别这一问题的讨论,在某种程度上带有一定的中国特色:

(1)与我国独特的改革路径有关。我国的经济体制改革,其根本性的内容是规范政府与市场的关系。我国的市场经济的构建道路不同于西方的市场经济,是从计划经济转化而来的,是政府直接推动的结果。而西方的市场经济是从自然经济历经数百年演化而来的。这样,我国就需要建立一套规范与制度去指导改革,以避免失误。而西方的市场经济经过数百年的演化,其中的矛盾已在此过程中逐步得到解决。

(2)与我国政治制度结构有关。全国人民代表大会是中国最高国家权力机关和唯一的立法机关,在我国政权体系中处于最高地位,政府只是这一权力机关的执行部门。我国的政治制度结构不同于西方"三权分立"的架构(立法权、行政权和司法权相互独立,互相制衡),主张和使用国家预算的概念在很大程度上是成立的。但是,如上所述,市场经济与分税制财政体制下,理论应该反映在指导实践上,采用政府预算的概念能够更好地服务于改革理论与实践要求,也能够更好地体现人大对政府活动的约束与监督作用。

(资料来源:齐银昌.前沿,2006 年第 3 期,有修改)

三 政府预算的分类

1. 以编制形式为依据分为单式预算和复式预算

单式预算,指国家财政收支计划通过统一的一个计划表格来反映,即将预算年度内所有预算收支不考虑经济性质将其列入一张统一的预算表格内,是传统的预算形式。

复式预算,指国家财政收支计划通过两个或两个以上的计划表格来反映。复式预算是将同一预算年度的全部财政收入和支出按性质划分,分别编成两个或两个以上的收支对照表,以特定的预算收入来源保证特定的预算支出,并使二者有稳定的对应关系。

单式预算的优点是形式上完整、统一、简洁,缺点是已经不能适应日益扩充的财政收支内容;复式预算具有一定的科学性,在改善预算管理方面具有积极的意义。但复式预算打破了预算的完整性,总体反映功能比较弱,编制难度较大,需要较高的预算管理水平。

各国编制复式预算的做法不一,但典型的复式预算将预算分为经常预算和资本预算。经常预算是满足国家经常性开支需要的预算,其支出主要是用于文教、行政、国防等方面,其收入主要是税收;资本预算是综合反映建设资金的来源与运用的预算,其支出主要用于公共工程投资,其收入主要是债务收入。

2. 以编制方法为依据分为增量预算和零基预算

增量预算,指财政收支计划指标是在以前财政年度的基础上,按新的财政年度的经济发展情况加以调整之后确定的。

零基预算,指不考虑过去的预算项目和收支水平,以零为基点编制的预算。零基预算的基本特征是不受以往预算安排和预算执行情况的影响,一切预算收支都建立在成本效益分析的基础上,根据需要和可能来编制预算。

在我国,零基预算的基本做法:一是要掌握准确的信息资料,对单位的人员编制、人员结构、工资水平以及工作性质、设备配备所需资金规模等都要了解清楚,在平时就要建立单位情况数据库,未经法定程序,不得随意变动;二是要确定各项开支定额,这是编制零基预算的基本要求;三是要根据事业需要和客观实际情况,对各个预算项目逐个分析,按照效益原则,分清轻重缓急,确定预算支出项目和数额。

零基预算能克服我国长期沿用的"基数加增长"的预算编制方式的不足,不受既成事实的影响,一切都从合理性和可能性出发。实行零基预算是细化预算、提前编制预算的前提。

3. 以预算收支平衡状况为依据分为平衡预算和差额预算

平衡预算是指预算收入基本等于预算支出的预算。实际工作中,略有结余或略有赤字的预算通常也被视为平衡预算。差额预算是指预算收入大于或小于预算支出的预算。需说明的是,这里所指的差额预算是指收支差额较大的预算。具体有两种情况:一是收入大于支出的盈余预算;二是支出大于收入的赤字预算。

4. 以预算管理层次为依据分为中央预算和地方预算

中央预算是指中央政府的预算,由中央各部门预算、中央对地方税收返还和转移支付、地方向中央上解收入等组成。省以下各级政府预算称为地方预算,地方预算是指地方各级政府预算,包括本级各部门的预算、上级对下级政府税收返还和转移支付、向上级政府上解收入等。地方预算负有组织实现大部分政府预算收入的重要任务,在政府预算中居于基础地位。

5. 按预算作用的时间可分为年度预算和中长期预算

年度预算是指预算有效期为一年的财政收支预算。中长期预算,也称中长期财政计划,一般1年以上10年以下的计划称中期计划,10年以上的计划称长期计划。在市场经济下,经济周期性波动是客观存在的,而制订财政中长期计划是在市场经济条件下政府进行反经济周期波动,从而调节经济的重要手段,是实现经济增长的重要工具。随着我国市场经济体制的日益完善和政府职能的转变,中长期财政计划将日益发挥其重要作用。

(四) 政府预算体系

在分级政府管理的国家,政府预算的体系和国家政权结构相一致,实行有一级政府即有一级财政收支活动主体,也就应有一级预算,从而也就产生了政府预算体系。

我国政府预算体系是按照一级政权设立一级预算的原则建立的。我国宪法规定,政府机构由全国人民代表大会、国务院、地方各级人民代表大会和各级人民政府组成。与政权结构相适应,并同时结合我国行政区域的划分,我国实行一级政府一级预算,设立中央、省、自治区、直辖市,设区的市、自治州,县、自治县、不设区的市、市辖区,乡、民族乡、镇五级预算,简称为中央、省、市、县、乡五级预算。不具备设立预算条件的乡、民族乡、镇,经省、自治区、直辖市政府确定,可以暂不设立预算。国务院编制中央预算草案,并由全国人民代表大会批准后执行。地方各级政府编制本级预算草案,并由同级人民代表大会批准后执行。我国政府预算体系如图4-1所示。

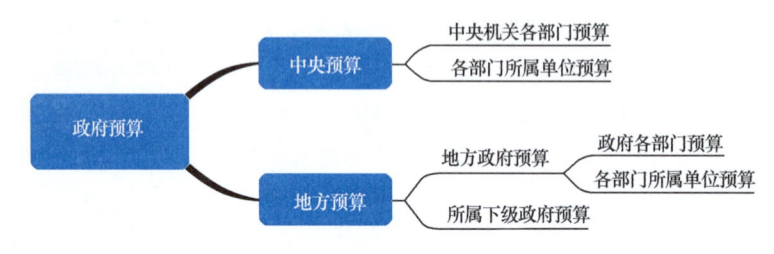

图 4-1 我国政府预算体系

自2015年起开始施行的《中华人民共和国预算法》,重点强调了全口径预算,明确规定政府的全部收入和支出都应当纳入预算。包括一般公共预算、政府性基金预算、国有资本经营预算、社会保险基金预算四项内容。

(1)一般公共预算是对以税收为主体的财政收入,安排用于保障和改善民生、推动经济社会发展、维护国家安全、维持国家机构正常运转等方面的收支预算。

(2)政府性基金预算是对依照法律、行政法规的规定在一定期限内向特定对象征收、收取或者以其他方式筹集的资金,专项用于特定公共事业发展的收支预算。政府性基金预算应当根据基金项目收入情况和实际支出需要,按基金项目编制,做到以收定支。

根据《2020年政府收支分类科目》确定的收支范围,政府性基金主要包括:农网还贷资金、铁路建设基金、民航发展基金、海南高等级公路车辆通行附加费、港口建设费、旅游发展基金、国有土地收益基金、彩票公益金、污水处理费等27项。

(3)国有资本经营预算是对国有资本收益做出支出安排的收支预算。国有资本经营预算应当按照收支平衡的原则编制,不列赤字,并安排资金调入一般公共预算。国有资本经营预算收入主要包括从国家出资企业取得的利润、股利、股息和国有产权(股权)转让收入、清算收入等,支出主要用于对重要企业补充资本金和弥补一些国有企业的改革成本等。2008年开始实施中央国有资本经营预算。

(4)社会保险基金预算是对社会保险缴款、一般公共预算安排和其他方式筹集的资金,专项用于社会保险的收支预算。社会保险基金预算应当按照统筹层次和社会保险项目分别编制,做到收支平衡。从2010年起在全国试编社会保险基金预算。

各级预算应当遵循统筹兼顾、勤俭节约、量力而行、讲求绩效和收支平衡的原则。各级政府应当建立跨年度预算平衡机制。经人民代表大会批准的预算,非经法定程序,不得调整。各级政府、各部门、各单位的支出必须以经批准的预算为依据,未列入预算的不得支出。

五 我国预算编制、执行和决算

1. 预算编制的程序

政府预算从提出到批准是按照立法程序进行的。因此,政府预算是有法律执行效力的计划。我国现行的预算编制实行自上而下、自下而上、上下结合、逐级汇总的"二上二下"的编制程序。首先在部门编制预算建议数的基础上,财政部门会同有预算分配权的部门审核预算建议数后下达预算控制数;然后部门再根据预算控制数编制本部门预算报送财政部门;财政部门根据全国人民代表大会批准的本级政府预算草案批复部门预算。"二上二下"的部门预算编制程序,如图4-2所示。

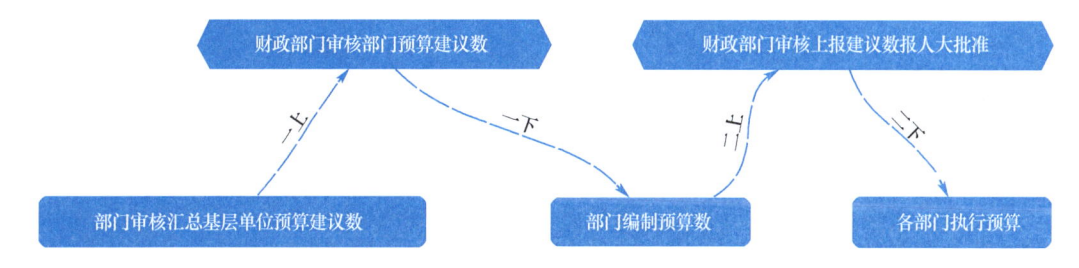

图4-2 "二上二下"的部门预算编制程序

预算草案一经最终审批,就成为具有法律效力的文件。各级政府必须根据预算向所属的公共部门拨款,公共部门根据拨款完成其相应的政府职能。在预算形成与执行的过程中,财政部门是预算编制、预算拨款和预算监督的政府职能机构。

预算具体编制的方法有:系数法、定额法、比例法、基数法、综合法。

2.预算执行

预算执行是整个预算工作程序的中心环节,包括预算收入入库、预算资金支付拨付、动用预备费以及预算调整,这些工作都必须按照法律和有关规定的程序进行。各级预算由本级政府组织执行,具体工作由本级财政部门负责。

预算收入征收部门必须依法及时、足额征收应征收的预算收入。有预算收入上缴任务的部门和单位,必须依照法规,将应上缴的预算资金及时、足额地上缴国库。

各级政府财政部门必须依照法律和规定及时、定额地拨付预算支出资金,并加强管理和监督。

各级政府预算预备费的动用,由本级政府财政部门提出方案,报本级政府决定。各级政府预算周转金由本级政府财政部门管理,用于预算执行中的资金周转,不准挪作他用。

预算调整是预算执行的一项重要程序。预算调整是指经过批准的各级预算,在执行中因特殊情况需要增加支出或者减少收入,使总支出超过总收入或使原举借债务的数额增加的部分改变,从而组织预算新的平衡。预算调整必须经各级人民代表大会常务委员会的审查和批准;未经批准,不得调整预算。

3.国家决算

国家决算是整个预算工作程序的总结和终结,是政府预算管理的最终环节。决算草案由各级政府、各部门、各单位,在每一预算年度终了后按国务院规定的时间编制,具体事项由国务院财政部门部署。决算草案的审批和预算草案的审批程序相同。各级政府决算批准后,财政部门要向本级各部门批复决算,地方各级政府还应将经批准的决算报上一级政府备案。

政府预算是有周期性的,我国的预算周期包括四个阶段:预算编制、批准、执行、决算编制和审批。也就是我国预算从开始编制到同级人大审批了决算编制之后才算是一个周期。我国的财政年度为12个月,从每年的1月1日起至同年的12月31日止。但是预算周期一般是跨越这个财政年度的。因为在财政年度结束之后,仍然需要时间汇总去年预算执行的情况,既要对预算执行情况进行审计,又要编制决算,并对决算进行审批。通常情况下,一直要到下一个财政年度的中期左右,审计工作和决算才能编制出来,再报同级人大审批。

案例 4.1　预算管理制度改革取得丰硕成果

"十三五"时期,财政部完善政府预算体系,预算管理制度改革取得了丰硕成果。

加大三本预算统筹力度

一是加大政府性基金转列一般公共预算力度。对政府性基金预算中未列入政府性基金目录清单的收入项目,除国务院批准的个别事项外,逐步调整转列一般公共预算。

二是建立将政府性基金预算中应统筹使用的资金列入一般公共预算的制度机制。按照政府性基金预算结转资金规模超过该项基金当年收入30%的部分应补充预算稳定调节基金统筹使用的原则,2016—2019年,中央政府性基金共计补充预算稳定调节基金251.76亿元。

三是不断提高中央国有资本经营预算调入一般公共预算比例,更多用于保障和改善民生支出。2016—2020年,累计调入金额达1 792亿元。

推进跨年度预算统筹协调

建立跨年度预算平衡机制。一般公共预算通过调入和补充预算稳定调节基金,促进年度预算平衡。政府性基金和国有资本经营预算超收收入结转下年安排支出。根据经济形势发展变化和财政政策逆周期调节的需要,建立跨年度预算平衡机制。

实施中期财政规划管理。试点编制了2016—2018年、2017—2019年、2018—2020年、2019—2021年四轮全国中期财政规划,对未来3年重大财政收支情况进行分析预测,对规划期内一些重大改革、重要政策和重大项目,研究政策目标、运行机制和评价办法,强化财政规划对年度预算的约束性。

持续推进部门预算管理和改革

积极构建以三年支出规划为牵引,以项目库为基础,以预算评审、预算监管和绩效管理为支撑,以优化资源配置、保障重点和提高效率为导向的部门预算管理框架。

实施支出经济分类科目改革

2018年1月1日起正式全面实施《支出经济分类科目改革方案》,形成两套支出经济分类科目体系。依据政府职能、预算管理和改革需要,设置一套政府预算支出经济分类科目,服务于政府预算管理;以现有支出经济分类科目为基础,进行适当调整、归并、增减,形成新的部门预算支出经济分类科目,服务于部门(单位)的预算管理。

全面推进预算绩效管理

财政部印发了《中央部门预算绩效运行监控管理暂行办法》《项目支出绩效评价管理办法》《政府和社会资本合作(PPP)项目绩效管理操作指引》等多项制度办法,逐步构建起预算绩效管理制度框架。

稳步推进预算公开工作

近年来,财政部积极推动中央预决算公开、指导地方预决算公开,预算公开范围不断扩大、内容不断细化,取得实质性进展。2020年,公开当年中央预算29张表、2019年全国财政决算46张表。102个中央部门公开了部门预算。地方各级政府2019年预算和2018年决算公开率分别为100%和99.7%。

(资料来源:李忠峰.中国财经报,2020年10月30日)

六 国库集中收付制度

(一)国库集中收付的概念

国库集中收付是指以国库单一账户体系为基础,将所有财政性资金都纳入国库单一账户体系管理,收入直接缴入国库和财政专户,支出通过国库单一账户体系支付到商品和劳务供应者或用款单位的一项国库管理制度。

2001年,国务院明确了"建立以国库单一账户为基础、资金缴拨国库集中收付为主要形式"的国库集中收付制度改革目标,其核心是国库单一账户。2015年新的《中华人民共和国预算法》实施,更是明确规定"国家实行国库集中收缴和集中支付制度,对政府全部收入和支出实行国库集中收付管理"。实行国库集中收付制度,改革以往财政性资金主要通过征收机关和预算单位设立多重账户分散进行缴库和拨付的方式,有利于提高财政性资金的拨付效率和规范化运作程度,有利于收入缴库和支出拨付过程的有效监管,有利于预算单位用款及时和便利,增强了财政资金收付过程的透明度,解决了财政性资金截留、挤占、挪用等问题。

(二)国库单一账户体系

1.国库单一账户体系的构成

国库单一账户体系是指以财政国库存款账户为核心的各类财政性资金账户的集合,所有财政性资金的收入、支付、存储及资金清算活动均在该账户体系运行。财政部门是持有和管理国库单一账户体系的职能部门,任何单位不得擅自设立、变更或撤销国库单一账户体系中的各类银行账户。中国人民银行按照有关规定,对国库单一账户和代理银行进行管理和监督。这里所指的代理银行,是指由财政部门确定的、具体办理财政性资金支付业务的商业银行。

2.国库单一账户体系中各类账户的功能

(1)国库单一账户。国库单一账户为国库存款账户,用于记录、核算和反映纳入预算管理的财政收入和支出活动,并用于与财政部门在商业银行开设的零余额账户进行清算,实现支付。国库单一账户在财政总预算会计中使用,行政单位和事业单位会计不涉及该账户。

(2)财政部门零余额账户。财政部门零余额账户用于财政直接支付以及国库单一账户支出清算。财政部门零余额账户在国库会计中使用。

(3)预算单位零余额账户。预算单位零余额账户用于财政授权支付和清算。预算单位零余额账户可以办理转账、提取现金等结算业务,可以向本单位按账户管理规定保留的相应账户划拨工会经费、住房公积金及提租补贴以及经财政部门批准的特殊款项,不得违反规定向本单位其他账户和上级主管单位、所属下级单位账户划拨资金。预算单位零余额账户在行政单位和事业单位会计中使用。

(4)财政专户。财政专户用于记录、核算和反映纳入财政专户管理的资金。财政专户在财政部门设立和使用。

(5)特设专户。特设专户用于记录、核算和反映预算单位的特殊专项支出活动,并用于与国库单一账户清算。预算单位不得将特设专户资金与本单位其他银行账户资金相互划转。特设专户在按规定申请设置了特设专户的预算单位使用。

(三)财政收入收缴方式和程序

1. 收缴方式

财政收入的收缴分为直接缴库和集中汇缴两种方式。其中,直接缴库是指由缴款单位或缴款人按有关法律法规规定,直接将应缴收入缴入国库单一账户或财政专户;集中汇缴是指由征收机关(有关法定单位)按有关法律规定,将所收的应缴收入汇总缴入国库单一账户或财政专户。

2. 收缴程序

(1)直接缴库程序。直接缴库的税收收入,由纳税人或税务代理人提出纳税申报,经征收机关审核无误后,由纳税人通过开户银行将税款缴入国库单一账户。直接缴库的其他收入,比照上述程序缴入国库单一账户或财政专户。

(2)集中汇缴程序。小额零散税收和法律另有规定的应缴收入,由征收机关于收缴收入的当日汇总缴入国库单一账户。非税收入中的现金缴款,比照本程序缴入国库单一账户或财政专户。

(四)财政支出类型和支付方式

1. 支出类型

根据支付管理需要,具体分为:

(1)工资支出,即预算单位的工资性支出。

(2)购买支出,即预算单位除工资支出、零星支出之外,购买服务、货物、工程项目等的支出。

(3)零星支出,即预算单位购买支出中的日常小额部分,除《政府采购品目分类表》所列品目以外的支出,或虽列入《政府采购品目分类表》所列品目,但未达到规定数额的支出。

(4)转移支出,即拨付给预算单位或下级财政部门,未指明具体用途的支出,包括拨付企业补贴和未指明具体用途的资金、中央对地方的一般性转移支付等。

2. 支付方式

(1)财政直接支付是指由财政部门向中国人民银行和代理银行签发支付指令,代理银行根据支付指令通过国库单一账户体系将资金直接支付到收款人(商品或劳务的供应商等,下同)或用款单位(具体申请和使用财政性资金的预算单位,下同)账户。

(2)财政授权支付是指预算单位按照财政部门的授权,自行向代理银行签发支付指令,代理银行根据支付指令,在财政部门批准的预算单位的用款额度内,通过国库单一账户体系将资金支付到收款人账户。

阅读专栏 4.2

财政部:财政专户资金存放不得片面考虑银行利率水平

2019年12月3日,财政部发布通知,要求加强地方预算执行和财政资金安全管理。财政部有关负责人表示,随着财政国库管理制度改革不断深化,各地财政部门逐步建立起较为完善的预算执行管理机制,有效提升了财政资金的使用效率和安全性。但在实际工作中,一些地区没有严格执行国库集中支付制度关于资金支付和清算管理的规定,个别地区财政部门资金存放和国库现金管理不够规范,既带来了财政资金安全隐患,也影响了预算单位的正常支出需要。

财政部要求,各地财政部门和预算单位,严格执行预算管理和国库集中支付管理有关规定。除法律法规另有规定外,不得在无预算安排或不符合暂付款项管理规定的情况下支付资金,严禁依据不符合法律法规规定的合同或协议支付资金。

国库集中支付遵循"先支付、后清算"原则,杜绝"未支付、先清算""超额清算"等违规行为。各地财政部门不得违规要求代理银行延期清算并长期垫付资金。财政部要求,有关代理银行应加强对分支机构办理国库集中支付业务的内控和稽核管理,对于存在违规垫付资金行为的分支机构,要责令限期整改。省级财政部门要全面了解辖区内情况,对于在国库集中支付业务中违规垫付资金且长期不进行清算的财政部门,要责令限期整改。

财政部指出,要高度重视财政部门资金存放安全,不得将资金存放与地方政府债券发行、金融机构向地方政府建设项目提供融资等挂钩。各地财政部门选择财政专户资金存放银行要综合评估其经营状况、服务能力、服务质量、利率水平、质押保全措施等因素,不得片面考虑利率水平;要坚持以确保资金安全为前提,结合银行业监管标准设定银行经营状况相关评估指标,经营状况指标权重不应低于40%。各地财政部门应密切关注资金存放银行经营状况,对经营状况不佳或达不到审计、监管要求的,要停止新的资金存放业务。同时,继续强化地方国库现金管理风险防范,省级财政部门应密切关注国库现金管理参与银行的经营情况,一旦发现参与银行出现重大违法违规、财务恶化、信用危机等情况,要立即依法依规采取措施,确保现金管理资金安全。

(资料来源:包兴安.证券日报,2019年12月3日)

七 我国的部门预算

(一)部门预算的含义

部门预算就是一个部门一本预算,由政府各部门编制,经财政部门审核后由人民代表大会审议通过,是反映部门所有收入和支出的预算。

按《中华人民共和国预算法》的规定,中央政府预算由中央各部门(含直属单位)的预算组成,地方各级政府预算由本级各部门(含直属单位)的预算组成。部门预算即指与财政部门直接发生缴拨款关系的一级预算单位的预算,它由本部门所属各单位的预算组成。

(二)部门预算的特点

1. 在编制范围上,部门预算涵盖了部门或单位的所有收入和支出

部门预算既包括部门一般预算收支,还包括政府性基金收支;既包括正常经费预算,又包括专项支出预算;既包括财政预算内拨款收支计划,又包括财政预算外核拨资金收支计划和部门其他收支计划,各种收支要全部按规定格式和标准统一汇总编入一本部门预算,全面反映一个部门或单位各项资金的使用方向和具体使用内容。

2. 在编制程序上,部门预算是由基层预算单位编制,逐级汇总形成的

开始编制时,由基层预算单位根据本单位承担的工作任务、部门发展规划及年度工作计划测算编制,并经逐级上报、审核、按单位或部门汇总形成。部门预算既细化了具体预算单位和项目,又保持了按预算科目划分的各项支出功能。经单位或部门汇总后的预算,既反映本部门所有财政性收支的总额,还反映各单位和项目具体收支的构成情况,以及按功能分类的支出构成情况。

3. 在基本框架上,部门预算由一般预算和基金预算组成

在一般预算和基金预算两类预算下,又分为一般预算收入和一般预算支出。

(1)一般预算收入包括财政预算拨款、行政单位预算外资金、事业收入、事业单位经营收入、其他收入。财政预算拨款,是指财政部门拨款形成的收入;行政单位预算外资金,是指行政单位为履行行政职能,依据国家法律、法规或有关规章收取或提取,纳入财政预算外专户管理或者按规定程序批准留用的财政性收入;事业收入,是指从事专业业务取得的收入。

(2)一般预算支出包括基本支出和项目支出。基本支出,是指行政事业单位为保证其机构正常运转和完成其日常工作任务所必需的支出,包括人员支出和日常公用支出,基本支出定额编制预算;项目支出,是指行政事业单位为完成特定工作或事业发展而发生的支出,包括基本建设项目支出、行政事业性项目支出和其他项目支出。

(三)编制部门预算的意义

编制部门预算,细化了预算编制,增强了预算的统一性和完整性;实现了预算统一批复,缩短了预算批复时间;提高了预算编制的科学性和预算执行的规范性;有利于人大审查、监督政府预算。

部门预算是市场经济国家普遍采用的预算编制方法,部门预算的实施提高了预算的透明度和管理水平,也在相当程度上对政府、财政部门的行为起到了规范和制约作用。

> **思考与讨论**:(1)预算和财政之间的关系;(2)政府预算和决算的关系。

思政案例　　中央部门,今年花钱更透明

3月25日,102个中央部门集中向社会公开2021年预算。今年的中央部门预算公开工作有哪些新变化?各部门如何压减支出?如何把严预算关口?咱们细细翻阅这本"账"。

2021年中央部门公开的部门预算包括部门收支总表、部门收入总表、部门支出总表、财政拨款收支总表、一般公共预算支出表、一般公共预算基本支出表、一般公共预算"三公"经费支出表、政府性基金预算支出表、国有资本经营预算支出表等9张报表,全面、真实反映部门收支总体情况和财政拨款收支情况。除涉密信息外,一般公共预算支出公开到支出功能分类项级科目,其中的基本支出公开到部门预算支出经济分类款级科目,预算公开透明度进一步提高。

除公开上述预算报表,各中央部门还对预算收支增减变化、机关运行经费安排、"三公"经费、政府采购、国有资产占用、预算绩效管理、提交全国人大审议的项目等情况予以说明,并对专业性较强的名词进行解释。

为使公众找得到、看得懂、能监督,各部门的部门预算除在本部门网站公开外,继续在财政部门户网站设立的"中央预决算公开平台"集中展示。"预算公开是预算管理制度改革的核心要求,也是政府信息公开的重要内容,预算公开信息更加全面具体,对实现国家治理体系和治理能力现代化具有重要推动作用。"中央财经大学教授白彦锋表示。此次预算公开反映出,各中央部门把"过紧日子、节用为民"落在了实处。比如,财政部机关服务支出2021年预算较上年执行数下降51.54%,培训经费支出下降40%;国家广播电视总局行政运行支出下降18.15%,中国科学院文化旅游体育与传媒支出下降97%。

"三公"经费支出情况为社会各界所关注。2021年安排中央本级"三公"经费财政拨款预算51.87亿元,比2020年预算减少3.3亿元,下降6%。其中,因公出国(境)费6.74亿

元,减少0.04亿元;公务用车购置及运行费42.68亿元,减少3.11亿元;公务接待费2.45亿元,减少0.15亿元。较之2020年,今年各中央部门"项目支出"预算公开力度继续加大——公开内容包含项目概述、立项依据、实施主体、实施方案、实施周期、年度预算安排、绩效目标等。

"疫情冲击之下,中央部门如何带头过紧日子是老百姓关注度比较高的内容,2021年各中央部门预算'压减支出'力度很大。此外,项目支出是预算支出的'大头儿',加大项目支出预算公开力度,有利于督促各部门改进预算编制、优化支出结构、提高资金使用效益,也有助于集中财政资金办大事,更好服务党和国家大局,更好保障基本民生。"白彦锋说。

白彦锋认为,中央部门重点绩效目标公开范围逐年扩大,可"以上率下",带动地方和全国范围一般项目绩效目标公开范围逐步扩大,推进现代预算制度建设,将财政资金真正花在刀刃上,推进积极财政政策提质增效,提高财政运行的可持续性。"今年是中央部门公开预算的第十二个年头,经过多年努力,把财政资金的运行放到全社会监督的'放大镜'之下已成效显著,助力'推行透明政务、打造阳光政府'的治理目标加速实现。"

(资料来源:曲哲涵.人民日报,2021年3月26日)

第二节 预算管理体制

一 预算管理体制概述

(一)预算管理体制的概念

财政管理体制是国家管理和规范中央与地方以及地方各级政府之间的财政分配关系的根本制度。广义的财政管理体制包括政府预算管理体制(简称预算管理体制)、税收管理体制、公共部门财务管理体制等。狭义的财政管理体制是指政府预算管理体制。

预算管理体制是处理中央财政和地方财政以及地方财政各级之间的财政关系的根本制度,其核心是各级预算主体的独立自主程度以及集权和分权的关系问题。预算管理体制是政府预算编制、执行、决算以及实施预算监督的制度依据和法律依据,是财政管理体制的主导环节。

(二)建立预算管理体制的基本原则

一般来说,在市场经济条件下,建立预算管理体制应遵循公开性、均衡性和效率性三个原则。

1. 公开性原则

预算管理体制的公开性原则是指各级政府之间的财政关系应以制度或法规形式加以规定,并公之于众,使这种财政关系的动作具有预见性、透明度和明确的依据,减少随意性。

2. 均衡性原则

预算管理体制的均衡性原则是指各级政府的财权财力划分应相对平衡。一般来说,均衡性原则包括中央与地方政府财政关系的纵向均衡和地方政府间财政关系的横向均衡。

3. 效率性原则

确定预算管理体制时遵循的效率性原则是指各级政府财政职权的配置和收支关系的划分,应有利于提高公共资源管理和使用以及财政对社会经济活动进行调节的效果。从中央与地方政府财政关系的基本内容看,这里的效率性原则包括收入划分效率、支出划分效率和转移支付效率三个方面。

我国预算管理体制的基本原则是统一领导、分级管理、责权结合。实行统一领导是由我国的政治制度和经济制度决定的,表现在预算管理体制上,就是涉及全国的财政方针、政策必须由中央统一制定,主要财力必须由中央统一支配,以保证国家在政治上的集中统一,经济上的合理布局和重点发展。分级管理是因为我国是一个幅员辽阔的多民族国家,各地区在经济、文化、自然环境上存在差异性,很多事情要由各级政府因地制宜地去办理。同时,很大一部分财政资金的筹集与分配是由地方和部门组织实施的。在社会主义市场经济条件下,中央的集权与地方分权在根本利益上是一致的,统一领导和分级管理相辅相成。一般地说,凡是关系国家全局的管理权限一定要集中到中央,不能任意分散,以保证中央的统一领导;凡是需要由地方因地制宜的管理权限,一定要放给地方,中央不能统得过死,以充分调动地方的积极性。

二 我国预算管理体制的内容

预算管理体制的根本任务是通过划分预算收支范围和规定预算管理职权,促使各级政府明确各自的责、权、利,发挥各级政府理财积极性,促进经济和社会事业的发展。预算管理体制的内容主要包括:

1. 预算管理主体和级次

一般是一级政权即构成一级预算管理主体;我国的政权机构分为五级,相应的预算管理主体也分为中央、省、市、县、乡五级。

2. 预算收支范围的划分

即明确国家财力在中央与地方及地方各级政府之间如何分配,这是预算管理体制的核心内容。在财力总量一定的前提下,如何划分收支范围直接决定一级财政拥有财力的多少。为提高资源配置效率,调动中央和地方两方面积极性,收支范围划分往往按照"统筹兼顾,全面安排""事权与财权相统一""收支挂钩,权责结合"等原则来确定。

3. 预算管理权限的划分

即确定各级人民代表大会、各级人大常委会和各级政府在预算的编制、审批、执行、监督等方面拥有的权限和应负的责任。1994年颁布的《中华人民共和国预算法》对不同政权机构赋予了不同的预算管理职权,主要内容包括:

(1)全国人民代表大会审查中央和地方预算草案及中央和地方预算执行情况的报告,批准中央预算和中央预算执行情况的报告。全国人民代表大会常务委员会监督中央和地方预算的执行,审查和批准中央预算的调整方案,审查和批准中央决算。

(2)县级以上地方各级人民代表大会审查本级总预算草案及本级总预算执行情况的报告,批准本级预算和本级预算执行情况的报告。县级以上地方各级人民代表大会常务委员会监督本级总预算的执行,审查和批准本级预算的调整方案,审查和批准本级决算。

(3)乡、民族乡、镇的人民代表大会审查和批准本级预算和本级预算执行情况的报告,监督本级预算的执行,审查和批准本级预算的调整方案,审查和批准本级决算。

(4)各级财政部门主要负责具体编制本级预算、决算草案;具体组织预算的执行;具体编制本级预算的调整方案;定期向本级政府以及上一级政府的财政部门报告本级总预算的执行情况等。

(5)各部门编制本部门预算、决算草案,组织和监督本部门预算的执行,定期向本级政府财政部门报告预算的执行情况。各单位编制本单位预算、决算草案,按照国家规定上缴预算收入,安排预算支出,并接受国家有关部门的监督。

4. 预算调整制度和方法

在预算执行中,当社会经济情况发生变化,特别是发生不可预知的情况时,往往需要对已批准的预算或是对已经确定的各级政府的收支范围进行必要的调整。为避免这些调整的随意性和主观性,需要规定相应的制度或调整、批准程序。一般由财政部门提出并编制预算调整方案,经同级人大常委会审查批准后方可执行,并报上一级政府备案。

预算管理体制的实质是正确界定各级预算主体独立自主的程度,正确处理预算资金分配和管理上集权与分权、集中与分散的关系。集权与分权不能做抽象的判断,必须针对具体情况而定。在国家财力有限的前提下,预算资金分配是集中还是分散,取决于多方面因素。国家财力和财权分配上集权与分权、集中与分散关系的调节,要依据当时经济建设和社会发展的需要。财力集中一些,便于开发重要资源,建设重点项目,解决"瓶颈"制约,满足社会的共同需要;财力分散一些,便于发挥地方积极性和主动性,因地制宜地发展地方经济,满足地方各方面需要。

三 我国预算管理体制的历史演变

国家财力、财权分配关系的调节,一般是通过预算管理体制的调整来实现的。从中华人民共和国成立到1993年,我国预算管理体制的演变经历了三个阶段,实行的预算体制大体可分为三种形式。

(一)统收统支体制

统收统支体制也称高度集中的预算管理体制,是1950—1952年国民经济恢复时期实行的预算管理体制。其基本特征是:财力、财权高度集中于中央,地方组织的一切收入全部逐级上缴中央,地方一切开支由中央核定,逐级拨款,年终地方结余全部交还中央,费用开支标准、预决算和会计制度等统一由中央制定,地方只能照章执行,财权很小。除中华人民共和国成立初期外,在三年调整时期(1963—1965年)和"文化大革命"期间的个别年份里也实行过这种体制。这种体制适合特定的历史条件,但不能长期实行。

(二)统一领导、分级管理体制

我国1953—1979年基本实行这种体制,其主要特征是:

(1)中央统一制定预算政策和预算制度,地方按预算级次实行分级管理;

(2)主要税种的立法权、调整权、减免权集中于中央,各级收入分为固定收入和比例分成收入,由地方统一组织征收,分别入库;

(3)由中央按照企事业行政隶属关系确定地方预算的支出范围;

(4)由中央统一进行地区间的调剂,收大于支的主要做法是由中央核定地方收支指标,全部收入分为各级固定收入和比例分成收入,凡收大于支的地方上解收入,凡支大于收的地方由中央补助。

(三)划分收支、分级包干体制

1980年开始实行"划分收支、分级包干"体制,简称财政包干体制。财政包干体制对原来的体制有重大的突破,是我国预算管理体制的一次重大改革,主要表现在地方预算初步成为责、权、利相结合的相对独立的一级预算主体。经过几次调整,1988年形成了对不同地区实行六种不同的包干方法:收入递增包干、总额分成、总额分成加增长分成、上解额递增包干、定额上解、定额补助。

财政包干体制的主要特征是:在总额分成的基础上对增收或超收部分加大地方留成比例,通过多收多留的激励机制鼓励地方特别是富裕地区增收的积极性,从而保证全国财政收入的不断增长。但是,随着经济体制改革的深化和经济的快速增长,越来越明显地暴露出财政包干体制的弊端:

(1)中央收入占全部收入的比重日趋下降,1990年为33.8%,1993年为22%。

(2)各地方为了地方利益,都热衷于利润大、见效快的加工工业的投资,加剧了当时的经济过热现象。

(3)重复建设严重,地区产业结构趋于相同,地区间相互封锁,盲目竞争。

(4)地区间贫富差距拉大。

(5)各地区的包干方法多种多样,缺乏规范性。

1994年以来,我国实行"分级分税预算管理体制"。

四 分级分税预算管理体制(以下简称"分税制")

(一)分税制的概念

分税制是按税种划分中央和地方收入来源的一种财政管理体制,即在划分事权的基础上将国家的全部税种在中央政府和地方政府之间进行划分,以此确定中央财政和地方财政的收入范围。其实质是根据中央政府和地方政府的事权确定其相应的财权,通过税种的划分形成中央和地方的收入体制。

分税制是实行市场经济体制的国家普遍采取的一种预算管理体制,包括三层含义:

(1)分事。按照一定时期政治体制和经济体制的要求,划分各级政府社会管理和经济管理权限,并以此为依据确定各级政府的预算支出范围。

(2)分税。在划分事权和支出范围的基础上,按照事权和财权相统一的原则,在中央和地方政府之间划分税种,以确定中央和地方的收入来源。

(3)分管。在分事和分税的基础上实行分级财政管理,建立中央和地方两级税收征管体系和金库体系,分别负责中央和地方的税收征管和收入入库管理。

(二)分税制的主要特点

(1)一级政权,一级预算主体,各级预算相对独立,自求平衡。

(2)在明确市场经济中政府职能的前提下划分各级政府职责(事权)范围,在此基础上划分各级预算支出职责(财权)范围。由于各级政府的职责分工明确,各级预算的重点和层次分明,除国防费和行政管理费外,中央预算以社会福利、社会保障和经济发展为主,地方预算以文教、卫生保健和市政建设为主。对各级政府的投资职责也有明确分工,或由中央、地方分别承担,或由地方承担中央给予补助,或由中央和地方联合投资。

（3）收入划分实行分税制。在收入划分比例上中央预算居主导地位，保证中央的调控权和调控力度。在税收划分方法上，有的按税种划分，各级预算都有本级的主体税种，大宗收入的税种（如所得税）归中央，地方税种主要是收入弹性小的销售税和财产税；有的对同一税种按不同税率分配，并通过中央的基础税率限制地方税率；有的实行分成或共享制，即属于中央的税种按一定比例分给地方，或者属于地方的税种按一定比例分给中央，双方共享。

（4）预算调节制度，即转移支付制度。预算调节制度是分级预算管理体制的重要组成部分。由于分级预算管理体制，上下级预算主体间、同级预算主体间的收支规模不对称，转移支付制度就是均衡各级预算主体间收支规模不对称的预算调节制度。预算调节制度，有纵向调节（或纵向转移）和横向调节（或横向转移）两种形式。纵向调节的典型做法是补助金制度，中央从地方征收国税，同时对每个地方给予补助，实行双向调节。补助金分为无条件补助、有条件补助和专项补助。横向调节是地方对地方的补助，比如北京对内蒙古、全国各省对西藏的固定援藏项目都是横向转移支付。横向调节一般可以分为两类：一是利益补偿。比如一个地方修建水库，下游获得灌溉利益的地区需要向承担水库修建的地方支付一笔款项，补偿修建成本。二是援助性款项。比如，全国各省对西藏的援助资金。

横向调节是由"富地"直接向"穷地"的转移支付，以实行地区间的互助式调节，不再通过中央预算。

（三）我国现行分税制的主要内容

1.中央与地方的事权和支出划分

根据现行中央政府与地方政府事权的划分，中央财政主要承担国家安全、外交和中央国家机关运转所需经费，调整国民经济结构、协调地区发展、实施宏观调控所必需的支出以及由中央直接管理的事业发展支出。具体包括：国防费、武警经费、外交和援外支出、中央级行政管理费、中央统管的基本建设投资、中央直属企业的技术改造和新产品研制费、地质勘探费、由中央财政安排的支农支出、由中央负担的国内外债务的还本付息支出，以及中央本级负担的公检法支出和文化、教育、卫生、科学等各项事业费支出。

地方财政主要承担本地区政权机关运转所需支出以及本地区经济、事业发展所需支出。包括地方行政管理费、公检法经费、民兵事业费、地方统筹安排的基本建设投资、地方企业的技术改造和新产品研制经费、农业支出、城市维护和建设经费、地方文化、教育、卫生等各项事业费以及其他支出。

2.中央与地方的收入划分

根据事权与财权相结合的原则，按税种划分中央与地方的收入。

(1)中央固定收入

将维护国家权益，实施宏观调控所必需的税种划为中央税，税收收入完全属于中央政府。包括关税、海关代征消费税和增值税、消费税、车辆购置税。

(2)地方固定收入

将适合地方征管的税种划为地方税，税收收入完全属于地方政府。包括房产税、城镇土地使用税、车船税、耕地占用税、契税、土地增值税、环境保护税。

(3)中央与地方共享税

将同经济发展直接相关的税种划为中央与地方共享税，税收收入由中央政府与地方政府共同分享。以下税收属于中央与地方共享税：

①企业所得税。国有邮政企业、铁路运输企业、中国工商银行、中国农业银行、中国银行、国家开发银行、中国农业发展银行、中国进出口银行、中国投资有限责任公司、中国建设银行、中国建银投资有限责任公司、中国信达资产管理股份有限公司、中国石油天然气股份有限公司、中国石油化工股份有限公司、海洋石油天然气企业、中国长江电力股份有限公司等企业缴纳的企业所得税,为中央政府固定收入,其他企业缴纳的企业所得税,中央分享60%,地方分享40%。

②个人所得税。中央分享60%,地方分享40%。

③增值税。中央分享50%,地方分享50%。

④城市维护建设税。铁道部门、各银行总行、各保险总公司集中交纳的城市维护建设税属于中央政府收入,其余部分归地方政府。

⑤资源税。陆地资源税属于地方收入,海洋石油资源税属于中央收入。

⑥印花税。从2016年1月1日起,证券交易印花税全部调整为中央收入,其他印花税为地方收入。

3. 实施分税制的相关措施

(1)建立税收返还制度。实行分税制后,大部分税收收入由中央财政掌握,为保证地方的既得利益,建立中央财政对地方财政的税收返还制度十分必要。基本内容如下:

《国务院关于实行中央对地方增值税定额返还的通知》提出,从2016年起,调整中央对地方原体制增值税返还办法,由1994年实行分税制财政体制改革时确定的增值税返还,改为以2015年为基数实行定额返还,对增值税增长或下降地区不再实行增量返还或扣减。返还基数的具体数额,由财政部核定。全面推开营业税改征增值税后,增值税收入中央和地方按照"五五分成",这个分成比例的变化带来了中央预算收入的增加,以2014年5—12月收入为基数算账,2016年中央一般公共预算收入增加的数额,全部用于对地方税收返还。这一调整是按照预算法进行的技术性调整,全国财政预算收支总额、重点支出规模及赤字不变。将中央预算新增收入全部返还地方,主要是为了保证保持中央和地方现有财力格局不变,也让财力与支出责任相适应。2019年10月,国务院印发《实施更大规模减税降费后调整中央与地方收入划分改革推进方案》提出三个方面的改革措施:一是保持增值税"五五分享"比例稳定。进一步稳定社会预期,引导各地因地制宜发展优势产业,鼓励地方在经济发展中培育和拓展税源,增强地方财政"造血"功能,营造主动有为、竞相发展、实干兴业的环境。二是调整完善增值税留抵退税分担机制。建立增值税留抵退税长效机制,并保持中央与地方"五五"分担比例不变。为缓解部分地区留抵退税压力,增值税留抵退税地方分担的部分(50%),由企业所在地全部负担(50%)调整为先负担15%,其余35%暂由企业所在地一并垫付,再由各地按上年增值税分享额占比均衡分担,垫付多于应分担的部分由中央财政按月向企业所在地省级财政调库。三是后移消费税征收环节并稳步下划地方。按照健全地方税体系改革要求,在征管可控的前提下,将部分在生产(进口)环节征收的现行消费税品目逐步后移至批发或零售环节征收,拓展地方收入来源,引导地方改善消费环境。

确定税收返还递增率。1994年以后,税收返还额在1993年的基础上逐年递增,递增率按各地区增值税和消费税增长率1∶0.3的系数确定,即地方两税每增长1%,中央财政对地方返还0.3%。如果1994年以后地方上划中央收入达不到1993年的基数,则相应扣减中央对该地方的税收返还基数。

(2)建立转移支付制度。为调节实施分税制后各地财政中的不平衡状况,解决困难地区的财政困难,1995年起建立转移支付制度,由中央财政每年安排一部分资金用于转移支付。这一制度的原则:一是保留地方的既得利益;二是在兼顾公平与效率的基础上,转移支付有所侧重,重点是缓解地方的突出问题,并向少数民族地区适当倾斜;三是中央财政对地方转移支付的财力主要来自财政收入的增量。转移支付额由客观因素转移支付额和政策性转移支付额组成,前者主要是指由于各种客观因素造成地方实际财力低于地方标准支出的差额,后者主要是对少数民族地区的照顾。

转移支付的具体方式分为一般转移支付和专项转移支付两种。一般转移支付是指中央政府不指定专门用途,由地方政府自主决定使用,主要解决地区间财政不平衡问题的拨款,实现地区间基本公共服务能力的均等化。专项转移支付是指由中央政府指定用途,针对具体项目进行的拨款。专项转移支付重点用于"三农"、教育、医疗卫生、社会保障和就业等领域,以实现特定的宏观政策及事业发展目标,或对中央委托地方事务、中央地方共同事务按其相应资金进行补偿,地方政府必须按规定用途使用。

根据事权属性,对于属于中央事权的,要将转移支付上划转列为中央本级支出,由中央单位直接承担;对于属于地方事权的,原则上由地方承担支出责任,相应取消专项转移支付。

(3)设置中央和地方两套税务机构。为保证分税制财政体制的顺利实施,确保中央财政和地方财政的收入,国家决定设立国家税务局和地方税务局两套机构,对中央和地方的税收分别征收。设立两套机构后,国家税务局负责中央税和共享税的征收,实行国家税务总局垂直领导的管理体制。地方税务局负责地方税的征收,省级地方税务局实行地方政府和国家税务总局双重领导,以地方政府领导为主的管理体制,省以下的地方税务局则由省级地方税务局垂直领导。

2018年3月,十三届全国人大一次会议审议通过《国务院机构改革方案》,决定将省级和省级以下国税地税机构合并,具体承担所辖区域内税收和非税收入征管等职责。国税地税机构合并后,实行以国家税务总局为主与省(自治区、直辖市)党委和政府双重领导的管理体制。通过此次机构合并,税务总局规范了税务机构设置,优化了职能职责,特别是对纳税服务、税收大数据和风险管理、税收经济分析、跨区域稽查等方面的机构职能进行了强化。

> **思考与讨论**:为什么分家24年之后,国地税又重新合并在一起?国地税合并会对纳税人有什么影响?

案例4.2　央地财政权责划分三层框架初成

"十三五"期间,财政部积极推进中央与地方财政事权和支出责任划分改革。目前,已经形成了三个层次的初步框架。第一层次是指导性,即2016年8月国务院印发的《国务院关于推进中央与地方财政事权和支出责任划分改革的指导意见》,明确了财政事权和支出责任划分的基本原则、主要任务和要求,第一次比较系统地提出从政府公共权力纵向配置角度推进财税体制改革的思路,为建立现代财政制度、构建财力与事权相匹配的财政体制提供了重要支撑。第二层次是承上启下,即2018年1月国务院办公厅印发的《基本公共服务领域中央与地方共同财政事权和支出责任划分改革方案》,将由中央与地方共同承担支出责任、涉及人民群众基本生活和发展需要的基本公共服务事项,首先纳入中央与地方共同财政事权范围,并明确了8大类18项共同财政事权事项的支出责任及分担方式、保障标准制定等,为后续分领域财政事权和支出责任划分改革提供了引领。第三层次是分领域,目前已出台了医疗卫生、科技、教育、交通运输、生态环境、自然资源、公共文化、应急救援等领域改革方案。

特别需要指出的是,2018年1月《基本公共服务领域中央与地方共同财政事权和支出责任划分改革方案》的出台意义重大。该方案主要明确了以下内容:

——明确基本公共服务领域中央与地方共同财政事权范围。将涉及人民群众基本生活和发展需要、现有管理体制和政策比较清晰、由中央与地方共同承担支出责任、以人员或家庭为补助对象或分配依据、需要优先和重点保障的主要基本公共服务事项,首先纳入中央与地方共同财政事权范围,包括义务教育、学生资助、基本就业服务、基本养老保险、基本医疗保障、基本卫生计生、基本生活救助、基本住房保障等8大类,共18个事项。

——制定基本公共服务保障国家基础标准。参照现行财政保障或中央补助标准,制定9项基本公共服务保障的国家基础标准。地方在确保国家基础标准落实到位的前提下,因地制宜制定高于国家基础标准的地区标准,应事先按程序报上级备案后执行,高出部分所需资金自行负担。对不易或暂不具备条件制定国家基础标准的9项事项,地方可结合实际制定地区标准,待具备条件后,由中央制定国家基础标准。

——规范基本公共服务领域中央与地方共同财政事权的支出责任分担方式。基本公共服务领域中央与地方共同财政事权的支出责任主要实行按比例分担,并保持基本稳定。对基本公共卫生服务等7个事项实行中央分档分担办法,并将其分担比例适当简化和归并为5挡。对义务教育公用经费保障等6个按比例分担、按项目分担或按标准定额补助的事项,暂按现行政策执行。对基本公共就业服务等5个事项,中央分担比例主要依据地方财力状况、保障对象数量等因素确定。

该方案的出台,标志着财政事权和支出责任划分取得了新的重大进展,对进一步完善分税制财政体制,加快建立现代财政制度,推进国家治理体系和治理能力现代化产生了积极的推动作用。该方案中的事项都涉及基本民生,支出稳定性强,率先明确为中央与地方共同财政事权,规范相关保障标准和分担比例,有利于增强政策的稳定性,更好地兜牢民生底线,促进基本公共服务均等化水平的提高。

(资料来源:李忠峰.中国财经报,2020年11月9日)

(四)"十四五"时期分税制的改革方向

1.进一步深化预算管理制度改革

(1)强化对预算编制的宏观指导,加强财政资源统筹。按照经济社会发展目标和宏观调控总体要求,完善政府预算体系。加强政府性基金预算、国有资本经营预算、社会保险基金预算与一般公共预算统筹衔接。加强公共资源综合管理,将依托行政权力和国有资源(资产)获取的收入以及特许经营权拍卖收入等按规定全面纳入预算管理。加强部门和单位对各类资源的统一管理,依法依规将取得的各类收入纳入部门或单位预算。

(2)推进财政支出标准化,发挥标准在预算管理中的基础性作用。注重加强普惠性、基础性、兜底性民生建设,健全基本公共服务保障标准,建立国家基础标准和地方标准相结合的基本公共服务保障标准体系。加快建设项目支出标准体系,强化标准应用,建立标准动态调整机制。

(3)强化预算约束和绩效管理。按照预算管理要求和程序编制预算和安排重点支出。严格执行人大批准的预算,强化预算对执行的控制,严格规范预算调剂行为。进一步加大预算公开力度,提高财政透明度,强化对权力运行的制约监督。深化绩效管理改革,将绩效理念和方法融入预算编制、执行和监督全过程,推进预算和绩效管理一体化,健全预算安排与绩效结果挂钩的激励约束机制。

(4)加强中期财政规划管理。进一步完善跨年度预算平衡机制,增强中期财政规划对年度预算编制的指导性和约束性。聚焦应对重大挑战、抵御重大风险,加强政府债务和中长期支出责任管理。

2.进一步理顺中央和地方财政关系

(1)明确中央和地方政府事权与支出责任。适当上移并强化中央财政事权和支出责任,重点将涉及生产要素全国流动和市场统一的事务,以及跨区域外部性强的事务明确为中央财政事权,减少委托事务,加强中央直接履行的事权和支出责任;按照地方优先的原则,将涉及区域性公共产品和服务的事务明确为地方财政事权。合理确定中央和地方共同财政事权,由中央和地方按照规范的办法共同承担支出责任。

(2)健全省以下财政体制。推进省以下财政事权和支出责任划分改革,适度加强省级在维护本地经济社会协调发展、防范化解债务风险等方面的责任。加快完善省以下转移支付制度,推动财力向困难地区和基层倾斜,逐步建立基层保基本民生、保工资、保运转"三保"长效保障机制。根据财政事权属性,厘清各类转移支付的功能定位,加大对财力薄弱地区的支持力度,健全转移支付定期评估机制。完善地区间支出成本差异体系,转移支付资金分配与政府提供公共服务的成本相衔接,加大常住人口因素的权重,增强资金分配的科学性、合理性。

3.进一步完善现代税收制度

(1)健全地方税体系,培育地方税源。按照中央与地方收入划分改革方案,后移消费税征收环节并稳步下划地方,结合消费税立法统筹研究推进改革。在中央统一立法和税种开征权的前提下,通过立法授权,适当扩大省级税收管理权限。统筹推进非税收入改革。

(2)健全直接税体系,逐步提高直接税比重。健全以所得税和财产税为主体的直接税体系,逐步提高其占税收收入比重。进一步完善综合与分类相结合的个人所得税制度。按照"立法先行、充分授权、分步推进"的原则,积极稳妥推进房地产税立法和改革。建立健全个人收入和财产信息系统。

(3)深化税收征管制度改革。坚持依法治税理念,提高政府税收和非税收入规范化、协调化、法治化水平。建立权责清晰、规范统一的征管制度。分步推进建成全国统一的新一代智能化电子税务局,建设标准统一、数据集中的全国税收征管信息库,持续推进涉税信息共享平台建设。

4.完善政府举债融资机制

(1)完善政府债务管理体制。根据财政政策逆周期调节的需要以及财政可持续的要求,合理确定政府债务规模。依法构建管理规范、责任清晰、公开透明、风险可控的地方政府举债融资机制。完善地方政府债务限额确定机制,一般债务限额与税收等一般公共预算收入相匹配,专项债务限额与政府性基金预算收入及项目收益相匹配。完善以债务率为主的地方政府债务风险评估指标体系,健全地方政府偿债能力评估机制。

(2)防范化解地方政府隐性债务风险。完善常态化监控机制,决不允许通过新增隐性债务上新项目、铺新摊子。硬化预算约束,全面加强项目财政承受能力论证和预算评审,涉及财政支出的全部依法纳入预算管理。强化国有企事业单位监管,依法健全地方政府及其部门向企事业单位拨款机制,严禁地方政府以企业债务形式增加隐性债务。开发性、政策性金融机构等必须审慎合规经营,严禁向地方政府违规提供融资或配合地方政府变相举债。清理规范地方融资平台公司,剥离其政府融资职能。加强督查审计问责,严格落实政府举债终身问责制和债务问题倒查机制。

> **关键概念**
>
> 政府预算　　　　复式预算　　　　零基预算　　　　部门预算
> 国库集中收付　　预算管理体制　　分税制

课后实训

一、单选题

1. 我国各级政府预算的审批机关是(　　)。
   A. 各级政府　　B. 各级财政机关　　C. 各级人大　　D. 各级纪检机关
2. 我国各级政府预算的具体执行机关是(　　)。
   A. 各级政府　　B. 各级财政机关　　C. 各级人大　　D. 各级纪检机关
3. 国库集中收付制度也称为(　　)。
   A. 国库集中支付制度　　　　　　B. 国库收入收缴制度
   C. 国库单一账户制度　　　　　　D. 国库集中管理制度
4. 我国预算年度的起讫时间为(　　)。
   A. 1月1日—12月31日　　　　　B. 4月1日—3月31日
   C. 10月1日—9月30日　　　　　D. 7月1日—6月30日
5. 我国分税制体制开始实行的时间是(　　)。
   A. 1990年　　B. 1992年　　C. 1994年　　D. 1995年
6. 国库单一账户是指以(　　)为核心的各类财政性资金的集合。
   A. 财政国库存款账户　　　　　　B. 财政一般存款账户
   C. 财政专项存款账户　　　　　　D. 财政预算内资金账户
7. 具有法律规定和制度保证的、经法定程序审核批准的政府年度收支计划,是(　　)。
   A. 政府预算　　B. 企业财务计划　　C. 信贷计划　　D. 社会发展计划
8. 要求政府的所有财政收支都要反映在预算中,不得隐瞒、造假账,不得有预算以外的财政收支,这是预算的(　　)原则。
   A. 公开性　　B. 真实性　　C. 完整性　　D. 统一性
9. 我国具体的预算体系由(　　)组成。
   A. 中央和地方两级预算　　　　　B. 中央、省、市三级预算
   C. 中央、省、市、县四级预算　　D. 中央、省、市、县、乡五级预算
10. (　　)是政府预算执行的总结,反映年度政府预算收支的最终结果。
    A. 政府预算　　B. 政府决算　　C. 单式预算　　D. 复式预算

二、多选题

1. 按照现行分税制体制,下列选项中,(　　)属于中央预算的固定收入。
   A. 进口环节增值税　　B. 消费税　　C. 土地增值税　　D. 关税
2. 按照我国分税制体制的规定,下列选项中,(　　)属于地方固定收入。

A. 企业所得税 B. 契税
C. 资源税 D. 房产税

3. 在分税制体制中,将国家的财政收入划分为(　　)。
A. 中央固定收入 B. 地方转移支付收入
C. 地方固定收入 D. 中央与地方共享收入

4. 下列选项中,(　　)是可以由地方预算承担的。
A. 国内外债务还本付息 B. 文教卫生事业支出
C. 行政管理支出 D. 国家物资储备支出

5. 下列各项中,(　　)是专门由中央预算承担的。
A. 国防支出 B. 行政管理支出
C. 国内外债务还本付息支出 D. 国家物资储备支出

6. 我国预算周期包括(　　)。
A. 预算准备　　B. 预算编制　　C. 预算审议批准　　D. 预算执行

7. 部门预算中的一般预算支出包括(　　)。
A. 基本支出　　B. 项目支出　　C. 建设支出　　D. 资本支出

8. 以预算形式差别为依据,政府预算可分为(　　)。
A. 增量预算　　B. 复式预算　　C. 单式预算　　D. 零基预算

9. 财政收入收缴方式主要有(　　)。
A. 直接缴库　　B. 集中汇缴　　C. 分散汇缴　　D. 代扣代缴

10. 财政支出支付方式主要有(　　)。
A. 财政授权支付　　B. 银行代理支付　　C. 财政直接支付　　D. 银行集中支付

三、判断题

1. 我国目前政府预算是按复式预算形式编制的。 (　　)
2. 在我国,有一级政府,相应设一级预算。 (　　)
3. 我国政府预算调整由各级财政部门决定。 (　　)
4. 现行分税制规定,企业所得税属于共享税。 (　　)
5. 现行分税制规定,个人所得税属于中央收入。 (　　)
6. 预算管理体制是规定中央与地方政府预算收支范围和预算管理职权的根本制度。
 (　　)
7. 我国的国家税务局只负责中央税的征收与管理工作。 (　　)
8. 分税制是实行计划经济体制的国家普遍采取的一种预算体制。 (　　)
9. 我国的省级地方税务局实行地方政府领导。 (　　)
10. 在预算形成与执行的过程中,财政部门是编制预算、预算拨款和预算监督的政府职能机构。 (　　)
11. 我国省以下的地方税务局由省级地方税务局垂直领导。 (　　)
12. 现行分税制规定,增值税中央政府分享75%,地方政府分享25%。 (　　)
13. 任何单位不得擅自设立、变更或撤销国库单一账户体系中的各类银行账户,管理国库单一账户体系的职能部门是中国人民银行。 (　　)
14. 财政部门在商业银行为预算单位开设的零余额账户,简称财政部门零余额账户。
 (　　)

15. 国库单一账户在财政总预算会计中使用,行政单位和事业单位会计中不设置该账户。( )

四、案例分析

营改增全面推进,其重要影响和重大意义堪称"第二次分税制改革",要特别重视营改增推进中所面临的风险,应从进一步完善分税制制度框架的战略高度加以防范与化解。全面营改增面临的风险与挑战如下:

(1)财政风险:财政如何消化大规模减税?

营改增的大规模减税将加剧本已紧张的地方财政收支状况,使政府面临可调控财力不足的财政风险。这不仅会影响政府履行调节收入差距、提供公共服务等职能的资金供给,带来政府债务风险,还会在财政管理体制不健全的情况下诱发探头税、过头税、虚报税收收入等税收失范行为,从而产生降低税法尊严,影响政府财政资金调控效率等诸多问题。

(2)税制风险:税收与税源相背离问题加剧

由于增值税申报纳税遵循生产地原则,而增值税税负的实际承担者为最终消费者,当消费者与生产者不在同一个地区时,就会产生增值税税收与税源背离的问题。全面营改增一是增加了本身具有税收与税源背离效应的增值税税源规模,进而造成"背离"的规模加大;二是现行过渡体制增值税按50∶50比例在中央与地方政府间共享,这使得由地方承担的增值税税收与税源背离由原来的25%上升至50%,加剧"背离"问题。

(3)体制风险:地方主体税种缺失,分税制向分成制退化

营改增之前,作为地方主体税种的营业税占地方税收收入的比重超过30%,其余地方税种数量多且收入规模较小,因此,一方面短期内营改增造成地方主体税种缺失,加之地方政府仍要承担营改增减收压力,导致地方对中央转移支付等依赖加剧,进一步倚重"土地财政"和债务融资;另一方面50∶50增值税分享比例的"大共享税"下,从中央到地方各级政府越来越依赖"同源共享"的纵向税收划分,这使得中央和地方财政收入共进退,分税制很可能退化成"分成制"。

根据资料分析防范全面营改增风险的对策。

第五章 金融概述

章前引例

中共中央政治局2019年2月22日下午就完善金融服务、防范金融风险举行第十三次集体学习,习近平在主持学习时发表了讲话。

习近平指出,金融是国家重要的核心竞争力,金融安全是国家安全的重要组成部分,金融制度是经济社会发展中重要的基础性制度。改革开放以来,我国金融业发展取得了历史性成就。特别是党的十八大以来,我们有序推进金融改革发展、治理金融风险,金融业保持快速发展,金融改革开放有序推进,金融产品日益丰富,金融服务普惠性增强,金融监管得到加强和改进。

习近平强调,金融要为实体经济服务,满足经济社会发展和人民群众需要。金融活,经济活;金融稳,经济稳。经济兴,金融兴;经济强,金融强。经济是肌体,金融是血脉,两者共生共荣。我们要深化对金融本质和规律的认识,立足中国实际,走出中国特色金融发展之路。

习近平指出,深化金融供给侧结构性改革必须贯彻落实新发展理念,强化金融服务功能,找准金融服务重点,以服务实体经济、服务人民生活为本。要以金融体系结构调整优化为重点,优化融资结构和金融机构体系、市场体系、产品体系,为实体经济发展提供更高质量、更有效率的金融服务。要构建多层次、广覆盖、有差异的银行体系,端正发展理念,坚持以市场需求为导向,积极开发个性化、差异化、定制化金融产品,增加中小金融机构数量和业务比重,改进小微企业和"三农"金融服务。

习近平指出,防范化解金融风险特别是防止发生系统性金融风险,是金融工作的根本性任务。要加快金融市场基础设施建设,稳步推进金融业关键信息基础设施国产化。要做好金融业综合统计,健全及时反映风险波动的信息系统,完善信息发布管理规则,健全信用惩戒机制。要运用现代科技手段和支付结算机制,适时动态监管线上线下、国际国内的资金流向流量,使所有资金流动都置于金融监管机构的监督视野之内。要完善金融从业人员、金融机构、金融市场、金融运行、金融治理、金融监管、金融调控的制度体系,规范金融运行。

习近平强调,要把金融改革开放任务落实到位。要深化准入制度、交易监管等改革,加强监管协调。要提高金融业全球竞争能力,提高开放条件下经济金融管理能力和防控风险能力,提高参与国际金融治理能力。要培养、选拔、打造一支政治过硬、作风优良、精通金融工作的干部队伍。

(资料来源:习近平.走出中国特色金融发展之路.人民日报海外版,2019年2月25日)

我国当前的金融改革已经成为经济全局改革的重要突破口,得失牵一发动全身,是一场牵动社会利益重新分配的"制度革命"。市场经济是商品和货币的经济,生产活动和商品流通都要靠资金流通的顺畅来保证。没有资金的融通活动——金融,一切都无从谈起。金融,不仅构成了市场经济的核心,而且走入了百姓的日常生活,人们开始明白"金融改变生活"的道理,在街头巷尾,人们谈论着存贷款利率的调整、股市的涨跌、理财产品的选择、外汇的牌价、债券与基金、期货与期权、货币政策、通货膨胀、金融市场调控等问题,金融投资已经成为社会的热点话题。似乎在转瞬之间,要适应现代生活,学习和掌握一定的金融知识变得越来越重要,已经成为大众生存的一个必备条件。

通过本章学习,你将了解金融的基本范畴,知道货币的职能和我国现行的货币制度、由货币借贷产生的信用形式及信用工具、利率与利息的计算、金融机构体系的构成等内容,认识金融在现代市场经济中的重要地位,增强金融意识,为后续金融知识的掌握打好基础。

第一节　金融的基本范畴

一　金融的概念

从文字上看,"金"指货币资金,"融"指融通活动,连在一起就是货币资金的融通活动。简单地说,金融就是钱和钱相关的那些业务。一般而言,金融是货币流通和信用活动以及与之相联系的经济活动的总称。广义的金融泛指一切与信用货币的发行、保管、兑换、结算、融通有关的经济活动,甚至包括金银的买卖;狭义的金融专指信用货币的融通。其中,融通的对象为货币或资金;融通的方式采用有借有还的信用方式;融通的机构主要为银行及非银行金融机构;融通的场所则是金融市场;融通的价格为利息或利率。

众所周知,企业经营离不开存款、贷款、结算等金融业务;政府职能的行使也需要资金,一方面要贷款和发行政府债券筹资,另一方面又要有人管账、理财;每个家庭的储蓄、投资、消费等都与资金有关,大宗消费还要使用消费信贷。金融家不会凭空将钱变多,人们通过金融只是把钱从一些人的手上转到另一些人的手上,钱本身不会变多或变少,但结果却是,一些人获利一些人赔钱。在金融体系日益发达的市场经济中,小到一家一户,大到政府,金融广泛渗透到社会经济和人们生活的每个领域,可谓是无处不在,我们每个人的命运无不与之息息相关。

二　金融的产生与发展

金融与商品经济是密不可分的。金融是商品货币关系发展的必然产物,伴随着商品货币关系的发展而发展。

首先,从物物交换中产生了作为一般等价物的货币,解决了商品供求双方在时间、空间上不一致而导致的交换受阻问题,这是金融产生的基础。

其次,在一个社会的某一时期,人们的收入和支出不会完全平衡。一部分人因收入大于支出而成为资金盈余者,手中的资金处于闲置状态;同时,另一部分人因支出大于收入而成为资金短缺者,有好的项目却找不到资金。通过借贷活动产生了信用,使资金从没有投资机会的人那里流向有投资机会的人手中。正是信用这种方式使借贷活动逐渐规范，多种融资形式出现，使金融关系从萌芽发展到清晰化、明朗化。

再者，为进一步解决交换中货币的地区差异问题，产生了货币兑换和货币经营业，从替人保管货币发展到了替人办理结算和放款，从而产生了信用机构——银行，这标志着专门的金融机构诞生。随着资金融通规模的不断扩大，资金融通方式也日益多样化，金融得到了进一步的发展，表现为金融机构数量和种类的不断增加和金融市场的不断完善。

20世纪80年代以来，世界金融业发生了巨大而深刻的变化，出现了新的发展趋势，如金融产品多样化、金融服务扩大化、金融体系多元化、金融信息化、金融全球化、金融自由化等。随着互联网的发展，电子货币和网络金融涌现，世界金融业发展到前所未有的高度。金融的高度发展和自由化使金融风险越来越大，不时引发金融危机和金融动荡。如1994—1995年的墨西哥金融危机、1997年的东南亚金融危机、2001—2002年的阿根廷金融危机及2008年的美国次贷危机引发的金融海啸等，都对国际经济的发展产生巨大影响。

三 金融的分类

1. 按照资金融通的运行机制划分为宏观金融和微观金融

宏观金融研究货币和宏观意义上的金融系统运转。其内容包括：货币需求与货币供给、通货膨胀与通货紧缩、货币政策、外汇与国际收支、国际金融市场与国际资本流动、国际货币体系等。

微观金融研究微观层面上的金融市场和金融机构以及个人投资的问题。其内容包括：金融市场、金融中介机构、公司财务、投资组合理论等。

2. 按照资金融通的方式划分为直接金融和间接金融

直接金融也称直接融资，是指货币资金供给者和货币资金需求者之间直接发生的信用关系，即资金供求双方不通过金融中介机构直接构成债权债务关系的资金融通方式。例如，企业、政府或个人所签署的商业票据、公债、企业债券、股票以及抵押契约等作为金融工具的交易方式，都属于直接金融范畴。

间接金融也称间接融资，是指货币资金供给者与货币资金需求者之间的资金融通通过各种金融中介机构来进行，资金供求双方通过中介机构并构成与中介机构的债权债务关系的资金融通方式。例如，以银行等金融机构为媒介，通过发行银行券、存款单、银行票据和保险单等金融工具的融资方式，都属于间接金融范畴。如图5-1所示。

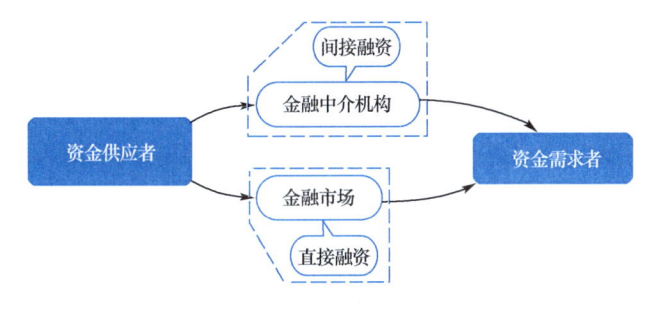

图5-1 资金融通方式

3. 按照资金融通的目的划分为政策性金融、商业性金融和合作金融

政策性金融，其目的不是追求金融机构自身的利润，而是弥补市场的缺陷，在商业性金融不愿意介入的领域起拾遗补阙的作用。如我国国家开发银行、中国进出口银行和中国农业发展银行的融资活动就属于政策性金融。

商业性金融,是以商业利益为经营目标的金融活动,或者以利润最大化为目标的融资活动。如商业银行、保险公司、证券公司、信托投资公司等的融资活动就属于商业性金融。

合作金融,是以互助合作为目的的融资活动,主要是解决互助组织成员的融资需求。如我国农村资金互助社的融资活动就是为了解决互助组织成员的融资需求。

4. 按照融资活动是否由政府主导划分为官方金融和民间金融

官方金融是由政府批准并进行监管,或由政府主导、被政府承认的融资活动。

民间金融是民间自发进行的融资活动。在国外的文献中,大多界定为"非正式金融",是指在政府批准并进行监管的金融活动之外所存在的游离于现行制度法规边缘的金融行为。

> **思考与讨论**:我国现存的民间金融形式有哪些?

5. 按照金融活动的地理范围划分为国内金融和国际金融

国内金融,即由一国国内的资金供求双方直接或间接进行的融资活动,其参加者都是国内居民,融资活动的标的物也是本国货币。

国际金融,即跨越国界的融资活动,其参加者属于不同国家的居民,而且使用的货币也可能是境外货币。

第二节 货币与货币制度

货币是商品生产和商品交换发展到一定程度的产物。从社会发展来看,当生产力极度低下,人们的劳动成果仅能维持生存而无剩余时,是不存在商品交换的。随着生产力的发展,尤其是社会分工的出现,生产效率得到提高,出现了剩余产品,这为劳动产品的交换提供了条件,被交换的产品就成为商品。在货币出现之前,商品的交换采取物物交换的形式进行。当商品交换愈发频繁,以物易物的形式在空间和时间上已经不能满足生活需求。因此,从商品世界中自然分离出一种特殊商品,固定地作为商品交换的媒介,其后来被称为"一般等价物"。此时,这种商品就已经具有了"货币"的属性。之所以人们最终选择了金银而不是其他的物品作为货币,是因为金银本身所具有的天然的物质属性,与其他的物品相比具有无可比拟的优势,如不易腐烂、价值适中等,最适宜充当货币材料即一般等价物的角色。

一 货币的本质

货币是固定充当一般等价物的特殊商品,并能反映一定的社会关系。

1. 货币是商品

货币首先是商品,它与商品世界的其他商品一样,都是人类劳动的产品,是价值和使用价值的统一体。正因为货币和其他一切商品具有共同的特征,即都是用于交换的人类劳动的产品,它才能在商品交换的长期发展中被逐渐分离出来,成为不同于一般商品的特殊商品,即货币。

2. 货币是特殊的商品

货币是商品,它是从商品世界中分离出来的、与其他一切商品相对立的特殊商品。货币不同于其他商品的特殊性,就在于它具有一般等价物的特性,它是表现和衡量一切商品价值的材料,具有与其他一切商品直接交换的能力,成为一般的交换手段。

在世界各国的货币发展史上,充当一般等价物的商品有很多,如牲畜、布帛、贵金属等,但它们都不是货币,因为它们只是在局部范围内临时性地发挥一般等价物的作用;而货币则是固定充当一般等价物的商品,是在一个国家或地区市场范围内长期发挥一般等价物作用的特殊商品。

3. 货币是生产关系的反映

固定充当一般等价物的货币是商品经济社会中生产关系的体现,即反映产品由不同的所有者所生产、占有,并通过等价交换实现人与人之间联系的生产关系。

阅读专栏 5.1

"钱"与"货币"的关系

在日常生活中,人们常常把"钱"和"货币"等同起来。钱常被用来表示许多不同的东西。钱的第一个通俗的定义等同于通货。如"你带钱了吗?"这句话里的钱,就是我们通常说的通货。但是在现代经济学里,货币不仅仅只有通货,因为可以开支票的活期存款和个人持有的信用卡类存款,也可以用于支付,以获得所需要的商品和劳务。因此,我们必须把可以直接用于媒介商品交换的存款计算在货币之中。钱的第二个通俗定义等同于财富。如"她很有钱",意味着她很富有,假如将"钱"的这种用法引入经济学,从而把货币与不动产、动产等混同,那么就忽视了货币作为被人们普遍接受的交易媒介这一基本特征。钱的第三个通俗定义等同于收入,如"你一年挣多少钱?"这句话里的钱指的就是收入。但是以收入来定义货币,如果我们要讨论货币供应量的变化是否导致收入的相应变动时,就会引起混乱。另外,货币是存量概念,而收入是流量概念,因此,不能把这两个概念混为一谈。

(资料来源:吴少新.货币金融学.中国金融出版社,2011年)

二 货币形式的发展

货币自产生以来,其形式随着社会生产力的发展和社会的进步而不断发生着变化,经历着由低级到高级不断演变的过程。

1. 实物货币

实物货币是以自然界存在的某种物品或人们生产的某种物品来充当货币。它是人类历史上最古老的一种货币形式,谷物、农具、贝壳、布帛、牛羊等都充当过货币。实物货币的主要特征是作为货币用途的价值与作为商品用途的价值相等。但是,实物货币本身具有一些缺陷,诸如体积笨重、不便携带;质地不均匀、难以分割;容易腐烂、不易储存;大小不一、难以比较等。随着商品交换和贸易的发展,实物货币逐渐被金属货币所取代。

2. 贵金属货币

贵金属因其耐久、同质、可分、价值稳定、稀少及易于运输和储藏等特点,从若干交易媒介中独立出来,取得了一般等价物的特殊地位。典型的贵金属货币是国家铸币。历史上曾先后出现过青铜铸币、铁铸币、金银铸币。铸币在流通中必定会磨损,所以铸币一旦进入流通,它的实际重量就会逐渐低于它的名义重量。既然磨损了的不足值的铸币可以和足值的铸币一样流通,政府就有意识地用贱金属铸币代替贵金属铸币或用不足值的铸币代替足值的铸币充当流通手段,进而发行本身没有价值的银行券来代替贵金属铸币充当流通手段。

3. 代用货币

代用货币通常是政府或银行发行的代替金属货币流通的纸币或银行券。代用货币是贵金属货币流通阶段，为降低贵金属货币的流通成本而产生的一种货币代用品。代用货币自身基本没有价值，它能够作为交易媒介流通是因为有充足的金银货币或等值的金银条块做保证。代用货币的持有人有权随时向发行人按规定的兑换比率兑换成金银铸币，或在一定条件下兑换成金银条块。因此，代用货币本身的价值虽然大大低于其面值，但是公众持有代用货币等于拥有对金属货币的要求权。代用货币的优点是发行成本低，易于携带和运输，可以把稀有的金银节省下来用于其他方面。

4. 信用货币

信用货币是在政府或中央银行的信用基础上发行的，并在流通中发挥货币职能的信用凭证。为了增强人们对信用货币的信心，信用货币的发行均有相当数量的商品、外汇、有价证券等资产作为其发行基础。

信用货币是目前世界各国广泛采用的货币形态。信用货币的具体形态有以下几种：

（1）主币和辅币。主币，又称本位币，是一国货币制度中的基本通货，它是国家法定的计价、结算货币单位。辅币，即辅助货币，是指本位币单位以下的小额货币，用以辅助大面额货币的流通，供日常零星交易或找零之用。辅币的特点是面额小，流通频繁，多用铜、镍及其合金等贱金属铸造，也有些辅币是纸制的。

（2）存款货币。存款货币是可用于转账结算的活期存款。与现金结算相比，它的优势在于：缩小现金流通的范围和数量，节约流通费用，加速货币流通，扩大银行信贷资金来源，保证结算资金的安全。因此，在现代经济活动的各种货币收支中，以转账结算为主，现钞为辅。

5. 电子货币

电子货币是以金融电子化网络为基础，以商用电子化机具和各类交易卡为媒介，以电子计算机技术和通信技术为手段，以电子数据（二进制数据）形式存储在计算机系统中，并通过计算机网络系统以电子信息传递形式实现流通和支付功能的货币。电子货币的主要种类有：

（1）储值卡型电子货币，一般以磁卡或 IC 卡形式出现；

（2）信用卡应用型电子货币，一般是贷记卡或准贷记卡；

（3）存款利用型电子货币，主要有借记卡、电子支票等；

（4）现金模拟型电子货币，主要是电子现金和电子钱包。

（六）数字货币

数字货币是基于公共区块链和计算机加密运算等技术，依托互联网由网民自行开发并发行的货币，典型代表有比特币、阿尔法币等。数字货币具有网络数据包的主要特征。这类数据包由数据码和标识码组成，数据码就是人们需要传送的内容，而标识码则指明了该数据包从哪里来，要到哪里去等属性。数字货币的"留痕"和"可追踪性"能够提升经济交易活动的便利度和透明度。基于数字货币的特性，数字货币带给中央银行的直接好处不仅是节约纸币发行、流通、结算成本，还增强了中央银行对于资金的掌控能力。英国央行英格兰银行定义中央银行数字货币是中央银行货币的电子形式，家庭和企业都可以使用它来进行付款和储值。

中国人民银行自 2014 年开始研究法定数字货币。

2017 年 2 月，中国人民银行推动的基于区块链的数字票据交易平台测试成功，由中国人民银行发行的法定数字货币已在该平台试运行。2017 年末，经国务院批准，中国人民银行组织部分实力雄厚的商业银行和有关机构共同开展数字人民币体系（DC/EP）的研发。

数字人民币体系基本完成顶层设计、标准制定、功能研发、联调测试等工作,并遵循稳步、安全、可控、创新、实用原则,先行在深圳、苏州、雄安、成都及未来冬奥场景进行内部封闭试点测试,以不断优化和完善功能。

> 思考与讨论:现在用的支付宝、微信支付算数字货币吗?

案例 5.1　全球数字货币抱团发展,中国央行另辟蹊径

2021 年以来,央行数字货币(CBDC)正加速落地,试点范围从深圳、成都、苏州、雄安新区四地及未来冬奥场景逐步推进到京津冀、长三角、粤港澳大湾区及中西部具备条件的试点地区,如北京、上海等地近日陆续推出 CBDC 小范围试点。

CBDC 对外探索跨境支付也有了新的进展。2 月 24 日,中国人民银行数字货币研究所宣布与香港金融管理局、泰国中央银行、阿拉伯联合酋长国中央银行联合发起多边央行数字货币桥研究项目(m-CBDC Bridge)。此举旨在探索央行数字货币在跨境支付中的应用,并且该项目得到了国际清算银行香港创新中心的支持。

中国人民银行数字货币研究所公告表示,多边央行数字货币桥研究项目将通过开发试验原型,进一步研究分布式账本技术(DLT),实现央行数字货币对跨境交易全天候同步交收(PvP)结算,便利跨境贸易场景下的本外币兑换。根据研究成果,各参与方将评估多边央行数字货币桥在跨境资金调拨、国际贸易结算及外汇交易中应用的可行性。多边央行数字货币桥项目的推进可以说是在 CBDC 诞生背景下,呈现了全球货币主权之争抱团发展的新趋势。

中央财经大学中国互联网经济研究院副院长欧阳日辉认为,多边央行数字货币桥项目的发展,可以定位为"一带一路"上"共商、共建、共享"目标的新的战略合作,推进各国贸易更有效的进行。目前许多国家都在积极探索数字货币的标准规范技术,该合作为推进数字货币在全球的跨境支付以及清算技术等起了良好的示范作用。

对于 CBDC 发展进程中的阻碍,欧阳日辉指出,中国进行 CBDC 试点究竟在测试什么?这是一个查漏补缺并且验证 CBDC 可靠性的环节。CBDC 在大范围流通下金融技术设施系统能否确保交易安全?CBDC 存储能否得到有效的保障?适用场景逐步推开,从线下到线上的应用场景流通性体验如何?这都是试点中在观察的问题。事实证明,CBDC 在几个城市的红包测试中,安全性、流通性、良好的体验感是合格的。

中国邮政储蓄银行总行发布的 2021 年社会招聘公告中,邮储银行总行运营管理部对外招聘数字人民币清算管理岗、数字人民币运营管理岗、数字人民币个人钱包管理岗等多个相关岗位。中国对内试点测试、培养人才,对外将 CBDC 从东盟入手作为突破口以支撑一带一路建设可以说是稳扎稳打,步步为营。不过中国 CBDC 的顺利推进也引起了日本、美国的关注,担忧中国未来将成为 CBDC 规则制定方。

(资料来源:王永菲.华夏时报,2021 年 3 月 1 日)

三　货币的职能

在商品交换中,货币作为一般等价物的作用,是通过货币的职能表现出来的。在商品经济比较发达的社会里,货币具有以下职能:

1. 价值尺度

在表现商品价值、衡量商品价值量的大小时,货币执行价值尺度的职能。货币之所以能

够具有价值尺度职能,是因为货币是商品内在价值的表现形式。货币执行价值尺度职能时是观念上的货币,并不需要有真实的货币。

2. 流通手段

价值尺度与流通手段是货币的两个最基本职能。当货币充当商品交换中的媒介物时,就执行着流通手段的职能。货币在执行流通手段职能时具有两个特点:一是必须是现实的货币,而不能是观念上的货币;二是作为商品交换的媒介物——货币在商品买卖中转瞬即逝。

3. 储藏手段

当货币由于各种原因退出流通,被持有者当作独立的价值形态和社会财富的绝对化身而保存起来时,货币就停止流通,发挥储藏手段职能。最初,生产者把自己的剩余产品交换成货币,一旦需要,可用货币购买所需商品,这比保存实物方便得多。后来,随着商品经济的发展,储藏货币成了顺利进行再生产的必要条件。因为要保证再生产的顺利进行,就必须不断补充生产资料,从而,生产者就要掌握一定量的货币,以备急需。这种处于歇息状态的货币,是货币发挥储藏手段职能的一种形式。

4. 支付手段

当货币作为价值的独立形态进行单方面转移时,执行支付手段职能。如货币用于清偿债务,支付税金、租金、工资等所执行的职能,即为支付手段职能。由于商品经济的不断发展,商品生产和商品交换在时空上出现了差异,于是就产生了赊购赊销。这种赊账买卖的商品信用是货币支付手段的起源。货币支付手段职能促进了生产和流通的发展,解决了商品生产出来后不能及时售出的困难,但也扩大了商品经济的矛盾。各经济主体间形成了债权、债务关系,产生了债务链,使危机的影响范围不断扩大。

5. 世界货币

货币超越国界,在世界市场上发挥一般等价物作用时,即执行世界货币职能。一些有雄厚经济实力的国家的纸币发挥着世界货币的作用,如美元、日元、欧元、英镑等。

(四) 我国的货币制度

货币制度是由国家通过法律确定的货币流通的结构和组织形式,简称"币制"。货币制度的基本内容主要包括:规定货币材料、货币单位、流通中货币种类、货币的发行和流通程序、发行准备以及支付能力等。

我国的人民币制度始于解放战争即将胜利之时——1948年12月1日,在华北银行、北海银行、西北农业银行的基础上合并组建中国人民银行,同时发行中国人民银行钞票——人民币,人民币的发行标志着我国货币制度的建立。在此之后,随着全国的解放,中国人民银行收兑了旧经济制度下的法币、金圆券和银圆券,并逐渐统一了货币,形成了中华人民共和国的人民币制度。到目前为止,中国人民银行共发行了五套人民币。

由于我国实行"一国两制"的方针,1997年香港、1999年澳门先后回归中国后,依然维持原有的货币金融制度,加上台湾地区的新台币,我国目前的货币制度形成了"一国四币"的特殊货币制度。现行的人民币制度内容如下:

1. 人民币是我国唯一合法的通货

国家规定,在国内严禁一切外国货币流通,金银也不准计价流通(边境自由贸易区除外)。根据我国经济发展和对外往来实际需要,中国人民银行决定调整国家货币出入境限额。中国公民出入境、外国人入出境每人每次携带的人民币限额为 2 万元,这一规定自 2005 年 1 月 1 日起施行。

2. 人民币的单位

人民币是我国的法定货币,人民币单位为"元",货币符号是 RMB 或 CNY、¥。元是本位币,即主币,辅币的名称是"角"和"分"。人民币的票券、铸币的种类由国务院统一规定。现行的人民币面值有 1 元、5 元、10 元、20 元、50 元、100 元六种;辅币有 1 角、5 角两种。

3. 人民币的发行和流通

我国的货币发行权集中于中央,具体由中国人民银行根据国务院批准的货币发行计划来组织实施,人民币发行的保证是国家拥有的商品物资、外汇和黄金储备等。除中国人民银行外,《中华人民共和国中国人民银行法》第十九条规定:"任何单位和个人不得印制、发售代币票券,以代替人民币在市场流通。"只有货币发行高度统一,才能保证货币的正常流通和币值稳定。

4. 人民币具有无限的法偿能力

无限的法偿能力是法律赋予的流通权利。在各种交易中,每次以主币还是辅币支付,不论金额有多大,收款人均不得拒收。

5. 人民币的价值

国家规定,人民币是信用货币,人民币不规定含金量,人民币与外币的兑换价值由中国人民银行根据我国外汇市场供求以及国际市场变化每日公布,各商业银行以此为依据报出交易价格。

阅读专栏5.2

中国香港的货币制度

香港法定货币是港币,港币缩写为 HKD。港币发行由汇丰银行、渣打银行、中银香港负责。港币的发行需要有 100% 的外汇储备支持,发钞银行必须按 1 美元兑 7.8 港元的固定汇率,向香港金融管理局交付等值的美元换取无息负债证明书,作为发钞的法定储备。在 100% 的储备支持下,金管局保证港币对储备货币(美元)的完全兑换,香港货币的基本单位是元,采取十进制,每 1 元可兑换 10 角,纸币的面额有六种,分别为 1 000 元、500 元、100 元、50 元、20 元和 10 元,而硬币的面值则有七种,分别为 10 元、5 元、2 元、1 元、5 角、2 角和 1 角。

中国澳门的货币制度

澳门法定货币是澳门元,澳门元缩写为 MOP。澳门有两家发钞银行,大西洋银行与中国银行(澳门分行)。澳门元的发行需要有 100% 的外汇储备支持,发钞银行必须按 1 港元兑 1.03 澳门元的固定汇率,向澳门金融管理局交付等值的港元换取无息负债证明书,作为发钞的法定储备。在 100% 的储备支持下,金管局保证澳门元对储备货币(港元)的完全兑换,澳门元与港元的联系汇率也因此确立。由于港元与美元挂钩,所以澳门元与美元间接挂钩。澳门的官方货币单位是澳门币,纸币面额有 10 元、20 元、50 元、100 元、500 元及 1 000 元六种;硬币有 1 毫、2 毫、5 毫、1 元、2 元、5 元和 10 元七种。

中国台湾的货币制度

台湾的法定货币是新台币,台币缩写是 TWD。新台币于 1949 年 6 月 5 日开始发行,其基本单位是"圆",一般都写成"元",硬币单位有 5 角、1 元、5 元、10 元、20 元和 50 元,纸币包括 100 元、200 元、500 元、1 000 元和 2 000 元。1978 年台湾放弃了实行多年的固定汇率制度,改为管理式浮动汇率,即新台币汇率原则上由外汇市场供求状况决定,但是台湾"中央银行"在必要时要进行干预。

(资料来源:王旭凤.金融理论与实务.山东人民出版社,2006年)

第三节　信用与信用工具

　　信用和货币一样,既是一个古老的经济范畴,又是金融领域中一个十分重要的概念。它是商品经济发展到一定阶段的产物,是在商品交换过程中逐步出现的。最早的商品交换是纯粹的物物交换,此后又借助货币进行"一手交钱、一手交货"这种钱货两清的交换,这种交换行为并不是信用行为。随着交换行为的普遍和发展,商品买卖和货币支付在时间上发生了不一致性,出现了赊销现象,商品买卖关系逐渐演变成债权债务关系,于是产生了信用。原始的信用形式首先是以高利贷方式出现的。信用的产生和深入发展促进了商品经济的飞速发展,并使现代商品经济进入到以多种信用参与者、信用形式和信用工具为纽带而连接在一起的信用经济阶段。

一　信用的概念与特点

　　信用一词源于拉丁文"Credo",意思为信任、相信、声誉等。在日常生活中我们使用信用这个词也有多种含义,有的是从道德规范角度使用,如某人是否诚信、是否遵守诺言等;有的是从心理现象的角度使用,如某人是否可信、可靠等。这些与经济范畴的信用有一定联系。经济学范畴的信用是指一种借贷行为,表示的是债权人与债务人之间发生的债权债务关系。从某种意义上讲,这个信用也包含了相信、信任,表示的是债权人对债务人偿还能力的信任。信用作为商品货币经济的范畴,不论其形式如何,都具有以下特点:

1. 信用以相互信任为基础

　　信用作为一种交易行为和交易方式,必须以交易双方相互信任为条件,如果交易双方相互不信任或出现信任危机,信用关系是不可能发生的,即使发生了,也不可能长久持续下去。

2. 信用以偿还本金和支付利息为条件

　　信用不是一般的借贷行为,而是有条件的借贷行为。它是在有收回可能性的前提下进行贷出,在承诺偿还的条件下进行借入。贷者愿意贷出,是因为其获得了偿还的承诺,还可以取得利息;借者可能借入,是因为其答应了要偿付利息。但基于某些特殊的目的,也会有无利息的借贷行为,它一般不是信用关系。

3. 信用是价值运动的特殊形式

　　一般形式的价值运动是通过一系列的商品买卖过程实现的,在买卖过程中,卖者卖出商品取得货币,买者让出货币取得商品,这种买卖关系所形成的等价交换在买卖双方交割之后即已完成,即双方同时获得等价。而信用所引起的价值运动是通过一系列借贷、偿还和支付过程实现的,在这一过程中,货币或实物被贷出,其所有权并没有发生转移,只是发生了使用权的变化,贷出者只是暂时让渡商品或货币的使用权,所有权并没有发生变化。在信用关系中,等价交换的对象是商品或货币的使用权,体现了一种债权和债务关系。

4. 信用以收益最大化为目标

　　信用关系赖以存在的借贷行为是借贷双方追求收益最大化或成本最小化的结果。不论是实物借贷还是货币借贷,债权人将闲置资金(实物)借出,都是为了获取闲置资金(实物)的最大收益,避免资金(实物)闲置所造成的浪费;债务人借入所需资金或实物同样是为了扩大经营或避免资金(实物)不足所带来的经营中断,从而获取最大收益。

二 现代信用形式

信用形式是信用活动的具体表现形式。随着商品货币关系的发展,信用形式也不断地发展和完善。按信用的主体划分,主要有商业信用、银行信用、国家信用、消费信用、民间信用、租赁信用、国际信用等。

(一)商业信用

商业信用是企业之间相互提供的与商品交易相联系的信用活动。其具体形式有赊购赊销、分期付款、预付货款等。

1. 商业信用的特点

(1)商业信用的借贷双方都是企业,反映的是不同的商品生产企业或商品流通企业之间因商品交易而引起的债权债务关系。

(2)商业信用是以商品形态提供的信用,其资金来源是企业资金循环过程中的商品资金,是企业生产经营资金的一部分,而不是从生产过程中游离出来的暂时闲置的货币资金。

(3)商业信用是一种直接信用,资金供求双方直接达成协议,建立信用关系,没有信用中介机构的介入。

2. 商业信用的局限性

商业信用直接与商品生产和流通过程相联系,为商品买卖融通资金,对加速资本循环和周转,保证再生产过程顺利进行起了积极的作用。但商业信用受其自身特点的影响,又具有一定的局限性。

(1)信用规模和数量上的局限性。商业信用的规模受到提供信用的企业所拥有的资金数额的限制,企业能赊销的商品只能是商品资金的一部分。

(2)信用方向上的局限性。商业信用受商品流向的限制,只能向需要该种商品的企业提供,也只能从拥有该种商品的厂商那里获得信用。

(3)信用范围上的局限性。商业信用是直接信用,借贷双方只有在相互了解对方的信誉和偿还能力的基础上才可能确立商业信用关系;相互不了解信用能力的企业,不易发生商业信用。

(4)信用期限上的局限性。商业信用所提供的是处于产业资本循环过程中最后一个阶段的商品资本,是产业资本的一部分,这就决定了这部分资本只能用于短期生产或流通,而不能用于长期性投资。

案例 5.2 国内大循环的金融体系亟须激活商业信用机制

中国人民大学一级教授、中国社科院学部委员王国刚认为,"十四五"期间,要实现国内大循环,就要构建能够有效支持国内大循环的金融体系,由此,必须激活横向金融机制。

商业信用是基础。在实体经济部门的产业循环中,金融机制实际由两个系统组成。一个是横向系统,也叫商业信用体系,其内生于实体经济,是实体企业相互间的金融体系;另一个是纵向的系统,即银行体系。王国刚表示,对实体企业而言,商业信用是内生的,属于直接金融;银行信用是外生的,属于间接金融。商业信用建立在实体企业间的产业关联、市场关联、技术关联和信息关联的基础上,又有商品购销的产业链供应链支撑,与银行信用相比,它的风险更低。王国刚指出,横向金融的工具很多,如商业票据、提货单、仓单以及实体企业间的借贷、公司债券等;20世纪80年代以后又有了应收账款证券化、商业信用卡、供应链金融、互联网金融等。

国内商业信用机制不足。王国刚直言,当前,无论是学界还是业界,国内对金融体系的关注主要集中在银行体系方面,中国的信用体系也是以银行信用为基础、间接金融为主体的体系,在这个体系中商业信用机制严重缺失。商业信用被压抑,不能以规范的方式发挥作用,就将以各种畸形、扭曲的方式表现出来。王国刚称,在抗击疫情冲击和复工复产过程中,众多中小微企业面临着资金紧缺的艰难局面,从国务院在2020年7月出台的《保障中小企业款项支付条例》看,拖欠中小微企业货款也主要是大型企业、工程项目等,这种货款拖欠是引致中小微企业资金紧缺的一个重要方面。中小微企业要维持简单再生产,就只好向银行申请贷款,如此一来,信用机制全部扭曲了,造成微循环的堵点和痛点,正是由于横向金融系统缺失造成的。将横向金融本来可解决的问题转向纵向金融体系,持续增大了纵向金融体系的风险。

激活横向金融机制。王国刚表示,要实现国内大循环,就要构建与大循环相适应的金融体系,在商业信用上,要推进实体企业之间的商业交易和金融运作,将其落实到每一次的商品交易、金融投资、工程投资、技术创新、产品开发和市场拓展等活动中。首先,落实《中华人民共和国票据法》的相关规定,以商业承兑汇票为突破口,重塑微循环系统中的金融机制,改变货款拖欠状况。发展商业票据市场,发挥票据市场的定价功能,以此为基础确定银行的票据贴现率。其次,以大型企业和大型工程为抓手,对供货方开出商业承兑汇票,在票据市场交易,持票人见票即付,信息透明公开,形成舆论监督。此外,监管应覆盖到所有的金融行为上。由此,使横向金融机制或以商业信用为基础的金融体系能够在中国稳步地发育成长。

(资料来源:张晓迪.中国经营网,2020年11月23日)

(二)银行信用

银行信用是指商业银行或其他金融机构以货币形式向社会提供的信用,其主要形式是吸收存款和发放贷款。银行信用具有以下特点:

(1)银行信用具有广泛性。银行信用是以货币形式提供的信用,而货币是流通和支付手段。在银行信用下,社会各部门分散的小额货币可以积聚成巨额资金,从而满足经济发展对大额资金的需求。参与银行信用的主体也是广泛的,包括银行、其他金融机构、工商企业及个人等。

(2)银行信用具有间接性。在银行信用中,银行和其他金融机构是信用活动的中间环节,是中介。银行或其他金融机构通过吸收全社会各方面暂时闲置的货币资金,然后以贷款的方式把集中起来的这部分货币资金贷放给企业,投入到社会再生产过程中去。这种筹集货币资金的方式称为间接融资。

(3)银行信用具有灵活性。银行信用的方式是多样的,期限可长可短,数额可大可小,可以满足不同存、贷款人的各种不同需求。

思考与讨论:举例说明商业信用与银行信用的区别。

(三)国家信用

国家信用是国家作为主体形成的借贷行为,即国家作为债权人或债务人的信用形式。国家信用的基本形式如下:

(1)国家发行的债券,包括国库券和公债。国库券是一种一年期以内的短期债券,主要是为了解决财政年度内先支后收的矛盾;公债是一种一年期以上的中长期债券,通常用于大的项目投资或建设。

(2)专门债券。这是一种指明用途的债券,包括专项债券和定向债券两项。专项债券是指明用途的债券,如只向银行和金融机构发行的用以剥离不良贷款、充实商业银行资本金的债券;定向债券是为筹集国家建设资金,加强社会保险基金的投资管理,经国务院批准,由财政部采取的主要向养老保险基金、待业保险基金(简称"两金")及其他社会保险基金定向募集的债券,也称为"特种定向债券"。

国家信用的产生与政府的财政收支密切相关,是政府运用信用手段进行财政再分配的特殊形式。随着各国政府对经济生活干预的不断加强和预算赤字的增加,政府通过发行公债或国库券来筹措财政资金的活动越来越频繁,由此国家信用得到广泛发展。

(四)消费信用

消费信用是企业、银行和其他金融机构向消费者个人提供的,用以满足其消费需求的信用。消费信用的主要形式有以下几种:

(1)商品赊销。这主要用于日常零星的购买,属于短期信用。商品赊销一般采用允许一定透支限额的消费信用卡方式进行。

(2)分期付款。这主要用于购买耐用消费品,如汽车、房屋、家具等,属于中期信用。具体做法是:由买方先支付一部分货款,同时与卖方签订分期支付剩余货款并支付利息的合同,然后由卖方交付货物。在未付清货款之前,货物所有权仍归卖方,直到买方按合同规定分期付清货款,货物所有权才能移交给买方。

(3)消费贷款。这是由银行或其他金融机构对购买耐用消费品的个人或分期付款销售耐用品的工商企业发放的贷款。这种消费贷款分为信用贷款和抵押贷款两种。信用贷款仅凭借款人的信誉,不必提供抵押品;抵押贷款则要求借款人以固定资产、金融资产或其他财产作为贷款的抵押。

消费信用是在商品货币经济发展的基础上,为促进商品价值的实现而产生的一种信用形式。消费信用在一定程度上可以缓和有限的购买力与现代生活需求之间的矛盾,缓和生产过剩的经济危机。随着我国短缺经济时代的结束,需求不足的矛盾逐步显现,消费信用对于促进消费有着积极作用。

(五)民间信用

民间信用是民间个人之间的借贷活动,其存在的经济基础是个体经济和多种经营方式的存在。我国进行经济体制改革以来,随着乡镇企业和个体经济的发展,民间信用也有较大的发展。民间信用的参与对象主要是农村居民、农村集体生产单位和个体经营的乡镇小企业。借贷利率由双方议定,一般较高。

(六)租赁信用

租赁信用是指租赁公司或其他出租者将其租赁物的使用权出租给承租人,并在租期内收取租金,到期收回租赁物的一种信用形式。租赁信用是一种融资与融物相结合的信用形

式,其主要特点表现为:

(1)租赁业务不需要整笔现款,只要支付租金即可使用租赁物,这样可以方便企业尤其是小型企业的生产经营。

(2)在激烈的市场竞争中商品更新换代频繁,租赁比自购更加灵活主动,可以把技术进步造成的资产更新的损失限定在最小范围。

(3)租赁可以改善企业的财务状况,一些项目的租金可以列支成本减少税负。

(七)国际信用

国际信用是不同国家或地区间发生的借贷关系。随着国际贸易和世界市场的发展,各国之间的经济交往日益频繁,各国经济日益具有世界性。国际信用是各国利用外资和国外的先进技术,加快本国经济、技术发展步伐的有效手段。国际信用的主要形式有:出口信贷、银行信贷、补偿贸易、政府信贷、国际金融机构贷款等。

三 信用工具

(一)信用工具的概念与特点

信用工具也称金融工具,它是在融资活动中用以证明债权债务关系、资金所有权关系的具有法律效力的书面凭证。信用工具是借贷双方所立的"字据",是信用活动的载体,是为各种信用关系服务的。

与信用工具相对应的是金融资产,金融资产是具有现实价格和未来估价且具有特定权利归属关系的信用工具的总称。信用工具只有对其持有者而言才构成金融资产,对其发行人来讲就不能构成金融资产。你持有1 000元的国库券,它对政府这一发行人或你这位持有人而言,都是信用工具,但它只有对你来说才是金融资产,对政府来说就不是金融资产。同样,中国联通发行50亿股的流通股份,这些股票对中国联通而言就只是筹集资金的信用工具,不是金融资产。但是,如果你购买了10万股中国联通的股票,那么这些股票就构成了你的金融资产的一部分,同时,也是你向中国联通投资的信用工具。

信用工具具有如下特点:

(1)偿还性。偿还性是指各种信用工具一般都载明到期偿还的义务和期限。各种票据和债券都有明确的偿还期限。股票虽然没有规定偿还的期限,但股票持有者可以通过股票市场转让股票收回投资。

(2)流动性。流动性是指信用工具可以在金融市场上流通转让,并具有随时转换为现金的能力。凡能随时卖出而换回现金的信用工具,称之为流动性强;反之,在短期内不易转让的信用工具,则称之为流动性差。

(3)安全性。安全性是指投资于信用工具的本金安全收回的保障程度,或者说是避免风险的程度。风险可分为两类:一类是债务人不履行债务的风险,这种风险的大小主要取决于债务人的信誉和经营能力;另一类风险是市场风险,即金融证券的市场价格随市场利率的上升而跌落的风险,这是因为证券的市场价格与市场利率呈反方向变动的关系。

(4)收益性。收益性是指投资于信用工具能给投资者带来收益的能力。信用工具的收益有两种:一是固定收益,如利息、股息等;二是即期收益,即利用市场价格的变动出售信用工具获得的收益。各种信用工具的收益率不同,一般情况下,期限短、流动性强、风险小的金融工具收益率相对较低;而期限长、流动性差、风险较大的信用工具,其收益率相对较高。

每种信用工具上述特性的程度是不平衡的。一般来说,其流动性与收益性成反比,收益性与安全性成反比,流动性与安全性成正比。因此,选择什么信用工具应综合权衡利弊。

(二)信用工具的分类

1. 按照信用工具的期限进行分类

按照信用工具的期限不同,可分为短期信用工具和长期信用工具。短期信用工具一般是指偿还期限在一年以内的信用工具,也称为货币市场信用工具。主要包括商业票据、银行票据、短期债券等;长期信用工具一般是指偿还期限在一年以上的信用工具,也称为资本市场信用工具,主要包括长期债券、股票和证券投资基金。

2. 按照融资形式进行分类

按照融资形式的不同,可分为直接信用工具和间接信用工具。直接信用工具是指资金需求一方直接发行的信用工具,如公司债券、股票、商业票据等;间接信用工具是指信用机构发行的信用工具,如存单、人寿保险单等。

3. 按照权利与义务进行分类

按照权利与义务的不同,可分为债权凭证和所有权凭证。债权凭证表明信用工具的持有人是债权人,与发行主体之间是债权债务关系;所有权凭证表明信用工具的持有人与发行主体间是所属关系。债券、存单属于债权凭证,股票是一种所有权凭证。

4. 按照是否与实际信用活动直接相关进行分类

按照是否与实际信用活动直接相关,可分为常规(原生或基础)性信用工具和衍生性信用工具。常规性信用工具是与实际信用活动直接相关的信用工具,如票据、债券和股票;衍生性信用工具是指在常规性信用工具之上派生出来的信用工具,如期货合约、期权合约等。

(三)短期信用工具

短期信用工具主要包括商业票据、银行票据、可转让大额定期存单、信用证、信用卡、国库券。

1. 商业票据

商业票据是在商业信用的基础上产生的,用来证明交易双方债权债务关系的书面凭证,包括商业汇票和商业本票两种。

(1)商业汇票。商业汇票是出票人签发的,委托付款人在指定日期无条件支付确定的金额给收款人或持票人的票据。这里的出票人可以是购货方,也可以是销货方。例如,销货方开出一张汇票,要求购货人签名承兑,那出票人就是销货方;若购货方签发汇票给销货方,那出票人就是购货方。按照承兑人的不同,商业汇票分为商业承兑汇票和银行承兑汇票,由银行承兑的汇票为银行承兑汇票,由银行以外的企事业单位等承兑的汇票为商业承兑汇票。

(2)商业本票。商业本票又称期票,它是债务人向债权人签发的承诺在约定的期限内无条件支付一定款项的债务凭证。商业本票是由债务人签发的,因而无须承兑。在我国票据法中,还没有这种工具。

商业票据在流通转让时,转让人需在票据背后签字,即"背书"。背书人与出票人同样要对票据的支付负责。另外,企业还可将未到期的票据贴现给银行,从而取得现款。

2. 银行票据

银行票据是在银行信用的基础上由银行签发的或由银行承担付款义务的信用凭证。它包括银行汇票、银行本票和银行支票。

(1)银行汇票是汇款人向银行交存资金后由银行签发给汇款人持往异地取现或办理转

账的汇款凭证。

（2）银行本票是由银行签发的，承诺自己在见票时无条件支付确定的金额给收款人或持票人的票据。它可以代替现金流通，具有见票即付的功能。银行本票分为定额本票和不定额本票两种。

（3）银行支票是银行存款人签发的，要求从其活期存款账户上支付一定金额给持票人或指定人的票据。它属于由银行承担付款义务的银行票据。

3. 可转让大额定期存单

可转让大额定期存单，也称 CDS，它是由银行签发的，记载一定存款金额、存款期限、存款利率，可以转让流通的信用工具。存单名义上是一种存款凭证，实际上是银行发行的承诺在一定时期按票面金额和约定利率支付本息的短期债券。可转让大额定期存单多为大银行发行，安全可靠，既能获得定期存款的利息，又可随时转让变现，很受投资者欢迎。

大额存单的主要特点是：存单不记名、期限较短（一般在一年以内）；面额固定且金额较大；允许在市场上买卖转让，但在期满前不能要求银行偿付。

4. 信用证

信用证有商业信用证和旅行信用证两类。

商业信用证是在商品交易中银行根据买方的申请向卖方开立的保证付款的信用凭证。这是建立在银行信用基础上的一种支付方式，常用于国际贸易货款的结算。

旅行信用证是银行为方便旅行者出国旅行，在国外支取款项所发行的信用凭证。旅行者在出国前将款项交存银行，并留下印鉴或签字，银行开给旅行者信用证，旅行途中凭信用证向指定银行支取款项。

5. 信用卡

信用卡是银行发行的，凭此向特约单位购物、消费和向银行支取现金且具有消费信用的特制载体卡片。信用卡涉及发卡银行、特约单位、持卡人三方。信用卡是一张正面印有发卡银行名称、账号、持卡人姓名、有效期等内容，背面有磁条、签名条、发卡机构说明等的卡片。持卡人凭卡可在本地或外地特约单位购买商品和支付费用，发卡银行定期分别与持卡人和特约单位进行清算。

6. 国库券

国库券也叫短期政府债券，在西方国家是指国家财政当局为弥补国库短期收支差额而发行的一种短期债务凭证。国库券偿还期一般在一年以内，以年度内的预算收入作为还本付息的担保，采取无记名形式发行，无须经过背书就可以转让流通。由于国库券期限短、信誉好、流动性强，因而已成为金融市场颇受欢迎的信用工具。

（四）长期信用工具

长期信用工具主要包括股票、债券、证券投资基金、金融衍生工具。

1. 股票

（1）股票的概念与特点。股票是股份有限公司在筹集资本时向出资人发行的股份凭证。股票代表着其持有者（股东）对股份公司的所有权，其主要特点如下：

①无期限性。股票是一种无偿还期限的有价证券，投资者认购股票后，就不能再要求退股，代表着股东的永久性投资，投资者只能到流通市场将股票转售给第三者才可能收回本金。

②收益性。股东凭其持有的股票，有权从公司领取股息或红利，获取投资的收益。股息

或红利的大小,主要取决于公司的盈利水平和公司的盈利分配政策。股票的收益性还表现在股票投资者可以通过低价买入和高价卖出股票,赚取价差利润。

③风险性。从证券交易所交易的股票来看,股票交易价格经常大起大落,对投资者而言随时面临着股价下跌的风险,同时还面临着公司经营不利的风险。一般来讲,股票收益的大小与风险的大小成正比。

④参与性。股东有权出席股东大会,选举公司的董事会,参与公司的经营决策,权利大小取决于其持有的股票份额的多少。

(2)股票的分类。

①按股东权利分类,股票可分为普通股和优先股。目前在我国还没有优先股,证监会已经表示将支持商业银行发行优先股。

普通股的特点:

第一,有权获得股利,但必须是在公司支付了债息和优先股的股息之后才能分得。

第二,当公司因破产而进行清算时,有权分得公司剩余资产,但必须在公司的债权人、优先股股东之后才能分得财产。

第三,拥有发言权和表决权,普通股股东持有一股便有一股的投票权,任何普通股股东都有资格参加股东大会,也可以委托代理人来行使其投票权。

第四,普通股股东一般具有优先认股权。

优先股的特点:

第一,股息领取优先权。分派股息的顺序是优先股在前,普通股在后。股份公司不论其盈利是多少,只要股东大会决定分派股息,优先股就可按照事先确定的股息率领取股息,即使普遍减少或没有股息,优先股亦应照率分派股息。

第二,剩余资产分配优先权。在股份公司解散、破产清算时,优先股具有公司剩余资产的分配优先权,不过,只有在还清公司债权人债务之后还有剩余资产时,优先股才具有剩余资产的分配权。

②按上市交易地点和交易币种的不同,分为 A、B、N、H、S 股。

A 股是在我国上海、深圳证券交易所,面对中国公民、机构以及经批准的境外合格机构投资者,以人民币标明面值,并以人民币计价发行和交易的股票。

B 股是人民币特种股票,是以人民币标明面值,以美元、港元计价交易,面向境外投资者和境内自然人发行,但在中国上海和深圳股票交易所上市的股票。2001 年 2 月 19 日,持有外汇的境内居民被允许进入 B 股市场从事投资活动。开户要求:上证 B 股资金账户最低金额为 1 000 美元,深证 B 股资金账户最低金额为等值 1 000 美元的港币。

N 股是指公司在内地注册,在美国证券交易所上市,以美元认购和交易的特种股票。纽约的第一个英文字母是 N,所以将这种股票称为 N 股。

H 股是指公司在内地注册,在香港股票交易所上市,以人民币标明面值、以港币认购和交易的特种股票。

S 股是指公司在内地注册,在新加坡股票交易所上市,以新加坡元认购和交易的特种股票。

2.债券

债券是国家、地方政府或企业为向社会筹措资金而发行的,约定在一定日期支付利息,并在一定期限内偿还本金的一种债权债务关系的凭证。债券的收益率一般高于储蓄存款利率,并具有较强的流动性,风险较小,较受投资者欢迎。

债券按发行方式,分为公募债券和私募债券;按券面的形式,分为记名债券和不记名债券;按有无担保,分为信用担保债券、实物担保债券和无担保债券;按债券的期限,分为短期债券、中期债券和长期债券;按债券的利率,分为固定利率债券、浮动利率债券、累进利率债券和贴水债券;按债券发行和流通的区域,分为国内债券和国际债券等。

目前我国的债券主要有国债、金融债券、公司债券和可转换公司债券以及可分离公司债券。

(1)国债。国债是由财政部代表中央政府发行的债券,以国家信用作为偿还的保证。因此,国债在所有债券品种中信用等级最高,但票面利率最低,投资人购买国债的利息收入免征个人所得税。国债主要分为凭证式国债和记账式国债。

(2)金融债券。金融债券是由银行和非银行金融机构(保险公司、证券公司等)发行的债券。金融债券票面利率通常高于国债,但低于公司债券。金融债券面向机构投资者和个人发行,可在银行间债券市场交易、上市交易和柜台交易。

(3)公司债券。公司债券是指由非金融公司发行的债券。公司债券票面利率高于国债和金融债券。部分公司债券面向社会公开发行,在证券交易所上市交易,个人投资者可以购买和交易。投资公司债券最大的风险是发债公司的违约风险,一旦发债公司经营不善,不能按照当初的承诺兑付本息,就会导致债券价格的大幅下跌,投资者就会蒙受损失。

(4)可转换公司债券。可转换公司债券(可转债)是由上市公司发行的,在发行时标明发行价格、利率、偿还或转换期限,债券持有人有权到期赎回或按照规定的期限和价格将其转换为发行人普通股票的债务性证券。可转换债券具有公司债券的一般特征,其特殊性在于持有人在一定期限内,在一定条件下,可将持有的债券转换成一定数量的普通股股份,它是一种介于股票和债券二者之间的混合型金融工具。可转换公司债券是一种"攻守兼备"的投资品种,如果股票市价高于转股价,投资人可以将持有的债券转换成股票,然后抛出股票获利;如果股票市价低于转股价,投资人可以选择到期兑付持有的债券。

例如,A上市公司发行公司债,言明债权人(债券投资人)在持有一段时间(这叫闭锁期)之后,可以持债券向A公司换取A公司的股票。此时,债权人摇身一变,变成股东身份的所有权人。而换股比例的计算,即以债券面额除以某一特定转换价格。

若债券面额100 000元,除以转换价格50元,即可换取股票2 000股。如果A公司股票市价涨到60元,投资人一定转换,因为换股成本为转换价格50元,所以换到股票后立即以市价60元抛售,每股可赚10元,总共可赚到20 000元。这种情形,我们称为具有转换价值。这种可转债,称为价内可转债。

反之,如果A公司股票市价跌到40元,投资人一定不愿意转换,因为换股成本为转换价格50元,如果真想持有该公司股票,应该直接去市场上以40元价格购买,不应该以50元成本价格转换取得。这种情形,我们称为不具有转换价值。这种可转债,称为价外可转债。乍看之下,价外可转债似乎对投资人不利,但别忘了它是债券,有票面利率,可支领利息。

(5)可分离公司债券。可分离公司债券是一种附认股权证的公司债,可分离为纯债和认股权证两部分,赋予了上市公司一次发行、两次融资的机会。可分离公司债券虽然有可转债之名,但是无可转债之实,只是债券加上权证的简单拼凑,发行时债券和权证分开发行,一般是债券认购人无偿获得一定数额的认股权证。权证和债券是可以分开交易的。

可分离公司债券不设重设和赎回条款,有利于发挥发行公司通过业绩增长来促成转股的正面作用,避免了普通可转债发行人往往不是通过提高公司经营业绩,而是以不断向下修正转股价或强制赎回方式促成转股而带给投资人的损害。当认股权证行使价格低于股票市价时,投资者可通过转股或转让权证在二级市场上套利,而无须担心发行人在股票市价升高时强制赎回权证;而当认股权证行使价格高于股票市价时,投资者可选择放弃行使权证,而权证往往是发行人无偿赠与的。上市公司改变募集资金用途的,可分离公司债券持有人与普通可转债持有人同样被赋予一次回售的权利,从而极大地保护了投资人的利益。

3. 证券投资基金

(1)证券投资基金的概念。证券投资基金是指通过发售基金份额,将众多投资者的资金集中起来,形成独立财产,由基金托管人托管,基金管理人管理,以投资组合的方法进行证券投资的一种利益共享、风险共担的集合投资方式。

(2)证券投资基金的特点。

①集合投资。证券投资基金将众多投资者的资金集中起来进行共同投资,有利于发挥资金的规模优势,降低投资成本,使中小投资者能够享受到与机构投资者类似的规模效益。

②专业管理。基金管理人一般拥有专业投资研究人员和强大的信息网络,他们比中小投资者更了解市场,更有技术、经验、资金、时间,对证券市场实行全天候、全方位的动态跟踪与分析。将资金交给基金管理公司管理,使普通投资者也能够享受到专业化的投资管理服务。

③组合投资、分散风险。基金通常会购买几十种甚至上百种股票,投资者购买基金就相当于用很少的资金购买了一揽子股票,可以充分享受到组合投资、分散风险的好处。

④利益共享、风险共担。基金投资者是基金的所有者,基金投资收益在扣除由基金承担的费用后的盈余全部归基金投资者所有,并依据各个投资者所持有的基金份额比例进行分配。为基金提供服务的基金托管人、基金管理人只能按规定收取一定的托管费、管理费。

⑤投资操作与财产保管相分离。证券投资基金的管理人只负责基金的投资操作,本身并不经手基金财产的保管,基金财产的保管由独立于基金管理人的基金托管人负责。这种相互制约、相互监督的制衡机制从另一方面为投资者的利益提供了重要的保护。

(3)证券投资基金的种类。

①根据基金规模是否可变,可分为封闭式基金和开放式基金。

封闭式基金是指经核准的基金规模在基金合同期限内固定不变,基金份额可以在依法设立的证券交易所交易。开放式基金是指基金规模(基金份额总额)不固定,基金份额可以在基金合同约定的时间和场所进行申购或者赎回的一种基金运作方式。

封闭式基金与开放式基金主要有以下区别:

第一,期限不同。封闭式基金一般有一个固定的存续期,而开放式基金一般是无期限的。《中华人民共和国证券投资基金法》规定,封闭式基金的存续期应在5年以上,封闭式基金期满后可以通过一定的法定程序延续。目前,我国封闭式基金的存续期大多在15年左右。

第二,规模限制不同。封闭式基金的基金规模是固定的,在封闭期限内未经法定程序认可不能增减。开放式基金没有规模限制,投资者可随时提出申购或赎回申请,基金规模会随之增加或减少。

第三,交易场所不同。封闭式基金交易场所固定,在完成募集后,基金份额在证券交易所上市交易。投资者买卖封闭式基金份额,只能委托证券公司在证券交易所按市价买卖,交易在投资者之间完成。开放式基金交易场所不固定,投资者可以按照基金管理人确定的时间和地点向基金管理人或其销售代理人提出申购申请、赎回申请,交易在投资者与基金管理人之间完成。开放式基金也可上市交易,如上市型开放式基金主要有ETF和LOF基金,前者是被动投资于标的指数的成分股,完全按成分股的权重配置股票;而后者是主动投资型。

两者都能在交易所进行份额转让,以实时价格进行成交,同时又能在场外进行申购和赎回。

第四,价格形成方式不同。封闭式基金的交易价格主要受流通市场供求关系影响。当需求旺盛时,封闭式基金的交易价格会超过基金份额净值而出现溢价交易现象;反之,当需求低迷时,交易价格会低于基金份额净值而出现折价交易现象。开放式基金的买卖价格以基金份额净值为基础,不受市场供求关系影响。

第五,激励约束机制与投资策略不同。封闭式基金规模固定,由于投资者无法赎回投资,基金管理人也不会在经营上面临直接的压力。与此不同,如果开放式基金的业绩表现好,就会吸引到新的投资,基金管理人的管理费收入也会随之增加;如果基金表现差,开放式基金则会面临来自投资者要求赎回投资的压力。由于开放式基金的规模不固定,开放式基金的投资操作常常会受到不可预测的资金流入、流出的影响与干扰,特别是为满足基金赎回的要求,开放式基金必须保留一定的现金资产,并高度重视基金资产的流动性,这在一定程度上会对基金的长期经营业绩带来不利影响。相对而言,由于封闭式基金规模固定,没有赎回压力,基金管理人完全可以根据预先设定的投资计划进行长期投资和全额投资,并将基金资产投资于流动性较差的证券上,这在一定程度上有利于基金长期业绩的提高。目前我国以开放式基金为主流。

②根据组织形式的不同,分为契约型基金和公司型基金。

契约(合同)型基金又称为单位信托基金,契约型基金根据基金投资者、基金管理人、基金托管人之间签署的基金合同而设立,基金投资者的权利主要体现在基金合同的条款上,而基金合同条款的主要方面通常由基金法律所规范。我国就是采用这种基金形式。

公司型基金在法律上是具有独立"法人"地位的股份投资公司。公司型基金依据基金公司章程设立,基金投资者是基金公司的股东,享有股东权,按所持有的股份承担有限责任并分享投资收益。基金公司设有董事会,代表投资者的利益行使职权。公司型基金在形式上类似于一般股份公司,但不同于一般股份公司的是,其委托基金管理公司作为专业的财务顾问或管理公司来经营与管理基金资产。美国的主要基金类型就是公司型基金。

③根据投资目标的不同,分为成长型基金、收入型基金和平衡型基金。

成长型基金是以追求资本增值为基本目标,较少考虑当期收入的基金,主要以具有良好增长潜力的股票为投资对象。

收入型基金是指以追求稳定的经常性收入为基本目标的基金,该类基金主要以大盘蓝筹股、公司债券、政府债券等高收益证券为投资对象。

平衡型基金既注重资本增值又注重当期收入。

一般而言,成长型基金的风险大、收益高;收入型基金的风险小、收益也较低;平衡型基金的风险、收益介于成长型基金与收入型基金之间。

④根据投资对象的不同,分为股票基金、债券基金、货币市场基金和混合型基金。

股票基金是指以股票为主要投资对象的基金;债券基金是指以各种债券为主要投资对象的基金;货币市场基金是指以货币市场工具为投资对象的基金;混合型基金是指同时以股票、债券为投资对象的基金。根据股票、债券投资比例以及投资策略的不同,混合型基金又可分为偏股型基金、偏债型基金。

4. 金融衍生工具

金融衍生工具在形式上均表现为一种合约,在合约上载明买卖双方同意的交易品种、价格、数量、交割时间及地点等。目前,较为流行的金融衍生工具合约主要有远期、期货、期权和互换这四种。

第四节 利息与利率

一 利息与利率的概念

(一)利息的概念

利息是伴随着信用关系的发展而产生的一个经济范畴,并构成了信用的基础。我们在研究信用时已经指出,在信用活动中货币所有者在一定条件下贷出货币资本的使用权,货币使用者到期偿还借款时还必须支付一定的增加额,这个增加额就是利息。因此,利息是指在借贷关系中由借入方支付给贷出方的报酬,是借贷资本的增值额。从债权人角度来看,利息是货币所有者因为贷出货币而从借款人手中取得的报酬;从债务人角度来看,利息是使用借贷资本的代价,是货币使用者在偿还借款时大于本金的那部分金额。

(二)利率的概念

利率,是利息率的简称,是用百分比表示的一定时期内利息额与本金的比率。利率是衡量利息数额大小的尺度,用以反映利息水平的高低。在实践中,利率是一个比利息更有意义的经济指标。并且,利率总是表现为一个既定的、明确的量。根据计算利息期限的不同,利率可分为年利率、月利率和日利率。年利率是以年为单位计算利息,月利率是以月为单位计算利息,日利率是以日为单位计算利息。通常年利率由本金的百分之几(%)表示,月利率由本金的千分之几(‰)表示,日利率由本金的万分之几(‱)表示。

例如,某一笔贷款,本金为 100 元,每年利息为 7.2 元,即年利率为 7.2%。如果按每月 30 天计,则月利率为 6‰(月利率=年利率÷12=0.072÷12=0.006),日利率为 2‱(日利率=年利率÷360=0.072÷360=0.000 2)。

(三)利息的计算

1.单利计息

单利计息,是指不管期限长短,仅按本金计算利息,本金所产生的利息不加入本金重复计算利息。单利计息不是分期支付利息,而是到期后一次性支付利息。我国银行均按这种方法支付利息。

下面以本金为 1 000 元,年利率为 10%,期限为三年的定期存款为例,说明单利的计算方法。用这种方法计算,一年后的利息为 1 000×10%=100(元);第二年仍以 1 000 元本金为基数,乘以利率 10%,得第二年的利息为 1 000×10%=100(元);用同样的计算方法,可得第三年的利息为 100 元。三年一共得到的利息总和为 100+100+100=300(元)。

由上可以得出结论:现在本金 P 元,在利率为 i 时,经过 n 年后,本利和 F 为

$$F = P \times (1 + i \times n)$$

2.复利计息

复利计息,是指把利息也算作本金重复计算利息,即所谓的"利滚利"。如果用复利计息方法计算上例中的利息,则第一年利息为 1 000×10%=100(元);第二年的利息为 (1 000+100)×10%=110(元),其中单利息为 100 元,复利息(利息的利息)为 10 元;第三年的利息为 (1 000+100+110)×10%=121(元),其中单利息为 100 元,复利息为 21 元。三年利息总和为 100+110+121=331(元)。

用复利计息的方法计算利息的结果比用单利计息的方法计算的结果多 31 元,这 31 元是前两年的利息产生的利息,称为复利息。

由上可以得出结论:现在本金 P 元,在利率为 i 时,经过 n 年后,本利和 F 为

$$F = P \times (1+i)^n$$

用单利计算利息,手续简便,易于计算借款成本,有利于减轻借款者的利息负担。用复利计算利息,有利于提高资金的时间观念,有利于发挥利息杠杆的调节作用和提高社会资金的使用效益。一个国家选择哪种利息计算方法应根据各国的具体情况确定,一般应考虑经济体制、国家对利息杠杆的利用程度以及传统习惯等因素。

案例 5.3 什么是复利?为什么说它是世界上第八大奇迹

纽约市立大学有一对教授夫妻,他们出书得到 5 万美元的版税。对于手中的这笔钱,他们不知该怎么用。那时教授夫妻的朋友——股神华伦·巴菲特已经小有名气,于是教授夫妻将这笔钱投入了巴菲特的 Berkshire Hathaway 公司。30 多年后,巴菲特在教授先生葬礼上对教授太太说,你们放在我那儿的钱现在已经涨到 6 千多万美元了。

巴菲特向教授太太解释了复利的奇特效应。这是现代理财的一个重要概念,由此产生的财富增长,称作"复利效应",对于财富可以带来深远的影响。假设每年投资的回报率是 20%,本金 10 万美元,如果按照普通利息来计算,每年回报只有 2 万美元,10 年后连本带息涨到 30 万美元,整体财富增长只是 2 倍;但按照复利方法来计算,即 10 万美元的本金,10 年后会变成 62 万美元,比 30 万美元多了一倍还多!随着时间的增长,复利效应引发的倍数增长会越来越显著。若仍以每年 20% 回报计算,10 年复利会令本金增加 6.2 倍(1.2 的 10 次方),但 20 年则增长 38.34 倍(1.2 的 20 次方),30 年的累积倍数高达 237.38 倍(1.2 的 30 次方)。若本金是 10 万美元,30 年后就会变成 2 374 万美元之多。

话说教授太太立下遗嘱,决定将这笔钱等她去世后全部捐给慈善机构,到她去世时这笔钱涨到了一亿二千多万美元!为什么会成长到如此之巨大呢?那是因为巴菲特以独具慧眼的选股,以及几十年来坚持不懈"买下并长期持有"的价值投资理念,而产生每年超过 20% 的成长率所致!

谈到复利,在华尔街还有一个人们常津津乐道的例子:1626 年,美国的土著印第安人,以 24 美元出售了今日曼哈顿的土地。听上去太贱卖了吧,现在 24 美元连吃顿像样的晚餐都不够。不过,假设当年土著人将 24 美元放进银行,按每年 6% 的复利计息,到 2010 年,他们将可获得一千二百五十多亿美元,比目前曼哈顿五条大街的房地产的总市值还要高!这就是所谓复利效应的"神奇"了,真可以和爱因斯坦的"相对论"相媲美。难怪爱因斯坦将之称为世界第八大奇迹。

显然,巴菲特的投资秘诀就是"复利效应"——坚持不懈、长线投资,不断获得稳定的回报。而这点小到个人的发家致富、中到对公司做大做强,大到国家健康稳定的发展,都是可以借鉴的!

(资料来源:陈思进. 新浪网,2020 年 11 月 16 日)

二 利率的种类

1. 按信用行为期限长短,分为短期利率与长期利率

短期利率一般指借贷时间在一年以内的利率,包括期限在一年以内的各种存款利率、贷

款利率和各种有价证券利率。如我国3个月、6个月的存款利率。长期利率一般指借贷时间在一年以上的利率,包括期限在一年以上的存款利率、贷款利率和各种有价证券利率。如存款期限为两年、三年、五年的利率。利率的高低与期限长短、风险大小有着直接的联系。一般而言,短期利率低于长期利率。因为期限越长的投资,市场变化的可能性越大,借款者经营风险越大,贷款者遭受损失的风险也越大,故要求的利率也越高。

2. 按利率真实水平,分为名义利率与实际利率

名义利率是包含了通货膨胀因素的利率,是以名义货币表示的利率,即我们平时所说的利率。例如,我国央行制定的存款利率为名义利率,如一年期存款利率1.5%。实际利率是指物价不变从而货币购买力不变条件下的利率,是名义利率剔除通货膨胀因素以后的真实利率。与名义利率相比,实际利率能够更好地反映资金借贷活动的动力,能更准确地说明金融市场银根的松紧,能够对经济产生实质性的影响。通常情况下,名义利率扣除通货膨胀率即可视为实际利率。用公式表示为

$$实际利率 = 名义利率 - 通货膨胀率$$

实际利率的计算结果通常会出现三种情况:当名义利率高于通货膨胀率时,实际利率为正利率;当名义利率等于通货膨胀率时,实际利率为零;当名义利率低于通货膨胀率时,实际利率为负利率。一般而言,只有正利率才符合价值规律的要求。如果你在银行的存款利率为10%,当前的物价上涨率为10%,那么,你存款的实际利率就是0。如果物价上涨率超过了名义利率,那么,实际利率就为负。这就是人们存钱为了买房,而房价上涨率高于存款利率时心疼甚至牢骚满腹的原因。反之,若物价水平下跌,实际利率就会高于名义利率。因此,在高通货膨胀时存钱就很不划算,而在通货紧缩时期,存钱并不吃亏。

思考与讨论:如果银行一年期存款利率为3.5%,而同期的通货膨胀率为6.2%,则同期的实际利率是多少?你愿意存款还是持有货币?如果同期的通货膨胀率为3%呢?请说明理由。

3. 按借贷期内利率是否浮动,分为固定利率与浮动利率

固定利率是指在整个借贷期限内,利息按借贷双方事先约定的利率计算,而不随市场上货币资金供求状况而变化,适用于借贷期限较短或市场利率变化不大的情况。我国目前各商业银行的储蓄存款利率就是固定利率。

浮动利率又称为可变利率,是指在借贷期限内,随市场利率的变化情况而定期进行调整的利率,适用于借贷时期较长、市场利率多变的借贷关系,也多用于较长期的借贷及国际金融市场。浮动利率能够灵活反映市场上资金供求的状况,更好地发挥利率的调节作用。同时,由于浮动利率可以随时予以调整,利息负担同资金供求状况紧密结合,有利于减少利率波动所造成的借贷双方承担的利率风险,从而克服了固定利率的缺陷。但由于浮动利率变化不定,使借贷成本的计算和考核相对复杂,利息负担也可能加重,如我国的外汇贷款利率。

4. 按利率的决定方式,分为官定利率、公定利率和市场利率

官定利率又称为"法定利率",是一国货币管理部门或中央银行所规定的利率,是国家实现宏观调控目标的一种政策手段。目前我国的存贷款利率就是央行制定的利率。

公定利率是由非政府金融行业自律性组织确定的各会员必须执行的利率。通常,由银行公会确定的各会员银行必须执行的利率就是公定利率的主要形式。目前我国银行业协会制定的小额外币(小于或等于300万美元)存款利率就是如此。

市场利率是按照市场规律而自由变动的利率,即由借贷资本的供求关系

直接决定,并由借贷双方自由议定的利率。目前,我国银行间债券市场和同业拆借市场利率就是这种。

三 决定和影响利率变化的因素

(一)平均利润率是决定利率的基本因素

平均利润率反映的是整个社会的平均利润水平,决定利率的基本因素是平均利润率。在现代经济社会,借款人借入货币资金投入生产经营的最终目的是追求更高的利润,因而借款人只能将借入的货币投入生产,将所取得的利润的一部分以利息形式付给贷款人,作为让渡货币资金使用权的报酬。如果支付的利息高于平均利润,借款人就无利可图而不愿意借款,所以利率只能低于平均利润率。同时,贷款人贷款的目的就是充分利用暂时闲置的货币资金获取一定的收益,因此利率不可能等于零,否则,货币资金的所有者也不会无偿让渡货币资金的使用权。由此可见,利率只能在零和平均利润率之间波动。

(二)影响利率变化的因素

确定合理的利率水平是运用利率杠杆调节经济的关键环节。平均利润率是决定利率的基本因素,平均利润率和零之间的区间是利率波动的经济区间。在这个区间里,利率的波动受各种因素的影响。

1. 货币资金供求状况

借贷资金作为一种特殊的商品,同普通商品一样受价值规律的支配,其价格一样受供求关系的影响。当借贷资金供大于求时,利率下跌,借款人支付较低的利息;反之,支付较高的利息。所以,资金供求状况是影响利率变动的一个因素,决定着某一时期利率的高低。

2. 通货膨胀

在现代纸币流通的条件下,通货膨胀是各国经济发展中的普遍现象。一方面,通货膨胀意味着纸币贬值,从而影响货币购买力。在借贷活动中,货币资金的所有者贷出货币时必须考虑将来收回贷款时,借贷的本金是否会因为通货膨胀而贬值。在通货膨胀率较高的情况下,贷者就得考虑通过提高利率来弥补纸币贬值的损失。所以,在确定利率水平时必须考虑通货膨胀的影响。另一方面,各国政府又常常将利率作为抑制通货膨胀、稳定物价的经济手段。政府通过调高或降低利率,影响货币资金的供求状况,从而达到调节货币流通量、控制需求、稳定物价的目的。

3. 国家经济政策

由于利率的变动对经济发展有很大的影响,所以在世界各国普遍推行国家干预经济的政策条件下,利率成为国家对经济活动进行宏观调控的重要工具。各国政府根据本国经济发展状况和货币政策目标,通过中央银行制定的利率影响市场利率,调节资金供求、经济结构和经济发展速度。

4. 国际市场利率水平

随着世界经济的发展,各国之间的经济联系日益密切,商品贸易、技术贸易、服务贸易的发展促进了资金在国际的流动。国际市场利率对国内市场的影响就是通过资金在国际的流动来实现的。在放松外汇管制、资金自由流动的条件下,国内利率高于国际市场利率水平时,会引起货币资本流入国内;反之,则会引起货币资本外流。资本的流动影响一国国际收支的平衡,进而影响一国货币的对外价值和一国的对外贸易。所以,一国政府在制定和调整本国利率时,不能不考虑国际市场利率的影响。

此外,影响利率变化的因素还有银行经营成本、利率管理体制、传统习惯、法律规定、国际协定等。总之,影响利率波动的因素很多,而且往往多种因素交错在一起,综合影响利率的变化。

四 我国的利率市场化进程

我国的利率市场化改革是建设社会主义市场经济体制和发挥市场配置资源作用的重要内容,它有利于加强我国金融间接调控,完善金融机构自主经营机制和提高竞争力。我国的利率市场化进程遵循的是"先外币、后本币;先贷款、后存款;先长期、大额,后短期、小额"的循序渐进的改革思路,大致可划分为以下三个阶段。

(一)第一阶段:货币市场利率市场化,贷款利率开始上浮(1993—1999年)

按照一般经验,在放松存贷款利率管制之前,先要借助货币市场找到一个能够较好反映市场上资金供需情况的均衡利率,以此作为其他利率的参考,或称为"锚"。因此,利率市场化首先是从货币市场开始的。

1996年6月,央行放开了银行间同业拆借利率;1997年6月,银行间债券回购利率也放开了。1998年8月,国家开发银行在银行间债券市场首次进行了市场化发债,国债发行也开始采用市场招标形式。这一步骤实现了银行间市场利率、国债和政策性金融债发行利率的市场化,货币市场的均衡利率逐渐形成。

与此同时,1998—1999年央行连续多次扩大金融机构贷款利率浮动区间,要求各金融机构建立贷款内部定价和授权制度,银行开始锻炼利率定价能力。

(二)第二阶段:贷款利率完全放开,存款利率开始浮动(1999—2013年)

在第一阶段的基础上,央行开始稳步扩大存贷款利率浮动区间。

1999年10月,从大额、外币存款入手,开始对存款利率市场探索。央行批准中资商业银行法人对中资保险公司法人试办由双方协商确定利率的大额定期存款,并在2003年7月放开了英镑、瑞士法郎和加拿大元等部分外币小额存款的利率管制。

2002年3月,央行在全国范围内选取了8个县(市)的农信社(城关网点除外,即市区、县城的网点除外)开展试点,允许试点农信社存款利率上浮30%,贷款利率上浮70%。试点取得了较好的效果,农信社支农、支小的力度显著加大,验证了此前利率管制不利于银行完成风险定价的结论。因为其他商业银行依然实施利率管制,部分地区的农信社还借此抢占了大量的中小企业客户、个人客户的市场份额。

2004年10月,央行完全放开金融机构人民币贷款利率上限(城乡信用社贷款利率浮动上限为基准利率的2.3倍,但一般触碰不到),下浮的幅度为基准利率的0.9倍,贷款利率浮动区间也不再根据企业所有制性质、规模大小分别制定。与此同时,银行的存款利率均允许下浮,且下不设底。

2005年3月,金融机构同业存款利率全面放开。2007年1月,上海银行间同业拆放利率(Shanghai Interbank Offered Rate,简称Shibor)正式投入运行,央行希望其将来能成为货币市场的重要参考利率。

2012年6月,央行将存款利率浮动区间的上限调整为基准利率的1.1倍;同时,贷款利率浮动区间的下限调整为基准利率的0.7倍。2013年7月,金融机构贷款利率管制全面放开,金融机构贷款利率的下限取消,金融机构可自主确定贷款利率水平,贷款利率完全实现了市场化,但金融机构形成风险定价能力的水平高低不一。另一方面,票据贴现利率管制也一并取消,改变了原先贴现利率在再贴现利率基础上加点确定的方式,由金融机构自主定价。

(三)第三阶段:存款利率完全放开(2014年至今)

2014年11月,为加速推进利率市场化改革,存款利率浮动区间的上限调整至基准利率的1.2倍,并对基准利率期限档次做了适当合并。2015年,存款利率上限又先后缓步提升至1.3倍、1.5倍。上述政策出台后,当时的大部分银行都将存款利率上浮到顶,足见存款的"均衡利率"远高于当时的上限。2015年10月24日,央行决定对商业银行和农村合作金融机构等不再设置存款利率浮动上限。至此,我国利率市场化进程在形式上基本完成。

但实际上,存款利率仍由央行通过自律机制管制,这就意味着各银行存款产品年化利率只能在央行公布的存款基准利率基础上的一定范围内上浮。之所以说这是"形式上"基本完成,而不是"实质上"完成,是因为部分银行实质上仍未具备存款、贷款的定价能力。为防止银行在存款上恶性竞争,各银行之间形成"利率同盟",对存款利率的上浮幅度进行行业自律约束。目前银行普遍的存款利率上限是基准上浮40%~50%,很难再突破这一幅度,真正的利率市场化还未达成。

我国利率市场化的最终目标是中央银行不再统一规定金融机构的存贷款利率水平,而是运用货币政策工具间接调节货币市场利率,进而间接影响金融机构存贷款利率水平。其中,关键是发挥公开市场操作引导货币市场利率的机制,以及形成货币市场利率对金融机构存贷款利率影响的机制。

思政案例   我国绿色金融发展的经验

大力发展绿色金融,是深入践行"绿水青山就是金山银山"理念、推动生态文明建设的内在要求,是实现绿色低碳发展和"30·60目标"的重要举措,也是"双循环"新发展格局下金融供给侧结构性改革的重要内容。2016年以来,我国绿色金融体系快速发展,始终走在国际第一方阵,很多重要指标排名全球前列。这些成绩的取得,首先得益于党中央、国务院的正确领导,得益于习近平生态文明思想的指引。习近平生态文明思想的发展是一以贯之的。习近平总书记早年在基层工作时就非常重视生态文明建设,提出了"绿水青山就是金山银山"的重要理念;党的十八大以后,进一步将生态文明建设提高到前所未有的高度。其次离不开各有关部门的通力协作,更离不开金融机构和地方层面绿色金融改革创新工作的扎实推进。我国绿色金融发展的有益经验,至少有三点值得总结。

一是实践出真知。改革开放之初,没有现成的经验可循,没有现成的道路可走,邓小平同志提出了"摸着石头过河"的改革办法。历史证明,这个方法富有中国智慧,符合中国国情,也符合马克思主义认识论、实践论。近年来,我国绿色金融体系的构建成为又一个范例。2015年,我国启动生态文明体制改革之初,也没有现成的经验可循,正是靠着敢闯敢试的首创精神,边实践边探索、边总结边创新,坚持"摸着石头过河"与"加强顶层设计"有机结合,才在实践中逐渐摸索出以"湖州经验"为代表的一批可复制、可推广的经验。五年来,我国绿色金融体系建设始终走在国际第一方阵。

二是金融机构担当主力军。金融机构扎实践行助推绿色发展的责任担当,充分发挥了绿色金融先锋队和主力军作用。一方面,绿色金融业务率先在国有大型金融机构发展起来,其他全国性金融机构和部分地方法人金融机构也积极作为,为绿色金融在全国的推广起到了示范作用。截至 2020 年第三季度末,24 家全国银行绿色贷款余额 9.95 万亿元,占全国绿色贷款余额的 86%。绿色信贷业绩评价结果显示,大型金融机构的评价结果相对较高,专注绿色金融的特色银行评价结果显著优于同类型银行。另一方面,金融机构以专业化的手段、国际化的视野,对外讲好中国故事,对内不断提升绿色金融服务能力。例如,部分金融机构积极参与中英金融机构气候与环境信息披露试点,为制订适合我国国情的金融机构气候和环境信息披露方案做出了贡献;部分金融机构在境外成功发行绿色金融产品,为中外绿色金融市场互联互通做出了积极尝试;部分金融机构自愿签署《负责任银行原则》《赤道原则》《"一带一路"绿色投资原则》等,将绿色发展理念深植业务发展全流程。

三是地方试验成为名片。我国是全球唯一设立绿色金融改革创新试验区、有针对性地探索绿色金融改革道路的国家。试验区已成为绿色金融"中国经验"的一张名片。2017 年 6 月以来,六省(自治区)九地试验区深入推进金融供给侧结构性改革,充分发挥自律机制作用,积极开展绿色金融改革创新实践,强化金融支持绿色低碳转型功能,促进经济高质量发展,取得了显著成效。截至 2020 年第三季度末,六省(自治区)九地试验区绿色贷款余额 2 256.37 亿元,占试验区全部贷款比重 14.8%,高于全国平均水平 4 个百分点;绿色债券余额 1 196.71 亿元,同比增长 59.1%。试验区绿色项目库入库项目总数超过 2 800 个,绿色项目累计投资超 1.89 万亿元,成为新时代绿色发展的一道靓丽风景线。

(资料来源:刘桂平.发展绿色金融助力"30·60 目标"实现.中国金融,2021.2)

关键概念

金融	信用	信用工具	金融资产	货币制度
利息	利率	股票	债券	投资基金
信用货币	商业票据	银行票据	可转让大额定期存单	直接金融
间接金融

课后实训

一、单选题

1. 货币的基本职能是( )。
   A. 价值尺度和流通手段   B. 价值尺度和储藏手段
   C. 流通手段和支付手段   D. 支付手段和世界货币

2. 我国境内允许流通的货币为( )。
   A. 人民币   B. 澳门币   C. 港币   D. 台币

3. 我国居民存款利率是( )。
   A. 浮动利率   B. 实际利率   C. 优惠利率   D. 名义利率

4. 在商业信用关系中,提供信用的方向一般是( )。
   A. 上游产品企业向下游产品企业提供
   B. 下游产品企业向上游产品企业提供
   C. 资金实力强的企业向资金实力弱的企业提供
   D. 企业之间可以相互提供

5. 当借贷资金的量一定时,平均利润率越高,利率相对( )。
   A. 不变   B. 稳定   C. 越高   D. 越低

6.属于长期信用工具的是（　　）。
A.支票　　　　　B.商业票据　　　C.股票　　　　　D.可转让大额定期存单
7.地方政府发行的市政债券属于（　　）
A.商业信用　　　B.银行信用　　　C.国家信用　　　D.消费信用
8.下列金融工具中，流动性最强的是（　　）。
A.银行承兑汇票　B.企业债券　　　C.股票　　　　　D.期货合约
9.目前世界各国普遍采用的货币形式是（　　）。
A.金属货币　　　B.代用货币　　　C.实物货币　　　D.信用货币
10.开放式基金的价格主要受（　　）影响。
A.市场供求关系　　　　　　　　　B.单位基金资产净值
C.市场存款利率　　　　　　　　　D.公司经营状况

二、多选题

1.下列关于人民币的说法中，正确的有（　　）。
A.人民币是中国人民银行发行的　　B.人民币从未规定过含金量
C.人民币是中国的合法货币　　　　D.有限支付能力
2.依承兑人不同，商业汇票可分为（　　）。
A.商业承兑汇票　B.支票　　　　　C.银行汇票　　　D.银行承兑汇票
3.关于开放式基金说法正确的是（　　）。
A.开放式基金具有独立的法人资格　B.无固定的存续期限
C.随时可赎回与申购，因此总数是变化的　D.交易价格受市场供求关系的影响
4.属于短期信用工具的是（　　）。
A.商业汇票　　　B.银行汇票　　　C.国库券　　　　D.证券投资基金
5.下列属于企业之间商业信用形式的主要有（　　）。
A.应付账款　　　B.预收货款　　　C.应收账款　　　D.银行借款
6.决定和影响利率的因素包括（　　）。
A.借贷成本　　　B.借贷期限　　　C.物价水平　　　D.资金供求状况
7.金融衍生工具包括（　　）。
A.股票　　　　　B.期货　　　　　C.债券　　　　　D.期权
8.信用工具具有（　　）特征。
A.安全性　　　　B.流动性　　　　C.收益性　　　　D.信誉性
9.在商品赊销、预付工资等活动中，货币执行的是（　　）职能。
A.价值尺度　　　B.流通手段　　　C.支付手段　　　D.价值储藏
10.银行向消费者提供的汽车贷款属于（　　）。
A.商业信用　　　B.银行信用　　　C.国家信用　　　D.消费信用

三、判断题

1.从历史发展角度看，银行信用先于商业信用而存在。　　　　　　　　　　（　　）
2.名义利率等于实际利率加上通货膨胀率。　　　　　　　　　　　　　　　（　　）
3.利息率是由金融市场上借贷资本的供求关系决定的。若现在金融市场上的资金供给大于需求，则利息率将上升。　　　　　　　　　　　　　　　　　　　　　　（　　）
4.凡未经承兑的汇票，商业银行不予贴现。　　　　　　　　　　　　　　　（　　）
5.通常利息率应该高于社会平均利润率。　　　　　　　　　　　　　　　　（　　）

6.直接金融是指资金供需双方直接构成债权债务关系的资金融通方式。（　　）
7.封闭式基金有固定的存续期限，但基金规模是可以变化的。（　　）
8.货币资金供求状况是利率的决定因素。（　　）
9.成长型基金以追求稳定的收入为基本目标。（　　）
10.一种信用工具变现所花费的时间越短、成本越低，说明其流动性越强。（　　）

四、计算题

1.若某一时期的名义利率为4％，当物价上涨率为8％时，要保持实际利率为正值，怎么办？

2.2021年7月6日，某人在中国工商银行某营业部存入两年期定期储蓄存款1 000元，若定期储蓄存款年利率为2.25％，请利用单利法计算在利息所得税为5％的条件下此人存满两年的实得利息额。

五、案例分析

新京报财经讯记者（黄鑫宇）2021年2月24日报道，广东省金融监管局发布《关于近期非法金融活动风险的提示》。该局近日收到有关群众投诉及有关部门信息通报，一些不法分子在该省开展"发送木马钓鱼短信"、"假冒银行金融诈骗"、"设立非法金融机构"以及"套用银行名称形象"等非法金融活动。广东省金融监管局提醒公众提高警惕，近期主要非法金融活动具体表现为：

发送木马钓鱼短信——不法分子的这种手法以"手机APP失效"、"手机银行失效"、"手机预留信息已过期"等为由，诱骗客户点击含有木马病毒的钓鱼链接，用户一旦点击链接并填写个人信息，账户资金将被窃取。

假冒银行金融诈骗——不法分子自称是银行工作人员或银行合作机构，通过骚扰电话、微信加好友或发送【××银行】冒名短信（短信中可能包含高额度、低利率等诱骗性信息）等方式，实施虚假宣传或涉嫌金融诈骗等行为。

设立非法金融机构——未经银保监会批准，不法分子假借虚构境外银行名义设立境内银行业金融机构，开展非法金融活动。

套用银行名称形象——不法分子冒用银行名义或与银行合作名义进行虚假宣传，公司名称采用知名银行简称，名称后缀含"分行"、"支行"字样，营业场所参考银行网点风格进行装修，以此混淆视听开展非法金融活动。

关于通过发送木马钓鱼短信进行非法金融活动，广东省公安厅官方微博"广东公安"2021年2月22日发布消息称，近日，多地出现不法分子冒充"广东农村信用社（广东农信、广东农商）"向客户发送短信的新型诈骗手法。不法分子向客户发送短信的主要内容与本次广东省金融监管局的风险提示相似，用户一旦点击含有木马病毒的钓鱼链接并填写个人信息，账户资金将被窃取。广东警方提醒公众如收到这种"银行"短信，请立即删除！

根据上述资料，分析如何甄别防范非法金融活动？

第六章　金融机构

章前引例

2020年1月4日,银保监会发布《关于推动银行业和保险业高质量发展的指导意见》(以下简称《指导意见》),从完善金融体系、防范化解金融风险、建立健全现代金融企业制度、对外开放、加强监管等方面提出27条举措,旨在推动银行业和保险业高质量发展,更好地服务现代化经济体系建设。

《指导意见》提出,到2025年要实现金融结构更加优化,形成多层次、广覆盖、有差异的银行保险机构体系。对此,邮储银行研究员、高级经济师娄飞鹏在接受《金融时报》采访时表示,推动形成多层次、广覆盖、有差异的银行保险机构体系是我国深化金融供给侧结构性改革的重要内容,有助于不断提升金融服务实体经济质效,推动银行保险业高质量发展。

自2018年以来,央行等金融监管部门持续推进金融供给侧结构性改革,综合运用多种政策工具,强化信贷政策引导,金融机构服务实体经济能力显著增强。当前,我国基本形成了商业性、开发性、政策性和合作性金融共同发展的格局,为实体经济发展提供了强有力的金融支持。

不过,痛点难点仍存。金融体系中各类型机构发展不均衡,信贷资源配置不甚合理,过于集中服务大企业,民营小微企业融资难、融资贵问题仍需要久久为功。娄飞鹏表示,就实际情况看,金融机构体系在服务实体经济方面存在三大问题:一是金融机构同质化竞争依然存在,未能形成多层次金融服务体系;二是金融服务覆盖面不足,部分薄弱领域缺乏有效金融服务供给;三是金融机构对金融产品服务、业务经营模式等创新力度不够,差异化经营有待进一步提高。

银行是服务实体经济的"主力军"。根据不同类型银行机构的资本实力和经营特点,《指导意见》精准定位,提出了差异化要求。中商智库首席研究员李建军表示,大型商业银行要发挥引领作用,提供综合化金融服务,不仅为传统大型企业提供服务,还要通过改进内部激励约束机制、科技赋能,提升对民营和科创企业的支持力度,同时服务国家新一轮对外开放战略,为走出去企业提供多元化跨境融资服务。城商行、农商行、农信社等要立足于当地,服务好地方国企和民企,提高小微金融可获得性和覆盖面,助力地方经济发展。

(资料来源:徐贝贝.完善金融机构体系,提升金融服务实体经济质效.中国金融新闻网,2020年1月7日)

随着我国市场经济的深入发展,工业化、城镇化、市场化、国际化进程的加快,各项金融业务越来越普遍地走进公众的生活和家庭。无论是购房贷款、购车贷款,还是买卖证券、办理保险、出国旅游或留学兑换外币等,需要人们到金融机构咨询、交涉和办理的事情越来越多。金融业务已渗透到日常生活的每个角落,与每个人的生活息息相关。

金融是现代经济的核心,是实体经济发展的"血液",充分发挥金融机构"血脉作用",助推实体经济高质量发展。

通过本章学习,你将了解和掌握金融机构体系的构成、金融机构的主要业务、商业银行信用创造原理以及金融监管等内容,认识金融机构体系的功能以及金融机构对经济发展的重要作用,初步培养自己金融投资的理念与技能,学会利用金融为自己的生活、学习和工作服务。

第一节　金融机构体系的构成

一　金融机构体系的概念

金融机构是指以货币资金为经营对象,从事各种金融活动的组织机构。它为社会经济发展和社会再生产的顺利进行提供金融服务,是市场经济体系的重要组成部分。

金融机构体系是指一国所有从事金融活动的组织,按照一定结构形成的整体及其内部相互关系的总称。随着经济的不断发展,金融机构体系也会发生变化并逐步健全和完善。

二　现代金融机构体系的一般构成

现代各国的金融机构体系一般包括四个组成部分,即中央银行、商业银行、专业银行和非银行金融机构。由于各国国情不同,其金融机构体系结构也各异。本节只介绍一般的构成。

(一)中央银行

中央银行是各国金融体系的核心,对内它代表国家对整个金融体系实行领导和管理,维护金融体系的安全运行,实施宏观金融调控,是全国货币金融的最高机构;对外它是一国货币主权的象征。

(二)商业银行

现代商业银行是以经营工商业存、贷款为主要业务,并为顾客提供多种服务,以营利为目的的金融机构。它是唯一能够吸收活期存款的银行,因而也被称为存款货币银行。商业银行因机构数量多、业务渗透面广和资产总额比重大而成为金融体系中的骨干。

(三)专业银行

专业银行是指专门经营指定范围业务和提供专门性金融服务的银行。其特点有:

(1)专门性。专业银行是社会分工发展在金融业的表现,其业务具有专门性,服务对象是某一特定部门或领域。

(2)政策性。专业银行的设置往往体现了政府支持和鼓励某一地区或某一领域发展的政策指向,专业银行的贷款具有明显的优惠性。

(3)行政性。专业银行的建立往往有官方背景,有的就是政府的银行或政府代理银行。

西方国家专业银行种类甚多,其中主要有开发银行、进出口银行、农业银行、住房信贷银行、抵押银行等。

(四)非银行金融机构

一般将中央银行、商业银行、专业银行以外的金融机构称作非银行金融机构。因此,这一类机构比较庞杂,它们属于信用机构,如保险公司、养老基金会、投资基金、邮政储蓄机构等。

商业银行、专业银行和非银行金融机构三者的主要区别如下:

(1)资金来源不同。商业银行以吸收各类存款为主要资金来源;专业银行以财政拨款、吸收特定存款、发行债券为主要资金来源;非银行金融机构以发行股票、债券为主要筹资手段,往往不能吸收存款。

(2)资金运用不同。商业银行的资金运用以发放贷款,特别是以短期周转性贷款为主;专业银行多为政策性银行,主要负责发放各类政策性贷款;非银行金融机构则主要从事某一类非贷款的金融业务,如保险、信托、证券、租赁等。

(3)经营目的不同。商业银行和非银行金融机构作为金融企业,以营利为目的;专业银行的经营目的在于贯彻政府的政策意图,多以保本微利为原则。

(4)商业银行具有信用创造功能,而专业银行和非银行金融机构由于不办理支付结算业务,因而不具备信用创造功能。

当然,上述区别并非绝对化,近些年来,随着金融创新的发展,各类金融机构之间业务相互交叉,界限也日趋模糊。

> 思考与讨论:现在你手中有2万元,想投资股票,能否在证券公司直接购买?

三 我国的金融机构体系

构成我国金融体系的金融机构按其地位和功能可分为两类。

1.金融宏观调控和金融监管机构

金融宏观调控和金融监管机构包括中国人民银行、中国银行保险监督管理委员会(简称银保监会)、中国证券监督管理委员会(简称证监会),即"一行两会"。

中国人民银行是我国的中央银行,是国务院的组成部门,其职能为依法制定和执行货币政策,防范和化解金融风险,维护金融稳定,并提供必要的金融服务。

我国的金融业实行分业经营、分业监管模式。银保监会是我国银行业和保险业的监管机构,负责银行业、保险业和非银行金融机构的监督管理;证监会是我国证券业的监管机构,负责证券业和期货业的监督和管理。"两会"均为国务院直属事业单位。

近年来,随着我国金融混业经营的趋势逐渐明晰,防范金融风险,建立监管协调机制是金融监管体制改革的关键。

2.经营性金融机构

我国经营性金融机构体系的构成,如图6-1所示。

第六章　金融机构

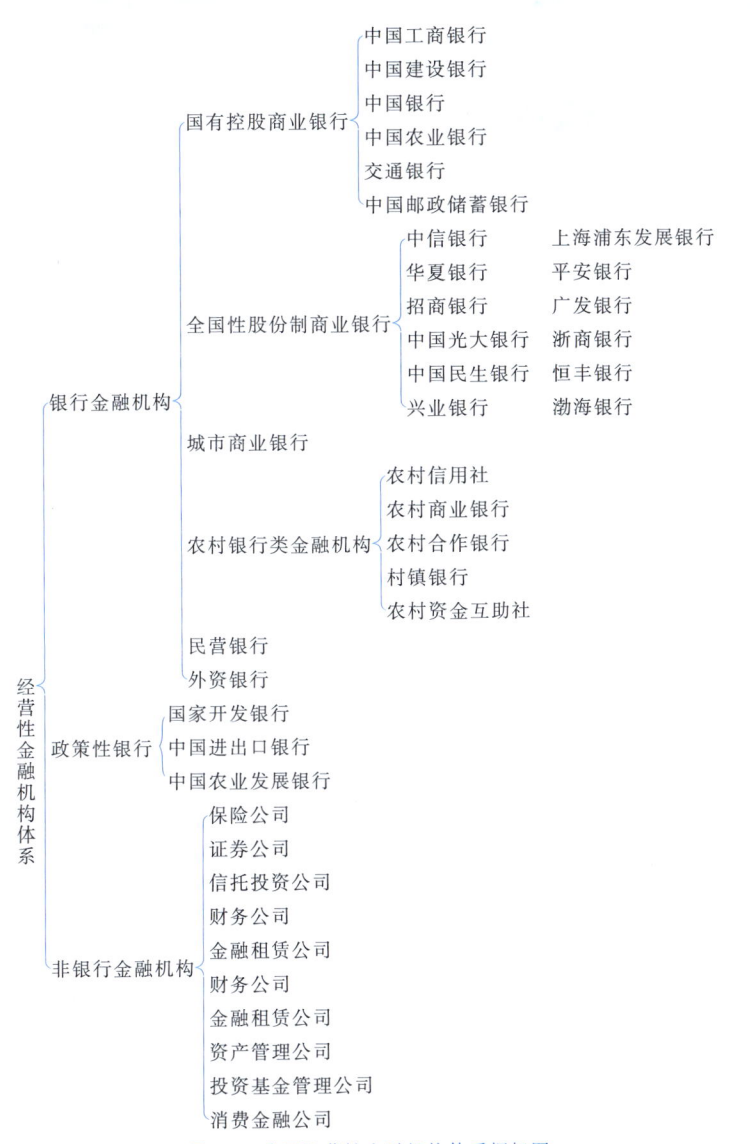

```
                              ┌─ 中国工商银行
                              ├─ 中国建设银行
                   ┌ 国有控股商业银行 ┤─ 中国银行
                   │          ├─ 中国农业银行
                   │          ├─ 交通银行
                   │          └─ 中国邮政储蓄银行
                   │          ┌─ 中信银行    上海浦东发展银行
                   │          ├─ 华夏银行    平安银行
        ┌ 银行金融机构 ┤ 全国性股份制商业银行 ┤─ 招商银行    广发银行
        │          │          ├─ 中国光大银行  浙商银行
        │          │          ├─ 中国民生银行  恒丰银行
        │          │          └─ 兴业银行    渤海银行
        │          │
        │          ├ 城市商业银行
        │          │          ┌─ 农村信用社
        │          │          ├─ 农村商业银行
经营       │          ├ 农村银行类金融机构 ┤─ 农村合作银行
性        │          │          ├─ 村镇银行
金        │          │          └─ 农村资金互助社
融 ──────┤          ├ 民营银行
机        │          ├ 外资银行
构        │          │          ┌─ 国家开发银行
体        │          └ 政策性银行 ┤─ 中国进出口银行
系        │                     └─ 中国农业发展银行
        │          ┌─ 保险公司
        │          ├─ 证券公司
        │          ├─ 信托投资公司
        │          ├─ 财务公司
        │          ├─ 金融租赁公司
        └ 非银行金融机构 ┤─ 财务公司
                   ├─ 金融租赁公司
                   ├─ 资产管理公司
                   ├─ 投资基金管理公司
                   └─ 消费金融公司
```

图 6-1　我国经营性金融机构体系框架图

目前,我国已基本形成了适应社会主义市场经济要求的金融机构体系。即以中国人民银行为核心,二大监管机构并举,规范监管,以商业银行为主体,政策性银行及非银行金融机构并存、协作的金融机构体系。

阅读专栏6.1

完善机构、产品等体系,形成普惠金融新发展格局

"我们要牢牢把握'十四五'发展机遇,深化供给侧结构性改革,形成普惠金融新发展格局。"中国人民银行金融消费权益保护局副局长尹优平在参加第三届中国普惠金融创新发展峰会时做上述表示。尹优平说:"一方面,普惠金融是金融供给侧结构性改革的关键环节;另一方面,普惠金融发展必须坚持服务经济供给侧结构性改革的主线"。具体看,尹优平提出了四个着力点:

一是完善有竞争力的普惠金融机构体系。坚持市场在普惠金融发展中的决定性作用，围绕建设现代化经济体系健全广覆盖、有差异的普惠金融服务体系，分类、分层满足不同普惠群体的金融需求。

二是完善有适应性的普惠金融产品和服务体系。现代化经济体系建设过程中生产、消费、交换、流通等各环节各领域都有不同的金融产品和服务需求，小微科创企业的融资需求较传统企业有很大不同，内循环的发展战略要求不断扩大内需市场，新型农业经营主体和经营模式不断涌现，人口老龄化趋势稳步加深，这都需要不断增强金融产品的适应性，有针对性地满足多样化的金融需求。

三是完善有温度的普惠金融能力体系。当前，金融机构普惠金融服务能力还有待继续提升，经营管理模式、风控模式还有较多与普惠金融高质量发展不相适应的地方，金融供需还不够匹配。同时，人民群众、小微企业的金融能力和金融素养还不高，对金融政策、金融知识的了解还不够。未来要着重提高这方面的金融能力。

四是完善有深度的普惠金融生态体系。要完善支付、征信、担保、破产等基础设施建设，建设良好的信用环境，优化普惠金融相关的法治环境，特别是在数字化时代浪潮下，完善数据资产产权、交易流通制度和标准。

尹优平说："普惠金融不仅是国家重要的金融战略，也是惠民生、暖人心、利长远的重要金融举措，要久久为功、持续推进，政府和市场也要有机互动，协同发力。"

（资料来源：刘玉龙、吴丛司. 中国金融信息网，2020年11月12日）

第二节 商业银行

在现实生活中，银行遍布大街小巷。我们经常会与之发生业务往来，我们的收入直接转入银行卡，通过银行卡支付房租、水电费、贷款或其他费用。我们购买汽车、住房等钱不够时，首先想到的也是银行。企业所有的经济活动，都要通过商业银行在全世界的经营网点来实现货币收付。商业银行是金融机构体系中最重要的金融机构，在社会经济生活中扮演着非常重要的角色。

一、商业银行概述

（一）商业银行的性质与特征

商业银行是以追逐利润为目标，以货币和信用为经营对象，综合性、多功能的金融企业。具有以下特征：

1. 商业银行是一种特殊的企业

商业银行作为一个企业来看，它是社会经济的一个重要组成部分，必须具有从事业务经营所需要的自有资本，并要根据自己行业的特点，依法经营，照章纳税，自负盈亏，自担风险，并以追逐利润为目标。从商业银行经营的对象来看，商业银行又与一般工商企业有所不同。一般工商企业的经营对象是具有一定使用价值的商品，并从事商品生产或商品流通；而商业银行经营的是货币和货币资本这种特殊的商品。这一特殊商品的经营内容包括：货币的收付、借贷以及各种与货币运动有关的或有联系的金融服务。

2. 商业银行是一种特殊的金融机构

商业银行作为金融机构来看，它与其他金融机构相比又有所不同，有其特殊性。作为银行，商业银行与中央银行和政策性银行相比，虽然都从事银行业务，但商业银行以营利为目的，经营目标是利润最大化。而中央银行与政策性银行一般不以营利为目的。商业银行作为金融机构，与其他金融机构如证券公司、信托投资公司、保险公司、租赁公司等相比，其业务经营的范围相对来说更为狭窄，业务方式更趋单一，且不以银行信用方式融通资金。但商业银行的业务更综合，功能更全面，经营范围从经营金融"零售"业务到经营"批发"业务，为顾客提供所有的金融服务，具有综合性、多功能经营的特征，素有"金融百货公司"之称。

（二）商业银行的职能

1. 信用中介职能

信用中介职能是商业银行最基本、最能反映其经营活动特征的职能。商业银行通过负债业务，将社会上的闲散资金集中到银行，再通过商业银行的资产业务，投向社会经济各部门，由此充当社会上资金余缺双方的中间人。商业银行通过信用中介职能实现资金余缺的调剂，在没有增加社会资金总量的基础上对资本进行了再分配，使社会闲置的资金集中起来转化为现实的资本，使资本得到有效的运用，从而大大提高社会金融资源配置的效率。

2. 支付中介职能

所谓支付中介职能是指商业银行通过为各经济部门开立账户，充当它们之间货币结算与货币收付的中间人。商业银行执行支付中介职能是以活期存款账户为基础的。商业银行通过存款在账户上的转移，代理客户支付，在存款的基础上为客户兑付现款等，成为工商业团体和个人的货币保管者、出纳者和支付代理人。这样，以商业银行为中心，形成了经济社会中无始无终的支付链条和债权债务关系。商业银行支付中介职能的发挥大大减少了现金的使用，节省了交易费用，加速了结算过程和资金的周转速度，促进了经济的发展。

3. 信用创造职能

商业银行的信用创造职能是基于其信用中介与支付中介的职能产生的。与专业银行及其他金融机构相比，商业银行是各种金融机构中唯一能够吸收活期存款、开设支票存款账户的机构，商业银行在利用所吸收存款的基础上，发放贷款，在支票流通和转账结算的基础上，贷款又转化为存款，由此创造出数倍于原始存款的派生存款，形成经济中货币供给量的扩张。

4. 金融服务职能

在现代经济生活中，商业银行有其独特的信息优势、技术优势和专业化人员优势。商业银行可以根据客户需求提供多样化的金融服务，业务范围也随着金融竞争的加剧以及金融创新的发展而不断拓展，各类中间业务应运而生，如商业银行为各经济单位提供的工资、水电费、租金、运费等的代收或代付服务。商业银行综合性、多功能的业务体系使其成为真正的"金融超市"，随着商业银行金融服务功能的不断加强，对经济生活的影响也不断增强。

案例 6.1　由"资金中介"转向"服务中介"

随着技术创新和改革深化，作为支付中介和融资中介的商业银行，原本具有的金融中介优势式微。虽然经济增速下降给银行信贷投放和资产质量带来了压力，但经济结构持续优化打开了新的发展格局;虽然利率、汇率市场化改革压缩了银行营利增长速度,但管制放松为自主经营和创新提供了更多可能;虽然竞争不断加剧蚕食了银行市场份额,但银行的跨界合作为拓宽业务空间创造了机会。在这种情况下,商业银行应该主动适应时代潮流,力争转型为以创新为驱动力、提供综合服务的金融服务中介。其核心在于:从传统以支付结算和资金融通功能为主的纯粹"资金中介",转型为提供支付、信贷、投行、咨询、风控等多种金融服务的综合"服务中介"。

向金融服务中介转型,不仅要从减少客户排队时间、改造银行营业网点等具体问题着手,更要从发展战略、经营管理、业务转型、体制机制等"顶层设计"入手和解决。从发展战略看,要将改进服务纳入全行战略规划,建立并持续实施服务战略;从经营管理看,要尽快摈弃高消耗、低效率、单纯追求规模与数量扩张的外延式发展方式,从重资产、重资本、重成本经营向轻资产、轻资本、轻成本经营转变;从业务转型看,要更加重视投资银行、财富管理等非信贷业务,并为大众客户和小微企业提供更多服务;从体制机制看,要深化内部组织架构改革,建立起真正"以客户为中心"的服务体系,并积极培育先进的服务文化。

需要强调的是,在向金融服务中介转变的过程中,商业银行应充分发挥金融科技(fintech)作用,以大数据、云计算、人工智能等技术创新驱动服务变革,推动渠道协同和资源整合,开发新的产品服务和商业模式,提升服务能力和效率,为客户提供任何时间、任何地点、任何方式(anytime、anywhere、anyhow)的"AAA"服务。

在当下"强监管"趋势下,还要正确处理好监管和创新的关系。一方面,商业银行要把握好创新活动的正确方向,不能偏离服务实体经济本源,防止资金空转和不当套利;另一方面,监管部门要防范政策收紧对银行良性创新造成误伤,要保护好银行以创新驱动转型的积极性。

(资料来源:董希淼.经济参考报,2017年5月23日)

(三)我国现行的商业银行体系

1. 国有控股商业银行

国有控股商业银行,也称大型商业银行,在我国商业银行体系中处于主体地位。包括中国工商银行、中国银行、中国建设银行、中国农业银行、交通银行和中国邮政储蓄银行。这六家商业银行均已完成股份制改造,成为上市银行。这六家商业银行上市具有改善银行的股权结构、充实资本金、加强市场监督、树立良好的市场形象等方面的积极作用。上市不仅仅是为了筹资,其根本目的在于将国有控股商业银行变成真正市场化的主体,将本土优势与国际先进的管理模式、经验及技术有机结合,全面强化自身的竞争力,在金融市场全面开放的环境下与国际一流的超级银行竞争,并在竞争中不断发展壮大。我国六大国有控股商业银行,业务涵盖面广泛,代表着中国金融界最雄厚的资本和实力。其中,中国邮政储蓄银行依托邮政网络优势,坚持服务社区、服务中小企业、服务"三农"的战略定位,自觉承担"普之城乡,惠之于民"的社会责任,切实做好实体经济的金融服务。

2. 全国性股份制商业银行

20世纪80年代后半期以来,随着金融体制改革的不断深化,我国陆续组建和成立了一批全国性股份制商业银行,包括:中信银行、华夏银行、招商银行、中国光大银行、中国民生银行、兴业银行、上海浦东发展银行、平安银行、广发银行、浙商银行、恒丰银行、渤海银行等。

这些银行股本结构不完全相同,但总体上以企业法人和地方财政入股为主,部分银行也有个人股份。

全国性股份制商业银行从组建开始就按照商业银行机制运行。尽管它们在资产规模、机构数量和人员总数方面还远不能与国有控股商业银行相比,但其资本、资产及利润的增长速度均高于国有控股商业银行,呈现出较强的经营活力和发展势头。

目前,全国性股份制商业银行是我国银行体系的重要组成部分,在全国的主要中心城市都设有分支机构,主要优势有:一是成长性好。二是机制灵活,市场化程度较高。股份制商业银行成立伊始,就在"夹缝"中求生存,不靠政府靠市场,建立了"自主经营、自负盈亏、自求平衡、自我发展"的经营机制,在经营区域、业务和客户类别上获得了较大的自主空间。三是创新能力强。股份制商业银行面对激烈的竞争,采取市场化方式配置资源,金融创新意识和能力较强,在许多新兴业务领域(如投行、理财、托管业务等)取得了重大突破。四是协同成本较低。股份制商业银行管理层级较少,运行效率相对较高,协同成本较低。五是管理基础和人员基础较好。股份制商业银行没有历史负担,人均和网点平均效益较高。

3. 城市商业银行

城市商业银行的前身是城市信用社。我国原有的 5 000 余家城市信用社,有相当多已失去合作性质,实际上已成为小型商业银行。为规避风险,形成规模,1995 年国务院决定,在城市信用社清产核资的基础上,通过吸收地方财政、企业入股,组建城市合作银行。其服务重点是为地方经济发展服务,为中小企业提供金融服务。1998 年,城市合作银行改名为城市商业银行,按城市划分而设立。

经过 20 多年的发展,城市商业银行已经逐渐发展成熟,尽管其发展程度良莠不齐,但城市商业银行已经完成了股份制改革,并通过各种途径逐步消化历史上的不良资产,降低不良贷款率,转变经营模式,在当地占有了相当大的市场份额。其中,更是出现了上海银行这样发展迅速,已经跻身于全球银行 500 强行列的优秀银行。

4. 农村银行类金融机构

农村银行类金融机构包括农村信用社、农村商业银行、农村合作银行、村镇银行和农村资金互助社。农村商业银行和农村合作银行是在合并农村信用社的基础上组建的,而村镇银行和农村资金互助社是 2007 年批准设立的新型农村金融机构。

农村信用社是指经中国人民银行批准设立、由社员入股组成、实行民主管理、主要为社员提供金融服务的农村合作金融机构。农村信用社是我国金融体系的重要组成部分,也是目前主要的合作金融组织形式。

农村商业银行是由辖内农民、农村工商户、企业法人和其他经济组织共同入股组成的股份制的地方性金融机构。2001 年 11 月 29 日,全国第一家农村股份制商业银行——张家港市农村商业银行——正式成立。农村商业银行的成立初衷,就是要从农村经济发展和农民的实际需要出发,立足本辖区,重点面向"三农"(农村、农业和农民)拓宽服务领域。由于农村商业银行是原有农村信用社经股份制改造而来的,其从产权制度、规模和竞争力等各方面与现有金融企业相比均有一定差距。

农村合作银行是由辖内农民、农村工商户、企业法人和其他经济组织入股组成的股份合作制社区性地方金融机构。2003 年 4 月 8 日,我国第一家农村合作银行——宁波鄞州农村合作银行正式挂牌成立。农村合作银行主要任务是为农民、农业和农村经济发展提供金融服务,满足经济比较发达的农村地区的金融需求。

2007年1月29日,原银监会发布并正式开始施行《村镇银行管理暂行规定》和《农村资金互助社管理暂行规定》。依据这两个规定,村镇银行是指原银监会依据有关法律、法规批准,由境内金融机构、境内非金融机构企业法人、境内自然人出资,在农村地区设立的主要为当地农民、农业和农村紧急发展提供金融服务的银行业金融机构。农村资金互助社是指经银行业监督管理机构批准,由乡(镇)、行政村农民和农村小企业自愿入股组成,为社员提供存款、贷款、结算等业务的社区互助性银行业金融机构。

5. 民营银行

民营银行就是由民间资本控制与经营的,权、责、利统一的现代金融企业,或者说民营银行是由民有、民治、民责、民益四有构成的统一体。民有指银行的产权属于民间投资者;民治指由民间投资者决定公司的治理;民责指民间投资者对银行的经营成败负全责;民益指银行经营的利益按谁投资谁受益的原则分配。

原银监会于2014年启动了民营银行试点工作,当年批准成立了深圳微众银行、上海华瑞银行、温州民商银行、天津金城银行、浙江网商银行等5家民营银行。2015年6月原银监会《关于促进民营银行发展的指导意见》出台后,民营银行组建由试点转为常态化申设。2016年12月原银监会出台《关于民营银行监管的指导意见》,明确了民营银行发展定位。即坚持金融服务实体经济的总要求,突出差异化发展战略,坚持特色经营,为实体经济特别是中小微企业、"三农"和社区,以及大众创业、万众创新提供针对性强且便利的金融服务。

现阶段我国建立和发展民营银行主要是为了打破国有银行垄断,形成国有金融与民营金融、大型金融机构与众多中小型金融机构竞争共存的新局面,使我国金融体系对经济发展的辐射面、渗透力和适应性日益增强。与国有银行相比,民营银行具有两个重要特征:

一是自主性。即民营银行的经营管理权,包括人事管理等不受任何政府部门的干涉和控制,完全由银行自主决定;

二是私营性。即民营银行的产权结构主要以非公有制经济成分为主,并以此最大限度地防止政府干预行为的发生。

作为金融市场的重要组成部分,民营银行特殊的产权结构和经营形式决定了其具有机制活、效率高、专业性强等一系列优点。

案例6.2　民营银行在烦恼中成长

19家!这是截至2021年国内民营银行获批开业登台亮相的数量。自2014年12月我国第一家民营银行深圳前海微众银行开业至今,民营银行阵营逐渐壮大,在做好民营、小微企业融资服务,支持普惠金融方面,民营银行的探索值得给予更多关注。不过,近年来大中型银行对中小微企业的融资支持力度不断加强,在一定程度上与民营银行的目标市场发生重叠挤压,民营银行怎样定位自身的优势,找到一条可持续的差异化发展道路,有待从业者探索。

瞄准经济发展薄弱环节

银保监会城市银行部主任凌敢在此前接受媒体采访时表示,民营银行来自民间,熟悉民情,与民营企业有着天然的联系,更加了解民营企业的治理结构、运行模式、发展情况和融资需求,情感上也更加亲近民营企业,在设立之初就明确了差异化的战略方向,重点支持中小微企业、"三农"、社区和"双创"等经济发展重点领域和薄弱环节,从而能够将更多的资源聚焦民营企业。

如 2017 年开业的吉林亿联银行,于 2018 年 12 月推出"亿农贷"产品,该产品具有"远程办理、方便快捷、随用随支、节省利息"等诸多优势,客户申请贷款后,采用智能化模型授信审批,全流程线上操作,全程无人为干预,极大提高了农户的贷款效率。在支持"双创"方面,民营银行针对创业而设计的特色产品数量更多,例如上海华瑞银行就科创机构推出生态链融资业务,威海蓝海银行有蓝创贷,北京中关村银行有创业通等产品。安徽新安银行推出的产品线更为丰富,该行针对园区被重点扶持的民营企业,开发了"新创贷""新创盈"两个创新产品。

科技＋产业双轮驱动

民营银行从设立之初就已经搭上了移动互联网的快车,与传统银行向数字金融转型的历程相比,它们的历史包袱轻,从一开始就具备了深度融合互联网技术的后发优势。在 2020 年疫情带来的考验中,这一优势进一步得以凸显。《中小银行金融科技发展研究报告(2020)》中指出,广大民营银行在疫情之前就已经具备了较强的数字化经营能力,基本形成了"线上＋线下"并重发展的格局,疫情期间利用技术优势快速响应,成为金融抗疫的重要力量。

在充分运用互联网、物联网、大数据、区块链、生物识别、人工智能等科技手段识别风险的基础上,民营银行逐渐得以摆脱过度依赖核心企业的信用及担保的传统供应链金融模式。如,作为由三一集团、汉森制药等 9 家民营企业发起设立的民营银行,三湘银行上线产业链金融产品及项目,研发经营壹贷、税壹贷、法透、在线极速融资、票据妙贴等定制化产品,推出在线供应链经销商链贷产品。

(资料来源:万敏.经济观察报,2021 年 2 月 26 日)

6.外资银行

自 1979 年首家外资金融机构在我国设立代表处以来,外资银行已成为我国金融体系中的一支重要力量和我国引进外资的一条重要渠道。特别是我国加入 WTO 后的 5 年保护期已经结束,银行业务逐步开放,外资银行对我国金融市场的影响作用将会进一步增强。

目前,我国境内设立的外资银行可分为四类:一是外资独资银行,指在中国境内注册,拥有全部外国资本股份的银行;二是中外合资银行,指在中国境内注册,拥有部分外国资本股份的银行;三是外国银行在中国境内的分行;四是外国银行驻华代表机构。

(四)商业银行的经营原则

商业银行是一个高负债率、高风险的金融机构,并且与国民经济各部门存在着复杂的债权债务关系,商业银行经营管理的成功与失败,不仅关系到自身的生存与发展,更影响到社会经济的正常运转。在长期的经营实践中,国际上商业银行的管理者们形成了三条基本的银行管理原则,即安全性原则、流动性原则和营利性原则,简称"三性"原则。

1.安全性原则

安全性原则是指商业银行应当尽量避免各种不确定因素对其资产、负债、信誉等方面的影响,保证商业银行的稳健经营和发展,它是最基本的经营原则。商业银行之所以坚持安全性原则是因为:

(1)商业银行自有资本较少,经受不起较大的损失。商业银行是以货币为经营对象的信用中介机构,如果商业银行不利用较多的负债来支持其资金运作,银行的资金利润率就会大大低于工商企业利润率。同时作为一个专门从事信用活动的中介机构,商业银行比一般企业更容易取得社会信任,接受更多的负债,由此使得商业银行承受风险的能力要比一般企业小得多。

(2)商业银行经营条件的特殊性。对于商业银行来说,对储户的负债是有硬性约束的,既有利息支出方面的约束,也有到期还本的约束。如果商业银行不能保证安全经营,到期按时收回本息的可靠性非常低,则商业银行对储户负债的按期清偿也就没有了保证;更有甚者,若储户大量提款,可能导致银行倒闭。

(3)商业银行在经营过程中会面临各种风险。概括起来,商业银行面临的风险主要有:国家风险、信用风险、利率风险、汇率风险、流动性风险、经营风险和竞争风险等,必须注意安全性问题。

2. 流动性原则

流动性是指银行能够随时满足客户提款和清偿要求以及各种合理的资金需求的能力,它包括资产的流动性和负债的流动性两方面。资产的流动性指银行各类资产能随时得到偿付或在价值不受损失的条件下具有迅速变现的能力;负债的流动性是指银行能以较低的成本随时获得所需资金的能力。

(1)商业银行资产负债的稳定性较差,经常面临许多随时要求即付的存款负债和突如其来的贷款要求,这使银行特别容易受到流动性的威胁。一旦银行流动性不足,发生支付危机,将严重损害银行的信誉,影响业务发展并增加经营成本,甚至破产倒闭。

(2)银行作为信用中介,一方面是借者的集中,另一方面是贷者的集中。借贷活动中的此存彼提,此借彼还,处处涉及流动性问题。流动性是银行业务功能的具体体现,它在银行经营管理中是至关重要的。

3. 营利性原则

营利是商业银行经营的总目标,营利性是指经营货币过程中获得利润的能力。一方面,追求营利是商业银行经营管理的总方针所要求的,也是商业银行改进服务、不断拓展业务的内在动力。另一方面,只有在保持理想的利润水平的基础上,商业银行才能够充实资本,增强经营实力,提高竞争能力。从总体上看,流动性与安全性是成正比的。流动性较强的资产,一般来说安全有保障,风险较小。但流动性与营利性却存在着矛盾,流动性强,安全性好,其利润率一般较低;反之,利润率就高。这就要求在这三者之间寻求一种均衡,即在保证安全性和流动性的前提下,追求最大限度的利润。

我国1995年7月1日起施行的《中华人民共和国商业银行法》规定,商业银行以安全性、流动性、效益性为经营原则,实行自主经营,自担风险,自负盈亏,自我约束。这与国际银行业的顺序完全相同,表明我国正快速与国际接轨,但确定为效益性而不是营利性,就是要求银行在经营活动中将经济效益与社会效益结合起来。

二 商业银行的信用创造

(一)信用创造的概念

商业银行的信用创造是指商业银行利用其吸收的存款以及获得各项资金来源的有利条件,通过发放贷款和投资等资产业务,创造出更多的存款货币,增加货币供应量的过程。

商业银行以原始存款为基础,在银行体系中繁衍出数倍于原始存款的派生存款。

(1)原始存款。原始存款是指商业银行吸收的、能增加其准备金的存款。它包括商业银行吸收的现金存款和中央银行对商业银行贷款所形成的存款。

(2)派生存款。派生存款是相对于原始存款而言的。它是指由商业银行以原始存款为基础,运用信用创造流通工具和转账结算的方式发放贷款或进行其他资产业务时,所衍生出来的、超过原始存款量的存款。

将存款划分为原始存款和派生存款,只是从理论上说明两种存款在银行经营中的地位和作用的不同。事实上,在银行的存款总额中是根本无法区分谁是原始存款、谁是派生存款的。但是,可以肯定的是,派生存款必须以一定数量的原始存款为基础,原始存款量的大小,对于派生存款量的大小有直接的制约关系,任何一笔存款都不可能被凭空创造出来。

(3)存款准备金。存款准备金是为了限制商业银行的信用扩张和保证客户提取存款以及清算的需要而准备的资金。商业银行只要经营存款业务,就必须提留存款准备金。其初始意义在于保证商业银行的支付和清算能力,之后才逐步演变为中央银行的货币政策工具。中央银行通过对存款准备金率的调整,调节商业银行的信用创造能力,进而调节社会的货币需求量。

商业银行的准备金以两种形式存在:法定准备金和超额准备金。法定准备金是中央银行在法律赋予的权限范围内,为了影响商业银行的信用创造能力和货币供给能力,要求商业银行按照规定的比率上存中央银行的资金,具有法律效力。超额准备金是商业银行存款准备金与法定准备金的差额。

(二)商业银行创造派生存款的条件

信用创造是有前提条件的,并受到若干因素的制约。一般而言,只有具备了下列基本条件,商业银行信用创造的功能才能得以实现。

1.创造信用工具

信用工具的创造是信用量创造的前提。随着信用制度的发展,商业银行在银行信用的基础上创造了可以代替货币流通的信用工具,如银行券和支票,因而相对扩大了流通手段和支付手段,扩大了社会信用量,既满足了经济发展对流通手段和支付手段的需要,也节省了流通费用。

2.部分准备金制度

部分准备金制度是相对全额准备金制度而言的。在全额准备金制度下,商业银行必须为增加的每一笔存款保持100%的现金准备。例如,如果某人存入银行100元,银行只能把100元全部上存中央银行,而不再有多余的资金开展任何放款。此时,银行的现金资产和存款负债均为100元,二者之比为1∶1,没有多倍的存款创造。但是,在部分准备金制度下,商业银行对于吸收到的存款,则不需要为此保留等额的现金准备以应付提现,而只需按照中央银行发布的法定存款准备金率,留下规定比例的现金,并上存中央银行,其余的资金就可以用于放款和投资,如此循环下去,就会形成多倍的存款创造。

3.非现金结算制度

在经济生活中,各经济主体之间的资金清算可以通过现金形式来进行。我们假设A银行将吸收到的100元存款中的80元用于发放贷款(其余20元作为法定存款准备金),借款人甲在获得这笔80元的贷款资金后,以现金形式从A银行全额取出,而且该笔贷款在到期之前一直在市场公众手中流通,不存入银行,那么,A银行就不会再有多余的资金用于贷款,因而也就不会有新的存款被创造出来。同时,如果这笔现金也未被存入其他银行,那么其他银行的资产负债规模也均未改变,这时,整个银行系统的存贷款增加只能是一次性的,因而不存在多倍的存款创造。

但是在现实的经济社会中,更多的是使用非现金结算方式。非现金结算是在银行活期存款的基础之上,通过签发支票和活期存款的转移,来完成货币的收付。这种结算方式下的资金运动,是将活期存款从一个存款账户转移到另一个存款账户,用于支付的货币仍然留在银行里,只是银行的债权人发生了变化,这一过程对于商业银行来讲意义是非同小可的,因为形式上的存款转移意味着实质上的现金并不流出银行系统,资金来源不减少,是银行以增加客户存款的方式发放贷款的物质基础。即使转账结算的双方不在同一家银行,但转出方银行的存款减少,必然是转入方银行存款的等额增加。

(三)信用扩展与收缩

信用扩展与收缩是指商业银行通过其业务活动创造或减少存款货币,从而扩大或收缩信贷资金来源,进而扩大或缩小贷款规模,扩大或收缩社会信用总量的过程。

在银行体系遵守部分准备金制度,且所有贷款资金均以转账方式划转和支用的前提条件下,还要具备三个假设条件才能清晰地展现商业银行的信用创造过程。第一,假设客户存入资金后不再提取现金;第二,商业银行只提取法定存款准备金,不提取超额准备金;第三,提取法定存款准备金后的余额全部发放贷款。

> **例** 设A银行收到客户甲交来的10 000元支票一张,A银行通过代收这张支票,使自己的存款额增加10 000元,同时在客户甲的存款账户上增加10 000元。若法定存款准备金率为20%,A银行在保留2 000元法定存款准备金后,将8 000元贷给客户乙。乙用以支付在B银行开户的丙,B银行代收支票使自己的存款额增加8 000元,同时增加客户丙的存款8 000元,扣除法定存款准备金1 600元后,其余6 400元用于放款。如此类推,从A银行开始至B银行,C银行,……,N银行,持续地存款、放款,会产生下列结果,见表6-1。

表6-1　　　　　　　　存款货币的派生过程　　　　　　　　单位:元

银行	存款增加额	法定存款准备金增加额	贷款增加额
A	10 000	2 000	8 000
B	8 000	1 600	6 400
C	6 400	1 280	5 120
D	5 120	1 024	4 096
…	…	…	…
合　计	50 000	10 000	40 000

上例说明,一笔原始存款经过银行体系中各银行的业务运作,创造了数倍的派生存款,从而使银行的信用规模得以扩大数倍。派生存款主要取决于两个因素:一是原始存款量;二是法定存款准备金率。D代表存款货币的最大扩张额,R代表原始存款额,r代表法定存款准备金率,它们的关系为

$$D = R \div r$$

派生存款＝存款货币的最大扩张额－原始存款额

银行存款货币创造机制所决定的存款总额,其最大扩张倍数称为派生倍数,也称乘数。一般来说,乘数是法定存款准备金率的倒数,如上例中存款扩大倍数是5倍(1/20%)。若r降为10%,则存款可扩至10倍;若r升为25%,则存款只可扩大4倍。法定存款准备金

率越高,存款扩大倍数越小;法定存款准备金率越低,存款扩大倍数越大。银行系统派生存款倍数创造原理在相反方向上也适用,即派生存款的紧缩也呈倍数紧缩过程,它与派生存款的创造、扩张过程相对称,其原理是一样的。

(四)派生存款的制约因素

通过上述对存款货币创造过程的分析,可以看到,商业银行创造存款能力的大小,主要取决于法定存款准备金率的高低(在原始存款已知的条件下),但是,除了法定存款准备金率这个主要因素外,影响商业银行创造存款货币能力的还有以下因素:

1. 现金漏损率

在存款扩大过程中,有些得到支票的人可能不将款项存入银行,而是提取现金投放于流通领域或其他银行体系以外的地方保管,银行的放款也可能有部分的提现,这样就使一部分现金流出银行系统,出现所谓的现金漏损。现金漏损与存款总额之比称为现金漏损率,也称提现率。现金漏损率与商业银行创造派生存款的能力成反比。

2. 商业银行的超额准备金率

商业银行吸收的存款扣除法定准备金后的余额,并不能全部用于放款。为应付意外以及清算需要,商业银行在法定准备金之上还要保留一部分准备金,通常称为超额准备金或备付金。超额准备金与存款总额之比称为超额准备金率。超额准备金率越高,银行用于放款的资金越少,其创造派生存款的能力越弱;反之则相反。

3. 贷款需求额或者银行的贷款意愿

银行通过发放贷款来增加存款,如果没有贷款需求,银行就不能发放贷款,也谈不上创造存款;反之,如果贷款需求很大,但银行认为条件、时机等不成熟,不愿放款,也无法创造存款,或是创造存款的规模受到影响。

在以上分析中,商业银行创造存款的能力和存款扩大倍数只能看作扩大存款的理论极限,在实际存款扩大过程中,有多种因素共同作用,存款的增加一般不会达到这个理论上的极限。

思考与讨论:某银行吸收到一笔100万元现金的活期存款,法定存款准备金率为16%,出于避险的考虑,该行额外增加中央银行存款3万元,后来存款单位提出3万元现金发放工资,试计算这笔存款可能派生出的最大派生存款额。

三 商业银行的业务

(一)负债业务

负债业务是商业银行筹措资金借以形成资金来源的业务,是商业银行资产业务的基础。负债业务主要由资本金、各项存款和其他负债构成。

1. 资本金

商业银行的设立与经营必须要有资本金。自有资本金显示了银行实力,有利于增强客户对银行的信心;同时,资本金也是银行自身吸收外来资金的基础,是银行抵御损失风险的最后屏障。

关于自有资本的构成,《巴塞尔协议》对股份制商业银行有明确的规定。该协议将自有资本划分为核心资本和附属资本两大类。

"次贷危机"是怎么一回事

(1)核心资本。核心资本包括股本和公开储备。股本包括普通股和非累积优先股;公开储备包括股票资本盈余、未分配利润和留存盈余等。

股票资本盈余指股票发行价格超过票面价值所带来的额外收入,即股票发行溢价收入。

未分配利润指银行税后净利减去优先股股息和普通股红利后的余额,即未分配给股东的部分,这部分净利润未指明用途。

留存盈余是商业银行按一定比例从当年的营业利润中提取出来的资金。留存盈余取决于银行的营利性、股息政策、税率等因素。通常情况下,营利性越高,留存盈余就越大;而股息率越高,所得税税率越高,留存盈余就越少。

(2)附属资本。附属资本包括未公开储备、重估储备、普通准备金、混合资本工具等。

《巴塞尔协议》的核心思想就是:商业银行的最低资本额由银行资产结构的风险程度所决定,资产风险越大,最低资本额越高。

阅读专栏 6.2

巴塞尔协议

《巴塞尔协议》是国际清算银行(BIS)的巴塞尔银行业条例和监督委员会的常设委员会——"巴塞尔委员会"于1988年7月在瑞士的巴塞尔通过的"关于统一国际银行的资本计算和资本标准的协议"的简称。该协议第一次建立了一套完整的国际通用的、以加权方式衡量表内与表外风险的资本充足率标准,有效地扼制了与债务危机有关的国际风险。

从发展历程来看,《巴塞尔协议》经历了一个内容不断更新和方法不断改进的过程,其三大支柱是:最低资本要求、监管部门的监督检查及市场约束,其中最低资本要求是整个协议的基础。学术界一般将1988年的《巴塞尔报告》称为旧巴塞尔协议,将1999年6月公布的《新巴塞尔资本协议》征求意见稿(第一稿)称为新巴塞尔协议。2010年9月12日,巴塞尔银行监管委员会宣布,各方代表就《巴塞尔协议Ⅲ》的内容达成一致。根据这项协议,商业银行的核心资本充足率将由目前的4%上调到6%,总资本充足率要求仍维持8%不变。此外,还将引入杠杆比率、流动杠杆比率和净稳定资金来源比率的要求,以降低银行系统的流动性风险,加强抵御金融风险的能力。

为最大限度地降低新协议对银行贷款供给能力以及宏观经济的影响,协议给出了从2013年到2019年一个较长的过渡期。全球各商业银行5年内必须将一级资本充足率(核心资本)的下限从现行要求的4%上调至6%,过渡期限为2013年升至4.5%,2014年升至5.5%,2015年升至6%。同时,协议将普通股最低要求从2%提升至4.5%,过渡期限为2013年升至3.5%,2014年升至4%,2015年升至4.5%。截至2019年1月1日,全球各商业银行必须将资本留存缓冲提高到2.5%。

(资料来源:巴塞尔协议.)

作为二十国集团和巴塞尔委员会的正式成员国,我国全面参与了2008年全球金融危机以来的国际金融监管改革进程。根据《巴塞尔协议Ⅲ》的核心要求,并结合中国银行业改革发展实践,原银监会确立了具有中国特色的审慎资本监管框架。2012年7月,经国务院批准,原银监会发布了《商业银行资本管理办法(试行)》,明确正常时期系统重要性银行和非系统重要性银行的资本充足率要求分别为11.5%和10.5%。为配合新的资本监管制度实施,原银监会又陆续发布了一系列配套监管规则和指导意见。原银监会2013年10月11日发布信息,巴塞尔委员会正式讨论通过了对中国资本监管制度的评估报告。通过巴塞尔协议的实施,我国不仅有效控制了银行信贷规模的过度扩张,提高了商业银行的风险管控能力,也推动了银行发展方式从粗放型到集约型增长的转变,全面提升了银行业发展的质量。

2. 存款业务

存款是商业银行负债业务中最重要的业务,是商业银行经营资金的主要来源。银行存款可以有多种分类,常见的是按照性质的不同将存款划分为活期存款、定期存款、储蓄存款。

(1)活期存款。活期存款是指存款客户可随时存取和转账的存款。活期存款没有确定的取款期限规定,持有活期存款账户的存款者可以用各种方式提取存款,如开具支票、本票、汇票、电话转账、使用自动柜员机等。在各种取款方式中,最传统的是凭支票取款,因此活期存款又叫支票存款。由于存入活期存款账户的款项主要用于交易和支付用途,故在国外也习惯将该账户称为交易账户。银行对活期存款账户一般不支付利息,有些国家甚至还收取一定的手续费,我国是少数对活期存款支付利息的国家之一。虽然活期存款时存时取,流动性很强,但总会在银行形成一笔相对稳定的余额,是商业银行的重要资金来源。

(2)定期存款。定期存款是指预先规定了存款期限的存款。存款人只有在存款到期时才能提取存款。存款人如因特殊情况需要提前支取时,必须提前通知银行,并要承担相应的利息损失。期限通常为3个月、6个月和几年不等。定期存款的利率根据期限长短不同而有所差异,但均高于活期存款利率。定期存款的存单可以作为质押品取得银行贷款。与活期存款相比,定期存款具有稳定性高、手续简便、费用较低、风险较小等特点,它是商业银行获取稳定资金来源的重要渠道。

(3)储蓄存款。储蓄存款是居民个人以积蓄资财为目的,凭存折或存单提取的一种存款。储蓄存款又可分为活期储蓄、定期储蓄、定活两便储蓄、通知存款、教育储蓄、定活通等。无论什么样的储蓄存款,银行必须向存款人支付利息,且定期储蓄利率要高于活期储蓄利率。储蓄存款凭证不具有流动性,但可以质押,取得银行质押贷款。储蓄存款的存款人为居民个人。为了保障储户的利益,各国金融监管当局对经营储蓄存款的银行都有严格的规定,一般只有商业银行和专门的储蓄机构才有资格办理此项业务,且要求银行对储蓄存款负有无限清偿责任。

3. 借款业务

借款是商业银行主动向中央银行、其他金融机构和金融市场借入资金的一种信用活动,是商业银行的主动负债业务,构成了商业银行重要的资金来源。根据借款期限不同,商业银行借款可以分为短期借款和长期借款。短期借款是指期限在一年以内的债务,包括同业拆借、向中央银行借款和其他形式的短期借款;长期借款是指偿还期限在一年以上的债务,其主要形式是发行资本票据和金融债券。由于商业银行的长期负债被当作附属资本,短期借款就成为银行主动负债的主要组成部分。

(1)同业拆借。同业拆借是银行之间相互的资金融通,主要是用于解决银行临时资金周转的困难。拆借的资金借入期限一般较短,有的只有半天或一天。同业拆借的利率水平较低,并且具有基准利率的作用。一般与当时的市场利率挂钩,受资金供求状况影响较大,其利息是按日计算的。同业拆借通过各商业银行在中央银行的存款账户进行,通常由中央银行把款项从拆出行账户划入到拆入行账户上。

(2)向中央银行借款。中央银行是"银行的银行",扮演着"最后贷款人"的角色,当商业银行出现资金不足时,可以从中央银行取得贷款。其借款方式有三种:一是再贷款。从狭义角度来看,再贷款是中央银行向商业银行提供的信用放款,也叫直接借款。二是再抵押。再抵押是指商业银行为融通资金,以其抵押贷款所获得的抵押品向中央银行再行抵押所获得的贷款。至今我国商业银行没有此业务。三是再贴现。再贴现是商业银行在需要资金时,将已贴现的未到期票据向中央银行再行贴现的票据转让行为。在上述三种借款方式中,再贴现是世界上大多数中央银行首选的向商业银行的贷款方式,再贷款、再抵押则在商业银行向中央银行融资中占比很小。

(3)回购协议。回购协议是指商业银行在出售金融资产获得资金的同时,确定一个在未来某一时间、按一定价格购回该项资产的协议。大多数回购协议以政府债券作为担保,从形式上来看是证券的买卖行为,而实际上是银行以证券作为担保的借贷行为。回购协议期限的弹性较大,短则一个营业日,长则几个月。其交易方式主要有两种:一种是交易双方同意按相同的价格出售和购回证券,但要事先约定利息,在回购时一并支付;另一种是证券的买卖价格不同,回购价格要高于出售价格,高出的部分即为借贷利息。

(4)在金融市场上发行金融债券和存单。一种情况是商业银行以在国内公开市场上发行大额定期存单和金融债券的方式筹集资金,这是典型的主动负债方式。另一种情况是商业银行在国际金融市场上融资,其最为典型的形式是欧洲货币市场借款。

银行次级债券是指商业银行发行的、本金和利息的清偿顺序列于商业银行其他负债之后、先于商业银行股权资本的债券,属于商业银行附属资本。次级债券在银行间债券市场发行,其投资人范围为银行间债券市场的所有投资人,可在银行间债券市场上市交易。相对于发行股票补充资本的方式来说,发行次级债券的程序相对简单、周期短,是一种快捷、可持续的补充资本金的方式。特别是对于那些刚刚发行新股或未满足发行新股条件的商业银行而言,如果亟须扩大资本金来捕捉新的业务机会,通常会倾向于先发行次级债券。次级债券的风险和利率成本一般都会高于银行发行的其他债券。

(5)结算过程中的短期资金占用。商业银行在为客户办理转账结算业务时,可以占用客户的资金。每笔资金虽然占用的时间很短,但由于资金周转数额巨大,因而占用的资金数额便相当可观。从时点上看,总会有一些处于结算过程中的资金构成商业银行合法运用的资金来源。需要指出的是,随着银行电子化结算应用范围的逐步扩展,结算过程、资金到账时间大大缩短,使银行利用业务环节占用资金的可能性减小,从而压缩了商业银行这部分可用资金的规模。

(二)资产业务

资产业务是商业银行将负债业务所聚集的货币资金加以运用的业务,是商业银行取得收益的主要途径。资产业务主要包括现金资产、贷款、证券投资三项。

1.现金资产业务

现金资产是银行持有的库存现金以及与现金等同的可随时用于支付的银行资产。它包括以下几类:

(1)库存现金,是指商业银行保存在金库中的现钞和硬币。任何一家营业性的银行机构,为保证对客户的支付,都必须保存一定数量的现金。但库存现金是一种非营利资产,而且保存它还需要花费大量的费用。因此,库存现金不宜太多,要适度。

(2)在中央银行的存款,是指商业银行存放在中央银行的资金,即存款准备金。它由法定存款准备金和超额存款准备金两部分构成。超额存款准备金是商业银行的可用资金,可以用来应付提款、发放贷款,或者购买证券。

(3)存放同业的存款,是指商业银行放在代理行和相关银行的存款。在其他银行保持存款的目的是便于银行在同业之间开展代理业务和结算收付。

(4)在途资金,也称托收未达款,指本行或通过同业向外地收取的支票款项。在途资金在收妥之前是一笔占用的资金,但在途时间通常较短,收妥后即成为存放同业的存款,所以将其视同现金资产。

2. 贷款业务

贷款业务是商业银行将一定量的资金,按照相应的规则,为获得利润而向借款人提供资金使用的借贷行为。从银行经营管理的角度出发,结合我国《贷款通则》的规定,银行贷款可做如下分类:

(1)按照贷款期限划分。

①短期贷款。是指贷款期限在1年以内(含1年)的贷款,短期贷款适于支持借款人对流动资金的短期需要,是银行的主要贷款业务之一。

②中期贷款。是指贷款期限在1年以上、5年以下(含5年)的贷款,技术改造贷款属于中期贷款。

③长期贷款。是指贷款期限在5年以上(不含5年)的贷款。基本建设等大型项目贷款和消费贷款等都属于长期贷款。中长期贷款数额大、期限长、周转速度慢、收益相对也较高,同时也蕴含着较大的信用风险和流动性风险。

(2)按照贷款保全方式划分。

①信用贷款。是指以借款人的信誉,无须提供抵押物或者第三人的担保而发放的贷款。事实上,信用贷款是以借款人的资信与未来的现金流量作为还款保证的。由于借款人所处的经营环境和产销条件不断变化,加之信用贷款债权的实现没有现实的保障,因而信用贷款风险较大。

②担保贷款。是以借款人提供的履行债务的物权担保或者以第三人的信用担保而发放的贷款。担保贷款又分为保证贷款、抵押贷款和质押贷款。

保证贷款,是指按《中华人民共和国担保法》(以下简称《担保法》)规定的保证方式,以第三人承诺在借款人不能偿还贷款时,按约定承担一般保证责任或者连带保证责任而发放的贷款。这种贷款由借款人与担保人双重信用保证,实际上也属于信用贷款。

抵押贷款,是指按《担保法》规定的抵押方式,以借款人或第三人的财产作为抵押物发放的贷款。借款人不履行债务时,商业银行有权依照《担保法》的规定,以抵押的财产折价或者以拍卖、变卖抵押财产的价款优先受偿。

质押贷款,是指按《担保法》规定的质押方式,以借款人或第三人的动产或权利作为质物发放的贷款。

③票据贴现。是指贷款人以购买借款人未到期商业票据的方式发放的贷款。它是在商业信用的基础上产生的一种融资行为,故也称贴现贷款。此种贷款具有期限短、流动性强、安全性高和效益好等优点。票据贴现实行预扣利息,票据到期后由银行向票据载明的承兑人收取票款。贴现期限是自贴现日开始,到票据到期日止的期间。按"算头不算尾"的原则,贴现期限为实际发生的天数。贴现金额,是从票据的面额中扣除贴现期间的利息后的余额。计算公式为

$$贴现付款额 = 票据面额 - 票据面额 \times 贴现天数 \times (贴现月利率 \div 30)$$

> **例** 甲公司向乙公司销售商品,货款额为100万元。双方商定采取延期付款的方

式,乙公司于5月10日交给甲公司由其开户银行承兑的汇票,到期日为9月10日。甲公司由于急需资金,6月1日向其开户银行申请贴现。银行审查后同意贴现,并确定月利率为6.3‰。

$$贴现利息 = 100 \times (6.3‰ \div 30) \times 101 = 2.121(万元)$$
$$贴现付款金额 = 100 - 2.121 = 97.879(万元)$$

(3)按照贷款人对贷款的自主权划分。

①自营贷款。是指商业银行以合法方式筹集的资金自主发放的贷款,其风险由贷款人承担,并由贷款人收回本金和利息。现阶段自营贷款,商业银行发放的数量最多,范围最广。

②委托贷款。是指由政府部门、企事业单位及个人等委托人提供资金,由贷款人(受托人)根据委托人确定的贷款对象、用途、金额、期限、利率等代其发放、监督使用并协助收回的贷款。贷款人(受托人)只收取手续费,不承担贷款风险,如政策性贷款。

③特定贷款。是指经国务院批准并对贷款可能造成的损失采取相应补救措施、责成国有商业银行发放的贷款,其他金融机构不得发放,如助学贷款。

(4)按照贷款的风险程度划分。

①正常贷款。借款人能够履行借款合同,有充分把握按时足额偿还本息的贷款。

②关注贷款。借款人目前有能力足额偿还贷款本息,但存在一些可能对贷款偿还产生不利影响的因素,如果这些因素继续下去,借款人的偿债能力会受到影响,即存在"潜在缺陷"是关注贷款的显著特征。例如,借款人的销售收入、经营利润在下降;借款人的一些关键财务指标低于行业平均水平或有较大下降;借款人的经营管理有较严重的问题等。

③次级贷款。借款人的还款能力出现了明显的问题,依靠其正常的经营收入已无法保证足额偿还贷款本息,需要通过处分资产或对外融资乃至执行抵押、质押、保证等来还款;即使执行了担保,也可能会造成一定的损失,即具有"明显缺陷"的贷款才能被划分为次级贷款。

④可疑贷款。借款人无法足额偿还贷款本息,即使执行了担保,也肯定要造成较大的损失;或借款人目前正处于资产重组等重大事件过程中,存在一些不确定因素,不能准确划分贷款类别。"有明显缺陷并有一部分或大部分损失"是可疑贷款的关键特征。例如,借款人处于停产、半停产状态;借款人已经资不抵债;银行已诉诸法律来收回贷款;借款人经过了重组仍然不能正常归还贷款本息等。

⑤损失贷款。在采取了所有可能的措施和一切必要的法律程序之后,贷款本息仍无法收回,或只能收回极少部分,贷款的大部分或全部都要损失。该类贷款的基本特征是:借款人无力偿还贷款,抵押品价值低于贷款额,收回贷款的成本远大于收回的价值;借款人已彻底停止经营活动;中长期贷款项目停止时间长,复工无望等。

(5)按照贷款对象划分。

①个人贷款。个人贷款包括个人消费贷款和个人住房贷款。个人消费贷款包括个人汽车消费贷款、个人助学贷款、个人质押贷款、个人综合消费贷款、个人小额短期信用贷款等。

②企业贷款。企业贷款包括固定资产贷款、流动资金贷款和贸易融资贷款。固定资产贷款包括一般项目贷款、基本建设贷款、技术改造贷款、科技开发贷款、商业网点贷款和并购贷款;流动资金贷款包括临时流动资金贷款、短期流动资金贷款和中期流动资金贷款;贸易

融资贷款是指银行对进口商或出口商提供的与进出口贸易结算相关的短期融资或信用贷款。

3.证券投资业务

证券投资是指商业银行以其资金在金融市场上购买有价证券的业务。证券投资业务对商业银行具有重要意义。

(1)增加银行收益。购买债券有固定的利息收入,购买股票有股息收入和买卖差价收入。因此,当贷款需求减弱或贷款收益率降低、风险较大时,银行将一部分资金投资于证券,既使资金得到充分运用,又增加了银行盈利水平。此外,由于商业银行投资的证券大都集中在政府债券上,而政府债券往往都有税收上的优惠,故银行可以利用证券组合达到避税目的,从而进一步提高银行资产的税后收益。

(2)保持资产流动性。商业银行的资产中,流动性最强的现金资产被称为第一储备;而对流动性较强的短期证券的投资被称为第二储备。当银行现金资产不足,难以满足流动性需要时,就可以出售短期证券以获得流动性。同时,相对于现金资产,证券投资还有一定的收益,可以降低维持资产流动性的成本。

(3)分散风险,提高资产质量。证券投资使银行资金投向更加多样化,能够降低资产组合风险;证券投资组合较贷款的组合更为灵活,独立性强,不像贷款要受客户业务关系、地理位置、资产规模等诸多因素限制,可减少经营风险。

《中华人民共和国商业银行法》规定:商业银行在中华人民共和国境内不得从事信托投资和股票业务,不得向非银行金融机构和企业投资。所以,商业银行证券投资的对象主要是国债、央行票据等。

(三)中间业务

商业银行的中间业务是指不构成商业银行表内资产、表内负债,形成银行非利息收入的业务。在中间业务中,银行不需要或很少需要运用自己的资金,而是以中间人身份代理客户承办支付和其他委托事项,提供各类金融服务,从中收取手续费。

1.结算业务

结算业务是指由商业银行为客户办理因债权债务关系引起的与货币支付、资金划拨有关的收费业务。结算业务方式主要包括同城结算方式和异地结算方式。结算业务借助的主要结算工具包括银行汇票、商业汇票、银行本票和支票。

(1)汇款业务,是由付款人委托银行将款项汇给外地某收款人的一种结算业务。汇款结算分为电汇、信汇和票汇三种形式。

(2)托收业务,是指债权人或售货人为向外地债务人或购货人收取款项而向其开出汇票,并委托银行代为收取的一种结算方式。

2.代理类业务

代理类业务指商业银行接受客户委托,代为办理客户指定的经济事务、提供金融服务并收取一定费用的业务。

(1)代理政策性银行业务,指商业银行接受政策性银行委托,代为办理政策性银行因服务功能和网点设置等方面的限制而无法办理的业务,包括代理贷款项目管理等。

(2)代理商业银行业务,指商业银行之间相互代理的业务,如为委托行办理支票托收业务。

(3)代理证券业务,是指商业银行接受委托办理的代理发行、兑付、买卖各类有价证券的业务,还包括接受委托代办债券还本付息、代理开放式基金的申购与赎回等。

(4)代收代付业务,是指商业银行利用自身的结算便利,接受客户的委托代为办理指定款项的收付事宜的业务。例如,代理各项公用事业收费、代理行政事业性收费和财政性收费、代发工资等。

(5)保管箱业务,是指商业银行为客户保管货币或其他物品的业务。如现金、重要文件、贵重物品等。保管箱业务具有安全可靠、保密性好、租金低廉的特点。

(四)其他业务

(1)信息咨询业务,包括项目评估、企业信用等级评估、验证企业注册资金、资信证明、企业管理咨询、个人理财等。

(2)基金托管业务,是指商业银行为托管的基金财产办理的基金会计核算、基金估值、监督基金管理人投资运作等业务。

(3)现金管理业务,指商业银行协助企业,科学合理地管理现金账户头寸及活期存款余额,以达到提高资金流动性和使用效益的目的。

(4)银行卡业务,银行卡是由经授权的金融机构(主要指商业银行)向社会发行的具有消费信用、转账结算、存取现金等全部或部分功能的信用支付工具。

(五)表外业务

表外业务是指商业银行从事的不列入资产负债表内的业务。表外业务的特点是服务与提供资金的分离,是银行提供的非资金服务,在多数情况下银行只是充当中介人,为客户提供保证。

表外业务从广义上来说也属中间业务,但它与其他中间业务的主要区别在于承担的风险不同。表外业务在一定条件下可以转化为表内业务,因而承担一定风险。而其他中间业务没有资产负债方面的风险,银行主要处于中间人的地位或服务者地位。

表外业务可划分为传统的表外业务,包括贷款承诺、担保业务,以及新兴的表外业务。我国商业银行表外业务起步晚,目前只办理一些传统的担保业务。

1.传统的表外业务

(1)贷款承诺。贷款承诺是商业银行的主要表外业务,是指商业银行承诺并按约定在特定时间或时间段向借款人提供贷款资金的许诺。如承兑业务、信用证业务等。

(2)担保业务。担保业务是指商业银行根据委托人请求向受益人出具书面承诺,在委托人(被担保人)不能履行债务时,由商业银行(担保人)负责履行债务的一种业务。

2.新兴的表外业务

新兴的表外业务主要是金融衍生工具业务,包括远期外汇合约、货币互换、货币期货、货币期权、利率互换等。

(六)电子银行业务

随着科技的发展,电子银行业务已成为各银行重点和优先发展的业务品种之一。根据原中国银行业监督管理委员会2006年3月1日施行的《电子银行业务管理办法》中的有关定义,电子银行业务是商业银行等银行业金融机构利用面向社会公众开放的通信通道或开放型公众网络,以及银行为特定自助服务设施或客户建立的专用网络,向客户提供的银行服务。包括网上银行、手机银行、电话银行、直销银行、微信银行,以及其他利用电子服务设备和网络,由客户通过自助服务方式完成金融交易的网络服务方式。

电子银行业务作为传统柜台业务的延伸,使得银行不再受营业地点、营业时间的限制,随时为客户提供所需的金融服务。随着大数据、人工智能、云计算和区块链等金融科技的日益成熟,电子银行已经深刻地改变了人们的生活,科技正在重塑银行业,并正在改变金融行业的竞争态势。

> **思政案例** 　　服务沉下去——金融更普惠

继续做好普惠金融这篇大文章,金融机构需进一步下沉服务重心,提高金融服务的可得性、便利性。"银行开门我上班,银行关门我下班,有着急的业务只能请假去办理""买保险时线上办,退保却必须本人去保险公司""家里老人既不懂移动支付,又不会操作自动柜员机,现在人工网点少了,以后缴费有困难"……在金融业加速发展的今天,金融服务还存在一些让百姓吐槽的痛点。

针对这些问题,近年来金融机构不断探索求变,比如:开办社区银行,进行错时营业,居民可在下班后来办业务;与超市、连锁店合作,为居民提供生活缴费服务,大爷大妈遛弯买菜,顺便就能买煤气买电;保险业务员上门理赔、续保时,还为客户代办验车验证……这些举措既方便百姓,又为金融机构增加客户黏性、提升品牌声誉,增强其竞争力。

下沉金融服务,距离需近起来。金融网点不应过多聚集在繁华的商业区,要更多向居民社区拓展,向偏远的农村地区延伸,那里服务供给相对缺乏,是发展潜力相对较大的金融"蓝海"。当然,开办物理网点有个成本问题,金融机构不妨探索与其他服务机构开展合作并延长营业时间,既能减少成本投入,也能更充分地与居民的作息时间和生活场景对接。

下沉金融服务,实惠得多起来。金融机构只有积累足够多的客户资源,才能实现规模化经营。提供"惠而不贵"的服务,是赢得客户的关键。未来,金融机构要切实降低收费水平,真正提供老百姓买得起、用得上、够得着的金融服务;同时,多为普通客户提供"人无我有"的增值服务,满足客户多元化、个性化服务需求。

下沉金融服务,线上业务要"活"起来。时下,手机APP几乎成为各家金融机构的标配。但使用中,过多占用手机内存、操作流程太复杂等问题,制约了服务效能,以致一些人使用较少,部分老年人宁愿去网点也不在手机上办业务。金融机构要加快创新,让APP更加符合人们的使用习惯,比如提供大字版、语音版、民族语言版、简洁版等满足不同人群需要的界面等;同时提供更多的延伸服务,比如网购、订餐、家政、生活缴费等,使之成为贴心又能干的"服务专员"。

必须看到,下沉金融服务是对居民需求的回应,也是金融业高质量发展的必然要求。在行业竞争日趋激烈的大背景下,普惠金融已成为金融业转型发展的重要方向之一。银保监会的数据显示,截至2020年末,仅银行业金融机构法人就达4 601家,网点总数达到22.67万个。这么多的金融机构同台竞技,差异化竞争是必然选择。谁能率先优化服务供给,满足各类客户群体需求,谁就能在激烈的市场竞争中抢占先机、赢得主动,实现可持续发展。

到2020年,我国基本金融服务已覆盖99%的人口,银行网点乡镇覆盖率达96.6%,但金融供给不平衡不充分与金融需求多层次多样化的矛盾仍然比较突出,实现金融的普惠性目标还需要做许多工作。在金融服务广覆盖的基础上,逐步实现金融服务优供给,是当前金融业的重要努力方向。相信随着越来越多金融机构加入到下沉服务、改进服务的队伍中来,金融业将变得更接地气、更有人气,真正成为群众工作生活的贴心助手。

(资料来源:吴秋余.人民日报,2021年8月9日)

第三节　中央银行

现代经济的发展离不开银行与金融系统的正常运转。金融系统的正常运转需要政府的参与。政府参与的目的是规范银行经营,以减少储户因银行破产遭受的损失,保证经济的稳定发展。各国政府通过中央银行的职能行使来控制货币供给,保证金融系统的稳定性。可以说,在现代金融体系中,中央银行处于中心地位。

一、中央银行的性质与职能

(一)中央银行的性质

中央银行是政府赋予其制定和执行货币政策,对国民经济进行宏观调控和管理监督的最高金融决策机构,是特殊的金融机构。

1. 地位的特殊性

中央银行是政府最高的金融决策和管理机构,代表政府制定金融政策、制度、法令,并监督贯彻执行。其凌驾于一般商业银行和金融机构之上,是一国金融体系的核心,是全国信用制度的枢纽。

2. 业务的特殊性

中央银行不经营普通银行的业务,不以营利为经营目标,而以实现货币政策的目标为宗旨,不与普通金融机构争利,交易对象一般仅限于政府部门和金融机构。

3. 管理的特殊性

中央银行是政府管理金融事务的机关,在行使管理职能时,不像其他政府机关单凭行政权力来进行,而是以"银行"的身份,通过与政府部门及其他金融机构的业务往来,贯彻执行货币政策并履行其管理职能。中央银行管理手段多样化,侧重于经济手段的运用,在进行管理时具有更大的灵活性。

(二)中央银行的职能

1. 发行的银行

中央银行是发行的银行具有两方面的含义:首先是指垄断银行券的发行权,是全国唯一的合法发行机构;其次是指中央银行作为货币政策的最高决策机构,在决定一国的货币供应量方面起着至关重要的作用。在现代银行制度中,垄断货币发行权是中央银行首要的、最基本的职能。

2. 政府的银行

中央银行代表政府制定与执行货币政策,为政府提供各种金融服务,代表政府执行金融管理职责等。作为政府的银行,其职能主要体现在以下几个方面:

(1)代理国库。中央银行通过代理政府的财政预算收支,执行国库出纳的职能。

(2)为政府提供资金融通。当政府因财政收支的短期不平衡而出现入不敷出时,往往向中央银行进行资金融通。融资方式有两种:一种是直接向财政部提供贷款或透支;另一种是在证券市场上购买国债。

(3)代表政府管理国内外金融事务。主要包括:中央银行代表政府制定有关的金融政策和法规,并对商业银行及其他金融机构进行监督管理;代理国债的发行和还本付息;代理政府保管黄金及外汇储备;代表政府参加国际金融组织,出席国际会议,从事国际金融活动;充当政府顾问,提供有关金融方面的信息和建议等。

3. 银行的银行

中央银行为商业银行及其他金融机构办理资金融通、清算业务以及进行管理,主要表现在以下几个方面:

(1)集中存款准备金。各国的银行法律一般都要求各存款机构在中央银行开立准备金账户,必须按法定比例向中央银行交存存款准备金。中央银行集中保管存款准备金具有三个方面的意义:

①将商业银行吸收的存款一部分上缴给中央银行,保证了商业银行的清偿力;

②便于中央银行了解和掌握各存款机构的存款及准备金状况,为货币政策的制定和实施提供参考依据,有利于控制商业银行的货币创造能力和信用规模,从而控制全社会的货币供应量;

③强化了中央银行的资金实力,为其充当"最后的贷款人"提供了资金保障。

(2)最终贷款人。当某一金融机构面临资金困难,而其他的金融机构又无力或不愿对其提供援助时,中央银行对其办理再贴现、再贷款和再抵押的融资业务,成为最终贷款人。中央银行对商业银行的贷款主要是以再贴现方式进行的。

(3)组织全国的资金清算。作为全国金融业的票据清算中心,中央银行组织、监督、管理全国的清算系统,提供票据清算工具,制定有关清算纪律和收费标准等。上文提到各存款机构都在中央银行设有准备金账户,中央银行只要借记应付行和贷记应收行的准备金账户就完成了它们之间的款项支付。

阅读专栏6.3

中国人民银行简介

中国人民银行是1948年12月1日在华北银行、北海银行、西北农民银行的基础上合并组成的。1983年9月,国务院决定中国人民银行专门行使国家中央银行职能。1995年3月18日,第八届全国人民代表大会第三次会议通过了《中华人民共和国中国人民银行法》,至此,中国人民银行作为中央银行以法律形式被确定下来。

根据第十届全国人民代表大会审议通过的国务院机构改革方案的规定,将中国人民银行对银行、金融资产管理公司、信托投资公司及其他存款类金融机构的监管职能分离出来,并和中央金融工委的相关职能进行整合,成立原中国银行业监督管理委员会。

随着社会主义市场经济体制的不断完善,中国人民银行作为中央银行在宏观调控体系中的作用将更加突出。2003年12月27日第十届全国人民代表大会常务委员会第六次会议修正后的《中华人民共和国中国人民银行法》规定,中国人民银行的主要职责为:

1.起草有关法律和行政法规;完善有关金融机构运行规则;发布与履行职责有关的命令和规章。

2.依法制定和执行货币政策。

3.监督管理银行间同业拆借市场和银行间债券市场、外汇市场、黄金市场。

4.防范和化解系统性金融风险,维护国家金融稳定。

5.确定人民币汇率政策;维护合理的人民币汇率水平;实施外汇管理;持有、管理和经营国家外汇储备和黄金储备。

6.发行人民币,管理人民币流通。

7.经理国库。

8.会同有关部门制定支付结算规则,维护支付、清算系统的正常运行。

9.制定和组织实施金融业综合统计制度,负责数据汇总和宏观经济分析与预测。

10.组织协调国家反洗钱工作,指导、部署金融业反洗钱工作,承担反洗钱的资金监测职责。

11.管理信贷征信业,推动建立社会信用体系。

12.作为国家的中央银行,从事有关国际金融活动。

13.按照有关规定从事金融业务活动。

14.承办国务院交办的其他事项。

(资料来源:中国人民银行网站)

二 中央银行的主要业务

中央银行的主要业务是负债业务、资产业务和清算业务,这些业务是中央银行职能的具体体现。

(一)中央银行的负债业务

中央银行的负债业务是中央银行取得资金来源的业务。负债业务是中央银行运用经济手段对金融实施宏观调控的基础。主要有存款业务、货币发行业务、经理国库业务以及其他负债业务。

1.存款业务

中央银行的存款主要来自两个方面:一是金融机构在中央银行的存款,包括法定存款准备金存款和超额存款准备金存款;二是政府和公共部门在中央银行的存款,包括财政金库存款、政府和公共部门的经费存款。这两部分都是中央银行重要的资金来源。此外,还有少量的外国存款、特种存款等。

2.货币发行业务

(1)货币发行业务的含义。货币发行业务一般可以从两方面解释:一是指货币从中央银行的发行库通过各家商业银行的业务库流入社会;二是指货币从中央银行流出的数量大于流入的数量。

货币发行是中央银行的主要负债业务,中央银行通过货币发行业务,可以达到两个目的:一方面向社会提供了流通手段和支付手段,满足了社会经济发展和商品流通对货币的需求;另一方面中央银行通过发行货币筹集到资金,满足了中央银行履行各项职能的需要。

(2)货币发行的投放渠道。中央银行的货币发行是通过再贴现、再贷款、购买有价证券、收购金银以及外汇等业务活动,将货币投放市场注入流通,进而增加社会货币供应量。

(3)货币发行的原则。

①垄断发行的原则,即货币发行权高度集中于中央银行。这一原则的好处:防止多头发行导致的货币流通混乱;有利于对货币供应量进行有效的控制;可以增加中央银行的资金来源,增强中央银行的实力;有利于货币政策的制定和执行;可以为中央银行增加货币发行的

收益。

②信用保证原则。在现行的不兑现的纸币制度下,要使货币的发行与经济发展的客观需要相适应,中央银行不能随意发行货币,必须依靠一定的准备金(黄金和有价证券等)做保证。

③适度弹性发行原则。这是指货币的发行要有一定的弹性,即要有高度的伸缩性和灵活性,以适应不断变化的经济情况,避免出现通货膨胀和通货紧缩。

3. 其他负债业务

(1) 发行中央银行债券。发行中央银行债券是中央银行的一项主动的负债业务,具有可控性、抗干扰性和预防性。发行的对象是国内金融机构,通常是在商业银行或其他非银行金融机构的超额储备过多,而中央银行又不便采取其他政策工具进行调节的情况下发行的,也是作为公开市场业务操作的工具之一。在我国中央银行债券称为中央银行票据,是中央银行为调节商业银行超额存款准备金而向商业银行发行的短期债务凭证。央行票据由中国人民银行在银行间市场通过中国人民银行债券发行系统发行,其发行的对象是公开市场业务一级交易商,目前,成员均为商业银行。央行票据采用价格招标的方式贴现发行。由于央行票据发行不设分销,其他投资者只能在二级市场投资。

> **思考与讨论**:央行票据与银行债券、国债有何不同?

(2) 对外负债。中央银行的对外负债主要包括从国外银行借款、使用基金组织的信贷额度和在国外发行债券等。

(3) 资本金业务。中央银行为了保证业务活动的正常进行,必须拥有一定数量的自有资本。政府出资是其主要来源。

(二)中央银行的资产业务

中央银行的资产业务是指中央银行运用其资金来源的业务活动,主要包括中央银行的再贷款和再贴现业务、证券买卖业务以及国际储备业务等。

1. 再贷款业务

中央银行再贷款业务是指中央银行采用信用贷款或抵押贷款的形式,对商业银行等金融机构提供的资金支持。与一般商业银行贷款不同,中央银行贷款业务表现出以下特征:

(1) 中央银行发放贷款不能以营利为目的,而是以实现货币政策目标为目的;

(2) 中央银行不能直接对个人和工商企业发放贷款,而是集中精力发挥其最后贷款人的职能;

(3) 这种贷款以短期为主,主要目的是满足商业银行临时性短期资金的需要,补充流动性资金以及在紧急情况下保证商业银行的最后清偿能力,防止出现金融恐慌所造成的金融体系混乱;

(4) 这种贷款是央行总行对商业银行总行发放的。

2. 再贴现业务

再贴现业务是指商业银行以未到期的商业票据向中央银行申请贴现取得融资的业务。一般来说,中央银行对商业银行提交的商业票据的种类和数量有较严格的规定,同时还要审查票据的真实性,以防止出现票据欺诈行为。中央银行通过调整再贴现率和贴现票据种类来调节信用规模。

3. 证券买卖业务

中央银行的证券买卖业务是指其在公开市场上从事有价证券的买卖。其目的不是营利,而是调节和控制社会货币供应量,进而影响宏观经济。在需要紧缩银根、减少货币供应量时,中央银行可以在公开市场上出售所持有的有价证券,从而回笼货币;反之,在需要放松银根、增加货币供应量时,可以在公开市场上买入有价证券,从而增加对市场的货币投放。目前中国人民银行买卖证券操作的主要工具是国债、央行票据、政策性金融债券等。

4. 国际储备业务

中央银行的国际储备业务主要是负责经营和保管本国的国际储备。国际储备由外汇、黄金、在国际货币基金组织的储备头寸以及未动用的特别提款权等组成。在这些构成中,最主要的是外汇,而其他项在储备的整个份额中占的比重较小。中央银行经营和保管国际储备的目的一方面是维护本国对外收支的平衡,稳定本国货币流通,调控宏观经济;另一方面也是显示本国经济实力、扩大国际交往的需要。

中国人民银行2021年2月资产负债情况见表6-2。

表6-2　　　　　　　　**中国人民银行2021年2月资产负债**　　　　　　　单位:亿元

国外资产	219 328.80	储备货币	321 556.29
外汇	211 634.89	货币发行	99 828.72
货币黄金	2 855.63	金融性公司存款	202 351.60
其他国外资产	4 838.29	非金融机构存款	19 375.96
对政府债权	15 250.24	不计入储备货币的金融性公司存款	4 907.13
其中:中央政府	15 250.24	发行债券	1 000.00
对其他存款性公司债权	124 384.38	国外负债	1 055.81
对其他金融性公司债权	4 450.66	政府存款	42 405.69
对非金融性部门债权		自有资金	219.75
其他资产	19 679.08	其他负债	11 948.50
总资产	383 093.17	总负债	383 093.17

(资料来源:中国人民银行网站)

(三)中央银行的清算业务

清算业务又称中间业务,即中央银行为各金融机构之间的资金往来进行的了结业务。作为银行的银行,各商业银行等其他金融机构都在中央银行开立账户,它们之间的资金往来和债权债务关系自然就要由中央银行来办理。主要有以下内容:

1. 集中办理票据交换

票据交换是同一城市中各银行间收付的票据进行的当日交换,是在一个固定的场所设置一个票据交换所,各银行持本行应收和应付票据按规定的时间(如中午12点、下午5点),在交换所内将当天收进的其他银行票据与其他银行收进的本行票据进行交换,收进款项和付出款项的差额,即该付出若干还是收进若干,通过中央银行轧差转账,付出从这个账户转出,收入存入这个账户。

2. 办理异地资金转移

各银行的异地资金转移也是通过中央银行来办理。采取先竖后横的办法,即先由各银行通过内部联行系统划转,然后再由各银行的总行通过中央银行办理转账清算。随着电子网络技术的发展,银行清算业务采用电子联行系统进行清算,极大地促进了银行系统票据清算业务的发展。

3. 跨国清算

跨国清算是指由于国际贸易、国际投资及其他方面所发生的国际债权债务，借助一定的结算工具和支付系统进行清算，实现资金跨国转移的行为。跨国清算通常通过各国的指定银行分别向本国的中央银行办理。由两国中央银行集中两国之间的债权债务直接加以抵消，完成清算工作。

> **阅读专栏 6.4**
>
> **新时期中央银行的新角色和新使命**
>
> 随着经济金融的发展，中央银行的角色和使命发生了重大转变。概括说来，中央银行已从初期的货币发行人、商业银行的最后贷款人、政府管理银行业和资金需求筹措的代理人，逐步演变为现在的货币供给调控者、金融管理和金融体系发展引领者、经济政策制定和宏观经济调控者。中央银行的使命也从最初的统一货币发行、防止金融恐慌和为政府融资服务，演进到现今的货币稳定、金融稳定和经济稳定。在这些角色和使命中，中央银行担负的责任有所不同。
>
> 货币稳定，中央银行是唯一责任人。在现代极为复杂的经济金融运行环境中，实现货币稳定的难度大大增加，不但要关注物价，还要关注资本市场和资产价格等方面。
>
> 金融稳定与货币稳定密切相关，但两者并不完全一致。实现了货币稳定，并不必然能够保证金融稳定。货币政策与货币稳定直接相关，对金融稳定也起着关键作用，但由于影响金融稳定的因素很多，除货币因素外，经济结构是否合理、实体经济是否健康、财政收支是否均衡以及经济周期与金融周期是否匹配等，都会对金融稳定产生影响。因此，金融稳定应是多部门共同的职责。尽管如此，由于中央银行处于整个金融体系的核心，又是货币政策制定者和金融机构管理者，维护金融稳定，中央银行负有首要责任。
>
> 经济稳定更是多部门的共同责任。当今世界各国都设有若干重要的经济部门，例如，我国的国家发展改革委、财政部、商务部等。虽然中央银行在经济稳定中并不承担最主要责任，但由于金融在经济体系中的核心地位，中央银行又在经济政策制定中发挥着重要作用，因此，维护经济稳定，中央银行也是重要责任部门之一。
>
> 随着货币政策重要性的日益突出，在"三稳定"的同时，社会稳定纳入中央银行政策框架的可能性也在增加。中央银行要扮演好自己的角色和完成其使命，准确把握两点极为重要。第一，在任何情况下，货币稳定都是中央银行的首要目标和第一位的任务。实现货币稳定是完成其他使命的前提和必要条件。第二，中央银行扮演的其他角色和使命需要相关部门或机构共同完成，建立有效的协调机制和良好的配合极为重要。
>
> （资料来源：王广谦. 中国金融，2021 年第 5 期）

第四节 政策性银行

一 政策性银行的概念与特征

政策性银行是指由政府出资发起设立，为贯彻和配合政府特定经济政策，不以营利为目的而进行融资和信用活动的机构。政策性银行与一般商业银行一样都是以货币这一特殊商品为经营对象,但与商业银行相比,政策性银行又有自身的特点,主要有以下几个方面:

(1)政府控制性。政策性银行一般都由国家直接出资创立,完全归政府所有。即使有些政策性银行不完全由政府创立,也往往由政府参股或保证。因而政策性银行具有国家银行的主体性质。从组织形态上看,世界各国的政策性银行基本上均处于政府的控制之下。

(2)非营利性。政策性银行以贯彻国家产业和社会发展政策为己任,一般从事一些具有较高金融风险和商业风险的融资活动,因此,它不以利润最大化为经营管理目标。当然,政策性银行在实际经营活动中也要实行独立核算,以最小的成本去实现国家赋予的政策使命。

(3)资金来源与运用的特殊性。政策性银行的资金除国家财政拨款外,主要通过发行债券、借款和吸收长期存款获得。由于特殊的政策意图,政策性银行往往不与商业银行进行竞争,其资金运用方向主要是国家产业政策、社会发展计划中重点扶持的项目。这些贷款期限长、利率低,一般不适合商业银行经营。

(4)信用创造的差异性。政策性银行一般不办理活期存款业务,其负债是银行体系已经创造出来的货币,所以不实行存款准备金制度,其资产一般为专款专用。因此,政策性银行通常不具有派生存款和增加货币供给的功能。

二 我国政策性银行的主要任务

1994年,为了适应经济发展的需要,我国组建了国家开发银行、中国农业发展银行和中国进出口银行三家政策性银行。建立政策性银行的目的是实现政策性金融与商业性金融分离,以解决商业银行身兼二任的问题,同时也是为了割断政策性贷款与基础货币的直接联系,确保中国人民银行调控基础货币的主动权。三家银行在从事业务活动时,均贯彻不与商业性金融机构竞争,实行企业化管理,坚持自主经营和保本微利的基本原则。其资金来源主要有两个渠道:一是财政拨付,二是发行金融债券。目前,政策性银行90%的资金来源是在金融市场上发行债券筹措的。我国政策性银行的主要任务如下:

1.国家开发银行的主要任务

国家开发银行的主要任务是:按照国家有关法律、法规和宏观经济政策、产业政策、区域发展政策的要求,筹集和引导境内外资金,重点向国家基础设施、基础产业和支柱产业项目以及重大技术改造和高新技术项目发放贷款。

2.中国进出口银行的主要任务

中国进出口银行的主要任务是:执行国家产业政策和外贸政策,为扩大我国机电产品和成套设备等资本性货物出口提供金融支持,以增强我国出口商品的竞争力,促进对外贸易的稳定发展。

3.中国农业发展银行的主要任务

中国农业发展银行的主要任务是:按照国家的法律、法规和方针、政策,以国家信用为基础,筹集农业政策性信贷资金,承担国家规定的农业政策性金融服务,代理财政性支农资金的拨付,为农业和农村经济发展服务。

20多年来,政策性银行改革通过开展政策性业务,在支持基础设施、基础产业和支柱产业的融资需求与建设,帮助解决长期困扰各级政府和广大农民的"打白条"问题,保护和稳定粮棉市场以及促进机电产品出口等方面成绩斐然,不仅对国民经济做出了贡献,同时对整个金融界的改革、功能的区分和清晰化也做出了重大贡献。

随着市场经济体制框架逐渐形成,商业银行也开始进入政策性信贷领域,比如基础设施、基础产业、支柱产业、机电产品出口等;而三家政策性银行又在不同程度地增加市场化新业务,导致政策性银行与商业银行业务领域的重叠越来越多,业务边界难以划清。

由于政策性银行没有预算硬约束,依靠国家补贴兜底,而商业银行没有国家补贴兜底支持,自然产生了不公平竞争。这让商业银行很不满,指责政策性银行"脚踩两只船"、"与商业银行抢业务"。此外,政策性银行还面临着其他严峻问题。

2006年10月,央行在当年的《中国金融稳定报告》中称:"要改变依靠财政补贴的传统政策性银行定位,转变成符合市场经济需要的、财务上可持续的、具有一定竞争性的开发性金融机构。"这为政策性银行的转型埋下了伏笔。

2008年6月,国务院批准国家开发银行成立股份公司,12月国家开发银行正式组建股份公司,成为改革试点。

中国政府网在2015年4月12日发布,由中国人民银行向有关单位提出的中国三大政策性银行改革方案获得国务院批复同意,这则消息将政策性银行要不要"商业化"的争议画上了句号,三家机构将以各不相同的方式各归其位。

国家开发银行坚持开发性金融机构定位。适应市场化、国际化新形势,充分利用服务国家战略、依托信用支持、市场运作、保本微利的优势,进一步完善开发性金融运作模式,积极发挥在稳增长、调结构等方面的重要作用,加大对重点领域和薄弱环节的支持力度。

中国进出口银行改革要强化政策性职能定位。坚持以政策性业务为主体,合理界定业务范围,明确风险补偿机制,提升资本实力,建立规范的治理结构和决策机制,充分发挥在稳增长、调结构、支持外贸发展、实施"走出去"战略中的功能和作用。

中国农业发展银行改革要坚持以政策性业务为主体。通过对政策性业务和自营性业务实施分账管理、分类核算,明确责任和风险补偿机制,确立以资本充足率为核心的约束机制,建立规范的治理结构和决策机制,成为具备可持续发展能力的农业政策性银行。

第五节 非银行金融机构

一 保险公司

保险公司是以经营保险业务为主的经济组织。1949年10月20日,中国人民保险公司作为保险业的管理机关宣告成立。1958年以后,保险业陷入停顿状态。直到1980年,中国人民保险公司才恢复办理国内外保险业务。大力开展海外保险以后,我国的保险业才得以真正复苏,并进入快速发展阶段,业务范围涉及财产保险、责任保险、保证保险和人身保险四大类险种,已成为全球最重要的新兴保险市场。中国人民银行2020年11月发布的《中国金融稳定报告》显示,截至2019年末,保险业总资产20.56万亿元,同比增长12.18%。根据我国银保监会2020年3月发布的《保险机构法人名单》,截至2019年12月,共有240家保险机构法人。其中,包括14家保险集团(控股)机构、88家财险公司、74家寿险公司、12家再保险公司、8家养老保险公司、7家健康险公司、26家保险资产管理公司、其他机构11家。

二 证券公司

证券公司是指依照《中华人民共和国公司法》和《中华人民共和国证券法》的规定设立，并经证监会审查批准成立，专门从事证券经营业务的有限责任公司或者股份有限公司。《中华人民共和国证券法》规定，我国证券公司必须在其名称中标明证券有限责任公司或者证券股份有限公司字样。证券公司的业务范围：(1)证券经纪；(2)证券投资咨询；(3)与证券交易、证券投资活动有关的财务顾问；(4)证券承销与保荐；(5)证券自营；(6)证券资产管理；(7)其他证券业务。

证券公司经营上述第(1)项至第(3)项业务的，注册资本最低限额为人民币5 000万元；经营第(4)项至第(7)项业务之一的，注册资本最低限额为人民币1亿元；经营第(4)项至第(7)项业务两项以上的，注册资本最低限额为人民币5亿元。其注册资金必须是实缴资金。

一般从功能角度，证券公司分为证券经纪商、证券自营商和证券承销商三种类型。证券经纪商，即证券经纪公司，是代理买卖证券的证券机构，接受投资人委托、代为买卖证券，并收取一定手续费即佣金，如东吴证券苏州营业部、江海证券有限公司。证券自营商，即综合型证券公司，是除了具有证券经纪公司的权限外，还可以自行买卖证券的证券机构。如国泰君安证券。证券承销商，以包销或代销形式帮助发行人发售证券的机构。实际上，许多证券公司是兼营这3种业务的。按照各国现行的做法，证券交易所的会员公司均可在交易市场进行自营买卖，但专门以自营买卖为主的证券公司为数极少。

2020年7月，中国证券业协会发布了2019年《证券公司经营业绩指标排名》情况，统计数据显示，截至2019年底，133家证券公司总资产7.18万亿元，全年实现营业收入3 520.44亿元，净利润1 137.12亿元。

三 信托投资公司

信托投资公司是一种以受托人的身份代人理财的金融机构。大多数信托投资公司以经营资金和财产委托、代理资产保管、金融租赁、经济咨询、证券发行和投资为主要业务。1979年我国创办了第一家信托投资公司——中国国际信托投资公司。以后，又陆续建立了一批全国性的信托投资公司，如中国光大国际信托投资公司、中国民族国际信托投资公司、中国开发信托投资公司等。1998年，中国人民银行对信托投资公司进行了全面的清理整顿，彻底解决了信托业的功能定位、业务范围等问题，明确了其发展方向。规范后的信托投资公司主要经营资金、动产、不动产信托，基金管理和兼并重组，企业财务顾问等业务，以手续费、佣金为主要收入来源，使信托业真正成为受人之托、代人理财的无风险金融机构。少数信托投资公司确属需要的，经中国人民银行批准，可以兼营租赁、证券业务和发行一年以上的专项信托受益债券，用于进行有特定对象的贷款和投资，但不准办理银行存款业务。

中国人民银行2020年11月发布的《中国金融稳定报告》显示，截至2019年末，全国68家信托公司管理的信托资产规模达到21.60万亿元，全年实现营业收入1 200.12亿元，利润总额727.05亿元。信托业作为我国金融机构体系的重要一员，积极推进自身的供给侧结构性改革，科学构建商业模式，强化风险治理，实现行业可持续发展。

四 财务公司

财务公司，又称金融公司，是企业集团内部各成员单位投资入股，为企业集团成员单位提供金融服务，实行自主经营、自负盈亏、自求平衡、自担风险的非银行金融机构。财务公司在业务上受金融监管部门的监管，在行政上隶属于组建该公司的企业集团。财务公司不能向企业集团和成员企业以外的单位及个人吸收存款和发放贷款；不得在境内买卖或代理买卖股票、期货及其他金融衍生产品；不得投资非自用的不动产、股权、实业和非成员单位的企业债券。

在我国，财务公司是指依据《中华人民共和国公司法》和《企业集团财务公司管理办法》设立的，为企业集团成员单位技术改造、新产品开发及产品销售提供金融服务，以中长期金融业务为主的非银行机构。我国的财务公司不是商业银行的附属机构，是隶属于大型集团的非银行金融机构。《中国企业集团财务公司行业发展报告(2019)》表明，伴随我国经济改革发展和企业集团转型升级，财务公司经营业绩保持较好增长势头。2018年底，全国财务公司法人机构有253家，覆盖能源电力、石油化工、钢铁、汽车等20多个国民经济重要行业，总资产规模达9.50万亿元，全行业实现营业净收入1 413亿元，净利润790.34亿元。

五 金融租赁公司

金融租赁是指企业需要添置某些技术设备而又缺乏资金时，由出租人代其购进或租进所需设备，然后再将它租给承租人，在一定期限内有偿使用的一种租赁方式。金融租赁公司是指由银保监会批准，以经营融资租赁业务为主的非银行金融机构。金融租赁公司的设立机构多为资金实力较强的银行和大型上市公司集团。自20世纪80年代初诞生至今，我国融资租赁行业已历经40年，目前租赁行业已经成为航空、医疗、印刷、工业装备、船舶、教育、市政等领域的主流融资方式。

目前我国常用的金融租赁业务有以下几种：

1. 直接租赁

这是融资性租赁业务中比较普通的一种形式。租赁公司根据承租人的要求，自行筹资并购进承租人所需的设备，租给承租人使用。租期一般规定在3年以上。租赁期内物件所有权完全归属出租人，租赁期满，承租人有廉价购买其租赁设备的特权。承租人用租入设备所新增利润支付租金。租赁设备的维修、保养及保险由承租人负责。

2. 转租赁

转租赁是租进租出的做法，即出租人从制造商或另一家租赁公司租进设备，然后转租给用户。转租赁是租赁公司同时兼有承租人和出租人双重身份的一种租赁形式。

3. 回租租赁

回租租赁是指当企业急需资金时，将自己拥有的设备按规定卖给租赁公司，再作为承租人向租赁公司租回原设备继续使用，并按期向租赁公司交付租金。回租租赁是一种紧急的融资方式，适用于资产流动性差的企业。作为租赁物体的设备就是企业的在用设备，未做任何转移，其销售只是一种形式。承租人既保持了原有设备的使用权，又能使这些设备所占用的资金转化为企业急需的周转资金,使企业固定资产流动化,提高了资金的利用率。

4. 杠杆租赁

杠杆租赁也称平衡租赁,是金融租赁的一种特殊形式。这种形式是指设备购置成本中的小部分由出租人承担,大部分由银行等金融机构提供贷款补足。其具体做法是:一家租赁公司先出小部分资金,其余通过把租赁物做抵押,以转让收取租金的权利做附加担保,联合若干家其他金融机构共同提供一项租赁融资,形成较大的资金规模,以购买大型的资金密集型的设备,提供给承租人使用。设备出租后,承租人要向贷款人支付租金,以替出租人偿还借款债务。由于这种租赁的出租人自筹资金只占少量,而主要依靠抵押贷款的杠杆作用来获取高于一般租赁的投资报酬,因此称为杠杆租赁。

据《2020年中国租赁业发展报告》统计,截至2020年底,全国金融租赁公司为71家,注册资本金超2 700亿元,主要分布在天津、上海、广东和江苏等东部沿海地区。其中,银行参股或设立的金融租赁公司共有47家。从业务总量看,全国融资租赁合同余额约为65 040亿元人民币。

六 金融资产管理公司

为了处理国有独资银行的不良资产,1999年经国务院决定,我国相继成立了信达、华融、东方、长城四家金融资产管理公司,分别处置中国建设银行、中国工商银行、中国银行和中国农业银行的不良资产。截至2000年底,四家金融资产管理公司已从四家国有银行收购了13 939亿元不良资产,实现"债转股"签约的国有企业共计587家,金额达3 400余亿元。2001年初,四家金融资产管理公司获证监会颁发的"经营股票承销业务资格证书",全方位地开展不良资产收购、债务追偿、债务重组、资产置换、债转股、资产证券化、债券发行、股票承销等业务。此外,还与国外金融机构磋商,吸引外资参加我国不良资产的处置,有利于借鉴国外处置不良资产的经验,分散不良资产的处置风险,提高我国金融资产管理公司处置不良资产的水平和效率。

金融资产管理公司作为我国经营处置金融不良资产的政策性金融机构,是我国特定历史背景下化解经济金融系统风险的重要制度创新,为支持国有商业银行改革发展和维护金融体系稳定做出了重要贡献。从2007年开始,已经完成政策性不良资产收购任务的四家公司开始纯商业化资产运作。

目前,华融和信达资产管理股份有限公司已在H股上市,东方和长城资产管理股份有限公司则分别于2016年8月、12月完成了股份制改革。2020年12月,中国银保监会发布关于中国银河资产管理有限责任公司开业的批复,是自1999年我国四大金融资产管理公司成立以来,批复成立的第五家全国性金融资产管理公司。

随着经济下行压力增大,银行不良资产不断上升,但全国金融资产管理公司主要处置的是大银行不良资产,地方银行这部分资产却难以处置。

为加快推进不良资产风险化解,2013年11月,原中国银监会允许各省设立或授权一家地方资产管理公司,参与本省范围内金融企业不良资产批量收购和处置业务。2014年7月,原银监会公布全国首批可开展金融不良资产批量收购业务的地方资产管理公司,共涉及五个省市,分别是江苏、浙江、安徽、广东和上海。成立地方资产管理公司有助于改善地方性银行自身的财务状况和资产质量,进而降低甚至化解地方金融风险。

七 基金管理公司

基金管理公司是指按法律、法规的规定,负责发起设立与经营管理基金的专业性金融机构。证券投资基金的依法募集由基金管理人承担,基金管理人一般由依法设立的基金管理公司担任。基金管理公司的主要业务是:

1. 基金管理业务

基金管理业务是指基金管理公司利用专业投资知识与经验,投资运作基金资产的行为。

2. 受托资产管理业务

受托资产管理业务是指基金管理公司作为受托投资管理人,根据有关法律、法规和投资委托人的投资意愿,与委托人签订合同,在证券市场上从事股票、债券等有价证券的组合投资,以实现委托资产收益最大化的行为,如受托管理社保基金。

3. 基金销售业务

基金销售业务是指基金管理公司通过直销中心或电子交易网站将基金份额直接销售给基金投资人的行为。

1998 年 3 月 27 日,经中国证监会批准,新成立的南方基金管理公司和国泰基金管理公司分别发起设立了规模均为 20 亿元的两只封闭式基金——"基金开元"和"基金金泰",由此拉开了我国国证券投资基金试点的序幕。2001 年 9 月,我国第一只开放式基金——"华安创新"诞生,使我国基金业发展实现了从封闭式基金到开放式基金的历史性跨越。2013 年 6 月 1 日,新修订的《中华人民共和国证券投资基金法》正式实施,不仅行业市场准入放宽,各类资产管理机构可以申请开展公募基金业务,而且基金托管、销售格局也将发生变化。据中国证券投资基金业协会数据统计,截至 2021 年 1 月底,我国境内公募基金管理公司 146 家,公募基金数量 8 037 只,资产规模总计 20.59 万亿元。在中国证券投资基金业协会登记的私募基金管理人 24 623 家,私募基金数量 100 768 只,资产规模总计 17.16 万亿元。

八 消费金融公司

所谓的消费金融公司,是指经原中国银行业监督管理委员会批准,在中华人民共和国境内设立的,不吸收公众存款,以小额、分散为原则,为中国境内居民个人提供以消费为目的的贷款的非银行金融机构。

2010 年,北银消费金融有限公司、中银消费金融公司、锦程消费金融公司于 1 月 6 日获得原银监会同意筹建的批复,这 3 家公司分别在上海、北京和成都三地率先试点。随后,2 月 12 日,原银监会又给 PPF 集团发放了天津试点的牌照,捷信消费金融有限公司在天津成立,成为中国首家外商独资的消费金融公司。

从 2009 年《消费金融公司试点管理办法》出台至今,持牌消费金融公司已走过了 10 余年,已经形成多元化的融资体系,包括金融机构借款、同业拆借、发行 ABS、金融债等。目前,我国初步形成了以住房按揭贷款为主体,信用卡贷款、汽车消费贷款、综合消费贷款等多种贷款品种组成的消费信贷体系,消费金融产品种类较为丰富。银保监会统计显示,2019 年已经开业的 24 家消费金融公司中,七成消费金融公司以线上业务为主要发展方向,即通过助贷或联合贷实现业务增长，合作机构包括京东金融、蚂蚁金融、度小满金融、360金融、乐信、今日头条等头部互联网平台。

为健全消费金融公司风险监管制度体系，强化分类监管，2020年12月30日，中国银保监会发布《消费金融公司监管评级办法（试行）》，消费金融公司迎来首次监管评级。监管部门对消费金融公司评级，有助于进一步促进消费金融公司的规范化经营，推动消费金融公司持续健康发展。

第六节　金融监管

金融业是高风险的特殊行业，为了避让和分散金融风险，保护存款人和投资者利益，保障金融机构稳健经营，维护金融业的稳定，促进一国经济的持续协调发展，各国政府都很重视金融监管工作，一般都通过立法来保障金融监管机构行使职权。

一　金融监管的概念

金融监管是金融监督和金融管理的总称。综观世界各国，凡是实行市场经济体制的国家，无不客观地存在着政府对金融体系的管制。金融监管是指政府通过特定的机构对金融交易行为主体进行的某种限制或规定，本质上是一种具有特定内涵和特征的政府规制行为。

金融监管有狭义和广义之分。狭义的金融监管是指金融监管机构依据国家法律规定对整个金融业（包括金融机构和金融业务）实施的监督管理。广义的金融监管是在上述含义之外，还包括了对金融机构的稽核、同业自律性组织及社会中介组织的监管。

二　金融监管的目标

金融监管的目标是对金融业实施监管所要达到的目的，它是实现金融有效监管的前提和实施具体金融监管措施的依据。目前各国无论采用哪一种监管组织体制，监管目标基本是一致的，即促成建立和维护一个稳定、健全和高效的金融体系，保证金融机构和金融市场健康的发展，从而保护金融活动各方特别是存款人的利益，推动经济和金融发展。金融监管通常包括三大目标：安全性目标、效率性目标和公平性目标。

1. 安全性目标

这是金融监管的首要目标。金融是现代经济的核心，金融体系的安全与稳定对一国经济的发展具有重要意义。同时，金融机构作为经营货币信用的特殊企业，具有很强的脆弱性。任何一家金融机构出现严重问题，都会引起连锁反应，引发经济、金融秩序出现严重混乱，甚至会导致金融危机或经济危机。因此，金融监管的目标应是把维护金融体系的安全和稳定作为首要任务，从而为社会经济的发展创造更好的金融环境。

2. 效率性目标

提高金融体系效率是金融机构和金融市场运作的基本要求，也是金融监管追求的目标。金融业集中垄断程度过高及金融机构间的恶性竞争，都不利于形成安全而富有效率的金融体系。金融监管一方面需要通过各种手段促进金融业形成合理有序竞争，约束金融垄断和恶性竞争，来提高金融运行效率，另一方面也要求以最低的监管成本来实现金融监管目标。

3. 公平性目标

公平性目标是出于保护金融业社会弱势群体的合法利益。如存款人、投资者和保险单持有人作为金融业的参与者，在金融活动中在资金规模、经济地位、信息取得等方面处于弱势地位，利益容易受到侵害。因此，金融监管部门需要对这些社会弱势群体的利益提供特别的保护。

三 金融监管的内容

1. 事前监管——市场准入监管

事前监管即预防性管理，是指金融监管当局采取积极的策略，在金融机构成立之前，对其设立条件、组织、经营项目、营业区域、资本要求和金融预警系统加以规定和审查。主要内容包括机构设立的审批、资本金管理、清偿力管理等。

2. 事中监管——市场运作过程监管

金融机构经批准开业后，监管机构还要对金融机构经营活动中的业务范围、贷款集中程度、风险控制、流动性、风险损失准备、存款保护等方面进行监管。

3. 事后监管——市场退出监管

当金融机构在业务活动中出现了严重违规行为，或其资产负债出现危机时，监管机构负责进行稽查、检查和管理，如果达到法律规定应该退出市场。各国对金融机构市场退出的监管都通过法律予以明确规定，主要方式包括购并、接管、注资挽救、清算关闭、解散等。

四 我国金融监管的发展历程

1. 金融压抑下的金融监管(1948—1978年)

中国人民银行成立于1948年12月1日，其主要职责是履行金融监管的职责。中华人民共和国成立后一直到1978年，我国社会经济实行了高度集中的计划经济体制，在这种高度集权化的实物计划经济背景下，金融只是计划部门的配角、财政部门的出纳，整个金融处于高度压抑状态。当时中国几乎没有金融市场，一切信用归银行，而且相当长的时间里，中国只有一家银行即中国人民银行，它既从事信贷业务又有金融监管的职能。当时可谓是集中统一的金融监管体制，当然是严格和简单的统一监管。

2. 中国人民银行统一监管时期(1978—1992年)

1978年我国开始实行"改革开放"的战略方针，这一时期我国金融体制改革开始起步，随着改革的进一步深入，我国金融监管也开始了探索阶段。1980年，中国人民保险公司开始恢复停办了二十年的国内保险业务。1982年，中国人民银行设立了银行司、非银行金融机构管理司、保险司、外资金融机构管理司。1983年9月，国务院规定中国人民银行专门行使中央银行职能。1984年，中国工商银行从中国人民银行中分立而出，加上之前的中国银行、中国建设银行、中国农业银行，我国形成了四大专业银行体系。这一期间金融监管的措施主要采取报告制度、年检制度、评级制度等，并建立现场检查和非现场检查相结合的制度。

3. 金融分业监管时期(1992年至今)

(1)金融分业监管初步提出(1992—1995年)

1992年10月，国务院成立了中国证券监督管理委员会，负责股票发行上市的监管，而中国人民银行仍然对债券和基金实施监管,这标志着我国的金融分业监管开始起步。1993年底,国务院发布了《关于金融体制改革的决定》,为我国的金融分业监管奠定了现实基础。

(2)金融分业监管确立阶段(1995—1998年)

这一阶段是金融监管立法集中阶段,1995年以来,《中华人民共和国中国人民银行法》《中华人民共和国商业银行法》《中华人民共和国保险法》《中华人民共和国票据法》《关于惩治破坏金融秩序犯罪的决定》等金融法律,基本确定了我国金融体制分业经营的基本格局。1998年底,中国人民银行跨省区组建九家分行,以增强金融监管的独立性和有效性。1998年6月,国务院决定将中国人民银行的证券监管权全部移交中国证监会。1998年11月,国务院决定成立中国保险监督管理委员会。至此,金融业分业监管体制初步确立。

(3)中国金融分业监管体制的完善阶段(1998—2003年)

1998年底颁布《中华人民共和国证券法》,进一步明确了我国金融业分业经营、分业管理的原则,随后金融分业监管进入了相对稳定的阶段。2003年4月原中国银行业监督管理委员会正式挂牌履行职责。原中国银监会的成立明晰了银行、保险、证券分业监管的框架,这对提高和改善我国金融监管水平和监管效率起到了极大的促进作用。

(4)金融分业监管改革阶段(2003年至今)

随着全球经济一体化和金融自由化的发展,混业经营已成为国际金融业发展的主导趋向。在此背景下,2005年2月,中国人民银行、原银监会和证监会共同制定《商业银行设立基金管理公司试点管理办法》,该法规开启了我国各金融监管部门合作监管的大门。2006年,新修订的《中华人民共和国证券法》修改了金融混业经营的限制条款,为混业经营预留了制度接口。随后诸多法律的颁布均为我国跨市场、跨行业的金融交叉性产品、交叉性业务和交叉性工具的监管提供了法律依据。2008年全球金融危机爆发后,各国在反思发达经济体金融机构经营管理模式的同时,相继加快了金融监管改革的进程。重新审视我国金融监管制度的利与弊,成为当前我国金融监管体制改革的建设性任务。

2013年10月8日,中国社会科学院金融法律与金融监管研究基地发布的《中国金融监管报告》指出:我国金融监管改革面临影子银行(主要指银行理财产品、非银行金融机构贷款产品和民间借贷)的迅猛发展使得监管体系难于应对、资产管理乱象(典型表现在私募基金监管领域)引发信托业监管困境、民间融资监管亟待规范、金融机构市场化退出规则待完善、缺乏差异化的分类监管标准、金融安全网亟待完善、金融业综合经营试点新挑战等七个重大问题。建立新的金融监管体制框架、提高金融监管的协调性已经刻不容缓。

2017年7月14日,在全国金融工作会议上宣布设立国务院金融稳定发展委员会,旨在加强金融监管协调、补齐监管短板。这一机构折射出我国金融监管新思路,在国务院层面设立的、层次高于"一行两会"的委员会是在分业监管不变的情况下,保证有一个高级别的机制,统筹金融发展和监管,确保金融安全与稳定发展。

4. 我国金融监管的完善

金融分业监管对我国经济金融秩序稳定、金融监管专业化的发展起到了积极作用。但随着我国金融混业发展,这一监管框架的种种弊端逐渐暴露,既存在监管竞争、信息分割、协调困难,又在消费者权益保护、混业业务监管准则、金融机构市场化退出等方面形成了大量的监管空白。金融创新催生的复杂结构化产品通过各种通道,让资金游走于银行、证券、保险之间。各监管部门都认为自己管辖范围内是合规的,但没有一个部门能穿透产品,把握资金去向,分业监管模式难以为继。建立新的金融监管体制框架、提高金融监管的协调性已经刻不容缓。

2017年7月,全国第五次金融工作会议宣布,将设立国务院金融稳定发展委员会。作为国务院统筹协调金融稳定和改革发展重大问题的议事协调机构。2017年11月,经党中央、国务院批准,国务院金融稳定发展委员会成立。这一机构折射出我国金融监管新思路,在分业监管不变的情况下,在国务院层面设立的、层次高于"一行两会"的委员会是为了强化中国人民银行宏观审慎管理和系统性风险防范职责,强化金融监管部门监管职责,确保金融安全与稳定发展。未来,在国务院金融稳定发展委员会的统筹协调下,我国金融监管必将完善升级,我国金融行业"稳中求进"可期。

关键概念

原始存款　　派生存款　　资产业务　　中间业务　　表外业务　　回购协议
信用创造　　存款准备金　政策性银行　货币发行　　再贷款　　　再贴现
金融监管　　金融租赁

课后实训

一、单选题

1. 我国目前已经形成了(　　)的金融机构体系。
   A. 混业经营分业监管　　　　　　B. 中国人民银行统一监管
   C. 分业经营分业监管　　　　　　D. 混业经营交叉监管

2. 信用卡透支属于银行的(　　)。
   A. 贴现业务　　B. 放款业务　　C. 汇兑业务　　D. 中间业务

3. (　　)是商业银行最基本也是最能反映其经营活动特征的职能。
   A. 信用创造　　B. 支付中介　　C. 信用中介　　D. 金融服务

4. 商业银行现金资产由库存现金、托收中的现金、同业存款和(　　)组成。
   A. 现金性资产　B. 存款货币　　C. 在央行的存款　D. 流通中的现金

5. 借款人无法足额偿还贷款本息,即使执行抵押或担保,也肯定要造成一部分损失,这类贷款属于(　　)。
   A. 关注贷款　　B. 次级贷款　　C. 可疑贷款　　D. 损失贷款

6. 商业银行最主要的资金来源是(　　)。
   A. 存款负债　　B. 中央银行借款　C. 发行金融债券　D. 资本金

7. 中央银行作为"银行的银行"职责的具体表现是(　　)。
   A. 对政府贷款　B. 再贷款　　　C. 再贴现　　　D. 转贴现

8. 中央银行组织全国的清算,属于中央银行的(　　)。
   A. 货币发行业务　　　　　　　　B. 公开市场业务
   C. 对政府的业务　　　　　　　　D. 对银行的业务

9. 在国务院领导下制定和执行货币政策、维护金融稳定、提供金融服务的是(　　)。
   A. 财政部　　　B. 中国人民银行　C. 中国银保监会　D. 国家发展改革委员会

10. 普通的融资租赁业务是指(　　)。
    A. 直接租赁　　B. 转租赁　　　C. 回租租赁　　D. 杠杆租赁

二、多选题

1. 我国目前的政策性金融机构有(　　)。
   A. 中国人民银行　　　　　　　　B. 国家开发银行
   C. 中国进出口银行　　　　　　　D. 中国农业发展银行

2. 属于商业银行第一现金准备资产的有(　　)。
   A. 库存现金　　　　　　　　　　B. 短期证券
   C. 在中央银行的存款　　　　　　D. 同业存款

3. 属于商业银行的表外业务的有(　　)。
   A. 贷款承诺　　B. 汇兑　　　C. 担保　　　　D. 代理

4. 商业银行的经营管理原则是(　　)。
   A. 安全性　　　B. 流动性　　C. 营利性　　　D. 服务性

5. 影响商业银行存款派生能力的因素有(　　)。
   A. 提现率　　　　　　　　　　　B. 超额存款准备金率
   C. 原始存款　　　　　　　　　　D. 法定存款准备金率

6. 一般商业银行的资产业务有(　　)。
   A. 贷款承诺　　B. 企业贷款　C. 购买国债　　D. 转账结算

7. 中央银行作为政府的银行,对政府的业务包括(　　)。
   A. 国库业务　　B. 再贴现业务　C. 再抵押业务　D. 国际储备业务

8. 中央银行的存款主要是(　　)。
   A. 财政存款　　B. 企业存款　C. 储蓄存款　　D. 金融机构的准备金存款

9. 中央银行的主要业务包括(　　)。
   A. 对银行的业务　B. 对企业的业务　C. 对政府的业务　D. 发行的业务

10. 中央银行的资产业务有(　　)。
    A. 商业银行贷款　B. 办理清算　C. 金银外汇储备　D. 企业贷款

三、判断题

1. 商业银行与其他金融机构的基本区别在于商业银行是唯一吸收活期存款、开设支票存款账户的金融中介机构。(　　)
2. 商业银行创造信用的能力不受任何条件限制。(　　)
3. 商业银行的核心资本包括股本和公开储备。(　　)
4. 我国商业银行的证券投资对象是国债和公司债券。(　　)
5. 商业银行在中央银行的存款准备金是指法定存款准备金和超额存款准备金。(　　)
6. 中央银行的货币发行在资产负债表中列在资产一方。(　　)
7. 中央银行充当"最后的贷款人"是其国家银行职能的表现。(　　)
8. 中央银行是不经营金融业务的特殊银行。(　　)
9. 政策性银行通常不具有派生存款和增加货币供给的功能。(　　)
10. 《巴塞尔协议》规定,商业银行最低资本额为银行风险资产的4%。(　　)

四、计算题

1. 设原始存款为500万元,法定存款准备金率为6%,超额存款准备金率为6%,提现率为8%,试计算整个银行体系创造的派生存款总额。

2. 企业将一张票据面额为10 000元、3个月后到期的商业承兑汇票交送银行申请贴现,按年利率为10％计算,银行应付企业多少现款?

五、案例分析

2020年6月16日,位于山西省阳泉市的阳泉市商业银行称,部分储户前往银行兑现,造成银行网点正常营业秩序紊乱。当地人民政府、地方人行和银保监分局、阳泉市商业银行均贴出公告。此前,类似的事件已有发生:

2019年10月29日,河南伊川农商银行出现储户集中办理业务的事件,网传的一张办理个人业务的排队票单显示,该银行所属网点取到1490号、办个人业务的用户需等待419人方可办理业务,银行门口有多人排队。出现这种情况的主要原因在于前天晚上,伊川农商行一名主要负责人被相关部门带走问话,此消息扩散后,引发储户恐慌。

2019年11月6日,部分储户到营口沿海银行网点集中取款,主要原因在于个别网民在网上发布了"营口沿海银行财务陷入危机"的不实言论,造成群众恐慌,从而引发部分储户到营口沿海银行集中取款。

从官方的新闻报道来看,都是用了"集中取款"这个表述,实际上大家心里都非常清楚,有个专有名词叫"挤兑",但是为啥不用这个词呢?

一方面可能是不让事件影响扩大化,引发进一步的恐慌;另外一方面,可能还没有严重到挤兑这个程度,毕竟只有一些不明真相的吃瓜群众到了网点集中取款,给银行和当地造成了一定负面影响,但银行还没有到不能兑付这个地步,所以用集中取款来表述,不失形容得非常贴切!

每次出现这种"集中取款"后,基本上当地政府都会在第一时间出面协调,比如说这次。6月18日,阳泉警方发布通报:已经抓获4名所谓散布"阳泉商业银行资金链断开""阳泉商业银行行长卷款跑了"等言论的该市网民。阳泉市人民政府就迅速发布公告:阳泉市商业银行正常经营。近日出现部分储户集中办理业务情况,市政府会密切关注事态发展,维护储户各项合法权益,确保全市经济社会大局稳定。

根据上述资料,分析河南伊川农商银行,辽宁营口沿海银行、山西阳泉市商业银行三家银行"集中取款"事件的共同特征和从事件中应汲取的教训。

第七章 金融市场

章前引例

2020年8月30日,中国金融四十人论坛(CF40)发布了《2020·径山报告》(以下简称《报告》)。《报告》从发挥超大规模市场优势、储蓄率变化、宽货币低利率、金融支持民企发展、房地产金融、金融防风险等角度,对"十四五"时期重大经济金融问题展开系统研究,提出政策建议。

其中,关于"超大规模金融市场优势",《报告》提出,"十四五"时期,超大规模金融市场将会进一步发展壮大,服务实体经济能力也将进一步强化。《报告》认为,当前我国金融市场已经具备了成为超大规模金融市场的潜力,主要表现在四个方面:

一是中国金融市场的体量已经位居全球前列。二是中国金融市场拥有规模庞大、结构多样的投资者群体。三是随着中等收入群体扩大和人口老龄化时代来临,居民资产配置和财富管理需求持续增长。四是新冠疫情冲击加速了海外资金配置中国金融资产的需求,中国金融资产的安全性、稳健性、收益性优势正在凸显。

《报告》强调,"十四五"时期,超大规模市场内部较大的区域差距为我国经济持续发展提供了潜力、机遇、韧性和活力,这是超大规模经济体的独特优势,是其他经济体所无法比拟的。超大规模市场并非一个封闭的国内市场,而是一个开放、包容、联通国际的市场,是世界市场的重要组成部分。我国超大规模市场促进了国际国内要素有序自由流动,市场深度融合,将助推国内国际双循环相互促进的新发展格局。尽管我国超大规模市场新优势蕴藏着巨大潜力,但要转化成现实优势,充分发挥其效能,需要一系列条件,目前还面临不少障碍和挑战。要真正实现潜在优势到现实效能的转变,更好地促进国内国际双循环相互促进的新发展格局,还需要进一步深化改革,扩大开放,采取一系列政策措施。

(资料来源:郭子源.《2020·径山报告》发布探讨"十四五"时期重大经济金融议题.经济日报,2020年8月30日)

金融市场在我们的经济生活中扮演着越来越重要的角色。金融市场的发展为投资者进行多元化资产组合、企业融资结构的优化提供了可能。"面对股票熊市,投资者应保持何种心态""什么时候买债券最佳""市场上的基金有哪些品种,应如何选择基金""黄金、白银,你投资了吗"等诸多问题,需要投资者思考与决策。金融市场投资的魅力在于这是一个创造奇迹与实现梦想的地方,也是一个可以充分发挥自己意志的地方,还是一个投资者凭着智慧和勇气、热忱和汗水,跻身于赢者行列的地方。但事实上,金融市场带给投资者更多的是迷失、恐惧、痛苦和思索,不懈的追求和努力可能换来的却是挫折和泪水。那么投资者通往成功之路的关键是什么呢?

通过对本章的学习,你将知道什么是金融市场,了解金融市场的构成要素、分类与功能,掌握货币市场和资本市场的特点、构成以及交易工具、交易价格如何形成等内容。在了解外汇市场和黄金市场发展概况的基础上,全面认识我国金融市场的现状与发展方向,熟悉金融市场操作规则与技巧,培养理性的投资理念,以适应市场发展的主流趋势。

第一节 金融市场概述

一、金融市场的定义

金融市场是经济生活中与商品市场、劳务市场、技术市场等共同存在的市场之一。金融市场是资金供求双方借助金融工具实现货币借贷和资金融通、办理各种票据和进行有价证券交易活动的场所。金融市场有广义与狭义之分。广义的金融市场是资金供求双方借助金融工具进行各种货币资金交易活动的市场,包括存款、贷款、信托、租赁、保险、票据抵押与贴现、股票和债券买卖、基金、黄金、外汇交易等。狭义的金融市场一般限定在以票据、股票、债券、基金等为金融工具的交易活动,金融机构之间的同业拆借以及黄金、外汇交易活动等范围内的市场。本书从狭义的角度介绍金融市场的基本内容。

二、金融市场的构成要素

与商品市场或要素市场一样,一个完整的金融市场需要具有一些必备的市场要素,否则,市场活动就难以顺畅地运行。

(一)交易的主体——市场参与者

市场参与者即参与金融市场交易活动的当事人。主要包括:

(1)政府部门。政府部门是一国金融市场上主要的资金需求者。当年度内财政收支不平衡、出现赤字或筹措重点项目建设资金时,在货币市场上,政府通过发行国库券借入资金;在资本市场上,各国政府主要利用发行国债满足资金需求。

(2)中央银行。中央银行要根据货币流通状况,在金融市场上进行公开市场业务操作,通过有价证券的买卖,吞吐基础货币,以调节市场上的货币供应量。在参与金融市场运作过程中,中央银行不以营利为目的,而是以宏观经济运行以及政府的政策需要为己任。

(3)商业性金融机构。商业性金融机构是金融市场上最重要的中介机构,充当资金的供给者、需求者和中介人等多重角色。

(4)企业。企业是金融市场上最大的资金需求者。企业由于各种原因产生资金不足时,除向银行借款外,还可以在金融市场上发行有价证券筹集资金。当企业资金闲置时,通过购买金融资产也可为市场提供巨额、连续不断的资金。

(5)个人。即参与金融市场活动的居民个人。作为资金供应者,个人将现期收入存入银行或买进金融工具,如股票、债券等,成为金融市场的投资者或投机者;作为资金需求者,个人将手持的金融资产在市场上出售或在银行取得消费贷款。

(6)合格境外机构投资者(QFII/RQFII)。QFII是合格境外机构投资者的意思,RQFII就是人民币境外合格机构投资者的意思。自2006年9月1日起实施的《合格境外机构投资者境内证券投资管理办法》规定,合格境外机构投资者是指符合本办法的规定,经中国证券监督管理委员会批准投资于中国证券市场,并取得国家外汇管理局额度批准的中国境外基金管理机构、保险公司、证券公司以及其他资产管理机构。2020年6月6日,中国人民银行和国家外汇管理局发布《境外机构投资者境内证券期货投资资金管理规定》生效,新规定降低了外资准入门槛,便利投资运作,同时扩大了投资范围。截至2020年底,由证监会批准的QFII已达588家。

(二)交易的客体——金融工具

从本质上说,金融市场的交易客体(对象)就是货币资金,但由于货币资金之间不能直接进行交易,需要借助金融工具(亦称信用工具)来进行交易,因此,金融工具就成为金融市场上进行交易的载体。金融工具按其性质不同可分为三大类:一是所有权凭证,如股票;二是债权凭证,如债券和票据等;三是权利义务关系凭证,如各类期货合同和期权合约等。金融工具一般具有广泛的社会可接受性,随时可以流通转让。不同的金融工具具有不同的特点,能分别满足资金供需双方在数量、期限和条件等方面的不同需要,在不同的市场上为不同的交易者服务。

(三)交易的价格——利率

金融市场的价格有两种表现形式:一种是以转移金融商品的所有权形成的交易价格(如股票、债券等),这时的交易价格一般由金融商品的所有价值组成;另一种是转移使用权所形成的价格(如存款和贷款等),这时的交易价格只是转移使用权的代价或报酬,即利息,所以利率是其价格。但无论哪一种形式的交易价格都和利率有着密切的关系,当金融市场上资金供不应求时,利率上升。利率上升一方面导致资金供应增加,另一方面又导致融资成本增加,从而减少资金需求;相反,利率下降又会减少资金供给,增加对资金的需求,从而资金供求关系达到新的均衡。

(四)交易的媒介——金融机构

金融市场交易的媒介是各类金融机构,包括商业银行、证券公司、保险公司、财务公司和信托投资公司等。其作用在于促进资金融通,在资金供求双方之间架起桥梁。

(五)交易的组织方式

受市场本身的发育程度、交易技术的发达程度以及交易双方交易意愿的影响,金融交易主要有以下三种组织方式:一是有固定场所的有组织、有制度、集中进行交易的方式,如交易所方式;二是买卖双方在各金融机构柜台上进行面议的、分散交易的方式,如柜台交易方式;三是电信交易方式,即没有固定场所,交易双方也不直接接触,主要借助电信手段来完成交易的方式。这几种组织方式各有特点,可以分别满足不同的交易需求。在一个完善的金融市场上,这几种组织方式应该是并存的,彼此之间保持一个合理的结构。

三、金融市场的分类

(一)按交易成立后是否立即交割,分为现货市场和衍生市场

现货市场又称即期交易市场,是金融市场上最普遍的一种交易方式。现货市场是指市场上的买卖双方成交后,须在若干个交易日内办理交割的金融交易,钱货两清。

衍生市场是指各种衍生金融工具进行交易的市场。所谓衍生金融工具,是指由原生性金融商品或金融工具创造出的新型金融工具。它一般表现为合约,合约的价值由其交易的金融资产的价格决定。

(二)按交易的期限与对象不同,分为货币市场、资本市场、外汇市场和黄金市场

1. 货币市场

货币市场是指以期限在1年以内的金融资产为交易标的物的资金交易市场,其主要功能是保持金融资产的流动性。货币市场一般没有正式的组织,所有交易几乎都是通过现代通信方式联系进行。市场交易量大是货币市场区别于其他市场的重要特征之一。

2. 资本市场

资本市场是指以期限在1年以上的金融资产为交易标的物的资金交易市场。一般来说,资本市场包括两大部分:银行中长期存贷款市场和证券市场。但由于证券市场最为重要,加之长期融资证券化已成为世界大趋势,所以现在资本市场主要指的是债券市场、股票市场和证券投资基金市场。

3. 外汇市场

外汇市场是指专门买卖外汇的场所,以及从事各种外币或以外币计价的票据及有价证券交易的市场。外汇市场交易的是以不同种类货币计值的两种票据。在国内金融市场上所有贷款和金融资产的交易都受政府法令条例管制,但在外汇市场上,一国政府只能干预或管制本国的货币。

4. 黄金市场

黄金市场是指专门集中进行黄金等贵金属买卖的交易中心或场所。尽管随着时代的发展,黄金的非货币化趋势越来越明显,但黄金作为国际储备工具,在国际结算中仍然占有重要地位,因此黄金市场仍被看作金融市场的组成部分。

(三)按金融资产的发行和流通特征,分为发行市场和流通市场

资金需求者将金融资产首次出售给公众时所形成的交易市场称为发行市场,也称初级市场或一级市场。证券发行后,各种证券在不同的投资者之间买卖流通所形成的市场即流通市场,又称二级市场或次级市场。它又可分为两种:一种是场内市场,即证券交易所市场;另一种是场外市场,又称柜台交易市场或店头交易市场,是在证券交易所之外进行证券买卖的市场,原则上在场外交易的证券以未上市的证券为主。

发行市场是流通市场的基础和前提,没有发行市场就没有流通市场;流通市场是发行市场存在与发展的重要条件之一,无论从流动性上还是从价格的确定上,发行市场都要受到流通市场的影响。

(四)按有无固定场所,分为有形市场和无形市场

有形市场即有固定交易场所的市场,一般指的是证券交易所。在证券交易所进行交易首先要开设账户、存入资金,然后由投资人委托证券商买卖证券,证券商负责按投资者的要求进行操作。

无形市场没有固定的交易场所,它的交易一般通过现代化的电信工具在各金融机构、证券商及投资者之间进行。它是一个无形的网络,金融资产及资金可以在其中迅速转移。

(五)按金融活动的地域范围,分为国内金融市场和国际金融市场

1. 国内金融市场

国内金融市场是指金融交易的作用范围仅限于一国之内的市场。在国内金融市场上,金融商品交易发生在本国居民之间,不涉及其他国家居民,交易的标的物也以本国货币标价,交易活动遵守本国法规。国内金融市场交易的结果只改变本国居民的收入分配,不直接引起资金的跨国流动,不直接影响本国的国际收支。

2. 国际金融市场

国际金融市场是指金融资产的交易跨越国界进行的市场,其金融商品交易发生在居民与非居民之间或非居民与非居民之间。国际金融市场又可以分为外国金融市场和境外金融市场两类。前者也称为传统的国际金融市场或"在岸市场",是指某一国的筹资者在本国以外的另一个国家发行以该国货币为面值的金融资产并以它为交易工具的市场,其交易活动要受到本国法律法规的制约;后者也称为新型的国际金融市场或"离岸市场",通常是指在某一货币发行国境外从事其他国家货币资金融通的市场,其特点是以非居民为交易对象,资金来源于所在国的非居民或贷款于非居民,具有相对独立的利率体系,基本不受所在国的金融监管机构的管制。

2004年2月,香港银行开始试办个人人民币业务,包括存款、汇款、兑换及信用卡业务。2011年上半年,香港作为离岸人民币业务中心已开始成形,人民币跨境贸易支付、存贷业务、人民币债券发行及其他金融产品的开发和发展速度较快,为推动人民币的跨境使用和国际化发挥了重要作用。

> **思考与讨论**:中国企业在美国上市的融资业务属于"在岸市场"还是"离岸市场"?

第二节 货币市场

货币市场是指供求双方利用1年期以内的短期金融工具进行交易形成的市场。短期金融工具的存在及发展是货币市场发展的基础。短期金融工具将资金供应者和资金需求者联系起来,并为中央银行实施货币政策提供操作手段。这些工具的转让一般期限较短,最短的只有1天,最长的也不超过1年,较为普遍的是3~6个月。正因为这些工具期限短,可随时变现,所以以具有较强的货币性。货币市场的主要特征是:

(1)交易期限短。金融工具的偿还期一般为1年或1年以内,期限短的只有1天。

(2)交易的目的主要是短期资金周转,一般是弥补流动资金的不足。

(3)交易工具的风险小,流动性强。货币市场金融工具期限短于1年,对购买者而言,价格较稳定,且金融工具的未来市场价格可预测性较强、风险较小,而已持有者在资产到达偿还期以前可以随时出售兑现,从这个意义上说,短期金融工具近似货币。

(4)一般收益较资本市场低。因为期限短、价格波动范围较小,所以投资者受损失的可能性较小,获益也就有限。

货币市场按交易的内容可以分为同业拆借市场、票据市场、短期债券市场、大额可转让定期存单市场、回购协议市场、货币市场共同基金市场等。我国目前的货币市场种类有同业拆借市场、银行间债券市场和票据市场。

一、同业拆借市场

同业拆借市场最早出现于美国,其形成的根本原因在于法定存款准备金制度的实施。按照美国1913年通过的《联邦储备法》的规定,加入联邦储备银行的会员银行,必须按存款数额的一定比率向联邦储备银行缴纳法定存款准备金。由于清算业务活动和日常收付数额的变化,总会出现有的银行存款准备金多余,有的银行存款准备金不足的情况。存款准备金多余的银行需要把多余部分加以运用,以获得利息收入;而存款准备金不足的银行又必须设法借入资金以弥补存款准备金缺口,否则就会因延缴或少缴存款准备金而受到央行的经济处罚。在这种情况下,存款准备金多余和不足的银行,在客观上需要互相调剂。于是,1921年在美国纽约形成了以调剂联邦储备银行会员银行的存款准备金头寸为内容的联邦基金市场。

同业拆借市场是指金融机构之间以货币借贷方式进行短期资金融通活动的市场。同业拆借的资金主要用于弥补金融机构之间短期资金的不足、票据清算的差额以及解决临时性资金短缺需要。资金短缺者从资金盈余者那里拆入款项称为拆借;资金盈余者向资金短缺者拆出款项,称为拆放。拆借时,一般是资金不足行(拆入行)开出一张本行的本票,交付同意拆放的资金盈余行(拆出行),拆出行再开出支票交给拆入行,即可使用。拆入行开出的本票实际上是一种抵押品,如果拆入行不能按时归还,拆出行可以将本票处理。如果拆入资金者是证券经纪人或自营商,拆借可以用证券做抵押品。此外,还有用定期存款单或远期外汇等做抵押品的情况。除抵押拆借外,还有信用拆借,它是凭借同业间的信用拆借的。同业拆借市场具有以下特征:

(1)同业性。参加同业拆借市场活动的各方都是银行及其他金融机构,非金融机构不能参加同业拆借活动。

(2)短期性。同业拆借市场融通资金的期限都比较短,一般是1天、2天、1星期或10天不等,最短几小时,最长不超过一个月。由于拆借时间很短,一般以日计息。

(3)无担保性。由于同业拆借市场的参加者均为金融机构,它们之间的拆借大多凭借同业间的信誉,不需要担保。

(4)交易大宗性。同业拆借市场上相互拆借资金是金融机构为了弥补头寸不足和灵活调剂资金,所以其交易额很大,一般在1 000万元左右,很少有100万元以下的交易。

(5)管理的特殊性。中央银行对同业拆借市场进行特殊管理,参与拆借的金融机构基本上都在中央银行开立了存款账户,交易资金主要是该账户上的多余资金,同业拆借时不提交存款准备金。

同业拆借市场的资金供求状况决定了同业拆借利率的变化,同业拆借市场的利率水平及其变化作为反映资金供求状况的指示器,可以反映出整个金融市场利率的变动趋势。有些国家的中央银行,如美国联邦储备银行,直接将同业拆借市场利率即联邦基金市场利率作为货币政策的中间目标。所以,同业拆借市场上的利率被看作是基础利率,各金融机构的存放款利率及其他利率都以此为基础再加一定的百分点来确定。如国际上广为使用的伦敦银行拆借利率,被欧洲货币市场、美国金融市场及亚洲美元市场等作为基础利率来确定各种利率水平。

1996年,中国人民银行建立了全国银行间同业拆借市场,将同业拆借交易纳入全国统一的同业拆借网络进行监督管理。2007年8月施行的《同业拆借管理办法》规定,同业拆借交易应遵循公平自愿、诚信自律、风险自担的原则。同业拆借交易以询价方式进行,自主谈判、逐笔成交。银行间拆借不需要抵押物,因为银行拆借必须经过其在央行开立的存款账户,有央行担保,任何同业拆借清算均不得使用现金支付。目前我国货币市场基准利率是SHIBOR利率,即上海银行间同业拆借利率。SHIBOR采用报价制度,以拆借利率为基础,即参与银行每天对各个期限的拆借品种进行报价,对报价进行加权平均处理后,公布各个期限的平均拆借利率。银行间的拆借期限(以SHIBOR为例)分为隔夜、1周、2周、1月、3月、6月、9月、1年。

二 票据市场

票据是指出票人依法签发的、约定自己或委托付款人在见票时或指定日期向收款人无条件支付一定金额的有价证券。票据的基本形式有汇票、本票和支票三种。票据是一种重要的有价证券,因为它以一定的金额来表现价值,同时体现债权债务关系,且能在市场上流通交易,具有较强的流动性,其作为国际金融市场上通行的结算和信用工具,是货币市场上主要的交易工具之一。

(一)商业票据市场

商业票据市场是商业票据发行和买卖交易活动的市场。商业票据又称商业证券,其内涵不同于以商品信用交易为基础的商业汇票、本票等意义上的商业票据,而是一种没有抵押和担保,出票人凭自身的信用发行并允诺到期付款的短期流动票据。

商业票据是从商业信用工具逐渐演化而来的。在商品交易的过程中,每笔交易的成交,通常在货物运出或劳务提供以后,卖方向买方取款,买方则可按合约规定,开出一张远期付款的票据给卖方。卖方可以持有票据,也可以拿到金融市场上去贴现。由此可见,这种商业信用工具既是商品交易的工具,又可作为融通资金的工具。随着金融市场的发展,这种工具的融资职能与商品交易相分离,变成了单纯体现债权债务关系的融资工具。促使企业以发行商业票据的方式筹集短期资金的外部原因是银行对借款人放款金额的限制,这样需要大量资金的企业就不得不直接向社会发行商业票据集资。20世纪20年代,美国的一些大公司为刺激销售,实行商品赊销和分期付款,因需要大量资金而开始发行商业票据。此后,商业票据的发行不断扩大,成为工商企业筹资的重要方式。

商业票据发行市场由发行人、包销商和投资人三方参加。由于商业票据是一种无担保的筹资工具,因而其发行人主要是一些资信等级较高的大工商企业。各国对商业票据发行企业的评级标准基本是根据资产负债和业务状况,由高到低把企业划分成若干个等级,信誉等级高的企业发行的商业票据易于销售,信誉等级低的企业发行的商业票据易遭违约风险,有到期不能偿还的可能。

大部分商业票据是通过包销商发行的,发行公司将商业票据全部卖给包销商,由包销商再转售给投资人,发行公司按包销金额支付给包销商一定的手续费。也有一部分商业票据由发行公司直接销售给投资人。商业票据的投资人主要是金融机构和个人,如商业银行、保险公司、年金组织、投资公司等。

我国的一些企业在开拓金融市场的过程中,于1987年开始发行的短期融资债券,也属于商业票据范畴,但其流通市场尚未形成。

无论是对发行人还是对投资人而言,商业票据都是一种理想的金融工具。

对于发行人而言,它具有如下优点:

(1)成本较低。由于商业票据一般由大型企业发行,有些大型企业的信用要比中小型银行好,因而发行人可以获得成本较低的资金。一般来说,商业票据的融资成本要低于银行的短期贷款成本。

(2)具有灵活性。根据发行机构与经销商的协议,在约定的一段时间内,发行机构可以根据自身资金的需要情况,不定期、不限次数地发行商业票据。

(3)提高发行公司的声誉。如前所述,发行商业票据的公司大多是信用卓著的大公司,票据在市场上就像一种信用的标志,公司发行票据行为的本身也是对公司信用和形象的免费宣传,有助于提高公司声誉。

对于投资人来说,选择商业票据既可以获得高于银行利息的收益,又具有比定期存款更好的流动性,虽然面临的风险要稍大一些,但在通常情况下,风险的绝对值还是很小的,因而商业票据是一种很受欢迎的投资工具。

(二)承兑票据市场

承兑是指汇票到期前,汇票付款人或指定银行确认票据记明事项,在票面上做出承诺付款并签章的一种行为。

商业汇票之所以需要承兑,是由于债权人作为出票人单方面将付款人、金额、期限等记载于票面上,但从法律上讲,付款人在没有承诺前不是真正的票据债务人。经过承兑,承兑者就成了汇票的主债务人。故只有承兑后的汇票才具有法律效力,才能作为市场上合格的金融工具转让流通。由于承兑者以自己的信用做保证,负责到期付款,因此,如果委托他人或银行办理承兑,需支付承兑手续费。在国外,汇票承兑一般由商业银行办理,也有专门办理承兑的金融机构,如英国的票据承兑所。

(三)票据贴现市场

贴现是指商业票据持有人在票据到期前,为获取现款而向金融机构贴付的票据转让行为。贴现利息与票据到期时应得款项的金额之比叫贴现率。

票据贴现市场所转让的商业票据主要是经过背书的本票和汇票。票据到期前,金融机构若需用现款,可办理再贴现和转贴现。

(1)再贴现是指商业银行将其贴现收进的未到期票据向中央银行再办理贴现的融资行为。因此,中央银行可以通过调整再贴现利率或条件,调节市场利率和货币供应总量。

(2)转贴现是指商业银行将其贴现收进的未到期票据向其他商业银行或贴现机构进行贴现的融资行为。

在现代市场经济中,票据市场有三个主要功能:

第一,为工商企业短期资金的融通提供场所。企业可以通过商业票据的发行或贴现,保持生产流通过程的顺畅进行。

第二,为商业银行优化资产质量提供途径。商业银行可以通过对合格商业票据的贴现、转贴现、再贴现,保持资产的安全性和流动性。

第三,为中央银行的货币政策操作提供条件。中央银行可以运用再贴现政策工具进行宏观调控。

因此,大力发展票据市场并充分发挥其功能,对于一个国家的金融发展具有重要意义与作用。

(四)我国票据市场现状

票据市场在我国的发展始于 20 世纪 80 年代,最初是作为企业一种延期支付的信用工具而诞生;1996 年 1 月 1 日《中华人民共和国票据法》正式实施,票据市场的各项功能逐步健全,步入了发展的初期阶段;2000 年 11 月 9 日,经中国人民银行批准,我国在上海开办了内地第一家专业化票据经营机构——中国工商银行票据营业部,标志着票据市场的发展进入了专业化、规模化和规范化的新阶段;2003 年 6 月 30 日,"中国票据网"正式启用,为全国统一票据市场的形成提供了必要的平台。票据市场是我国货币市场的重要组成部分,商业汇票的承兑、贴现、转贴现是目前我国票据业务的主要形式,对便利企业支付结算、拓宽企业融资渠道、改善商业银行信贷资产质量等发挥了积极作用。

2016 年 12 月 8 日,由中国人民银行组织研发的全国性票据交易所正式成立,这在我国票据业务发展史上具有重要的里程碑意义,标志着我国票据业务全面进入了电子化的时代。随着电子票据的高速发展和全国统一票据交易平台的建立,票据业务呈现出"融资票据化、票据电子化、交易集中化、流程一体化"的大趋势。上海票据交易所发布《2020 年票据市场发展回顾》显示,全年票据市场业务总量 148.24 万亿元,同比增长 12.77%。其中,承兑 22.09 万亿元,增长 8.41%;背书 47.19 万亿元,增长 1.55%;贴现 13.41 万亿元,增长 7.67%;交易 64.09 万亿元,增长 25.81%。

案例 7.1 "贴现通":破除票据市场信息壁垒 降低小微企业融资成本

前不久,上海某小微企业向当地工行申请票据贴现,但因票据承兑行不是该行授信客户、贴现额度已用足等情况,不能及时办理该业务。在这种情况下,工行并没有简单地拒绝这位客户,而是立即向客户推荐了"贴现通"票据经纪业务,第一时间将客户导入"贴现通"平台,并在当天就帮助客户完成了贴现。从客户通过网上银行提交申请指令到款项入账,用时仅半小时左右,企业由此节约了询价的人力成本和时间成本,提升了融资效率。

据业内人士介绍,票据贴现市场信息不对称、资源分布不均等问题,一度成为困扰企业融资的难点。上海票据交易所推出的创新型票据经纪业务"贴现通"在很大程度上缓解了这一融资难题。票据经纪银行接受企业的票据融资委托后,协助客户进行业务撮合,有利于破除贴现市场的信息壁垒,在全国范围内实现待贴现票据和待投放资金的精准匹配,从而为企业拓宽融资渠道、降低融资成本。

上海某民营高分子材料企业的年票据结算量约为 5 000 万元。受疫情影响,该企业的下游收款不及时,导致企业对上游付款压力增大。由于收到的票据大多为小面额票据,贴现价格较高,普通贴现操作流程又较长,自身融资渠道较少的企业因而面临较大的人力成本和流动资金压力。浦发银行上海分行在了解到该企业实际情况后,向其推荐了"贴现通"票据经纪业务,并为客户匹配到贴现银行,帮助客户快速完成贴现,资金当日即到账。

浙商银行也是全国首批5家获批开展票据经纪业务试点的商业银行之一。浙商银行上海分行致力于打通贴现服务"最后一公里",实现全流程线上化办理,使企业客户可"足不出户""一键委托",向全市场公开询价,以最快速度匹配最优价格,降低融资成本,缓解财务压力。疫情防控期间,再贴现的精准施策与票据经纪业务中的贴现信息咨询和撮合服务协同,打出了票据融资"组合拳",帮助众多中小微企业解决了复工复产所需资金的燃眉之急。

上海票据交易所数据显示,截至2020年末,累计有7 819家企业通过"贴现通"获得票据经纪服务,28 165笔票据达成贴现意向,金额达469.8亿元。

(资料来源:周轩千.金融时报,2021年4月2日)

三 短期债券市场

短期债券市场交易的主要对象包括国库券和短期公司债券,其特点是具有较强的安全性和流动性,且收益比较稳定。

(一)短期政府债券市场

短期政府债券是政府为弥补国库资金临时不足而发行的短期债务凭证。在国外,偿还期在1年以上的政府债券叫国债或公债,而偿还期在1年以下的政府债券称为国库券。国库券市场的活动包括国库券的发行与转让流通。

1. 国库券的发行

国外国库券的发行次数频繁,一般有定期发行和不定期发行两种。例如,美国定期发行的国库券有每周发行和每月发行两类。不定期发行的国库券更为灵活,需要时可以连续数天发行。国库券的发行对象主要是金融机构、企业和居民。

国库券在市场发行时,需要通过专门的机构进行,这些机构通常被称为"一级自营商",往往由信誉卓著、资力雄厚的大商业银行或投资银行组成。

国库券的市场发行一般采取拍卖方式折扣发行。当发行代理人(财政部或中央银行)发出拍卖信息(种类、数量)后,"一级自营商"即根据市场行情和预测报出购买价格与数量。当"一级自营商"获得承销量之后,即向零售商或投资者销售。

国库券的发行价格为折扣价格,其发行又称折价发行。即发行价格低于国库券面值,但按面值偿还,其差价即为投资者的利息收益,等于向投资者提前支付了利息。

2. 国库券的转让流通

国库券的转让流通可以通过贴现或买卖方式进行。国库券具有信誉好、期限短、利率优惠等优点,是短期资金市场中最受欢迎的金融工具之一。

国库券在二级市场能顺利地转让流通,迅速变为现金。在国外,国库券市场非常活跃,不仅是投资者的理想场所和商业银行调节二级准备金的重要渠道,还是政府调整国库收支的重要基地,更是中央银行进行公开市场业务操作以调节货币信用的重要场所。

1981年我国开始发行"中华人民共和国国库券"实物券,到1998年取消实物券,代之以凭证式和记账式债券,前后经历了17年,共发行了80多个品种,金额高达数千亿元人民币。面值有1元、5元、10元、50元、100元、1 000元、1万元、10万元、100万元等。

(二)短期公司债券市场

短期公司债券是工商企业为了筹集临时性周转资金而发行的偿还期限在1年以下的债

券。金融机构中的银行因为以吸收存款作为自身的主要资金来源,并且很大一部分存款的期限是1年以下,所以较少发行短期债券。短期公司债券的主要特点是:

(1)对发行者资格的考核相当严格,具有较高资信的公司或企业才能发行。

(2)期限较短。一般是3个月、6个月、9个月、12个月。

(3)利率不高于银行相同期限的贷款利率。

2005年5月25日,中国人民银行下发《短期融资券管理办法》,标志着短期融资券以规范的形式进入市场。我国短期融资券是指发行主体为非金融企业、发行场所为银行间债券市场、发行对象为机构投资者而非个人投资者且发行期限不超过365天的企业债券。短期融资券在发行次日后就可以在银行间债券市场流通,债券利息与发行价格由发行主体与承销商共同商定。可以看出,短期融资券在发行、监管、流通等各环节的市场化原则,使短期融资券在性质上基本实现了与国外融资性商业票据的接轨。

中国银行间市场交易商协会2010年12月21日发布《银行间债券市场非金融企业超短期融资券业务规程(试行)》,并正式在银行间债券市场推出超短融业务。超短期融资券(SCP)是指具有法人资格、信用评级较高的非金融企业在银行间债券市场发行的,期限在270天以内的短期融资券。作为非金融企业债务融资工具的一种,超短期融资券从期限上来看属于货币市场工具范畴,具有信息披露简洁、注册效率高、发行便利、资金使用灵活等特点。中央国债登记结算有限公司编制的《中国债券市场概览(2016)》中的统计数据显示,2016年短期融资券(含超短融)发行量为3万亿元。据Wind咨询统计,2020年超短期融资券发行4 331支,发行金额4.50万亿元;短期融资券发行515支,发行金额0.49万亿元。

四 大额可转让定期存单市场

大额可转让定期存单(以下简称"大额存单"),也称CDS,是银行发行的具有固定期限和一定利率,并且可以转让的金融工具。这种金融工具的发行和流通所形成的市场称为可转让定期存单市场。第一张大额存单是由美国花旗银行于1961年创造的,其目的是稳定存款、扩大资金来源。

大额存单的主要特点表现为:

(1)不记名。大额存单可以自由转让,持有者需要现款时即可在市场上转让出售。

(2)金额固定,面额大。美国的大额存单最低起价为10万美元,存单的期限通常不少于2周,大多为3或6个月,一般不超过1年。大额存单的利率略高于同等期限的定期存款利率,与当时的货币市场利率基本一致。

(3)允许买卖、转让。大额存单集中了活期存款和定期存款的优点。对于银行来说,它是定期存款,未到期不能提前支取,故可作为相对稳定的资金用于期限较长的放款;对于存款人来说,既有较高的利息收入(国外活期存款一般没有利息),又能在需要时转让出售,迅速变现,是一种理想的金融工具。

大额存单的发行采取批发和零售两种形式。批发发行时,发行银行将拟发行大额存单的总额、利率、期限、面额等有关内容预先公布,等候认购。零售发行时,发行银行随时根据投资者的需要发行,利率可以双方议定。许多大额存单的发行不通过经纪人和交易商,而是由发行银行直接向大企业或客户出售。因为这样可以提高发行银行经营状况的透明度,保证发行银行始终保持良好的信誉形象。

我国大额存单的发行始于1986年,最初由中国银行和交通银行发行。从1989年起,其他银行也开始发行。对个人发行的存单面额为500元及其整数倍,对机构发行的存单面额为50 000元及其整数倍,存单的期限分别为1个月、3个月、6个月及1年;存单不分段计息,不能提前支取,到期时一次性还本付息;存单由银行的营业柜台向投资者发放,不须借助于中介机构。存单的利率水平一般是在同等期限的定期储蓄存款利率的基础上再加1~2个百分点。不过,由于大额存单业务出现了各种问题,如利率过高引发的存款"大搬家"、盗开和伪造银行存单进行诈骗等犯罪活动猖獗等,1997年监管部门暂停审批大额存单的发行申请,该业务陷入停滞。大额存单基本上是世界各国通往利率市场化的必经之路,随着我国利率市场化改革的不断深入,启动大额存单业务的市场呼声日益提高。

2015年6月2日,中国人民银行发布《大额存单管理暂行办法》,规定大额存单的发行主体为银行业存款类金融机构,包括商业银行、政策性银行、农村合作金融机构以及央行认可的其他金融机构等。其中,个人投资人认购的大额存单起点金额被设定为不低于30万元,机构投资人认购的大额存单起点金额则不低于1 000万元。大额存单发行渠道主要采用电子化的方式,既可以在发行人的营业网点、电子银行发行,也可以在第三方平台及经中国人民银行认可的其他渠道发行。大额存单可以通过第三方平台转让;通过发行人营业网点、电子银行等自有渠道发行的大额存单,也可以通过自有渠道办理提前支取和赎回。此外,大额存单还可以用于办理质押。2016年6月6日,中国人民银行宣布个人投资人认购大额存单的起点金额从不低于30万元降至不低于20万元。

五 回购协议市场

回购协议市场又称为证券购回协议市场,是指根据回购协议,卖出一种证券,并约定于未来某一时间以约定的价格再购回该种证券的交易市场。这里的回购协议是指资金融入方在出售证券的同时和证券购买者签订的、在一定期限内按原定价格或约定价格购回所卖证券的协议。

从交易发起人的角度出发,凡是抵押证券、借入资金的交易就称为正回购;凡是主动借出资金、获取证券质押的交易就称为逆回购。作为回购当事人的正、逆回购方是相互对应的,有进行主动交易的正回购方就一定有接受该交易的逆回购方。

简单而言,正回购方就是抵押证券、取得资金的融入方,即资金短缺者;而逆回购方就是接受证券质押、借出资金的融出方,即资金盈余者。如图7-1所示。

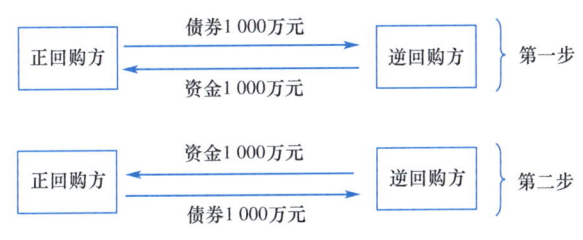

图7-1 回购交易中的债券与资金流动过程

在我国回购协议市场上,回购协议的标的物是经中国人民银行批准的,可用于在回购协议市场进行交易的政府债券、中央银行债券及金融债券。在我国债券回购市场上,存在质押式回购和买断式回购两种类型。

1. 质押式回购

质押式回购又称封闭式回购,是指交易双方以债券为权利质押所进行的短期资金融通业务。在质押式回购交易中,资金融入方(正回购方)在将债券出质给资金融出方(逆回购方)融入资金的同时,双方约定在将来某一日期由正回购方向逆回购方返还本金和按约定回购利率计算的利息,逆回购方向正回购方返还原出质债券。

2. 买断式回购

买断式回购又称开放式回购,它与目前债券市场通行的质押式回购的主要区别在于标的券种的所有权归属不同。在质押式回购中,资金融出方(逆回购方)不拥有标的券种的所有权,在回购期内,资金融出方无权对标的债券进行处置。

根据中国人民银行规定,非金融机构、个人不得参与银行间债券回购业务。个人投资者可参与交易所债市的质押式回购,即交易双方以债券为权利质押所进行的短期资金融通业务。目前大部分券商开通了个人国债回购业务,个人投资者要参与国债回购,须携带股东卡和身份证去营业部,并填写一份签约书。一般情况下,深市当日、沪市在第二个交易日便可以交易。在操作上,国债回购和股票买卖类似,对个人投资者来说,进行回购的操作就是"卖出"——逆回购。国债回购最小交易金额为10万元,最大交易金额为1 000万元。

为进一步规范债券回购交易行为,防范市场风险,中国银行间市场交易商协会于2013年1月21日发布了《中国银行间市场债券回购交易主协议(2013年版)》(简称《主协议》)。《主协议》树立了债券回购市场的"中国标准",可提升中国金融市场标准制定方面的话语权,增强了债券市场价格发现功能,完善了回购市场风险管理制度,有助于降低发生区域性、系统性风险的概率。

六 货币市场共同基金市场

货币市场共同基金(简称货币市场基金)是一种投资于短期票券的共同基金,最早于1972年创设于美国。货币市场基金的创设机构是共同基金经理公司、保险公司及证券公司等非银行金融机构,这些机构设立货币市场基金的目的是回避金融当局对利率的管制。它们通过发行短期票券的形式吸收小额投资者的资金,形成共同基金,然后将集中起来的基金组合投资于货币市场上的各种金融商品,为投资者赚取较高的利润。货币市场基金投资组合因不同的选择目标而定,保守的基金运作者投资于国库券或免税的政府债券,一般投资组合都包含商业票据、银行定期存单、承兑汇票、政府短期债券、境外美元存单等,偶尔也会选择长期债券或外国债券来提高收益率。

货币市场基金交易一般不需要手续费或销售佣金,而且管理费用大都低于1%。这种基金每天都计算一次利息收入,然后依照客户指示存入账户或自动再投资。基金的收益每天都有变动,因为每天的投资组合都有到期的票券,而新的票券的利率是根据当时的市场利率决定的,当市场利率下跌时,货币市场基金的收益也跟着下跌。货币市场基金与其他投资股票的共同基金最主要的不同在于基金的股份价格是固定不变的,通常是每股1美元。投资货币市场基金,投资报酬就是不断累积增加投资人所拥有的股份。

例如,某投资人以1 000美元投资于货币市场基金,可拥有1 000个股份,一年以后,若投资报酬率为10%,那么该投资人就多了100股,总共为1 100股,价值1 100美元。因此,衡量货币市场基金表现好坏的标准是收益率。投资人投资的目的不在于基金利得,而是希望获取较高的收益率,并利用收益再投资,达到复利成长的效果。

货币市场基金为小额投资者提供了一个进入货币市场的机会,而且还能获得银行存款所不能提供的高利率。同时,由于货币市场基金的投资人还可以将资金提取出来,这有些类似于银行的活期存款账户,因而,对投资人来说,资金的安全性与变现性丝毫没有减少。另外,货币市场基金的收益率比其他金融机构的各种投资工具的获利都要高,因为要具备同样的资金流动性,金融机构也是把资金拿去投资于货币市场,扣除各项费用,其获利额必然会打折扣,不像货币市场基金可以直接反映投资的表现。可见,货币市场基金所能提供的方法与收益,是短期闲置资金最好的投资去处。

▶ 思考与讨论:货币市场基金与银行储蓄存款的区别是什么?

我国《货币市场基金管理暂行规定》中所称的货币市场基金,是指仅投资于货币市场工具的基金。包括以下金融工具:现金;1年以内的银行定期存款、大额存单;剩余期限在397天以内的债券;期限在1年以内的债券回购;期限在1年以内的中央银行票据;证监会、中国人民银行认可的其他具有良好流动性的货币市场工具。

货币市场基金不得投资于以下金融工具:股票;可转换债券;剩余期限超过397天的债券;信用等级在AAA级以下的企业债券;证监会、中国人民银行禁止投资的其他金融工具。

对于每日按照面值进行报价的货币市场基金,可以在基金合同中将收益分配的方式约定为红利再投资,并应当每日进行收益分配。

货币市场基金在全国银行间市场的交易、结算活动,应当遵守中国人民银行关于全国银行间市场的管理规定,并接受中国人民银行的监管和动态检查。

2003年12月14日上午9点,货币市场基金的第一单——华安现金富利投资基金诞生,紧接着招商现金增值基金和博时现金收益基金开始发售。根据中国证券投资基金业协会公布的数据,截至2020年底,我国货币市场基金332支,管理的资产总值达80 521.47亿元。

第三节 资本市场

资本市场是指以期限1年以上的金融工具为媒介,进行长期性资金交易活动的市场,又称长期资金市场,包括股票市场、债券市场、基金市场等。其融通的资金主要作为扩大再生产的资本使用,因此称为资本市场。

资本市场和货币市场都是资金供求双方进行交易的场所,是经济体系中聚集、分配资金的"水库"和"分流站",但两者有明确的分工。资金需求者通过资本市场筹集长期资金,通过货币市场筹集短期资金。从历史上看,货币市场先于资本市场出现,货币市场是资本市场的基础,但资本市场的风险要远远大于货币市场。资本市场的主要特征有:

(1)交易期限长。资本市场所交易的金融工具期限长,至少在1年以上,最长的可达数十年;股票则没有偿还期限,可以长期交易,退市除外。

(2)交易的目的主要是解决长期投资性资金的需要。在资本市场上所筹措的长期资金主要是用于补充固定资本,扩大生产能力,更新、改造或扩充厂房设备,进行长期建设性项目的投资。

(3)资金借贷量大。为满足长期投资项目的需要,通常所需资金量较大。

(4)高收益、高风险性。作为资本市场交易工具的有价证券与短期金融工具相比,变动幅度大,有一定的风险性和投机性。

> 思考与讨论：货币市场与资本市场的区别和联系是什么？

一 股票市场

股票市场是以股票作为交易工具的市场。

（一）股票发行市场

股票发行市场即一级市场,也称初级市场,它是将原始股票售卖给投资者的市场。

1.股票发行市场的构成

股票发行市场由发行者、承销商和投资者构成。股票发行者主要是为筹措资金而发行股票的股份公司,它是原始股票的提供者。股票的承销商进行承销业务、包销或委托销售,是发行市场的批发商和股票发行的中间环节。投资者是指为营利而购买股票的法人或个人。股票发行市场就是由股票发行者将其对外公开销售部分的股票通过协议卖出或委托承销商向投资者销售的过程,也是通过股票筹措资金的过程。股票发行过程结束的同时,意味着筹集股本过程的终止。

2.股票的发行价格

股票的发行价格是指发行新股票时的实际价格,也就是证券发行公司与原始投资者之间所采用的价格。股票的发行价格有以下四种形式：

(1)面额发行。面额发行,也称平价发行,即将发行股票的票面金额确定为发行价格。由于市场价格往往高于股票面值,认购者能够从价差中获取收益,因此一般都愿意接受。面额发行能够保证股票发行公司顺利地实现筹措资金的目的。

(2)时价发行。即不是以面额发行,而是以流通市场上的股票价格(时价)为基础确定发行价格。时价一般高于票面金额,二者的差价称为溢价,溢价带来的收益归股票发行公司所有。时价发行能使发行者以相对少的股份筹集到相对多的资本,从而减轻负担,同时还可以稳定流通市场的股票价格,促进资金的合理配置。在具体决定股票价格时,还要考虑股票销售难易程度、对原有股票价格是否冲击、认购期间价格变动的可能性等因素,因此,一般将发行价格定在低于时价 5%～10% 的水平上是比较合理的。我国上市公司均采用时价发行。

(3)中间价发行。即新股票的发行价格取票面价格和当时市场价格的中间价。这种价格通常在市价高于面额、股票发行公司需要增资但又需要照顾原有股东的情况下采用。按中间价发行实际上是将差价收益的一部分归原股东所有,一部分归公司所有,用于扩大经营。因此,在进行股东分摊时,要按比例配股,不改变原来的股份构成。

(4)折价发行。即按股票票面价格减去一定折扣后所得的价格作为新股票的发行价格。折价发行一般出现在采用包销方式推销股票的发行过程中。证券承销商的报酬来自折扣价格与其再度出售给投资者的价格之间的差额。由于各国一般都规定发行价格不得低于票面金额,因此,折价发行需经过许可方能实行,目前我国不允许股票折价发行。

3.股票的发行方式

股票的发行方式是指股票推销出售的方式。

(1)股票根据发行对象不同划分为公开发行和不公开发行。

公开发行是指向社会广大投资者公开推销股票的方式。

不公开发行是指发行者对特定的发行对象推销股票的方式。不公开发行通常在两种情况下采用:一是股东配股,又称股东分摊,即股份公司按照低于市场价的价格向股东分配该公司的新股认购权,动员股东认购。由于一般配股价格低于市场价格,所以普通股股东都愿意履行配股权。二是非公开增发新股,又称第三者分摊,即股份公司将新股票出售给除股东以外的本公司职工、往来客户等与公司有特殊关系的第三者,目的是调动本公司职工的积极性,搞好公共关系。

(2)根据发行者出售股票的方式划分为直接发行和间接发行。

直接发行是指发行者直接将股票销售给投资者的发行方式。这种发行方式的优点是手续简便,缺点是发行时间较长,不能迅速获取资金,因此只适用于有既定发行对象或发行风险小、手续简单的股票。

间接发行是指发行者将股票委托一家或几家股票承销机构代理发行或承购包销。股票的间接发行有三种方法:一是代销发行,又称委托推销,即承销者在约定的发行日期内,按照规定的发行条件尽力推销股票,承销多少是多少,期满承销不出去的股票退还给发行者,承销机构不承担任何风险。由于全部发行风险和责任由发行公司承担,因此,代销的手续费较低。二是助销发行,又称余额包销发行,即股票承销商与股票发行公司签订合同,承诺在约定期限内如果股票不能全部售出,其余部分将由承销机构全部认购。由于承销机构承担部分股票发行的风险,因此,采用助销发行方式较代销发行方式的手续费高。助销发行方式对发行公司而言,可以保证股票发行任务的按期完成,及时筹措到所需资金。三是包销方式,又称买断发行或直接包销,即承销商先以自有资金一次性买下发行股票的股份公司的全部股票,然后根据市场行情,在适当的时机以略高于认购价的股价转给公众投资者,从中赚取买卖差价,卖价与买价之间的差额为承销商的收入,扣除发行费用即为承销商的包销利润。如果所购的股票不能转售出去,承销商将降低销售价格卖出或自己持有。采用包销方式发行股票,发行公司不仅可及时获得所筹资本,而且不必担心股票能否为公众所认购,且股票的发行风险全部由承销机构承担,因此采用包销方式的手续费最高。

阅读专栏 7.1

上海证券交易所:一声锣响,中国资本市场大幕拉开

如果给中国资本市场的活跃定一个开启节点,那应该是至今仍回响在历史隧道里"铛"的一声锣响。那一天,改革开放后我国建立的第一家全国性证券交易所正式建立并开始交易;那一天,浦江饭店披上了节日的盛装,由时任上海市市长汪道涵手书的"上海证券交易所"七个大字高高地悬挂在外滩——日后全球闻名的金融街的北端。从此,我国资本市场仅用 30 年时间,就走过了西方发达国家上百年的发展历程。

那时候,甭说电脑,电话都"少见得紧",多数人对证券一无所知。至于这家新成立的证券交易所会给上海乃至中国的经济带来怎样的变化与活力,尉文渊自己也不太清楚。当时的尉文渊 35 岁,和他年轻的伙伴们接到筹建上海证券交易所的任务时,他还只是从电影和电视中看到过经过艺术渲染的国外证券交易所的情景。我国的证券交易所什么样?按照什么模式运行?尉文渊这批"破冰者"只能"摸着石头过河"。场地是他穿着皮鞋一步步走出来的,锣是他从十六铺棚户区一个杂货店扛过来的。但在中央决策和上海市委领导的推动下,各个相关部门全力以赴进行配合,整个工程进度日新月异地向前推进。

上海证券交易所的成立是改革开放的重要里程碑,是中国经济金融体系从单一的间接

融资体系走向间接融资与直接融资双轨并驾齐驱的突破性举措,为我国经济改革和经济高速增长提供了崭新的融资机制保障。

从当时还让人觉得有些"异想天开"的电子计算机撮合交易体系,到"沪港通"开通,开启交易所国际合作,31年来,上海证券交易所在改革中前进,在开放中成长。31年里,上海证券交易所除B股外一共形成了46万亿元的总市值,如加上深圳证券交易所,两市共形成80万亿元总市值。这些资金大大加速了我国的经济建设速度。

2018年11月5日,习近平主席在首届中国国际进口博览会开幕式上宣布,在上海证券交易所设立科创板并试点注册制,这更是开启了我国资本市场与时俱进的新篇章。2019年7月22日,首批25家科创企业上市。220天开板、259天首批企业上市的科创板速度,体现了中国资本市场深化改革的迅猛与激情,更彰显了中国改革开放的决心和力度。

从上海证券交易所敲响开市第一声的那面锣,到如今的科创板开市锣,正是这一老一新两面锣,见证了中国资本市场的从小到大、由弱到强以及与全球资本市场愈加紧密的联系。上海证券交易所用堪称奇迹的硕果,证明了成立的及时性和必要性,为我国加快建设现代金融体系、服务经济社会高质量发展贡献了积极力量。

(资料来源:孟歆迪.光明日报,2021年3月30日)

(二)股票流通市场

股票流通市场即二级市场,又称次级市场,是买卖已发行股票的交易市场。

1.股票流通市场的构成

股票流通市场由场内交易和场外交易两种方式构成。

(1)场内交易。场内交易是指通过证券交易所进行的股票买卖流通的组织形式。证券交易所有固定场地、设备和各种服务设施(如行情板、电视屏幕、电子计算机、电话、电传等),配备了必要的管理和服务人员,为上市证券提供交易场所和交易监督,它本身并不从事股票买卖。股票的交易一般是通过交易所内的经纪人成交的。从世界各国情况看,大部分股票的流通转让交易都是在证券交易所进行的。因此,场内交易是股票流通的主要方式。

证券交易所的组织形式有公司制和会员制两种类型。公司制证券交易所本身就是一个股份公司,它以营利为目的,提供交易场地、设施和服务人员,以便于证券商的证券买卖与交割。其主要收入来源是收取上市公司的上市费和成交佣金。经营证券交易所的人不得参与证券的买卖,以保持交易所中证券交易的公正性。国际上影响较大的伦敦证券交易所为公司制证券交易所。会员制证券交易所是靠会员缴纳会费来经营的,它不以营利为目的,而是由会员自治自律的一种证券交易场所。当然,会员制证券交易所一般是在政府部门的严密监督下运营的,是目前世界各国占主要地位的组织形式。我国的深圳和上海证券交易所均为会员制证券交易所。

证券交易所内证券交易的最大特征是采用经纪制,一般投资者买卖证券不能直接进场,而必须委托场内会员进行。

证券交易所的交易采用"价格优先、时间优先、数量优先和个别竞价"的原则进行。

(2)场外交易。场外交易是指不通过证券交易所而进行股票买卖流通的组织形式。场外交易市场与场内证券交易所相比有其自身的特点。

第一,场外交易是一个分散的、无组织的无形市场,它由许多独立经营的证券经营机构分别进行证券交易。它没有固定的场所,交易过程主要依靠现代化的通信技术,如计算机、电话、电传组成的网络接洽成交。

第二,场外交易是一个由投资者直接参与证券交易过程的开放性市场,投资者可以通过经纪委托,也可以直接与证券公司进行交易。

第三,场外交易种类繁多、数量大,除了未上市的证券外,也有一部分已上市的证券在场外进行交易。

第四,场外交易以议价方式进行,每笔交易由投资者与证券公司协商作价,不存在竞争性的要价和报价机制。

场外交易的形式一般有三种:

①柜台交易(OTC)。柜台交易也称店头交易市场,是场外交易的主要形式。柜台交易是买卖双方在证券公司的营业网点内通过当面议价形式完成的。这种交易的参与者主要是证券商和客户,证券商有时作为股票交易的中介人,有时又会用自有资金买卖证券。

②第三市场。第三市场是非交易所会员在交易所以外从事大笔的已在交易所挂牌上市的证券交易而形成的市场。第三市场于20世纪60年代产生于美国,是为满足大额投资者的需要而发展起来的。由于场内交易费用负担很高,那些大宗的团体投资、大额投资开始转到场外第三市场上,寻求费用较低的交易。

③第四市场。第四市场是指机构之间利用计算机网络直接进行大宗证券交易的市场。想要参加第四市场交易的客户可以加入或租用这个网络,买卖股票时,在这一网络联网的终端计算机输入指令,根据计算机终端屏幕上显示出的市场信息和各种上市的股票价格,计算机网络将自动办理配对成交。第四市场不需支付佣金,所以具有交易成本低的特点。

2. 股票流通市场的交易方式

(1)现货交易。现货交易亦称现金现货,它是指股票的买卖双方,在谈妥一笔交易后,马上办理交割手续的交易方式,即卖出者交出股票,买入者付款,当场交割,钱货两清。它是证券交易中最古老的交易方式。现货交易具有以下几个显著的特点:

①成交和交割基本上同时进行。

②是实物交易,即卖方必须实实在在地向买方转移股票,没有对冲。

③在交割时,购买者必须支付现款。

④交易技术简单,易于操作,便于管理。

(2)期货交易。股票的期货交易,是从一般商品的期货中延伸而来的。股票投资的风险性较大,当政治、经济或企业的经营效益等因素发生变化时,股票的价格就会随之上下波动。为了规避风险达到套期保值,1972年5月,在美国的芝加哥期货交易所,产生了股票的期货交易。股票期货交易是指买卖双方交纳少量的保证金就可以签订一份合同,并就买卖股票的数量、成交价格及交割期达成协议,在规定的交割时期履行交割的一种交易。期货交易的期限一般为15~90天,在期货交易中,买卖双方签订合约后不用付款也不用交付证券,只有到了规定的交割日买方才交付货款,卖方才交出证券。结算时是按照买卖契约签订时的股票价格计算的,而不是按照交割时的价格计算。期货交易由于其交割是在未来的时间,所以其投机性很强。

投资者相信未来价格会上涨并买入期货合约称"买空",或称"多头",亦即多头交易。投资者认为未来价格会下跌并卖出期货合约称"卖空",或称"空头",亦即空头交易。

期货交易的主要特点如下:

①成交和交割不同步进行。由于成交时间和交割时间的股票价格会有不同,因此给买卖双方带来额外收益或损失。

②期货交易可以对冲,即双方在清算时可以相互轧差,不一定要交实货。买卖双方可以在临近交割时再买进或卖出相同期货,在交割日买进和卖出的期货因方向相反,可通过交易所对冲,仅支付差额,不付实物。

③期货交易可以利用现货交易和期货交易的套期买卖保护投资利益,而投机者利用买空卖空来获取额外收入。

例如,某投资者从股票的现货市场上以每股 10 元的价格买进 N 手 A 种股票,由于银行利率存在着上调的可能性,未来几个月里股市行情就可能下跌。为了避免股票价格因利率调整而贬值,该投资者便在期货交易市场上与某投机者签订了一份期货合约,约定在 3 个月后将股票以每股 10 元的价格全部转让给投机者。在期货合约到期后将会有两种结果,其一是利率果真上调而导致股票价格的大幅下跌,如股票价格跌至每股 8 元,由于投资者已约定此时将股票以每股 10 元的价格转让给投机者,而市场上的现货价格只有 8 元,投资者将以 10 元卖出的股票在市场上补回,除了保持原有的股票数量外,每股还能获利 2 元。由于投机者在 3 个月前对行情预测的错误,此时他将以高于现货市场的价格将投资者的股票全部买入,每股股票将损失 2 元。其二是在这一时段中利率没有调整,在期货合约到期时,股票价格并未下跌反而涨至每股 12 元,此时投资者仍将履行期货合约所规定的义务,将股票以每股 10 元的价格转让给投机者,而投机者由于事先预测正确,他可将以 10 元买入的股票立即以市价卖出,在每股股票的期货交易中便获取了 2 元的利润。在上述期货交易中,合约到期后投资者与投机者之间也不一定非要进行实物的交割不可,他们只要按照市场价格将其价差补齐即可。如当股票价格涨至每股 12 元时,投资者也不一定非要将股票以每股 10 元的价格交出,他只需将每股 2 元的价差补给投机者就可以了,而对手中的股票,投资者愿意继续持有就保留下来,愿意卖出也可以每股 12 元的价格在现货市场抛售。

目前,我国的股票交易仅以现货交易为法定交易方式,不允许期货交易。沪深 300 股票指数期货于 2010 年 4 月 16 日在中国金融期货交易所上市交易。我国现有的股票指数期货主要有 3 个品种,分别是:IF 沪深 300 股指期货合约,每点 300 元;IC 中证 500 股指期货合约,每点 200 元;IH 上证 50 股指期货合约,每点 300 元。2020 年 10 月 19 日,国家发展和改革委员会发布《深圳建设中国特色社会主义先行示范区综合改革试点首批授权事项清单》,其中,授权推出的深市股票股指期货,将不断丰富我国的股票股指期货产品体系。

阅读专栏 7.2

股指期货与股票现货:到底谁带着谁玩?

"股指期货松绑了!"很多股民又重新开始关注股指期货的行情,因为在很多股民看来,只要股指期货有行情,那么大盘也会随之动起来。那真的是股指期货带着大盘走吗?

中国金融期货交易所董事长张慎峰指出,股指期货无法决定股票现货的走势,经济基本面、金融政策、资金面和投资者参与才是影响股票市场的主要因素,股民之所以误以为是"股指期货带着大盘走",主要是由于交易机制和交易标的差异,股指期货与股市对信息反应的速度有所不同。

武汉科技大学金融证券研究所所长董登新指出,原来股指期货比股市早开盘 15 分钟、晚收盘 15 分钟,给部分投资者造成了股指期货"领先一步"的感觉,经过调整之后,目前股指期货与股市开盘收盘的步调已经一致。此外,股票现货市场约五秒发布一次行情,股指期货则是一秒发布两次行情,行情显示频率的差异给投资者造成了一定的错觉,由于行情刷新速度快,给投资者造成了股指期货跑在前面的印象。

事实上,股票指数是所有成分股价格经计算而成的,而股指期货是直接交易一揽子指数标的,股票交易类似于1和1以上的数字做加法,而期货交易类似于1和1以上的数字做乘法,这也有点类似于"鱼竿钓鱼"和"渔网打鱼"的区别。

厦门大学王亚南经济研究院副教授韩乾认为,期货市场具有价格发现功能,能够反映市场对现货价格的预期变动,无论是股指期货还是商品期货都是如此。股指期货交易成本低、市场流动性好、透明度高,所以能够促进新信息更快融入价格,但价格发现并不是"价格创造"和"价格决定"。

业内人士普遍认为,作为中小散户,不用花太多精力关注股指期货,不需要将股指期货作为自己个股交易的考虑因素。但在"学有余力"的前提下,可以研究股指期货,学习相关知识,作为培养自己"大盘意识"的参考工具,挖掘股指期货走势上的一些规律,学会正确理解并利用这个"温度计"。

(资料来源:刘开雄,潘清,许晟. 新华网,2017年2月20日)

(3)信用交易。信用交易又称垫头交易、保证金信用交易或融资融券交易。信用交易就是股票交易者通过支付一定数额的保证金,得到交易所经纪商的信用而进行股票买卖的一种交易。投资者如欲购买某种股票,采用信用交易方式只需付部分价款,其余部分则由交易所经纪商垫付,当然,这部分垫款需由投资者支付一定的报酬和利息。股票买进后,如果价格上涨,买入者便赚取高额利润,付给经纪商的费用可用买入的股票做抵押,待出卖后再予以支付;如果投资者预测某种股票价格将下跌,决定以现有的高价位卖出股票,而手中又无此种股票,则可通过交付一定的保证金和费用,由经纪商代向股票市场借进股票卖出,卖出之后一段时间以低价位补回股票,再还回借入的股票,若股价正如所料的那样下跌了,便可获利。但当买者和卖者预测失误时,不能偿还这些垫款,经纪商则有权出售这些股票。

投资者在开立证券信用交易账户时,须存入初始保证金。融资的初始保证金比例在不同国家和地区有不同规定,从10%至90%不等,我国香港可低至10%,美国一般为50%。信用交易方式对于扩大股票交易量、活跃股票市场有很大的作用,但同时加剧了股票市场的投机性。

在股票的信用交易中,做保证金多头交易的前提是投资者预测行情上涨,如股票后市不像投资者预测的那样乐观,则投资者的损失也将加倍。

如某投资者认为某种股票的价格将上涨,其市价为每股100元,但其手中只有1万元资金,只能购入1手。他想大量买进然后在上涨时抛出以获取高额价差,就决定做保证金多头交易,于是该投资者与券商签订信用交易协议,言明保证金比例为25%。这样,该投资者便以每股100元的价格购得股票4手。不久之后,股票价格上涨到每股120元,该投资者便抛出股票并与券商清算,在扣除各种费用后,该投资者每手股票赚得价差1 700元,4手股票累计赚取利润6 800元。如果不采取信用交易方式,该投资者用自己的资金就只能买1手股票,赚得的利润也就只有1 700元。

如果投资者预测错误,其损失将比不做信用交易要大得多。如上例中,投资者购入股票后价格不涨反而急剧下跌,为了避免股价进一步下跌造成更大的损失,该投资者决定以每股

80元的价格将股票抛出,这样每手股票就造成亏损2 300元。如果该投资者仅用自有资金购入股票,其亏损也就2 300元,但由于采取了信用交易,该投资者累计将损失9 200元,几乎把自己的本钱都赔了进去。

同样,当投资者预期股票价格将下降时,他想从股票的下跌中得到好处,但其手中股票不多甚至一点都没有,在这种情况下,他也可借助于信用交易方式,向经纪商交纳一定比例的保证金,而后由该经纪商垫付股票,同时将股票出售,这就是保证金空头交易。当过一段时间股价下跌后,投资者再以市价买进同等数额的股票归还经纪商,扣除佣金和垫款的利息后,其余额就是投资者卖出买进差价的利润。

在保证金空头交易中,其前提条件是投资者预测行情下跌并被证实,如股票后市不像投资者预测的那样下跌,则投资者的损失也将加倍。

如某种股票的市价为每股100元,投资者认为它的价格已处高位,其不久将下跌,但其手中只有1万元资金且不持有该种股票。他想大量抛售该种股票然后在价格下跌后补进以获取高额价差,于是他决定做保证金空头交易。该投资者与经纪商签订信用交易协议,言明保证金比例为25%,这样,该投资者便从经纪商处借得股票4手并以市价抛出。其后不久,该股票价格果然跌至每股80元,该投资者便将股票买回交与经纪商并与其结算。在扣除各种费用后,该投资者每手股票赚得价差1 700元,4手股票累计赚取利润6 800元。

如果预测错误,投资者将因股票价格的上涨而遭受损失。

假设投资者抛出股票后价格不跌反涨,为了避免股价进一步上涨带来更大的损失,该投资者决定以每股120元的价格将股票买回,这样每手股票就造成亏损2 300元,4手一共造成亏损9 200元。

信用交易具有四大基本功能:一是价格发现功能,使证券价格能更充分地反映证券的内在价值;二是市场稳定功能,有助于市场内在的价格稳定机制的形成;三是流动性增强功能,有利于活跃相关证券的交易;四是风险管理功能,为投资者提供了一种规避市场风险的工具。

我国的信用交易是由证监会按照"试点先行、逐步推开"的原则,择优选择优质证券公司进行融资融券业务的首批试点。2010年3月19日,证监会公布了首批6家融资融券试点券商名单,分别是国泰君安、国信证券、中信证券、光大证券、海通证券和广发证券。深圳、上海证券交易所正式向6家试点券商发出通知,于2010年3月31日起,接受券商的融资融券交易申报,标志着我国股市告别了长达20年的"单边市"时代。2011年10月28日,证监会发布关于修改《证券公司融资融券业务试点管理办法》的决定,表明证券公司融资融券业务正式从试点转入常规,融资融券业务开始全面铺开。2015年7月1日,证监会发布修订后的《证券公司融资融券业务管理办法》,这次修订是在总结前期融资融券业务运行的经验教训后及时推出的,此后融资融券业务的监管更多依赖于券商自身,业务发展更趋市场化。沪深交易所公布的数据显示,截至2021年3月31日,沪深两市的融资融券余额为16 547.79亿元。其中,融资余额为15 097.22亿元。分市场来看,沪市两融余额为8 850.61亿元,深市两融余额为7 697.18亿元。

(4)期权交易。股票期权交易是西方股票市场中相当流行的一种交易策略。期权实际上是一种与专门交易商签订的契约,规定持有者有权在一定期限内按交易双方所商定的"协定价格",购买或出售一定数量的股票。对购买期权者来说,契约赋予他的是买进或卖出股票的权利,他可以在期限以内任何时候行使该权利,也可以到期不执行而任其作废。但对出售期权的专门交易商来说,则有义务按契约规定出售或购进股票。

期权交易需要考虑的因素:一是期权的期限,即期权的有效期,一般为3个月左右;二是交易股票的种类、数量和协定价格;三是期权费,亦称保险费,是指期权的价格。

期权交易的特点是:

①交易的对象是一种权利,一种关于买进或卖出证券权利的交易,而不是任何实物。这种权利,具有很强的时间性,它只能在契约规定的有效日期内行使,一旦超过契约规定的期限,就被视为自动弃权而失效。

②交易双方享受的权利和承担的义务不一样。期权的买入者享有选择权,他有权在规定的时间内,根据市场情况决定是否执行契约。

③期权交易的风险较小。对于投资者来说,利用期权交易进行证券买卖的最大风险就是购买期权的费用。

期权交易可分买进期权交易和卖出期权交易两种。

①买进期权。买进期权又称看涨期权或"敲进"。买进期权是指在协议规定的有效期内,协议持有人按规定的价格和数量购进股票的权利。期权购买者购进这种买进期权,是因为他对股票价格看涨,将来可获利。购进期权后,当股票市价高于协定价格加期权费用之和时(未含佣金),期权购买者可按协议规定的价格和数量购买股票,然后按市价出售,或转让买进期权,获取利润;当股票市价在协定价格加期权费用之和之间波动时,期权购买者将遭受一定损失;当股票市价低于协定价格时,期权购买者的期权费用将全部消失,并将放弃买进期权。因此,期权购买者的最大损失是期权费用加佣金。

②卖出期权。卖出期权是买进期权的对称,亦称看跌期权或"敲出",是指交易者买入一个在一定时期内以协定价格卖出有价证券的权利。买主在购入卖出期权后,有权在规定的时间内,按照协定价格向期权出售者卖出一定数量的某种有价证券。在证券市场上众多的交易方式中,一般来说,只有当证券行市有跌落的趋势时,人们才乐意购买卖出期权。因为在卖出期权有效期内,当证券价格下跌到一定程度后,买主行使期权才能获利。此外,如果因该股票行市看跌,造成卖出期权费上涨时,客户也可以直接卖掉期权,这样他不仅赚取了前后期权费的差价,而且还转移了该股票价格突然回升的风险。

> **思考与讨论**:试析期货交易与期权交易的区别。

经中国证监会批准,2015年2月9日,我国首个股票期权上证50ETF期权在上海证券交易所上市,标的是上证50ETF(交易型开放式指数证券投资基金)。2019年12月23日,上海证券交易所、中国金融期货交易所和深圳证券交易所的沪深300股指期权一起上市,合约标的分别是华泰柏瑞沪深300ETF、沪深300指数和嘉实沪深300ETF。随着2019年底沪深300ETF和股指期权的扩容,未来代表中小盘的500以及创业板的股票期权也有望推出。Wind数据显示,2020年1—10月我国股票期权总成交量累计达8.83亿多张,累计成交金额达7 472多亿元,10月末总持仓量达421多万张。

3.股票价格与股票价格指数

(1)股票价格。股票价格也称股票行市,是指股票在流通市场上买卖的价格。在股票发行市场上,其发行价格可能高于或低于股票面值,但不会偏离过远。而在股票流通市场上,股票价格与面值或发行价往往会发生较大的偏离。股票价格的最大特点是波动性较强,有时可能会出现暴涨或暴跌。

股票之所以能够买卖流通,具有买卖价格,是因为它能给持有者带来股利收益。正因为它可以转让流通,会出现买卖价格的上下波动,所以投资者才可能获取差价收益。形成股票价格的基础是股票的价值或其所代表的所有者权益(公司资产净值),但对于股票投资者来说,其最初的动机是获取股利收入,是否投资股票,将取决于认购者对股票预期收益与当前市场利率的比较。这样股票的价格主要取决于两个因素：一是股票预期股息收益；二是市场利率。股票价格与股票预期股息收益成正比，与当前市场利率成反比，用公式表示为

$$股票价格＝股票预期股息收益÷市场利率$$

实际上，影响股票价格的因素很多，如公司情况、股票的供求、经济周期、财政与金融政策、汇率、心理预期等。

(2)股票价格指数。股票价格指数是用以表示多种股票平均价格水平及其变动，并衡量股市行情的指标。由于受政治、经济、市场、交易者心理等多种因素的影响，股票价格经常处于变动之中。为了能够反映这个变化，世界各大金融市场都编制或参考编制股票价格指数，将一定时点上成千上万种此起彼落的股票价格表现为一个综合指标，以反映该股票市场价格水平和变动情况。

股票价格指数包括股价指数和股价平均数两类指标。股价指数反映不同时点的股价变动情况，是以报告期股票价格与基期股票价格相比，即以基期为100%计算报告期股票价格指数的百分数，借以观察股票价格变动趋势与变动幅度。股价平均数反映一定时点多种股票价格变动的综合水平。股票价格指数计算公式如下所示：

①算术平均数法

$$股价平均数 = \frac{各样本股票价格总和}{样本股票数}$$

②加权平均数法

$$股价指数 = \frac{\sum 报告期股票价格 \times 权数}{\sum 基期股票价格 \times 权数}$$

权数可根据需要选择，如发行量、成交量等。目前，世界著名的股票价格指数有美国的道·琼斯股价平均指数和标准普尔股价指数、英国的金融时报指数、日本的日经平均股价指数和东京股市日经指数、香港的恒生指数等。

4. MSCI 指数

MSCI(Morgan Stanley Capital International)是摩根士丹利资本国际公司的简称，中文翻译为明晟公司。MSCI 是一家国际投资市场指数编制公司，1968 年首推资本国际指数。MSCI 不断拓展其指数国际化范围及影响，至今已形成了一整套"全球指数"体系。MSCI 在全球不同市场都编制有当地市场指数以及全球综合指数，同时也是全球投资组合经理采用最多的基准指数。

阅读专栏 7.3

中国市场是 MSCI 全球战略布局重要一环

自 2018 年 6 月 A 股被纳入 MSCI 指数体系开始，A 股与全球市场接轨便按下了"快进键"。作为全球投资经理最多采用的基准指数，"入摩"标志着 A 股由此打开了走向全球的大门。

在 MSCI 的全球战略布局中，中国市场是极为重要的一环。2020 年 6 月，MSCI 任命吴佳清为 MSCI 大中华区营运决策委员会主席。吴佳清表示，MSCI 将 A 股纳入有多方面考虑，其中最为重要的是，海外投资者要对 A 股感兴趣，认可 A 股的投资价值。

2019 年，MSCI 已分三步将 A 股的纳入因子由 5% 提升至 20%，但若想进一步提升纳入比例，还有四个问题需要解决，包括对冲及衍生品缺乏、沪深港通交易假期不同、缺乏可行

有效的综合交易机制以及 A 股结算周期较短。

"目前一些海外投资者对于提高 A 股纳入因子比重的呼声很高,MSCI 作为中间的桥梁,会花大量时间与监管层及投资者沟通,对于这四个需要解决的问题,我们一直在不遗余力地进行协调和推动。"吴佳清称。

对于 A 股被纳入 MSCI 指数,吴佳清认为会给 A 股带来多方面的积极影响。首先是促进 A 股市场更加向国际化方向发展。"目前 A 股在海外投资组合中的占比非常低,远远无法与中国庞大的经济体量相匹配,这一比例未来还有很大的增长空间。"其次,海外资金在投资中会采用国际标准,因此 MSCI 的指数进入中国内地市场后,为中国内地市场带来国际视野,这对于 A 股市场运行机制的健康发展也大为有利。另外,海外投资者进入中国内地市场会需要当地的管理者,中国内地资管机构因此会有更多机会为外资提供服务,而这也是这些中国内地资管机构的一个自我提升过程。

今年年初,MSCI 发布《MSCI 可持续投资原则》,呼吁全球投资者更主动地将环境、社会和公司治理(ESG)因素纳入投资的评估决策中,以减轻相关风险,在快速变化的全球市场中寻找机遇。

"A 股纳入 MSCI 以后,我们开始对 MSCI 成分股进行 ESG 评分,可以看到,近几年来,中国内地上市公司越来越意识到 ESG 评级的重要性,并开始主动与我们沟通,因为他们知道 ESG 评分会作为海外投资者投资决策的重要参考依据。在这个过程中,这些上市公司的管理质量也会得到显著提升。"吴佳清称。

(资料来源:王彭.上海证券报,2020 年 11 月 16 日)

二 债券市场

(一)债券发行市场

债券发行市场亦称债券一级市场或初级市场,指发行新债券的市场。通过该市场,发行者将新发行的债券销售给投资者以筹集资金。

1. 债券发行市场的主体

债券发行市场由债券的发行者、认购者和承销者构成。债券发行者即资金的需求者或筹资者,一般包括政府机构、公司、金融机构等。在债券发行市场上,任何筹资者要想通过发行债券筹措资金,都必须具有良好的信誉,具备对本金与利息的支付能力,同时还要接受有关法律和规章制度方面的约束。债券认购者即资金的供给者或投资者,社会公众、企业事业法人、证券经营机构、非营利性组织、外国机构和个人等都可认购债券,成为投资主体。债券承销者是债券发行市场上的经营主体,是代替发行者办理债券发行和销售业务的中介人。债券承销者主要有投资银行、证券公司、商业银行、信托投资公司等。

2. 债券的发行方式

(1)公开发行与不公开发行。公开发行是指发行者公开向范围广泛的非特定投资者发行债券的一种方式。为了保护一般投资者的安全,公开发行一般要以较高的信用等级为必要条件。公开发行又有三种方式:①募集发行,指在发行前确定发行额、日期、发行价格等要素;②出售发行,指发行额不确定,以某一发售时期内被认购的总额为发行额;③投标发行,指预先确定发行额,由承销者通过投标确定发行价格。不公开发行是指筹资者面向少数与之有密切关系的特定认购人发行债券。不公开发行的对象有两类:一类是个人投资者,如发行给单位职工或经常使用本单位产品的客户;另一类是与发行单位关系密切的企业、公司、金融机构等机构投资者。

(2)直接发行与间接发行。一般来说,不公开发行常采用直接销售方式,即不通过中介机构,发行者直接向特定的发行对象销售债券的方式。公开发行常采用间接销售方式,即通过中介机构办理债券的发行与销售业务。

3.债券的发行条件

债券的发行条件直接影响到发行者的筹资成本,同时也决定了投资者的收益率,因此,发行条件只有制定得合理,才能保证债券发行成功。一般来说,债券的发行条件是由债券的发行额、期限、票面利率和发行价格等因素决定的。

(1)债券的发行额。债券的发行额是由发行者所需资金的数量、发行者的信誉、债券种类以及市场承受能力等因素决定的。如果发行额定得太高,会造成销售困难,由此会影响发行者的信誉,也会对发行后债券的转让价格产生不良影响。因此,有些国家在法律上规定了不同发行者发行债券的最高发行额。

(2)债券的期限。债券的期限应考虑筹集资金的目的和用途、资金运用的周转时间、投资者的投资意向、市场利率变化的发展趋势、流通市场的发达程度等。

(3)债券的票面利率。确定债券票面利率需考虑的因素有以下几个:

①债券的期限。期限短,利率可以低一些;反之,利率需要高一些。

②债券的信用等级。级别越高,说明发行人还本付息能力越强,就可降低债券的利率;反之,应提高债券的利率。

③有无抵押担保。如果债券发行有抵押或担保,利率可以低一些;反之,则高一些。

④金融状况。如果当前市场银根紧缩,市场利率可能会逐步提高,由此,债券发行人应确定较高的发行利率;反之,松动银根时,应确定较低的发行利率。

⑤债券利息的支付方法。实行单利、复利等不同的利息支付方式时,单利计息的债券,其票面利率应高于复利计息债券的票面利率。

⑥管理体制的影响。国家对各种债券的赋税率是不同的,一般来说,政府债券所得收益免征所得税,利率可低一些;而企业债券所得收益不免所得税,利率自然需要高一些。

(4)债券的发行价格。债券的发行价格主要取决于债券期限、票面利率和市场利率水平。发行价格高于面额为溢价发行,等于面额为平价发行,低于面额为折价发行。债券的面值是固定的,发行价格是不定的,尤其是进入流通后的市场价格更是经常变化。发行者还本计息的依据是债券的面值,而不是它的价格。

(二)债券流通市场

债券流通市场亦称债券的二级市场或次级市场,是买卖已发行债券的市场。证券的流通性和变现能力是人们选择投资工具的重要衡量标准之一,因此,债券流通市场是债券发行市场存在的必要条件。

1.债券的交易方式

上市流通债券的交易方式大致有债券现货交易、债券回购交易、债券期货交易。目前在我国深、沪证券交易所交易的债券有现货交易和回购交易。

(1)现货交易,亦称现金现货交易,是指债券买卖双方对债券的买卖价格均表示满意,在成交后立即办理交割,或在很短的时间内办理交割的一种交易方式。例如,投资者可直接通过证券账户在深交所全国各证券经营网点买卖已经上市的债券品种。

(2)回购交易,是指出券方(债券持有方)和购券方在达成一笔交易的同时,规定出券方必须在未来某一约定时间以双方约定的价格再从购券方那里购回原先售出的那笔债券,并以商定的利率(价格)支付利息。目前深、沪证券交易所均有债券回购交易,但只允许机构法人开户交易,个人投资者不能参与。

(3)期货交易,是指债券交易双方成交以后,割和清算按照期货合约中规定的价格在未来某一特定时间进行的交易。2013年9月6日,国债期货正式在中国金融期货交易所上市交易。同日,中国金融期货交易所也公布了国债期货的合约及相关规则。为从严控制上市初期市场风险,五年期国债期货各合约的交易保证金暂定为合约价值的3%。此外,为了避免上市首日波动过大,各合约的涨跌停板幅度为挂盘基准价的±4%。凡是已开通股指期货的投资者可直接交易国债期货。

上市国债期货有利于建立市场化的定价机制,完善国债管理体制,推进利率市场化管理,有利于风险管理工具的多样化,为金融机构提供更多的避险工具和资产配置方式,同时有利于完善金融机构创新机制,增强其服务实体经济的能力。

2. 债券交易价格

债券交易价格又称债券行市,是指在证券交易市场上买卖转让债券的价格。债券交易价格受持有期限、利率水平、供求关系等诸多因素的影响,处于经常变动中。影响债券交易价格最主要的三个因素是:

(1)债券期值,是指债券到期时的价值,即债券到期时的总收入,包括本金和利息。其计算公式为

$$债券期值 = 债券面额 \times (1 + 票面利率 \times 有效期限)$$

(2)债券期限,是指有效期限和待偿期限。前者即从发行日至到期日的期限,后者是指债券进入交易市场后从交易日起到最终偿还日止。

(3)市场利率,是指债券市场上绝大多数买卖双方都能接受的投资收益率。债券转让的理论价格有按单利计算和按复利计算两种不同的计算方法,又由于债券有按年付息和一次还本付息等不同付息方式,所以债券转让价格有各种不同的计算公式。

3. 我国债券市场发展概况

我国债券市场从1981年恢复发行国债开始至今,经历了曲折的探索阶段和快速的发展阶段。目前,我国债券市场形成了包括银行间市场、交易所市场、商业银行柜台市场和自贸区市场四个子市场在内的统一分层的市场体系。所有债券在中央国债登记结算有限责任公司(以下简称"中央结算公司",英文简称"CDC")实行集中统一托管,又根据参与主体层次性的不同,相应实行不同的托管结算安排。

其中,银行间市场是债券市场的主体,债券存量和交易量约占全市场的90%。这一市场的参与者是各类机构投资者,属于大宗交易市场(批发市场),实行双边谈判成交,逐笔结算。银行间市场投资者的证券账户直接开立在中央结算公司,实行一级托管,中央结算公司还为这一市场的交易结算提供服务。银行间市场已成为政府、金融机构和企业的重要融资和投资平台,也是货币政策操作的重要平台,在有效配置金融资源、保障货币政策有效传导、维护宏观经济健康运行等方面发挥着越来越重要的作用。

交易所市场是另一重要部分,其参与者是除银行以外的各类社会投资者,属于集中撮合交易的零售市场,实行净额结算。交易所市场实行两级托管体制,其中,中央结算公司为一级托管人,负责为交易所开立代理总账户;中国证券登记结算有限责任公司(以下简称"中证登",英文简称"Chinaclear")为债券二级托管人,记录交易所投资者账户。中央结算公司与交易所投资者没有直接的权责关系,交易所交易结算由中证登负责。

商业银行柜台市场是银行间市场的延伸,也属于零售市场。柜台市场实行两级托管体

制,其中,中央结算公司为一级托管人,负责为承办银行开立债券自营账户和代理总账户;承办银行为债券二级托管人,中央结算公司与柜台投资者没有直接的权责关系。与交易所市场不同的是,承办银行日终需将余额变动数据传给中央结算公司,同时中央结算公司为柜台投资者提供余额查询服务,成为保护投资者权益的重要途径。

自贸区市场是银行间市场的延伸,定位于"在岸的离岸市场",是我国债券市场开放发展的重要尝试,有助于吸引境外投资者参与境内债券市场,丰富债券发行和投资主体,拓宽离岸人民币资金的回流渠道,加快人民币国际化进程。中央结算公司为上海自贸区债券提供发行、登记、托管、结算、付息兑付、估值、信息披露等一体化服务,投资者可通过自贸区电子平台或自贸区柜台市场承办机构进行投资。

中央结算公司发布的《2020年债券市场统计分析报告》显示,2020年我国债券市场运行平稳,债券发行量大幅增长,存量规模稳步增长,交易结算量增幅扩大。2020年,债券市场共发行各类债券37.75万亿元,同比增长39.62%。债券市场总托管量达到104.32万亿元,同比增长19.38%。现券、回购和借贷交易结算量1 540.11万亿元,同比增长17.81%。债券市场为保障我国经济发展提供了重要的金融服务和支持。

阅读专栏 7.4

富时罗素将纳入中国国债,对中国债券市场将带来什么影响?

靴子落地!伦敦当地时间2021年3月29日,富时罗素公司确认从今年10月开始,将中国国债纳入其主力债券指数富时罗素全球政府债券指数(WGBI)。

至此,全球三大主流债券指数都已正式"拥抱"中国债券。此前,中国债券已先后纳入彭博巴克莱全球综合指数和摩根大通全球新兴市场政府债券指数。中国国债在WGBI中的权重将为5.25%,将于2021年10月29日开始的36个月内分阶段纳入,以确保市场和投资者的有序过渡。

此次"入指"意味着中国债市已进入三大全球最主要债券指数,将在中长期为中国债市吸引更多国际资金投资,这其中既包括国际指数追踪的被动投资者,也包括未来更多其他类型投资者,促进债市开放多元的发展。此外,"入指"也为外汇市场注入新的内容和活力,提升了市场广度与深度,加速了人民币国际化的发展。

汇丰银行(中国)有限公司副行长兼环球资本市场联席总监张劲秋指出,WGBI是富时罗素追踪资金量最大的旗舰指数,追踪该指数的资产管理规模约达2.0万亿至2.5万亿美元。汇丰预计,根据此次公布的纳入权重5.25%来测算,将有望吸引总计约1 300亿美元的境外资金流入中国债券市场。同时,随着三大国际主流指数的全部纳入以及中国债市吸引力的不断提升,汇丰预计到2024年10月WGBI完成中国国债纳入后,境外投资者持有中国国债的规模将从2021年2月底的2.1万亿元(人民币,下同)增至约3.8万亿元。

张劲秋表示,近年来,中国债券市场的对外开放不断深入,相继推出了多项举措,为境外投资者参与中国债市提供便利,基础设施不断完善,流动性日益提升,在市场波动中也体现出了稳定性。截至2021年2月底,境外机构已经连续27个月增持中国债券。"我们有信心,未来境外投资者对中国债市的兴趣还将不断增加,中国债市在国际金融市场上的影响力也将进一步提升。"

国家外汇管理局副局长、新闻发言人王春英此前在接受中新社记者采访时称,当前属于外资增配建仓期,所以大家看到外资流入多一些,未来会进入到稳定发展期。"中国金融市场持续对外开放,债券市场仍然是相对稳定的外资投资渠道,全球投资者也需要配置人民币资产。从风险和发展角度来说,我们会继续加强监测。"

(资料来源:夏宾.中国新闻网,2021年3月31日)

三 证券投资基金市场

(一)证券投资基金的发行

证券投资基金的发行是以发行基金券的方式进行的。公司型基金券表现为公司股份,其发行与公司股票的发行相同。契约型基金券表现为受益凭证,其发行方式有:

1. 定向发行与公开发行方式

定向发行只能由特定投资者认购基金受益凭证;公开发行则是社会公众都能自由购买基金受益凭证。一般投资基金多采取公开发行的方式。

2. 自行发行与通过中介机构发行

自行发行即直接销售方式,由于不经过中介机构,未增加中介费用,所以基金券出售的费率低于其他销售方式。通过中介机构发行又包括两种方式:第一种是包销方式,即基金券的全部或大部分是由经纪人包销的,经纪人以净资产值购买基金券,然后再以公开销售价格出售给投资人,以赚取买卖差价。第二种是销售集团方式,在基金规模很大时,由包销人牵头组成一个或数个销售集团,每个销售集团由一定数量的经纪人组成,各个经纪人分别代理销售一部分基金券,包销人支付销售费用给经纪人。

契约型基金的发行一般按面值发行,不能溢价发行,其发行价格是按基金单位金额和发行手续费来确定的,计算公式为

$$发行价格 = 基金单位金额 + 发行手续费$$

$$发行手续费 = 基金单位金额 \times 发行手续费率$$

发行手续费率的高低依据发行总额、发行者的信誉、基金种类的不同而变化。目前我国的基金类型全部是契约型。

(二)证券投资基金的交易

证券投资基金一般都有规定的经营期限,短的3~9年,长的10~20年。在其存续期限内,基金的受益凭证可在投资者之间相互转让和流通。基金的交易与股票、债券有相同之处,但也有自己的特点。

1. 基金交易的方式

封闭型基金是公开交易的,首次发行结束后就封闭起来,投资者在基金存续期内是不能要求将持有的基金受益凭证赎回的,而只能转让给第三者(转让价格以基金的净资产为基础,但主要受市场供求变化的影响,与股票行情基本是相同的)。只有基金规定的期限到达后,封闭型基金才能赎回。

开放型基金的交易实际上是在投资者和基金管理人之间进行的。投资者转让开放型基金的受益凭证,只需到基金管理人在首次发行结束一段时间(通常是3个月)后,开设的专门柜台,在其营业时间内随时可申购或赎回该基金。

2. 基金交易的场所

封闭型基金的交易场所一般为证券交易所或证券交易中心的会员处,这种交易场所比较固定,交易时间确定,使交易能集中进行,从而提高了交易的效率。

开放型基金不像封闭型基金可上市交易,其交易是在各基金专门开设的柜台进行的,该基金一般会在公开证明书中给予详细指导。

(三)我国证券投资基金市场的现状

1997年11月14日,国务院证券委发布《证券投资基金管理暂行办法》,我国投资基金业步入了规范化发展的轨道。1998年3月23日,我国前两个完全按照新的基金办法成立的基金金泰、基金开元分别在沪深两地网上发行。在随后的4个月中,又有3个新基金——基金兴华、基金安信和基金裕阳分别成立。由此,我国的证券投资基金业才真正迎来了发展的黄金时期。

《中华人民共和国证券投资基金法》于2004年6月1日实施,该法规主要对公募基金进行规范,但对采用非公开方式募集设立的基金缺乏具体规定。随着我国经济结构调整和居民财富管理需求增长,非公开募集基金快速发展,但由于非公开募集基金的设立和运作缺乏法律依据,导致资金募集和投资行为不规范,容易损害投资者权益,滋生非法集资等社会问题。2013年6月1日,修订后的《中华人民共和国证券投资基金法》正式实施。新基金法将私募基金纳入监管范围,适当放松公募基金准入标准,明确了"公开募集"与"非公开募集"的界限,将私募基金作为具有金融属性的金融产品纳入监管范围。

中国证券投资基金业协会网站的数据显示,2020年底,我国境内共有基金管理公司132家。其中,中外合资公司44家,内资公司88家,以上机构管理的公募基金资产净值19.89万亿元。其中,封闭式基金1 143只,资产净值2.56万亿元;开放式基金6 370只,资产净值17.33万亿元。中国证券投资基金业协会已登记私募基金管理人24 561家,外资私募基金管理人32家。已备案私募基金数量96 852只,管理基金规模15.97万亿元。

案例7.2　QDLP试点扩容至广东全省　推进金融市场双向开放

记者从国家外汇管理局广东省分局获悉,为稳步推进我国金融市场双向开放,近日国家外汇管理局批复同意在广东省(不含深圳)开展合格境内有限合伙人(QDLP)对外投资试点,试点额度为50亿美元。在此之前,广东省内仅有深圳地区可开展QDLP试点,省内其他地区的投资主体仅能通过QDII、沪港通、深港通等渠道投资于境外证券市场。

民生银行首席研究员温彬对财联社记者表示,目前我国境内投资者的资产配置多元化需求在增加。为了将需求配置到境外,这些年来,我国一直在推进资本项目改革。先是推出了QDII基金,对境外进行证券市场投资;随后又推出了沪港通、深港通、债券通等,可投资境外的股票市场、债券市场。

据了解,为积极支持有能力的境内机构开展多种类型的对外投资,国家外汇管理局自2013年起分别在上海和深圳推出QDLP和QDIE试点。2018年4月,结合试点情况,适应市场主体跨境资产的配置需求,国家外汇管理局稳步推进QDLP和QDIE试点工作,并于近期将上海和深圳两地试点额度分别增加至50亿美元。

温彬指出,QDLP和QDII的区别在于,一是投资主体不同,QDII是国内的公募基金,在募集人民币之后通过换汇到境外投资;QDLP是境外的私募基金在国内设立的试点基金,其背景是外资。二是投资范围不同,QDII主要投资国际市场的股票、债券;QDLP的投资范围则更广,除股票之外,还可投资非上市公司的股权债权、房地产的REITs基金等。

总的来看,温彬认为,QDLP试点有两方面意义,一是满足了境内投资者的资产配置多元化的需要,提高其资产配置的效率和收益。二是我国资本项目进一步开放的方向之一。

此次 QDLP 试点扩容至广东省,是我国审慎稳步推进人民币、推进资本项目开放的一个鼓励措施。这项措施有助于实现我国跨境资金的双向流动,也有助于扩大我国金融对外开放,为形成双循环的新发展格局发挥积极作用。

国家外汇管理局广东省分局相关负责人表示,此次试点获批后,实施地域将扩展至广东全省,省内投资主体通过 QDLP 投资海外市场,不仅可投资于境外非上市股权和债权,还可投资于境外证券市场及其他经批准的投资业务。试点将有效拓宽境外投资范围,提升资产配置效率,有利于广东加快构建以国内大循环为主体,国内国际双循环相互促进的新发展格局,为粤港澳大湾区跨境资本流动和金融市场互联互通拓展新渠道、注入新活力。

恒生银行(中国)有限公司首席经济学家王丹对财联社记者表示,扩大 QDLP 规模是人民币国际化的举措,释放的信号是中国在逐步提高资本账户的开放程度,对资本出海的态度逐步放松。但由于 QDLP 是跨境人民币直投海外私募产品,而后再投资中国,实际募集的人民币资金并不能在此过程中换成外币。这个制度设计决定了 QDLP 实际能带动的资本流出规模将是有限且可控的。

王丹指出,对境内投资者来说,QDLP 扩充了境外投资渠道,可以投资更多海外成熟的基金产品。对于想进入中国的金融外资机构,QDLP 试点也是一个合适的切入点,有利于熟悉市场进而布局立足中国市场的业务。现在 QDLP 试点扩充到广东全省,也会帮助广东形成外资的集聚效应,扩大广东的金融开放程度。

(资料来源:潘婷.财联社,2021 年 3 月 30 日)

第四节　外汇市场

一、外汇与汇率概述

(一)外汇

人们通常认为,外汇就是外国的货币或者说外国的钱,其实这样理解是不够准确的。所谓外汇,就是以外币表示的可用于国际结算的支付手段。一种外币资产成为外汇必须具备的条件是:这些外币资产可用于清偿国际债权债务关系。在各国的外汇管理法令中都沿袭了这一说法。我国于 1996 年 4 月 1 日起实施并于 1997 年 1 月修订的《中华人民共和国外汇管理条例》中规定,外汇包括:

(1)外国货币,包括纸币、铸币;
(2)外币支付凭证,包括票据、银行存款凭证、邮政储蓄凭证等;
(3)外币有价证券,包括政府债券、公司债券、股票等;
(4)特别提款权;
(5)其他外汇资产。

特别提款权(SDR)是国际货币基金组织(IMF)于 1969 年创设的一种储备资产和记账单位。它是国际货币基金组织分配给各会员国的一种使用资金的权利,只能用于官方结算,也就是说会员国发生国际收支逆差时,可用它向基金组织指定的其他会员国换取外汇,以偿付国际收支逆差或偿还国际货币基金组织贷款,还可与黄金、自由兑换货币一样充当国际储备,但其所占比重很小。由于特别提款权只是一种记账单位,不是真正货币,因此,使用时必须先换成其他货币,不能直接用于贸易或非贸易的支付。2015年11月30日,国际货币基金组织正式宣布,2016年10月1日人民币将正式加入国际货币基金组织特别提款权货币篮子,成为继美元、欧元、日元和英镑之后的第五种入篮货币。人民币加入SDR意味着人民币是IMF认定的五种"可自由使用"货币之一,是对人民币实力的认可,成为人民币国际化的重要里程碑。人民币正式加入SDR后,SDR货币篮子权重构成由美元41.9%、欧元37.4%、英镑11.3%以及日元9.4%,变为美元41.73%、欧元30.93%、人民币10.92%、日元8.33%、英镑8.09%。

(二)汇率

1.汇率的概念

汇率又称外汇汇价或外汇行情,是不同货币之间的比率或比价,也可以说是以一种货币表示另一种货币的价格,它反映一国货币的对外价值。如2021年4月9日,USD1=RMB6.5409就是美元相对人民币的价格。外汇是一种可以在外汇市场上自由买卖的特殊商品,汇率就是这种特殊商品的价格。

2.汇率的标价方法

(1)直接标价法。在一国的外汇市场上,以一定单位的外国货币(外币)作为标准来计算折合多少单位的本国货币(本币)的标价方法,称为直接标价法。这种标价法是外币金额不变,总保持一定单位,本币数额随外汇市场行情的变化而变化。如果一定单位的外币比以前换到的本币数额增多了,则说明外币的币值在提高,本币的币值在下降,称作外汇汇率上升;如果一定单位的外币比以前换到的本币数额减少了,则说明本币币值在提高,而外币币值在下降,称为外汇汇率下降。因此,在直接标价法下,外汇汇率的升降与本币币值的高低成反比例变化。目前,世界上大多数国家都采用这种标价法,我国人民币对外币也采用这种标价法。例如,中国人民银行授权中国外汇交易中心公布,2021年4月8日银行间外汇市场美元等交易货币对人民币汇率的中间价为:1美元对人民币6.5463元,1欧元对人民币7.7692元,100日元对人民币5.9590元,1英镑对人民币8.9928元。

(2)间接标价法。在一国的外汇市场上,以一定单位的本币为基准,计算应折合多少单位外币的标价方法,称为间接标价法。这种标价法是本币金额不变,总保持一定单位,外币数额随外汇市场行情的变化而变化。如果一定单位的本币比以前换到的外币数额增多了,则说明本币的币值在提高,外币的币值在下降,称作外汇汇率上升;如果一定单位的本币比以前换到的外币数额减少了,则说明本币币值在下降,而外币币值在上升,称为外汇汇率下降。因此,在间接标价法下,外汇汇率的升降与本币币值的高低成正比例变化。目前世界上有英国、英联邦国家(澳大利亚、新西兰)、美国、欧元区国家采用间接标价法。

为了使世界各地外汇市场标价的一致,美元对英镑、欧元、澳大利亚元、新西兰元仍采用直接标价法。中国外汇交易中心2021年4月9日23:30的外汇市场行情中,外币对即期报价见表7-1。

表7-1　　　　　　　外币对即期报价

货币对	买/卖报价
澳元/美元(AUD/USD)	0.762 23/0.762 27
欧元/日元(EUR/JPY)	130.388/130.390
欧元/美元(EUR/USD)	1.188 50/1.188 50
英镑/美元(GBP/USD)	1.372 34/1.372 34
美元/加元(USD/CAD)	1.255 81/1.255 83
美元/瑞郎(USD/CHF)	0.925 98/0.926 00

(续表)

货币对	买/卖报价
美元/港元(USD/HKD)	7.778 52/7.778 55
美元/日元(USD/JPY)	109.711/109.715
美元/新加坡元(USD/SGD)	1.341 09/1.341 10
新西兰元/美元(NZD/USD)	0.703 90/0.703 94

(资料来源:中国货币网)

(3)汇率的报价。在各国的外汇市场上,汇率报价存在以下特点:

①依外汇市场的惯例,汇率报价是以5位数字来显示的。

如:欧元(EUR)/美元(USD)=1.443 9;英镑(GBP)/美元(USD)=1.986 1;美元(USD)/瑞郎(CHF)=0.783 6。

②按国际惯例,通常用3个英文字母来表示货币的名称。

上述例子中,中文名称后的英文即为该货币的英文代码。如:USD/JPY=78.85。

③汇率的最小变化单位为基本点。

一般而言,汇率价格的最后一位数,称之为基本点,即最后一位数的一个数字变化,就称为一个基本点或称一个点。如:欧元(EUR)/美元(USD)=1.443 9变动为欧元(EUR)/美元(USD)=1.444 0,就说明1欧元(EUR)的价值升值0.000 1美元,即升值一个点。

④报价时前边的货币称为被报价的货币,后边的货币称为报价货币。

如欧元(EUR)/美元(USD)=1.443 9,欧元就是被报价的货币,扮演商品的角色,美元为报价货币,扮演计价的角色。

⑤报价银行报价时同时报出买进或卖出价格,即双向报价,一般只报出买入卖出价的后两位,表现为前头数字小,后头数字大。买入价是银行愿意以此价格买入某货币的汇率,卖出价是银行愿意以此价格卖出某货币的汇率,买入价与卖出价之间的价格差额为价差。买入和卖出都是针对银行而言的,银行买入即投资者卖出,银行卖出即投资者买入。买价和卖价是不同的,其差价就是银行的收益。银行间交易的报价点差正常为2~3点,银行(或交易商)向客户的报价点差依各家情况差别较大。目前国外保证金交易的报价点差基本为3~5点,国内银行实盘交易为10~40点不等。

在直接标价法下,银行报出外汇交易价格时买价在前,卖价在后。例如,某日东京外汇市场USD1=JPY78.85(买价)/76.87(卖价),日元是本币。即78.85表示报价银行买入1美元外汇所支付日元的价格,76.87表示报价银行卖出1美元所收回日元的价格。在间接报价法下,外汇交易银行报出外汇交易价格时是卖价在前,买价在后。例如,某日伦敦市场GBP/USD=1.986 1(卖价)/1.986 4(买价),英镑是本币。即表示报价银行卖出1.986 1美元外汇所收回1英镑的价格,报价银行买进1.986 4美元外汇所支付1英镑的价格。

3.汇率的种类

(1)按照国际货币制度的演变来划分

①固定汇率,是指一国货币对另一国货币的汇率基本固定不变,若变动,波动幅度限制在一个特定的范围内,由官方的干预来保证汇率稳定。

②浮动汇率,是指一国货币与其他国家货币之间的汇率不由官方制定,而是根据外汇市场的供求状况任其自由涨落的汇率,只有汇率出现过度波动时才出面干预。这是固定汇率制瓦解后,各国普遍实行的汇率制度。

(2)从银行买卖外汇的角度划分

①买入汇率又称买入价,是站在报价银行的角度来说的,它是指银行从出口商或个人等

处购买外汇时所使用的汇率。买入价又分为现钞买入价和现汇买入价,通常现钞买入价低于现汇买入价,这是因为商业银行等金融机构在收进外币现钞后,不能在本国境内流通和使用,必须运送到国外变成国外银行存款后才能用于支付和增值,这期间的利息损失以及运费保险费必会发生。因此银行买进外币现钞的价格比现汇低。

②卖出汇率又称卖出价,它是指银行把自己拥有的外汇现钞或现汇出售给需要外汇的顾客时所使用的汇率。

银行外汇买卖业务不收手续费,遵循的原则是贱买贵卖,其间的差额即银行买卖外汇的利润,银行买卖外汇的点差随着市场竞争逐渐减少。

除了买价和卖价外,还有一个中间价,它是现汇买入价与卖出价的平均数。国际货币基金组织所公布的各国汇率、西方报刊公布的汇率、我国央行外汇报价为中间价。

(3)从汇率制定的角度划分

①基本汇率,是本国货币对特定的关键货币的汇率。所谓关键货币,是指本国国际收支中使用最多、外汇储备中所占比重最大、在国际上被广为接受的可自由兑换货币。由于世界各国货币很多,一国货币很难同时与众多外币定出汇率,因此必须选出特定国家的货币作为主要对象,并与这种关键货币对比制定出基本汇率。由于美元在国际货币体系中的特殊地位,各国一般将本国货币对美元的汇率作为基本汇率。

②套算汇率,是根据基本汇率套算得出本国货币与其他国家货币的比率,又称交叉汇率。套算汇率的计算原则是:当一种货币既做报价货币又做被报价货币时,套算汇率为同边相乘;当一种货币同时做报价货币或同时做被报价货币时,套算汇率为交叉相除。

> **例** 如 EUR/USD=1.291 0/1.292 0,USD/JPY=110.20/110.30,
则 EUR/JPY=1.291 0×110.20/1.292 0×110.30=142.27/142.51。
如 USD/JPY=110.20/110.30,USD/CHF=1.194 3/1.194 9,
则 CHF/JPY=110.20÷1.194 9/110.30÷1.194 3=92.225/92.355。

(4)按照外汇买卖的交割期限划分

①即期汇率又称现汇率,它是指外汇买卖双方在成交后的当天或之后的2个工作日以内办理交割所使用的汇率。

②远期汇率又称期汇率,是指事先由买卖双方订立合同、达成协议,买卖双方在约定的日期办理交割时使用的汇率。远期汇率与即期汇率相比有差别,其差额称为远期差价。远期差价由两种货币的利率差异和外汇市场供求状况决定。远期差价的情形有三种(直接标价法的角度):一是升水,表示远期汇率比即期汇率高;二是贴水,表示远期汇率比即期汇率低;三是平价,表示差额为零。

(5)从外汇管理的角度划分

①官方汇率,是指一国的货币金融管理机构如中央银行或外汇管理当局规定并予以公布的汇率。这种汇率具有法定的性质,一切外汇交易都以公布的汇率为准,故又称官价或法定汇率。在外汇管制较严的国家,官方汇率就是实际汇率,往往出现高于官价的黑市汇率。目前我国中央银行每日公布的美元与人民币报价就是官方汇率,各商业银行的报价以此为基准并在央行允许的范围内浮动。

②市场汇率,是指在自由外汇市场上买卖外汇的实际汇率,它随着外汇市场的供求关系变化而自由浮动。在外汇管制较松的国家,官方公布的汇率往往只起中心汇率的作用,实际外汇交易则按市场汇率进行。一般而言,市场汇率高于官方汇率,但由于政府干预,市场汇率不会偏离官方汇率太远。

二、影响汇率变动的主要因素

从直接标价法的角度分析影响汇率变动的因素。

(一)经济因素

1. 国际收支状况

汇率的波动与外汇的供求有着直接的关系。如果外汇供过于求,外汇汇率就趋于下跌;如果外汇供不应求,外汇汇率就趋于上涨。外汇的供给与需求体现着国际收支平衡表所列的各种国际经济交易,国际收支平衡表中的贷方项目构成外汇供给,借方项目构成外汇需求。贷方合计金额小于借方合计金额,一国国际收支表现为逆差,意味着外汇市场外汇供不应求,结果是外汇汇率上升;反之意味着外汇市场外汇供过于求,结果是外汇汇率下降。

2. 通货膨胀率差异

通货膨胀是指纸币发行量超过商品流通所需货币量而引起的货币贬值、物价上涨现象。一国出现通货膨胀意味着该国货币代表的价值量下降。当一国出现的通货膨胀率高于他国通货膨胀率时,这种差异会影响人们对外汇汇率的预期,就会预期该国货币的汇率将趋于疲软,由此将手中的该国货币转化为其他货币,造成该国货币的汇率下跌;反之,则该国货币的汇率上升。

3. 经济增长率

经济增长率对汇率的影响是多方面的。当一国实际经济增长率提高时,一方面反映该国经济实力增强,其货币地位提高,使该国货币汇率有上升趋势;另一方面,经济高速增长,其国民收入提高,可能加大该国对进口原料、设备等生产资料及消费品的需求,在该国出口不变的条件下,将使该国进口大量增加,导致国际收支项目逆差,造成该国货币汇率下降。但如果该国经济以出口导向为主,经济高速增长则意味着出口的增加,从而使经常项目产生顺差,导致该国货币汇率上升。同时,一个国家经济增长势头好,该国的利润率也往往较高,由此可以吸引外国资金流入本国,进行直接投资,从而改善资本账户收支。一般来讲,高经济增长率在短期内不利于本国货币在外汇市场上的行市,但从长期看,却有力支持着本国货币的强劲势头。目前我国的情况就是如此。

(二)政策因素

1. 外汇市场干预政策

各国中央银行为维护经济稳定,避免汇率变动对国内经济造成不利影响,往往会对外汇市场进行干预。在浮动汇率制下,各国央行都尽力协调各国间的货币政策和汇率政策,力图通过影响外汇市场中的供求关系来达到支持本国货币稳定的目的。中央银行影响外汇市场的主要手段是:调整本国的货币政策,通过利率变动影响汇率;直接干预外汇市场;对资本流动实行外汇管制。

2. 利率政策

利率是借贷资本的使用价格,它与各种金融资产的价格、成本和利润紧密相关。一国利率水平的高低反映了借贷资本的供求状况。利率水平变化对汇率的影响主要是通过资本尤其是短期资本在国际的流动起作用的。当一国的利率水平高于其他国家时,国际短期资本就会趋利而入,本国资金流出减少,从而改善资本账户收支,提高本国货币的汇率。反之,当一国利率水平低于其他国家时,则资本流出,从而恶化资本账户收支,降低本国货币的汇率。

在国际资本流动规模巨大,大大超过国际贸易额的今天,利率差异对汇率变动的作用比过去更为重要了。

(三)其他因素

1.市场预期

市场预期因素是影响国际资本流动的另一个重要因素。在国际金融市场上,短期性资金达到了十分庞大的数字。这些巨额资金对世界各国的政治、经济、军事等因素都具有高度的敏感性,受心理预期的支配,一旦出现风吹草动,就到处流动,或为保值,或为获取高额投机利润。这就常常给外汇市场带来巨大冲击,成为各国货币汇率频繁起伏的重要根源。可以说,市场预期因素是短期内影响汇率变动的主要因素,只要市场上预期某国货币不久会下跌,那么市场上立即就可能出现抛售该国货币的行为,造成该国货币的市场价格下降。

2.偶然因素

偶然因素是指意想不到的因素,如地震、洪涝、恐怖事件或谣传、战争等都会使汇率发生变动。

综上所述,影响汇率变动的因素有很多,它们之间相互联系,相互制约,甚至相互抵消,关系相当复杂。因此,我们在分析汇率变化时,不能只从某一角度和某一因素出发,而要从不同角度全面综合剖析。同时,在众多因素中,由于国家不同,时间不同,各因素影响程度不同,因此分析汇率变动还要与一定的社会经济条件和特定的时间相联系,以保证分析的客观性和全面性。

三 外汇市场

(一)外汇市场的概念

外汇市场是指从事外汇买卖的交易场所,或者说是各种不同货币相互之间进行交换的场所。外汇市场的主要特点是:

1.有市无场

外汇市场通过计算机网络来进行外汇的报价、询价、买入、卖出、交割、清算等,所以我们说现在的外汇市场大部分是一个无形的市场,实际上是一个包含了无数外汇经营机构的计算机网络系统。

2.循环作业

由于全球各金融中心的地理位置不同,亚洲市场、欧洲市场、美洲市场因时间差的关系,连成了一个全天24小时连续作业的全球外汇市场。新西兰的惠灵顿外汇市场是全球每天最早开市的市场,交易时间为北京时间4:00—13:00;两个小时之后,澳大利亚的悉尼外汇市场开市,收市也晚两个小时,即北京时间6:00—15:00,主要交易本国货币和美元;东京外汇市场交易时间为北京时间8:00—14:30,交易品种比较单一,主要是美元/日元、欧元/日元;香港外汇市场交易时间为北京时间10:00—17:00;德国的法兰克福外汇市场交易时间为北京时间14:30—23:00;伦敦外汇市场的交易时间是北京时间17:30到次日0:30;纽约外汇市场交易时间是北京时间21:00到次日4:00;由于纽约市场和伦敦市场的交易时间有一段重合,所以在这段时间里,市场的交易最为活跃,交易量最大,行情波动的比例也大;之后惠灵顿外汇市场再次开市。如此24小时不间断运行,外汇市场成为一个不分昼夜的市场,只有星期六、星期日以及各国的重大节日,外汇市场才会关闭。这种连续作业,为投资者提供了没有时间和空间障碍的理想投资场所,不管投资者本人在哪里,他都可以参与任何市场,投资者可以寻找最佳时机进行交易。

3. 交易币种集中

世界外汇交易量虽然十分庞大,但交易的货币种类主要集中在美元、欧元、日元、瑞士法郎、英镑、加拿大元等币种。

4. 汇率波动剧烈频繁

一些颇具实力的外汇投资者资金实力雄厚,实战经验丰富,自20世纪90年代以来,借助于国际金融市场,对某些国家的货币进行异常的投机活动,引起某些国家的货币剧烈变动,破坏程度巨大,以至于爆发金融危机或货币危机,如1992年爆发的欧洲货币危机和1997年爆发的亚洲金融危机。

(二)外汇市场的参与者

1. 商业银行

商业银行是外汇市场的做市商(在国际外汇市场上,所谓"做市商"通常是指有实力和有信誉的商业银行。外汇市场的其他参与者通常向这些商业银行询问所能提供的汇率,充当做市商的商业银行也愿意承担汇率风险并从事交易,市场上一部分外汇因此分流到这些做市商手里),也是外汇市场的主要参与者,既可以以自己的名义参与交易,也可以代客户进行交易。它们进行双向报价,既提供买价也提供卖价。商业银行不但为客户提供了完整的外汇交易服务,同时还进行银行之间的外汇交易,以调整自身在外汇市场中的供求状况,买卖多余的外汇头寸,并利用市场价格的暂时失衡参与外汇投机交易。事实上,外汇市场的绝大多数交易发生在外汇银行之间,故商业银行是外汇市场的中心参与人。

2. 中央银行

中央银行是外汇市场的参与者和调控者,除了代表政府完成国际支付、与大商业银行和国际金融组织进行外汇交易活动外,主要通过一些经济手段和外汇交易政策措施,对外汇市场进行干预和调控,以维持市场的稳定和经济的正常运行。

3. 外汇经纪人

外汇经纪人是经所在国中央银行批准,专门在外汇市场上从事外汇买卖、传达交易信息的中介者。外汇经纪人与银行和顾客都有着十分密切的联系。作为中介,外汇经纪人通过电信网络将商业银行报出的汇率传递给有交易需求的市场参与者。成交后,外汇经纪人通知买卖双方,自己则收取相应的佣金。

外汇经纪人对于外汇市场的中小参与者特别重要,因为中小参与者通过其他渠道很难获得有竞争力的价格。因此在外汇市场上,外汇经纪人十分活跃。通过外汇经纪人完成的交易大约占总外汇交易的40%。

4. 客户

在外汇市场中,凡是在银行进行外汇交易的公司或个人,都是外汇银行的客户,包括进出口商、外汇投资者、投机者、借贷者和其他外汇供求者。这类参与人对外汇有实际的供求。其他外汇供求者还包括由于运输、保险、旅游、留学、单方汇兑、国际有价证券买卖、外债本息收付等交易而产生的外汇供求者。

上述外汇交易的主要参与者,可以组成三对交易组合:银行与银行之间(包括国内银行、国外银行和中央银行)、银行与客户之间、银行与经纪人之间的外汇交易。外汇市场的结构分为两个层次:第一个层次是银行同业市场,这一市场的交易金额一般都比较大;第二个层次是银行与客户之间的交易市场,这一市场的交易往往就在银行的柜面上进行。

(三)外汇市场的交易方式

外汇市场的交易方式有即期外汇、远期外汇、外汇期货、外汇期权交易等。

1. 即期外汇交易

即期外汇交易是最为常见的外汇交易,是指外汇买卖双方以当日的价格达成协议,在成交的当天或之后两个工作日以内办理交割的外汇交易业务。按国际惯例,交割日又称起息日,为成交后的第二个工作日即 T+2,该日必须是两种货币发行国都营业的日子,否则往后顺延,但顺延不可跨月进行,也就是说,若交割日为月末,并且为节假日,则往前推。例如:2007 年 10 月 28 日,某企业与某银行办理了 100 万美元的结汇业务,按照国际惯例,交割日为 10 月 30 日,但该日为休息日,可顺延至 10 月 31 日,但仍为休息日,所以交割日为 10 月 29 日。即期外汇交易所使用的当日汇率就是即期汇率。

在浮动汇率时代,汇率是不断波动的。银行如果买进和卖出的即期外汇数不同,汇率的变化就可能使银行蒙受损失。为了避免损失,银行总是尽量使所买卖的即期外汇金额相同。当银行与商业客户的即期外汇交易自身不相等时,银行就要在即期外汇市场上进行交易,以平衡头寸。

在我国,即期外汇交易有两种,分别为即期结售汇和即期外汇买卖。

(1)即期结售汇。即期结售汇是指银行按照当天挂牌汇率办理结汇或售汇,也就是说银行按照当天挂牌汇率办理的外币与人民币的交换行为。目前我国各行即期结售汇的主要币种为美元与人民币、欧元与人民币、日元与人民币、英镑与人民币、港币与人民币、澳元与人民币等。结售汇牌价实行一日多价。如招商银行官方网站 2021 年 4 月 11 日(更新时间:13:54)发布的即期结售汇参考汇率,见表 7-2。

表 7-2　　　　　　　　　招商银行即期结售汇参考汇率

发布日期:2021-4-11　更新时间:13:54　　　　　　　　单位:元

币种	汇买价	汇卖价	钞买价	钞卖价
美元	653.53	657.79	648.29	657.79
港币	84.11	84.45	83.52	84.45
日元	5.953 7	6.001 5	5.765 4	6.001 5
欧元	777.06	783.30	752.48	783.30
英镑	894.90	902.08	866.59	902.08
澳大利亚元	497.49	501.49	481.76	501.49

(资料来源:招商银行网站)

(2)即期外汇买卖。即期外汇买卖是指投资者进行的外币与外币之间的交易,包括银行与企业之间、银行与个人之间、银行与银行之间的外汇交易。

①银行与企业之间的外汇交易。企业进行即期外汇买卖可以满足客户临时性的支付需要。通过即期外汇买卖业务,客户可将手上的一种外币即时兑换成另一种外币,用以应付进出口贸易、投标、海外工程承包等的外汇结算或归还外汇贷款。

②银行与个人之间的外汇交易。银行参照国际外汇市场的行情,提供即时外汇交易牌价,并接受个人客户的委托,按银行的报价将其持有的外币买卖成另一种外币。个人只需带上身份证或护照、军官证、士兵证等本人有效证件及一定数额的美元或等值外币到银行营业部办理开户手续即可;客户不仅可以将手中持有的利息较低的外币,兑换成另一种利息较高的外币以增加存款利息收入,而且也可以利用外汇汇率的频繁变化,取得汇率差价的收益;交易币种分别是英镑、港币、美元、日元、澳大利亚元、欧元、瑞士法郎、加拿大元等;每笔买卖起点有金额限制,不同银行要求不同。

③银行间的外汇交易。我国银行间外汇交易于2005年5月18日正式上线,目前我国的银行总行都是在国际外汇市场上进行头寸调整的。

2. 远期外汇交易

远期外汇交易也称期汇交易,是指外汇买卖双方达成协议后,签订合同,合同规定交割的汇率和交割的日期,在到期日再办理交割的业务。所以远期外汇业务又被称为预约买卖外汇业务。远期外汇交易所使用的汇率称为远期汇率。远期外汇交易的数量、币种和汇率都是通过远期外汇合同规定的。在我国,远期外汇交易有两种,分别为远期结售汇和远期外汇买卖。

(1)远期结售汇。远期结售汇是指银行与客户签订远期结售汇合同,约定将来办理结汇或售汇的外币币种、金额、汇率和期限;到期后客户外汇收入或支出发生时,即按该远期结售汇合同定明的币种、金额、期限、汇率与银行办理结汇或售汇。经中国人民银行的批准,中国银行从1997年4月1日起开始开办远期结售汇业务,是我国最早开办该业务的银行。2021年4月11日,中国银行人民币远期外汇报价见表7-3。

表 7-3　　　　中国银行人民币远期外汇报价　　　　　　　　　　单位:元

期限	价格	美元	欧元	日元	港币	英镑
一周	买入价	654.662	776.017 5	5.961 715	83.939 729	894.459 642
	卖出价	657.782	784.463 3	6.025 334	84.712 329	903.345 942
一个月	买入价	655.747 5	777.606 35	5.971 922	84.084 555	895.853 889
	卖出价	659.037 5	786.432 75	6.039 695	84.885 755	905.088 189
三个月	买入价	658.65	782.078 9	6.001 673	84.464 114	899.706 125
	卖出价	662	790.964 55	6.070 4	85.279 914	909.032 625
六个月	买入价	662.945	788.707 6	6.046 556	85.015 472	905.514 223
	卖出价	662.285	797.682 4	6.114 908	85.834 572	915.027 123
一年	买入价	670.995	802.084	6.139 119	86.040 582	916.540 948
	卖出价	674.635	811.450 7	6.210 694	86.909 982	926.402 948

(资料来源:中国银行网站)

(2)远期外汇买卖。远期外汇买卖是指交易双方达成交易后,按事先约定的日期和约定的汇率进行的外币与外币交割买卖交易。约定的远期交割日为外汇买卖成交后第二个工作日后的某一天。远期外汇买卖的期限通常为一个月、三个月、六个月、一年以及不规则起息日。远期交易最长可以做到一年,超过一年的交易称为超远期外汇买卖。

远期外汇买卖是国际上最常用的避免外汇风险、固定外汇成本的方法。一般来说,客户对外贸易结算、到国外投资、外汇借贷或还贷的过程中都会涉及外汇保值的问题,通过远期外汇买卖业务,客户可事先将某一项目的外汇成本固定,或锁定远期外汇收付的换汇成本,从而达到保值的目的。

> 例　　锁定进口付汇成本

7月16日美元兑日元的汇率水平为77。根据贸易合同,进口商甲公司将在8月16日支付5亿日元的进口货款。由于甲公司的外汇资金只有美元,因此需要通过外汇买卖,卖出美元买入相应日元来支付货款。甲公司担心美元兑日元的汇率下跌将会增加换汇成本,于是同中国银行做了一笔远期外汇买卖,按远期汇率76.50买入5亿日元,同时卖出美元:500 000 000÷76.50=6 535 947.71美元,起息日(资金交割日)为8月16日。在这一天,甲公司需向中国银行支付6 535 947.71美元,同时中国银行将向甲公司支付5亿日元。这笔远期外汇买卖成交后,美元兑日元的汇率成本便可固定下来,无论国际外汇市场的汇率水平如何变化,甲公司都将按76.50的汇率水平从中国银行换取日元。

假如甲公司等到支付货款的日期才进行即期外汇买卖,那么如果8月16日美元兑日元的即期市场汇率水平跌至75,甲公司就必须按75的汇率水平买入5亿日元,同时卖出美元:500 000 000÷75＝6 666 666.67美元,与不做远期外汇买卖相比,甲公司将多支出美元:6 666 666.67－6 535 947.71＝130 718.96美元。

由此可见,通过远期外汇买卖可以锁定进口商进口付汇的成本。

> **例** 锁定出口收汇成本

7月16日美元兑日元的汇率水平为77。根据贸易合同,出口商乙公司将在8月16日收到5亿日元的货款。乙公司担心美元兑日元的汇率将上升,希望提前1个月固定美元兑日元的汇率以规避风险。于是同中国银行做了一笔远期外汇买卖,按远期汇率76.50卖出5亿日元,同时买入美元:500 000 000÷76.50＝6 535 947.71美元,起息日(资金交割日)为8月16日。在这一天,乙公司需向中国银行支付5亿日元,同时中国银行将向乙公司支付6 535 947.71美元。这笔远期外汇买卖成交后,美元兑日元的汇率便可固定下来,无论国际外汇市场的汇率水平如何变化,乙公司都将按76.50的汇率水平向中国银行卖出日元。

假如乙公司等到收取货款的日期才进行即期外汇买卖,那么如果8月16日美元兑日元的即期市场汇率水平升至78,乙公司就必须按78的汇率水平卖出5亿日元,同时买入美元:500 000 000÷78＝6 410 256.41美元,与不做远期外汇买卖相比,乙公司将少收美元:6 535 947.71－6 410 256.41＝125 691.30美元。

上面的例子可以看出,通过恰当地运用远期外汇买卖,进口商或出口商可以锁定汇率,避免了汇率波动可能带来的损失。但是如果汇率的变动与预期方向相反,那么由于锁定汇率,远期外汇买卖也就失去了获利的机会。

3.外汇期货交易

外汇期货交易又称货币期货交易,是指外汇买卖双方在外汇期货交易所以公开喊价的方式成交后,承诺自己在未来的某一个特定日期,买卖特定的标准数量的外汇。美国首先在芝加哥商品交易所内建立了国际货币市场,专门经营外币期货,后来又陆续增加了其他金融期货。外币期货现在主要被用来作为企业和金融机构进行外币套期保值的工具,同时也很受投机者的青睐。截至目前(2021年8月1日),我国尚未正式推出人民币外汇期货。只存在离岸市场的人民币外汇期货,香港交易所、新加坡交易所、芝加哥商品交易所等均有人民币外汇期货产品。

外汇期货交易的特点如下:

(1)有固定的交易场所。期货交易是在依法建立的期货交易所内进行的,一般不允许进行场外交易。期货交易所是买卖双方汇聚并进行期货交易的场所,是非营利性组织,旨在提供期货交易的场所与交易设施,制定交易规则,充当交易的组织者,本身并不介入期货交易活动,也不干预期货价格的形成。

(2)具有标准化合同。期货交易通过买卖期货合约进行,而期货合约是标准化的合约。这种标准化是指进行期货交易的数量、币种、交割日等都是预先规定好的,只有价格是变动的。如芝加哥商品交易所的英镑标准期货合约,见表7-4。

表 7-4　　　　　　　　　　英镑标准期货合约

交易单位	62 500 英镑
最小变动价位	0.000 2 英镑（每张合约 12.50 英镑）
每日价格最大波动限制	开市（上午 7:20—7:35）限价为 150 点,7:35 以后无限价
合约月份	1,3,4,6,7,9,10,12 和现货月份
交割月份	3,6,9,12 月份
交易时间	上午 7:20—下午 2:00（芝加哥时间）
最后交易日	从合约月份第三个星期三往回数的第二个工作日上午
交割日期	合约月份的第三个星期三
交易场所	芝加哥商品交易所（CME）

（3）外汇期货交易都要交保证金。保证金分两类，一类是初始保证金，即客户在开始时支付的保证金，一般为合约价值的 5%；另一类为维持保证金，一般为初始保证金的 75%。

（4）日结算制度。期货交易者的交易完成之后，所有的成交信息都汇总至交易所结算部，结算部在核对的基础上进行结算，计算出每个会员的盈亏情况，并反映在会员的保证金账户中。交易结算实行每日无负债结算制度，当天的交易结果当天清算完成。

（5）对冲平仓制度。由于在期货市场进行实物交割的成本往往要高于直接进行现货交易的成本，交易者大多在交割日前做一笔相反的操作，对冲了结手中的持仓。实物交割只占很少比例。

（6）交易经纪化。由场内经纪人代表所有买方和卖方，交易者下达指令给经纪人，所有的交易指令最后都由场内经纪人负责执行。

▶ **思考与讨论**：外汇期货交易与远期外汇交易的区别是什么？

4. 外汇期权交易

外汇期权交易也称为货币期权交易，是指合约购买方在向出售方支付一定的期权费后，所获得的在未来约定日期或一定时间内，按照规定汇率买进或者卖出一定数量外汇资产的选择权交易。

外汇期权是期权的一种，相对于股票期权来说，外汇期权买卖的是外汇，即期权买方在向期权卖方支付一定数额的期权费后获得一项权利，有权在约定的到期日按照双方事先约定的协定汇率和金额同期权卖方买卖约定的货币，同时权利的买方也有权不执行上述买卖合约。外汇期权的执行价格就是外汇期权的买方行使权利时事先规定的汇率。

外汇期权交易具体分为买入期权和卖出期权两种。

（1）买入期权是指客户根据自己对外汇汇率未来变动方向的判断，向银行支付一定金额的期权费后买入相应面值、期限和执行价格的外汇期权（看涨期权或看跌期权），期权到期时如果汇率变动对客户有利，则客户通过执行期权可获得较高收益；如果汇率变动对客户不利，则客户可选择不执行期权。

▶ **操作实例**　欧元兑美元即期汇价是 1.140 0，客户预期一周后，欧元兑美元汇价将升至 1.160 0，此时客户可选择按照最初的行使价 1.140 0、期权费率 0.7%，将手中的 10 万欧元买入期权，此时客户只需付出 700 欧元的期权费，即可获得因汇价上升而增值的 2 000 美元。如一周后，汇价突然低于买入时的 1.140 0，客户则可以放弃期权，即损失 700 欧元的期权费。

（2）卖出期权是指客户在存入一笔定期存款的同时根据自己的判断向银行卖出一个外汇期权，客户除收入定期存款利息（扣除利息税）外还可得到一笔期权费。期权到期时，如果汇率变动对银行不利，则银行不行使期权，客户有可能获得高于定期存款利息的收益；如果汇率变动对银行有利,则银行行使期权,将客户的定期存款本金按协定汇率折成相对应的挂钩货币。

▶ **操作实例**　　如一客户拥有 10 万美元的存款,选择了日元为挂钩货币,最初与中国银行的协定汇率为 1∶120,期权费率为 0.74%,中国银行就将 740 美元的期权费付给客户。假设一个月后,市场汇率为 1∶120 或 1∶120 之下,中国银行放弃期权,此时中国银行归还客户 10 万美元外加上一个月的利息 33.33 美元;如果市场汇率为 1∶120 以上,中国银行则行使期权,归还给客户的本金就不再是美元,而是 1 200 万日元加上 33.33 美元的税后利息。它的好处是投资者既可得到定期存款利息,又可得到期权费。

为进一步丰富外汇市场交易品种,为企业和银行提供更多的汇率避险保值工具,我国外汇管理局公布了《国家外汇管理局关于人民币对外汇期权交易有关问题的通知》,该通知自 2011 年 4 月 1 日起施行。《通知》称,人民币对外汇期权交易产品类型为普通欧式期权,客户办理期权业务应符合实需原则。对银行开办期权业务实行备案管理,不设置非市场化的准入条件。考虑到国内企业风险识别和控制能力仍处于成长阶段,为避免过度承担交易风险,市场发展初期仅允许企业买入期权,禁止卖出期权。从国际经验看,限制企业"裸卖"期权是新兴市场经济体的普遍做法。

案例 7.3　　人民币国际化发展路径研究——基于十年发展的思考

十年来,人民币国际化发展取得重大成果,主要表现在以下五个方面。

一是立足服务实体经济,跨境人民币贸易投资愈加便利化。2009 年以来,跨境人民币使用从贸易向投资扩展,由企业向个人延伸,从货物贸易覆盖至全部经常项目,从直接投资到跨境放款、跨国企业人民币资金池、全口径跨境融资。

2019 年,跨境贸易与直接投资人民币结算规模分别为 6.04 万亿元和 2.78 万亿元,同比增长分别为 18.2% 和 4.3%。十年来,跨境人民币业务更加便利化,市场需求不断扩大,人民币国际化水到渠成,为实体经济贡献积极力量。

二是金融市场加快开放,人民币金融交易职能显著增强。中国兼顾金融开放与风险控制,形成了人民币合格境外机构投资者(RQFII)、人民币合格境内机构投资者(RQDII)、沪港通、深港通、债券通、沪伦通、直接入市投资、基金互认、黄金国际版等投资交易通道,从而满足不同投资者的需求和偏好。随着全球货币政策进一步宽松,中国股市、债市被纳入全球核心指数,境内金融资产吸引力不断提高,证券投资与其他投资逐渐成为人民币跨境使用的主体部分,其规模占比由 2015 年的 21.0% 上升至 2019 年的 55.2%。投资者范围不断扩容,跨境资金流动规模进一步增大,投资者对市场价格愈加敏感。2019 年 12 月末境外企业和个人持有境内人民币股票和债券金额达 4.4 万亿元,创历史最高水平。

三是离岸人民币市场基本上遍布全球,在急速扩张后步入调整阶段。2009 年至 2015 年新汇改前,套利套汇交易旺盛,离岸人民币市场急速扩张。2015 年新汇改后,随着人民币汇率由单向升值转为双向波动,中国资本项下管控趋严,境外经济下行风险增大,离岸人民币市场进入调整阶段。离岸人民币存款规模维持在 1.1 万亿元水平,较前期峰值萎缩约 50%。2019 年,除央票以外点心债仅发行 488.2 亿元,同比减少 13.8%。目前,中国香港是全球最大的离岸人民币业务中心,国际支付份额达 75.1%,英国、新加坡分别位居第二、三位。除中国香港以外,其他离岸人民币市场在产品、机制、流动性、设施等方面仍有较大提升空间,基本上处于初级发展阶段。

四是基础设施建设快速跟进，全球人民币清算网络基本形成。随着人民币使用需求增长，中国积极推进基础设施建设，从清算行安排到人民币跨境支付系统（CIPS）上线，并积极与环球同业银行金融电讯协会（SWIFT）等国际主体展开合作。截至2019年末，中国已在25个国家和地区指定26家清算行；CIPS直接参与者共有33家，间接参与者903家，覆盖全球六大洲94个国家和地区。据SWIFT统计，在其全球网络中，超过2 543家金融机构正在使用人民币进行支付，872家金融机构的人民币支付不涉及中国内地或中国香港。十年来，人民币成为国际支付交易的重要货币，从2010年的第35位迅速攀升至2019年的第5位。

五是人民币成为特别提款权（SDR）第三大篮子货币，国际储备职能开始显现。2008年国际金融危机后，中国经济率先复苏，金融体系实力增强，人民币汇率稳定坚挺。为了应对主要货币流动性紧张、汇率剧烈震荡的局面，一些国家对中国提出了建立双边本币互换的需求。中国政府顺势而为，先后与40多个国家和地区的货币当局签署了双边本币互换协议共3.5万亿元，为维护全球金融稳定做出了积极贡献。随着人民币跨境与国际使用增长，2016年10月人民币正式加入SDR篮子，份额达10.92%，仅次于美元、欧元，进一步增大了人民币资产吸引力。据国际货币基金组织（IMF）统计，截至2019年四季度，超过60家境外央行与货币当局将人民币纳入外汇储备，人民币外汇储备总规模达2 176.7亿美元，全球占比1.96%，人民币成为第五大储备货币。

（资料来源：陈卫东，赵雪情.国际经济评论，2020年第4期）

第五节 黄金市场

黄金市场是黄金生产者和供应者同需求者进行交易的场所。世界各大黄金市场经过几百年的发展，已形成了较为完善的交易方式和交易系统。

一 黄金市场的参与者

国际黄金市场的参与者可分为国际金商、商业银行、对冲基金、中央银行等金融机构，各种法人机构和个人投资者以及在黄金期货交易中有很大作用的经纪公司。

1. 国际金商

国际金商最典型的就是伦敦黄金市场上的五大金商（罗富齐、金宝利、万达基、万加达、美思太平洋），其自身就是一个黄金交易商，由于其与世界上各大金矿和黄金商有广泛的联系，而且其下属的各个公司又与许多商店和黄金顾客联系，因此五大金商会根据自身掌握的情况，不断报出黄金的买价和卖价。当然，金商也要承担金价波动的风险。

2. 商业银行

商业银行可以分为两类，一类是仅仅为客户代行买卖和结算，本身并不参加黄金买卖，以苏黎世的瑞士银行、瑞士信贷银行和瑞士联合银行为代表，它们充当生产者和投资者之间的经纪人，在市场上起到中介作用。另一类是一些做自营业务的商业银行，如在新加坡黄金交易所里，就有多家自营商会员是银行的。

3. 对冲基金

对冲基金的英文名称为Hedge Fund，意为"风险对冲过的基金"，起源于20世纪50年代初的美国。其操作的宗旨在于利用期货、期权等金融衍生产品以及对相关联的不同股票进行实买空卖、风险对冲的操作技巧,在一定程度上规避和化解投资风险。

近年来,国际对冲基金尤其是美国的对冲基金活跃在国际金融市场的各个角落。在黄金市场上,几乎每次大的下跌都与基金公司借入短期黄金在即期黄金市场抛售和在纽约商品交易所黄金期货交易所构筑大量的减仓有关。一些规模庞大的对冲基金利用其与各国政治、工商和金融界千丝万缕的联系往往较先捕捉到经济基本面的变化,利用管理的庞大资金进行买空和卖空,从而加速黄金市场价格的变化而从中渔利。

4. 各种法人机构和个人投资者

这里既包括专门出售黄金的公司,如各大金矿、黄金生产商、黄金制品商(如各种工业企业)、首饰行以及私人购金收藏者等,也包括专门从事黄金买卖的投资公司、个人投资者等。根据对市场风险的喜好程度分为避险者和冒险者。前者希望黄金保值而回避风险,希望将市场价格波动的风险降低到最低程度,如黄金生产商、黄金消费者等;后者则希望从价格涨跌中获得利益,因此愿意承担市场风险,如各种对冲基金等投资公司。

5. 经纪公司

经纪公司是专门从事代理非交易所会员进行黄金交易并收取佣金的组织。有的交易所把经纪公司称为经纪行。在纽约、芝加哥、香港等黄金市场里,有很多经纪公司,它们本身并不拥有黄金,只是派出场内代表在交易所里为客户代理黄金买卖,收取佣金。

6. 中央银行

各国的中央银行是黄金市场的特殊参与者,它们买卖黄金(调整黄金储备数)是为了宏观经济目标,而不是为了获利,即中央银行一般不为赚取差价而频繁交易,但并不是不考虑黄金储备的机会成本。

二 黄金市场的分类

(一)按照黄金市场所起的作用和规模划分

按照黄金市场所起的作用和规模划分,可分为主导性市场和区域性市场。

主导性市场是指国际性集中的黄金交易市场,其价格水平和交易量对其他市场都有很大影响。最重要的有伦敦、苏黎世、纽约、芝加哥和香港五大黄金市场。

区域性市场是指交易规模有限且集中在某地区,而且对其他市场影响不大的黄金市场,主要满足本国本地区或邻近国家的工业企业、首饰行、投资者及一般购买者对黄金交易的需要,其辐射力和影响力都相对有限。如东京、巴黎、法兰克福黄金市场等。

(二)按照交易类型和交易方式划分

按照交易类型和交易方式划分,可分为现货交易市场和期货交易市场。

黄金现货交易基本上是即期交易,在成交后即交割或者在两天内交割。交易标的主要是金条、金锭和金币,珠宝首饰等也在其中。

黄金期货交易的主要目的是套期保值,是现货交易的补充,成交后不立即交割,而由交易双方先签订合同,交付押金,在预定的日期再进行交割。其主要优点在于以少量的资金就可以掌握大量的期货,并事先转嫁合约的价格,具有杠杆作用。

(三)按照提供服务的机构和场所划分

按照提供服务的机构和场所划分,可分为有固定交易场所的有形市场和没有固定交易场所的无形市场。这两种市场又具体分为欧式、美式和亚式三类。

1. 欧式黄金交易市场

这类黄金交易市场里的黄金交易没有一个固定的场所。比如伦敦黄金市场，整个市场由各大金商、下属公司相互联系组成，通过金商与客户之间的电话、电传等进行交易；而苏黎世黄金市场，则由三大银行代为客户买卖并负责结账清算。伦敦和苏黎世黄金市场上的买价和卖价都是较为保密的，交易量也都难以真实估计。

2. 美式黄金交易市场

这类黄金交易市场实际上是建立在典型的期货市场基础上的，其交易类似于在该市场上进行交易的其他商品。期货交易所作为一个非营利机构本身不参加交易，只是提供场地、设备，同时制定有关法规，确保交易公平、公正地进行，对交易进行严格的监控。

3. 亚式黄金交易市场

这类黄金交易市场一般有专门的黄金交易场所，同时进行黄金的期货和现货交易，交易实行会员制，只有达到一定要求的公司和银行才可能成为会员，并对会员的数量配额有极为严格的控制。虽然进入交易场内的会员数量较少，但是信誉极高。以香港金银业贸易场为例，其场内会员采用公开叫价、口头拍板的形式交易，由于场内的金商严守信用，所以很少有违规之事发生。

三 影响黄金价格走势的因素

1. 供求因素

供求因素是影响黄金价格波动的根本原因。任何供给或需求量的变化，都会打破现有的供需平衡，从而导致价格波动。

供给因素的影响包括：黄金存量的变动；新的金矿开采成本的变动；黄金生产国的政治、军事和经济的变动状况；央行的黄金储备抛售情况。

需求因素的影响包括：黄金制造业需求的变化；对通货膨胀的预期不同；投机性需求。

2. 美元汇率影响

由于全球主要黄金市场均以美元结算，美元汇率变化就成为影响黄金价格波动的重要因素之一。一般在黄金市场上有美元涨则金价跌、美元降则金价扬的规律。美元坚挺一般代表美国国内经济形势良好，美国国内股票和债券将得到投资人的竞相追捧，黄金作为价值储藏手段的功能受到削弱；而美元汇率下降则往往与通货膨胀、股市低迷等有关，黄金的保值功能又再次体现。

3. 各国的货币政策

当某国采取宽松的货币政策时，由于利率下降，该国的货币供给增加，加大了通货膨胀的可能，会造成黄金价格的上升。如20世纪60年代美国的低利率政策促使国内资金外流，大量美元流入欧洲和日本，各国由于持有的美元净头寸增加，出现对美元币值的担心，于是开始在国际市场上抛售美元，抢购黄金，并最终导致了布雷顿森林体系的瓦解。

4. 国际贸易、财政、外债赤字对金价的影响

在债务链中，债务国本身如果发生无法偿债的现象将导致经济停滞，而经济停滞又会进一步恶化债务，就连债权国也会因与债务国的关系破裂，而面临金融崩溃的危险。这时，各国都会为维持本国经济不受伤害而大量储备黄金，引起市场黄金价格上涨。

5. 国际政局动荡、战争、恐怖事件

国际上重大的政治、战争事件都将影响金价。政府为战争或为维持国内经济的平稳而

支付费用、大量投资者转向黄金保值投资等,这些都会扩大对黄金的需求,刺激金价上扬。如第二次世界大战、美越战争、1976年泰国政变、1986年"伊朗门"事件、美国"9·11"事件等,都使金价有不同程度的上升。

6. 石油价格

由于世界主要石油现货与期货市场的价格都以美元标价,石油价格的涨落一方面反映了世界石油供求关系,另一方面也反映出美元汇率的变化和世界通货膨胀率的变化,所以石油价格与黄金价格呈现出较强的正相关关系。

（四）我国黄金市场概况

1950年4月,中国人民银行下发《金银管理办法》,规定国内的金银买卖统一由中国人民银行经营管理,冻结民间金银买卖。1957年9月,国务院发出《关于大力组织群众生产黄金的指示》,以鼓励黄金生产。1963年初,国家停止了对金、银饰品加工原料的供应,银行所收购的金银饰品也不再对外销售。1979年中国人民银行铸造发行纪念币、投资型金银币。1982年,我国开放了中断20多年的黄金饰品零售市场,中国金币总公司也从这一年开始发行著名的熊猫金币。从1993年开始,出现一些地方性的黄金交易市场。2001年4月,中国人民银行宣布取消黄金"统购统配"的计划管理体制,在上海组建黄金交易所。2002年10月30日,上海黄金交易所正式开业,中国黄金市场走向全面开放。2003年4月,中国人民银行取消了黄金生产、加工、流通审批制,改为工商注册登记制,标志着黄金商品市场的全面开放。2005年7月18日,上海黄金交易所与工行上海分行联合推出"金行家"业务,这是上海黄金交易所首次推出的面向个人的黄金投资产品。在现货交易蓬勃发展的基础上,2008年1月9日黄金期货正式在上海期货交易所挂牌交易,至此我国黄金市场较为完善的市场体系基本建立。

中国黄金协会统计数据显示,2020年,在新冠肺炎疫情蔓延、全球经济形势恶化及各国货币政策进一步宽松的情形下,黄金价格整体呈上涨并保持巨幅震荡之势。上海黄金交易所全部黄金品种累计成交量双边5.87万吨,同比下降14.44%;成交额双边22.55万亿元,同比增长4.91%;上海期货交易所全部黄金品种累计成交量双边10.95万吨,同比增长18.39%,成交额双边41.47万亿元,同比增长38.26%。

（一）上海黄金交易所简介

1. 组织形式

上海黄金交易所(简称"交易所")是经国务院批准,由中国人民银行组建,中国唯一的专门从事黄金交易的国家级市场,是不以营利为目的,实行自律性管理的法人。交易所接受中国人民银行的领导和监管。交易所实行会员制组织形式,会员由在中华人民共和国境内注册登记,从事黄金业务的金融机构,从事黄金、白银、铂等贵金属及其制品的生产、冶炼、加工、批发、进出口贸易的企业法人,并具有良好资信的单位组成。

交易所2002年10月正式开业,成立20年来,坚持服务实体经济和产业发展原则,为投资者提供更丰富的投资渠道,逐步发展成为中国黄金市场的枢纽以及全球重要的黄金、白银、铂金交易中心。我国已逐步形成了以交易所集中统一的一级市场为核心,竞争有序的二级市场为主体,多元的衍生品市场为支撑的多层次、全功能的黄金市场体系。交易所统计数据显示,截至2019年底,交易所会员270家,其中,普通会员共计157家,包括金融类会员30家,综合类会员127家;特别会员共计113家,包括外资金融类会员8家,国际会员79家和券商、信托、中小银行等机构类的特别会员26家。国内会员单位年产金、用金量占全国的90%,冶炼能力占全国的95%;国际会员均为国际知名银行、黄金集团及投资机构。机构客户11 460户,个人客户1 010.8万户。

2. 市场类型

交易所建成了由竞价、询价、定价、租赁等市场共同组成,融境内主板市场与国际板市场于一体的多层次黄金市场体系。

(1)竞价市场。实行集中竞价撮合机制,是目前交易量最大的市场,金融机构、产用金企业等机构和个人均可参与,交易标的包括黄金、白银和铂金三大类品种,有现货实盘合约、现货即期合约和现货延期交收合约等16个合约。

(2)询价市场。指机构之间开展定制化衍生品交易的重要平台,主要提供黄金即期、远期、掉期和期权等交易品种,近年来交易规模迅速增长。

(3)定价市场。指市场参与者在交易所平台上,按照以价询量、数量撮合的集中交易方式,在达到市场量价相对平衡后,最终形成上海金人民币基准价的交易。

交易所自2016年4月19日起,挂牌上海金集中定价合约。交易所在4月18日公布"前一基准价",用以计算4月19日首场上海金基准价的涨跌。会员参与集中定价交易需提前向交易所申请,填写"集中定价业务申请表",个人客户目前不能参与集中定价交易。

(4)租借市场。主要开展商业银行之间的黄金拆借业务、银行与企业之间的黄金租借业务,是上海黄金交易所支持产用金企业发展、更好发挥黄金市场投融资职能的重要创新和有益探索。

3. 交易方式与品种

标准黄金、铂金交易通过交易所的集中竞价方式进行,实行价格优先、时间优先撮合成交。非标准品种通过询价等方式进行,实行自主报价、协商成交。会员可自行选择通过现场或远程方式进行交易。

目前,交易的商品有黄金、白银、铂金,交易标的必须符合交易所规定的标准。竞价方式交易品种包括:Au99.95、Au99.99和Au100g等九个现货实盘合约,Ag99.99、Ag99.9两个现货即期合约,Au(T+D)、Ag(T+5)等五个现货延期交收合约。

4. 资金清算

上海黄金交易所实行"集中、净额、分级"的结算原则,目前主板业务共有指定保证金存管银行18家,国际板业务共有指定保证金存管银行8家。

5. 储运交割

交易所实物交割实行"一户一码制"的交割原则,在全国35个城市设立47家指定仓库,金锭和金条由交易所统一调运配送。

(二)我国主要的黄金投资方式

当前我国主要有三种黄金投资方式。

1. 实物黄金

实物黄金包含金条、金币、黄金饰品等,其特点是适合投资者用于保值、收藏和馈赠,买卖风险相对较小,是我国目前黄金投资市场的主要投资方式。在银行推出的炒金业务中,农行的"招远金"、招行的"高赛尔金"、中行的"奥运金"都属于实物黄金业务。实物黄金按其属性也可以区分为:

(1)投资性金条。其加工费用低廉,各种附加支出也不高(主要是佣金等),标准化的金条变现性非常强,在全世界范围内都可以方便地买卖,并且世界上大多数国家和地区都对黄金交易不征交易税。在我国,上海黄金交易所开展的实物黄金业务及现在很流行的延期交割现货金条业务等均属于此类。

(2)纪念性黄金制品。包括金饰品、纪念性金条、金块、金币等,具有美学价值,因而具有收藏价值,一般来说溢价较高。这类黄金制品的回售麻烦,兑现时要打很大的折扣。

2. 账户黄金

账户黄金(纸黄金)是指没有任何实金到手,投资者按银行报价在账面上买卖"虚拟"黄金以获取差价的一种投资方式,进入门槛相对低,收益高,风险也高。

银行目前也提供"纸黄金"交易业务,如中行的"黄金宝"、建行的"账户金"、工行的"金行家"等。这种交易相对于实物黄金交易,在买卖上较方便,投资者只要在银行开设交易账户,之后的交易可通过电话银行、网上银行等自助交易方式进行。在具体的交易中,这些"纸黄金"的报价有的与国际黄金市场联动,有的根据银行的报价进行。投资者的黄金份额记录在账户中,通过低买高卖赚取差价。

3. 黄金期货合约

2008年1月9日,经中国证监会批准,黄金期货合约在上海期货交易所上市交易。根据合约及相关业务规则,黄金期货的交易单位为1 000克/手,且明确规定自然人客户不能进行实物交割。

稳步开展黄金期货交易,有利于进一步完善黄金市场体系和价格形成机制,形成现货市场、远期市场与期货市场互相促进、共同发展的局面;有利于广大金融机构和黄金生产消费企业利用黄金期货管理风险;有利于促进期货市场服务领域更加广泛和功能更好发挥。

4. 黄金ETF

黄金ETF(Exchange Traded Fund)是指将绝大部分基金财产投资于上海黄金交易所挂盘交易的黄金品种,紧密跟踪黄金价格,使用黄金品种组合或基金合同约定的方式进行申购赎回,并在证券交易所上市交易的开放式基金。

交易成本和交易门槛均较低是黄金ETF的最大优势。由于黄金价格较高,黄金ETF一般以1克作为一份基金单位,交易单位即为1手1克黄金,价格在300元左右,即黄金ETF的交易起点金额。黄金ETF还可与黄金实物挂钩,当积累ETF达到一定份额时,即可向上海黄金交易所申请提取实物金。同时,黄金ETF还可凭借出租黄金使"黄金生息",如华安黄金ETF通常将资产下三分之一左右的黄金进行出租,不仅对冲了管理费,还给投资人赚取了额外的收益。黄金ETF既可在场内操作,也可在场外进行申购赎回。

5. 黄金期权

黄金期权也是黄金投资方式的一种。我国的黄金期权是在交易所的OTC市场平台进行场外交易,与实物黄金产品挂钩,直到2019年12月20日,我国第一个场内黄金期权在上海期货交易所上市,以黄金期货为标的资产,填补了中国场内黄金期权市场的空白。投资者结构已经从上市初期的以做市商为主逐步转变为做市商、自然人客户以及其他机构客户多方参与的格局。

> **思政案例** 2018—2020年中国金融机构从业人员犯罪问题研究白皮书
>
> 为了助力金融风险防范化解工作,做好金融机构从业人员犯罪问题态势研判和案件特征分析,中国司法大数据研究院联合21世纪经济报道、北京市京师律师事务所金融犯罪研究中心,依托中国裁判文书网已公开的裁判文书,对2018年1月1日至2020年12月31日期间,金融机构从业人员犯罪案件进行深入分析。主要结论建议如下:

一是金融反腐高压下,金融机构从业人员犯罪案件审结态势整体呈上升趋势,预计未来几年有望实现触顶回落。

2018年至2020年人民法院审结金融机构从业人员犯罪案件共1 573件。从年度分布来看,2018年审结264件;2019年审结688件,同比增长160.61%;2020年审结621件,同比下降9.74%。

金融,是现代经济的血液。我国要保持经济社会平稳健康发展,推动金融行业高质量发展至关重要。其中,做好以"金融机构从业人员"为主体的犯罪预防和处置工作,不仅事关金融反腐工作成效,也事关营商环境持续优化等。整体来看,在金融反腐高压之下,金融机构从业人员犯罪案件审结态势呈现阶段性上升趋势,在相关监管制度不断"扎牢"之后,预计相关案件的审结态势会进入"触顶回落"走势。

二是金融机构从业人员涉诈骗罪、违法发放贷款罪和受贿罪等案件量排名靠前,需持续对从业人员加强法律教育,不断完善监管机制,扎牢制度的"笼子"。

2018年至2020年,全国各级人民法院审结金融机构从业人员犯罪案件中,从罪名分布来看,诈骗罪占比最高,共428件,占比为27.21%;其余排名靠前的罪名分别为:违法发放贷款罪(124件,7.88%)、职务侵占罪(106件,6.74%)、受贿罪(101件,6.42%)、集资诈骗罪(84件,5.34%)、挪用资金罪(72件,4.58%)、骗取贷款、票据承兑、金融票证罪(69件,4.39%)、贪污罪(67件,4.26%);其他占比33.18%。

值得注意的是,从罪名分布来看,违法发放贷款罪124件,占比7.88%,排名第二。从业务领域来看,贷款占比48.41%,排名第一。由此可见,"贷款"发放管理环节需持续完善监管机制,持续扎牢涉及审批权等焦点问题的制度"笼子"。

对于违法放贷罪占比较高的原因,北京市京师律师事务所金融犯罪研究中心主任王殿学认为主要包括两方面:一方面,近年来,国家金融领域反腐力度逐步加大,公布一批亿元级案件让人触目惊心,比如中央纪委和国家监委统计数据显示,2020年金融领域有80余人被查处,其中近20人是中央一级金融单位的领导干部,也有很多退休多年的干部。另一方面,2014年以来,担保公司、第三方理财、财富管理、P2P网络借贷、私募股权投资基金、虚拟货币等打着金融创新名号,实则进行非法集资、骗取钱财的情况大肆盛行,此后国家多个部委联合开展非法集资风险专项整治行动,相关案件一直处于高位。

三是金融机构从业人员犯罪案件中,银行是涉案最多的金融机构类型,涉案工作人员多为基层员工,需加强从业人员法律教育工作,实现监管"全覆盖"。

2018年至2020年,全国各级人民法院审结金融机构从业人员犯罪案件中,从身份为自然人的被告人所在金融机构分布特点来看,银行占比31.90%。涉案的工作人员超九成为自然人,基层员工占比近七成,且年龄集中在30岁至39岁,学历较高。由此可见,需加强金融机构从业人员法律教育学习常态化,不断健全监管机制,实现业务合规和管理的"全覆盖",有效化解此类监管风险。

(资料来源:中国司法大数据研究院,2021年2月)

关键概念

金融市场　货币市场　资本市场　外汇市场　黄金市场　同业拆借市场
贴现　回购协议　现货交易　期货交易　期权交易　信用交易
即期汇率　远期汇率　直接标价法　间接标价法　外汇　汇率
套算汇率　升水　贴水　初始保证金　维持保证金

课后实训

一、单选题

1. 目前我国股票交易使用的交易形式有（　　）。
   A. 现货交易　　B. 期货交易　　C. 期权交易　　D. 信用交易

2. 黄金市场交易品种不包括（　　）。
   A. 24 K金　　B. Pt99.95　　C. Au99.95　　D. Au99.99

3. 有甲、乙、丙、丁投资者四人，均申报卖出X股票，申报价格和申报时间分别为：甲的卖出价10.70元，时间13:35；乙的卖出价10.40元，时间13:40；丙的卖出价10.75元，时间13:25；丁的卖出价10.40元，时间13:38。那么这四位投资者交易的优先顺序为（　　）。
   A. 丁乙甲丙　　B. 甲乙丙丁　　C. 乙丙甲丁　　D. 乙丁丙甲

4. 报价银行报出的外汇价格一般为（　　）位有效数字。
   A. 2　　B. 3　　C. 4　　D. 5

5. 以下汇率标价方法中，不符合国际市场惯例的是（　　）。
   A. 英镑/美元　　B. 美元/日元　　C. 美元/欧元　　D. 澳元/美元

6. 在下列的银行报价中，（　　）存在错误。
   A. 美元/日元＝105.30/10
   B. 欧元/美元＝1.286 0/70
   C. 英镑/美元＝1.900 0/20
   D. 美元/人民币＝8.270 0/40

7. 2021年4月21日，某企业与中国银行做了一笔即期售汇业务，按国际惯例，请说出其即期起息日是（　　）。
   A. 4月21日　　B. 4月22日　　C. 4月23日　　D. 4月24日

8. 汇率采取直接标价法的国家和地区有（　　）。
   A. 美国和英国
   B. 美国和中国香港地区
   C. 英国和日本
   D. 中国香港地区和日本

9. 封闭型投资基金设立时，发行总额是（　　），受益凭证在存续期内（　　）。
   A. 固定的，不可赎回
   B. 不固定的，不可赎回
   C. 固定的，可赎回
   D. 不固定的，可以转让

10. 在直接标价法下，如果单位外币折算的本币数额减少，则表明（　　）。
    A. 外币升值，本币贬值
    B. 外币升值，本币升值
    C. 外币贬值，本币贬值
    D. 外币贬值，本币升值

二、多选题

1. 证券公司为客户办理委托业务时，依据的原则是（　　）。
   A. 时间优先原则
   B. 价格优先原则
   C. 大客户优先原则
   D. 老客户优先原则

2. 在证券回购交易中，（　　）暂时放弃资金的使用权，从而获得债券抵押权，期满时归还抵押的证券，收回资金和利息。
   A. 证券持有方　　B. 融券方　　C. 融资方　　D. 资金供应方

3. 为了防范远期美元收入的汇率风险，出口商可以（　　）。
   A. 进行即期外汇交易卖出即期美元
   B. 进行远期外汇交易买入远期美元
   C. 进行远期外汇交易卖出远期美元
   D. 进行货币期货交易做美元空头套期保值

4. 特别提款权的价值代表一篮子货币,它是由( )组成的。
   A. 美元   B. 欧元   C. 加拿大元   D. 英镑
5. 以下( )货币为世界可自由兑换的货币。
   A. 瑞士法郎   B. 日元   C. 人民币   D. 欧元
6. 企业在金融市场上的身份有( )。
   A. 资金需求者 B. 监管者   C. 调节者   D. 资金供应者
7. 开放型投资基金设立时,发行总额是( ),受益凭证在存续期内( )。
   A. 固定的   B. 不可赎回   C. 可赎回   D. 不固定的
8. 同业拆借市场的参与者主要有( )。
   A. 中央银行 B. 商业银行   C. 非银行金融机构 D. 企业
9. 狭义的金融市场主要包括( )。
   A. 货币市场   B. 信托市场
   C. 保险市场   D. 有价证券的发行与买卖市场
10. 股票价格指数包括( )指标。
    A. 股价变动趋势 B. 股价指数 C. 股价变动幅度值 D. 股价平均数

三、判断题

1. 开放式基金是当今证券投资基金的主流。 ( )
2. 正回购指融券方购买融资方的债券的过程;逆回购指到期日融资方把债券购回的过程。 ( )
3. 所谓代销,是指金融资产的发行人与银行等金融机构协商,由银行、证券公司等承销机构按照商定的条件把全部证券承接下来负责对公众销售。代销期满后,不论证券是否已经推销出去,代销机构都要如数付给发行人应得资金。 ( )
4. 本国以外的货币对我们来说就是外汇。 ( )
5. 一国货币的对外贬值有利于该国增加出口,抑制进口。 ( )
6. 可自由兑换的货币是允许在我国境内流通的。 ( )
7. 由于远期存在不可预测的风险,所以远期汇率报价一定比即期汇率报价高。 ( )
8. 在证券交易中,空头在先贵卖、后贱买中获取价差收益。 ( )
9. 同业拆借市场的利率水平及其变化,可反映出整个金融市场利率的变动趋势。 ( )
10. 上海证券交易所和深圳证券交易所均为公司制证券交易所。 ( )
11. 所有证券投资者都可以直接进入证券交易所进行交易。 ( )
12. 有价证券从发行者手中转移到投资者手中,这类交易属于二级市场交易。 ( )
13. 股票价格也称股票行市,是指股票在流通市场上买卖的价格。 ( )
14. 在一国外汇市场上,若以一定单位的本币为基准,计算应折合多少单位外币的标价方法,称为间接标价法。 ( )
15. 各国的货币政策因素是影响黄金价格波动的根本原因。 ( )

四、计算题

1. 在外汇市场上,欧元/美元＝1.280 0/50,某投资者预料近期内欧元外汇价格上升,现在卖出 USD50 000,若 3 天后,欧元果真上涨,报价为欧元/美元＝1.325 0/90,到时卖出欧元损益如何?
2. 如果你以电话向中国银行询问英镑/美元,中国银行回答:"1.690 0/10"。请问:(1)中国银行以什么汇价向你买进美元?(2)你以什么汇价从中国银行买进英镑?(3)如果你向中国银行卖出英镑,汇率是多少?

3. 如果你向中国银行询问美元对人民币的报价,中国银行回答:"8.260 0/30"。请问:(1)中国银行以什么汇率向你买入美元,卖出人民币?(2)如果你要买进美元,中国银行给你什么汇率?(3)如果你要买进人民币,汇率又是多少?

4. 如果你是银行工作人员,你向客户报出美元兑换港币的汇率为7.805 7/67,客户要以港币向你买进100万美元。请问:(1)你应给客户什么汇价?(2)如果客户以你的上述报价,向你购买500万美元,卖给你港币,随后,你打电话给一经纪人想买回美元平仓。几家经纪人的报价是:经纪人 A——7.805 8/65,经纪人 B——7.806 2/70,经纪人 C——7.805 4/60,经纪人 D——7.805 0/63。对你而言,与哪一个经纪人交易最为有利?汇价是多少?

五、案例分析

"碳中和"一词在2021年政府工作报告中再度被提到,"扎实做好碳达峰、碳中和各项工作……实施金融支持绿色低碳发展专项政策,设立碳减排支持工具。"

中国人民银行正肩负着建立绿色金融相关框架体系的责任,明确了绿色金融发展政策思路。"三大功能"主要是指充分发挥金融支持绿色发展的资源配置、风险管理和市场定价三大功能。绿色金融体系"五大支柱"包括健全绿色金融标准体系;完善金融机构碳排放监管和信息披露要求;构建政策激励约束体系;完善绿色金融产品和市场体系;加强绿色金融国际合作,争取完成《中欧绿色金融共同分类目录》。

中泰证券研究所所长、银行业首席分析师戴志锋表示,目前中国人民银行已经将主体信用评级不低于AA级的绿色债券纳入货币政策工具的合格抵质押品范围,同时将符合条件的绿色贷款也纳入了合格抵质押品范围。另外,目前MPA考核暂时还没有涉及对银行绿色业务的考核,现在是按季度对银行开展绿色信贷业绩评价,评价结果用于央行内部评级。

2021年1月5日,生态环境部部务会议审议通过《碳排放权交易管理办法(试行)》,意味着酝酿10年之久的全国碳市场终于开始运营,标志着我国碳排放权市场以及碳金融的发展进入了全新的阶段。国家金融与发展实验室副主任、上海金融与发展实验室主任曾刚透露,"鼓励金融机构围绕全国碳市场开展包括排放权质押、碳期货、碳期权以及挂钩排放权的结构性产品等碳金融创新,促进全国碳市场价格发现、风险管理及融资等基础功能有效发挥,将成为未来推进全国碳市场建设重点工作之一。"

构建碳金融市场体系、创设碳金融工具涉及范围较广,或由各类金融机构、交易所等各类主体设立。据中国人民大学重阳金融研究院合作研究部主任刘英介绍,我国构建碳金融市场体系可由高能耗行业企业(电力、钢铁、水泥等)、碳排放权企业(风电、可再生能源等)、商业银行、投资银行、能源审计等机构在政府监管下,构建碳金融交易所、交易所外市场,从发展碳现货到逐步建立远期、期货、期权和掉期等碳金融衍生品市场体系。

政府工作报告提到的"碳减排支持工具"包括两大类。一是财税型工具,也就是征税。二是市场型工具,即排放权交易。它是相对市场化的减排工具。

目前,碳金融工具主要有碳现货、碳期货、碳资产抵押以及碳信托。从国际经验看,发达国家碳市场在运行过程中,金融机构参与日益广泛,交易所作用不断增大,交易的金融工具品种日益丰富。"我国碳市场发展基础坚实、潜力巨大,但由于全国统一的碳市场刚刚起步,仍有包括政策框架不完善、金融化程度不足、碳市场作用发挥不充分等突出问题。"戴志锋说。

根据上述资料,你认为应如何解决我国碳市场存在的问题?

第八章 货币供求

章前引例

3月末，广义货币（M_2）同比增速较上月末下降0.7个百分点至9.4%，回到年初水平。东方金诚首席宏观分析师王青表示，就M_2增速趋势来看，去年下半年以来的震荡走低态势表明，在宏观经济进入较快修复过程以后，货币政策继续回归正常化，这也是去年下半年以来我国宏观杠杆率得以趋稳的重要原因。

3月末，狭义货币（M_1）降至7.1%。民生证券首席宏观分析师解运亮表示，这主要是去年同期基数较高所致。从绝对值环比来看，3月M_1环比增速和M_2环比增速均处于历年较高水平，与去年同期持平。因此剔除基数来看，3月M_1和M_2增速并不低。从存款端来看，3月非金融企业存款增幅低于去年，说明企业将大量资金投入生产领域而非存入银行。

从信贷数据看，解运亮认为，3月信贷不仅规模上超出市场预期，质量也明显较高，中长期贷款占比高反映出实体经济需求强劲的态势。数据显示，3月新增人民币贷款2.73万亿元，环比多增1.37万亿元。分结构看，企业中长期贷款新增1.33万亿元，环比多增2 300亿元，同比多增3 657亿元，是信贷最大拉动项。对此，解运亮认为，中长期贷款在信贷中质量最高，中长期贷款预示着企业投资持续恢复，有利于拉动经济增长。

根据中国人民银行一季度银行家问卷调查报告，当季贷款总体需求指数为77.5%，比上季提高5.9个百分点，比上年同期提高11.6个百分点。王青表示，3月企业中长期贷款表现强劲，一方面反映出国内经济动能仍处上行过程，实体经济融资需求旺盛；另一方面也是政策层面继续支持银行加大对实体经济的中长期贷款支持力度效果的体现。此前，央行在信贷结构优化调整座谈会上强调，要进一步加大对科技创新、制造业的支持，提高制造业贷款比重，增加高新技术制造业信贷投放。

在居民贷款方面，3月居民中长期贷款新增6 239亿元，同比多增1 501亿元。解运亮认为，居民中长期贷款强劲与商品房销售增速反弹对应。

对于下一步货币投放，王青预计，将更加凸显"有保有压"的结构性特征。"保"的重点是科技创新、小微企业、绿色发展，监管层可能会推出新的政策工具，引导金融资源向这些领域集中，"压"则主要指向房地产金融以及地方政府平台融资。

（资料来源：李国辉.融资需求保持强劲，金融支持力度稳固.金融时报，2021年4月14日）

货币是商品经济发展的产物，是为商品经济的发展服务的。在现实生活中，无论是个人、企业还是政府，都会对货币有一定的需求量。银行体系的货币供应则可以满足其需求。

货币供求的基本平衡是物价稳定的一个前提条件,也是保持社会总供求协调和经济稳定发展的良好条件,是各个国家和政府都希望达到的目标。但是现代经济运行错综复杂,决定货币需求和货币供给的变量较多且常处于变动之中,所以货币均衡很难达到。在各个国家发展的不同阶段,经常会面临货币失衡的情况:一种是通货膨胀;一种是通货紧缩。

通过本章的学习,你将在了解货币需求理论基本内容的基础上,掌握货币需求与供给、货币供求失衡的表现、成因及对社会经济的影响等一系列知识,能够理解并分析政府治理货币供求失衡所必须采取的政策措施。

第一节 货币供求概述

一 货币需求与货币需求量

(一) 货币需求与货币需求量的含义

经济学意义上的货币需求不同于社会学和心理学意义上的需求(一种主观的、一厢情愿的占有欲)。货币需求是指经济主体对执行流通手段和价值储藏职能的货币的需求。货币需求发端于商品交换,随商品经济及信用化的发展而发展。个人购买商品和劳务,企业支付生产和流通费用,银行开展信用活动,社会进行各种方式的积累,政府调节经济,都需要货币这一价值量工具。在产品经济条件下,货币需求强度(货币在经济社会中的作用程度,以及社会公众对持有货币的要求程度)较低,在市场经济条件下,社会公众(包括居民、企业和政府部门)的货币需求强度较高。

所谓货币需求量,是指在特定的时间和空间(如某国、某年)范围内,社会各个部门(家庭、个人、企事业单位、政府)对货币需要持有量的总和。

在特定的时空范围内,人们为什么需要货币,需要多少货币,人们的货币需求受哪些因素影响等,都是研究货币需求必须解决的基本问题。国外,尤其是西方发达国家,早就开始了货币需求的研究,从古典学派的李嘉图、洛克、孟德斯鸠到新古典学派的欧文·费雪、马歇尔、庇古等;从凯恩斯学派到现代货币学派,无不对货币需求进行了探讨。货币需求分析可以从宏观和微观两个角度出发,从宏观角度研究就是从社会总体出发,探讨一国需要多少货币才能满足经济发展的需求;从微观角度研究就是从社会个体出发,研究一个社会经济单位在既定的收入水平、利率水平和其他经济条件下所需要持有的货币量。本章将从宏观角度研究和探讨货币需求与货币需求量问题。

货币需求既然是人们以货币形式持有其所拥有财产的一种需要,则这种需要将影响人们的货币需求量。影响货币需求量的因素主要有收入状况、利率水平、价格水平、货币流通速度、信用的发达程度、消费倾向与预期因素等。不同因素的影响方向和影响程度不同,许多经济学家各自从不同的角度研究了货币需求量与其影响因素之间的数量关系,形成了许多不同的货币需求理论。

(二) 货币需求理论

1. 马克思的货币必要量理论

马克思关于流通中的货币量的分析,后人多用"货币必要量"的概念来表述。其基本公

式为

$$\frac{商品价格总额}{同名货币的流通次数}=执行流通手段职能的货币量$$

这一规律可用符号表示为

$$\frac{PT}{V}=M_d$$

式中,P 是商品价格,T 是商品交易量,V 是货币流通的平均速度,M_d 是货币需求量。公式表明:货币量取决于价格水平、进入流通的商品数量和货币流通速度这三个因素。

马克思揭示的货币必要量规律,是以他的劳动价值论为基础的,该理论的前提条件是:

(1)假定黄金是货币商品。

(2)商品价格总额是既定的。在金属货币流通的条件下,商品价格取决于商品价值与货币价值的对比关系。因此,商品价格并非取决于流通过程,而是取决于生产过程。

(3)这里考察的只是执行流通手段职能的货币量,而没有考察与整个再生产过程密切相关的储蓄、投资、资本运动等引起的货币需求,甚至将与商品交易有关的信用交易、转账结算也排除在外。

2. 货币数量论的货币需求理论

欧文·费雪于1911出版的《货币的购买力》一书,是货币数量论的代表作。在该书中,费雪提出了著名的"交易方程式",也被称为费雪方程式,即

$$MV=PY$$

式中,M 是总货币存量,P 是价格水平,Y 是各类商品的交易数量,V 是货币流通速度,它代表了单位时间内货币的平均周转次数。该方程式表明,名义收入等于货币存量和流通速度的乘积。上式还可以表示为

$$P=\frac{MV}{Y}$$

这一方程式表明,价格水平的变动与货币流通速度的变动成正比,而与商品交易数量的变动成反比。

与费雪方程式不同,剑桥学派认为,处于经济体系中的个人对货币的需求,实质是选择以怎样的方式保持自己资产的问题。每个人决定持有多少货币,有种种原因,但在名义货币需求与名义收入水平之间总是保持一个较为稳定的比例关系。因此有

$$M_d=kPY$$

式中,M_d 为名义货币需求,Y 为总收入,P 为价格水平,k 为以货币形式保存的财富占名义总收入的比例,这就是剑桥方程式。

费雪方程式与剑桥方程式是两个意义大体相同的模型,但两个方程式存在显著的差异:

第一,对货币需求分析的侧重点不同。费雪方程式强调的是货币的交易手段功能,而剑桥方程式侧重货币作为一项资产的功能。

第二,费雪方程式重视货币支出的数量和速度,而剑桥方程式则是从以货币形式保有资产存量的角度考虑货币需求,重视存量占收入的比例。所以费雪方程式也被称为现金交易说,而剑桥方程式则被称为现金余额说。

第三,两个方程式所强调的货币需求决定因素有所不同。费雪方程式是从宏观角度用货币数量的变动来解释价格,而剑桥方程式则是从微观角度进行分析,认为人们对于保有货

币有一个满足程度的问题。

3. 凯恩斯的货币需求函数

1936 年,凯恩斯发表了《就业、利息和货币通论》,分析了资本主义社会存在有效需求不足的各种原因,提出了流动性偏好概念。凯恩斯用流动性偏好解释人们持有货币的需求,他认为货币流动性偏好是人们喜欢以货币形式保持一部分财富的愿望或动机。流动性偏好实际上表示了在不同利率下,人们对货币需求量的大小。

凯恩斯认为,人们的货币需求行为是由交易动机、预防动机和投机动机三种动机决定的。由交易动机和预防动机决定的货币需求取决于收入水平,基于投机动机的货币需求则取决于利率水平。所谓投机动机,是指人们为了抓住有利的购买有价证券的机会而持有一部分货币的动机。凯恩斯的货币需求函数为

$$M_d = M_1 + M_2 = L_1(\overset{+}{Y}) + L_2(\overset{-}{i})$$

式中,M_d 为货币需求总量,M_1 为消费性货币需求,M_2 为投机性货币需求,L_1、L_2 为流动性偏好函数,Y 为国民收入水平,i 为利率水平,$+$、$-$ 分别代表正比和反比。

凯恩斯主义把可用于储存财富的资产分为货币与债券,认为货币是不能产生收入的资产,债券是能产生收入的资产,把人们持有货币的三个动机划分为两类需求:一是交易动机与预防动机构成对消费品的需求,人们对消费品的需求取决于边际消费倾向;二是投机动机构成对投资品的需求,主要由利率水平决定。利率低,人们对货币的需求量大;利率高,人们对货币的需求量小。

凯恩斯认为,在利率极高时,投机动机引起的货币需求量等于零;而当利率极低时,投机动机引起的货币需求量将是无限的。也就是说,由于利息是人们在一定时期放弃手中货币流动性的报酬,所以利率不能过低,否则人们宁愿持有货币而不再储蓄,这种情况被称为流动性偏好陷阱。

4. 弗里德曼的货币需求理论

弗里德曼是沿着剑桥方程式来表达他的货币需求思想的,同时吸收了凯恩斯主义关于收入和利率决定货币需求量的思想,被称为当代货币主义。他认为,在剑桥方程式 $M_d = kPY$ 中,P、Y 是影响货币需求的许多变量中的两个变量,k 代表其他变量,实际上是货币流通速度的倒数 $\left(\dfrac{1}{V}\right)$。而影响货币流通速度的因素是相当复杂的,如财产总量、财产构成、各种财产所得在总收入中的比例,以及各种金融资产的预期收益率等。因此,人们的资产选择范围非常广泛,并不限于凯恩斯主义的货币需求理论中的二元资产选择——货币与债券。基于上述认识,弗里德曼提出了自己的货币需求函数模型:

$$\dfrac{M_d}{P} = f\left(Y_p, W, r_m, r_b, r_e, \dfrac{1}{p} \cdot \dfrac{\mathrm{d}p}{\mathrm{d}t}, u\right)$$

式中,M_d 为名义货币需求,f 为函数符号,Y_p 为恒常收入,W 为人力资本占非人力资本的比率,r_m 为存款利率,r_b 为预期公债收益率,r_e 为预期股票收益率,$\dfrac{1}{p} \cdot \dfrac{\mathrm{d}p}{\mathrm{d}t}$ 为预期物价变动率,u 为其他随机变量,P 为一般物价水平,$\dfrac{M_d}{P}$ 为实际货币需求量。

弗里德曼不仅关心名义货币需求量,而且特别关心实际货币需求量。他把影响货币需求量的诸多因素分为 3 组。

第1组,恒常收入 Y_p 和人力资本占非人力资本的比率 W。恒常收入来源于总财富,它是构成总财富的各种资产的预期贴现值总和。在其他条件不变的情况下,收入越多,货币需求越多。人力资本占非人力资本的比率(W)是影响货币需求的又一因素。一个人的总财富是人力资本与非人力资本之和。在总财富中,人力资本比重越大,创造的收入越多,从而对货币的需求量就越大,反之则相反。可见,第1组因素与货币需求量呈同方向变化。

第2组,各种资产的预期收益和机会成本。它包括:r_m、r_b、r_e、$\frac{1}{p} \cdot \frac{dp}{dt}$ 四项。

r_m、r_b、r_e 是三种不同的金融资产的预期收益率。一般来说,存款、债券、股票等资产的收益越高,人们就越愿意把货币转化为这些资产,货币需求量就越少。相反,资产收益越低,人们就会抛售证券,提取存款,持有货币。$\frac{1}{p} \cdot \frac{dp}{dt}$ 是预期物价变动率(物价变动因素对货币需求量的影响)。从理论上分析,物价上涨意味着货币贬值、通货膨胀,那么,持有货币意味着损失,人们就会把货币迅速用于消费或变成其他财富。相反,在预期物价下降时,人们则愿意持有货币,以满足流动性偏好。可见,r_m、r_b、r_e、$\frac{1}{p} \cdot \frac{dp}{dt}$ 与货币需求量呈反方向变化。

第3组,各种随机变量 u。它包括社会富裕程度、取得信贷的难易程度、社会支付体系的状况等。

弗里德曼的货币需求函数与凯恩斯的货币需求函数的差别主要表现在:

(1)二者强调的侧重点不同。凯恩斯的货币需求函数非常重视利率的主导作用。凯恩斯认为,利率的变动直接影响就业和国民收入的变动,最终必然影响货币需求量。而弗里德曼则强调恒常收入对货币需求量的重要影响,认为利率对货币需求量的影响是微不足道的。

(2)由于上述分歧,导致凯恩斯主义与货币主义在货币政策传导变量的选择上产生分歧。凯恩斯主义认为利率是传导变量,货币主义坚持货币供应量是传导变量。

(3)凯恩斯认为货币需求量受未来利率不确定性的影响,因而不稳定,货币政策应"相机行事"。而弗里德曼认为,货币需求量是稳定的、可以预测的,因而"单一规则"可行。

> **思考与讨论**:你能将上述经济学家的理论进行简单归纳,并找出其中的关键词吗?

二 货币供给

(一)货币供给与货币供给量的含义

货币供给是相对于货币需求而言的,它包括货币供给行为和货币供给量两部分内容。货币供给行为是指银行体系通过自己的业务活动向再生产领域提供货币的全过程,研究的是货币供给的原理和机制。货币供给量是指金融系统根据货币需求量,通过其资金运用,注入流通中的货币量,研究的是金融系统向流通中供应了多少货币,货币流通与商品流通是否相适应等问题。

(二)货币供给层次的划分

虽然现金货币、存款货币和各种有价证券均属于货币范畴,但是,各种货币转化为现实购买力的能力不同,从而对商品流通和经济活动的影响有差别。西方学者在长期研究中,一直主张把流动性原则作为划分货币供给层次的主要依据。所谓流动性是指某种金融资产转化为现金或现实购买力的能力。流动性好的金融资产,价格稳定,还原性强,可随时在金融市场上转让、出售。

各个经济体信用化程度不同,金融资产的种类也不尽相同。因而,各个经济体把货币供给划分为几个层次,每个层次的货币内容不完全一样。

1. 国际货币基金组织货币供给的层次划分

M_0＝流通于银行体系之外的现金

$M_1 = M_0 +$ 活期存款(包括邮政汇划制度或国库接受的私人活期存款)

$M_2 = M_1 +$ 储蓄存款＋定期存款＋政府债券(包括国库券)

2. 我国货币供给的层次划分

为加强宏观监测,更好地制定和执行货币政策,根据我国经济、金融发展的实际情况和国际通用统计原则,1994 年 10 月 28 日,中国人民银行制定了《中国人民银行货币供应量统计和公布暂行办法》,开始公布货币供应量统计。2003 年 12 月,中国人民银行发布的《关于修订中国货币供应量统计方案的研究报告》提出我国货币供应量统计的六项原则,即相关性增强原则、可测性原则和成本效益比较原则、连续性原则、流动性原则、价值储藏手段原则和与国际接轨原则。

(1) 关于货币供应量层次划分的几点说明

第一,货币供应量,即货币存量,是指一国在某一时点承担流通手段和支付手段的货币总额,一般表现为金融机构的存款、流通中的现金,亦即金融机构和政府之外企业、居民、机关团体等经济主体的金融资产。

第二,货币供应量按层次统计。根据国际通用原则,以货币流动性差别作为划分各层次货币供应量的标准。

第三,根据我国实际情况,将我国货币供应量划分为 M_0、M_1、M_2、M_3。

(2) 各层次的货币内容

M_0＝流通中的现金,即在银行体系外流通的现金;

$M_1 = M_0 +$ 企业活期存款＋机关、团体、部队存款＋农村存款＋个人持有的信用卡存款,是狭义货币供应量;

$M_2 = M_1 +$ 企业定期存款＋城乡居民储蓄存款＋信托类存款＋其他存款,是广义货币供应量;

$M_3 = M_2 +$ 金融债券＋商业票据＋大额可转让定期存单等。

M_1 与 M_2 的差额是准货币,指流动性差、不能直接用作支付工具但可以较方便地变为支付工具的项目。M_3 是根据金融工具的不断创新而设置的。中国人民银行 2021 年 3 月货币供应量见表 8-1。

表 8-1　　　　　中国人民银行 2021 年 3 月货币供应量　　　　单位:亿元

货币层次	货币供应量
货币和准货币(M_2)	2 276 488.45
货币(M_1)	616 113.17
流通中的货币(M_0)	86 543.64

注:2011 年 10 月起,货币供应量已包括住房公积金中心存款和非存款类金融机构在存款类金融机构的存款。自 2015 年起,人民币、外币和本外币存款含非银行业金融机构存放款项。2018 年 1 月,中国人民银行完善货币供应量中货币市场基金部分的统计方法,用非存款机构部门持有的货币市场基金取代货币市场基金存款(含存单)。

我国目前只测算和公布 M_0、M_1 和 M_2 的货币供应量,M_3 只测算不公布。长期以来,我国是在综合考虑经济增长、物价稳定等因素的基础上控制货币供给总量的。

思考与讨论:M_1 反映经济中的现实购买力;M_2 不仅反映现实的购买力,还反映潜在的购买力。如果 M_2 过高而 M_1 过低或者 M_1 过高而 M_2 过低,那么经济中需求、投资和物价将如何变化?

阅读专栏 8.1

本外币是什么意思?本外币存款是什么?

本外币存款作为一个经济名词,经常出现在人们的生活中,当然这不仅仅是在课本上,许多客户去银行办理存款业务的时候,也会遇到这样的词汇。那么本外币存款到底是什么呢?

首先,要了解本外币存款,就要了解本币和外币。毋庸置疑,本币在我国就是人民币。那么外币就是外国货币,也就是不属于人民币的其他国家的货币。而本外币存款就可以很简单的理解为,本币和外币在我国的金融机构中的存款的统称。

其次,我国的本外币存款有着比较清晰的记录数据。每个月的存款的增长幅度和累计金额,以及每个月的存入资金都会有明确的数据记载,在很多网站上也可以查询到明确的波动幅度和数据结果。例如,我国 2018 年 5 月份的本外币存款的同比增长幅度就达到了 16.76%。当然,我国对本外币存款的具体数据在每一个月都会有及时更新。

当然,了解本外币存款的关键原因就在于顾客想将自己手中的资金,有一个很好的投资,能够获得比较稳定的收益。纠结于本币存款和外币存款,或者说本外币存款这一个词的原因,就在于顾客想要了解究竟是本币存款的收益好一些,还是外币存款的收益更值得信赖。

其实本外币存款是不同货币在我国投资的一个方式。在了解本外币存款之后,就能够让顾客更好地、更有信心地去投放自己的资金和购买更好的理财产品了。

(资料来源:文天. 探其财经网,2018 年 8 月 3 日)

(三)货币供给过程

现代信用制度下货币供应量的决定因素主要有两个:一是基础货币(B);二是货币乘数(m)。它们之间的决定性关系可以用公式表示为:$M_s = m \cdot B$,即货币供应量等于基础货币与货币乘数的乘积。

基础货币又称高能货币、强力货币或货币基础,是非银行公众所持有的通货与银行的存款准备金之和。之所以称基础货币为高能货币,是因为一定量的这类货币被银行作为准备金而持有后可引致数倍的存款货币。弗里德曼和施瓦茨认为,高能货币的一个典型特征是能随时转化为存款准备金,不具备这一特征就不是高能货币。

基础货币量、银行存款与其准备金的比率、存款与通货的比率都会引起货币存量的同方向变化。一般来说,这三个决定货币存量的因素是由公众、银行、货币当局三个经济主体的行为分别决定的。在信用货币制度下,基础货币量取决于政府的行为;银行存款与其准备金的比率取决于银行体系;存款与通货的比率既取决于公众的行为,也受银行存款服务水平和利率的影响。

存款准备金包括商业银行持有的库存现金、在中央银行的法定存款准备金和超额准备金，一般用 R 表示；流通中的通货等于中央银行资产负债表中的货币发行量，一般用 C 表示。基础货币的表达式为：$B=C+R=$ 流通中的通货＋存款准备金，而 R 又包括活期存款准备金 R_r，定期存款准备金 R_t，以及超额准备金 R_e。所以，全部基础货币方程式可表示为：$B=C+R_r+R_t+R_e$。

（四）影响货币供应量的因素

从理论上说，中央银行对基础货币与货币乘数都有相当的控制能力。但是，从货币供应量的形成过程来讲，它是由中央银行、商业银行和非银行经济部门等经济主体的行为共同决定的，这些机构的行为在不同的经济条件下又受各种不同因素的制约。因此，货币供应量并不能由中央银行绝对加以控制。从影响货币乘数的诸因素分析，中央银行决定 r（活期存款准备金率）和 t（定期存款准备金率）；活期存款准备金率和定期存款准备金率受货币政策的影响；商业银行决定 e（超额准备金率）。商业银行保留多少超额准备金，取决于保留超额准备金的机会成本、借入资金的成本以及融通资金的方便程度等。社会大众决定 C，影响 C 的主要因素一是收入水平，二是各种金融资产的收益水平。以表 8-2 为例说明影响基础货币量的主要因素。

表 8-2　　　　　中国人民银行资产负债简表

资　产	负　债
A_a 对金融机构贷款	L_a 金融机构存款（包括法定准备金和超额准备金）
A_b 购买财政债券	L_b 财政性存款
A_c 金银外汇占款	L_c 自有资金和当年结余
	M_0 货币流通量

根据会计原理，资产必等于负债。即

$$A_a+A_b+A_c=L_a+L_b+L_c+M_0$$

将上式整理可得

$$M_0=(A_a-L_a)+(A_b-L_b)+(A_c-L_c)$$

上式表明，影响基础货币量的主要因素有三个方面：

（1）A_a-L_a，其差额为中国人民银行再贷款净额或各金融机构存款净值。它主要受商业银行信贷收支状况的影响。

（2）A_b-L_b，其差额反映财政净赤字或净结余。若 $A_b>L_b$，基础货币供应量增加；若 $A_b<L_b$，则基础货币供应量减少。它主要受财政收支状况的影响。

（3）A_c-L_c，其差额主要反映官方储备的增加或减少。官方储备增加，基础货币供应量增加，反之则减少。它的变动主要受国际收支状况的影响。

1. 商业银行的信贷规模与货币供应量

商业银行是唯一能办理活期存款的银行，它在经营活期存款过程中具有创造存款货币的能力（在第七章的第二节已经介绍）。银行在经营活动中通过吸收原始存款，用转账方式发放贷款创造了派生存款，存贷、贷存的反复进行，自然会派生出大量的存款，增加了流通中的货币供应量。

2. 财政收支与货币供应量

国家财政收支引起银行信贷的相应收支，不同财政收支状况对货币供应量的影响不同，财政收支平衡对货币供应量没有影响，等量财政收入从商业银行账户流入中央银行账户所产生的总量收缩效应,会与等量财政支出从中央银行账户流入商业银行账户所产生的总量扩张效应互相抵消,货币供应总量不变。

财政结余意味着从商业银行账户向中央银行账户转移的基础货币,大于从中央银行账户向商业银行账户转移的基础货币,货币供应量的总量收缩效应大于其总量扩张效应,其结果引起货币供应总量减少。

财政支出大于财政收入,出现赤字,对货币供应量的影响主要取决于财政赤字的弥补办法。弥补财政赤字的办法,有动用历年结余、发行政府债券、向中央银行透支和借款等。这些方法对货币供应量的影响是不同的。

如果向中央银行借款或透支从而使银行信贷资金运用规模扩大,货币供应量必然相应增加,进而导致通胀。如果发行国债弥补财政赤字,因国债购买人不同,对货币供应量的影响也不同,其中居民、企业用闲置资金购买,货币供应量不变;银行用信贷资金购买国债,或企业单位购买国债挤占了银行信贷资金,货币供应量增加。

3. 国际储备与货币供应量

黄金外汇储备是中央银行投放基础货币的主要渠道之一。黄金虽然属于国际储备资产,但很少在国际支付中使用。因此,黄金储备的增减变化,主要取决于一个国家黄金收购量与销售量的变化。在一定时期内,黄金收购量大于销售量,黄金储备增加,中央银行投入的基础货币增加;相反,黄金销售量大于收购量,黄金储备减少,中央银行收回基础货币,使货币供应量减少。

外汇储备增减主要取决于一个国家的国际收支状况。一个国家的国际收支如果是顺差,则增加外汇储备,中央银行增加基础货币投放,货币供应量扩张;反之,国际收支如果是逆差,则减少外汇储备,中央银行收回基础货币,货币供应量缩减。

思考与讨论:你能说出人民币从中国人民银行到老百姓手中的过程吗?

案例 8.1 为实体经济注入活水

2020年前11个月,金融数据格外亮眼。11月末,广义货币(M_2)余额217.2万亿元,同比增长10.7%。今年以来,M_2已经连续9个月保持两位数增速,增速明显高于去年。这一数据连续高增长意味着什么?

M_2反映的是当前的货币供应量,流通中的现金、老百姓的储蓄存款、企业存款等都是M_2的组成部分。"M_2增速较高,表明市场上不差钱,企业和个人贷款相对容易。"招联金融首席研究员董希淼表示。

今年以来,为应对新冠肺炎疫情冲击,货币政策支持力度前所未有。疫情发生后,涉及9万亿元货币资金的货币政策应对措施迅速落地,主要包括:引导中期借贷便利和公开市场操作中标利率下行,推进贷款市场报价利率改革释放利率市场化红利,3次降低存款准备金率释放1.75万亿元长期资金,推出1.8万亿元再贷款、再贴现政策,创新两项直达实体经济的货币政策工具以支持小微企业融资4.7万亿元。

总体看,前11个月M_2和社会融资规模增速均高于去年,金融对实体经济保持了较强的支持力度。金融部门通过降低利率、减少收费、贷款延期还本付息等措施向实体经济让利约1.25万亿元,全年可实现1.5万亿元的目标;货币政策保持流动性合理充裕,预计带动全年人民币贷款新增20万亿元左右,社会融资规模增量超过30万亿元。

M_2增速的高低不仅关系个人和企业的"钱袋子",也与我国宏观经济密切相关。新冠肺炎疫情发生后,M_2保持较高增速为宏观经济恢复发展创造了良好的货币金融环境。从政策效果看,我国前三季度经济增速转正,消费、投资、出口等经济指标全面向好。今年我国将成为全球唯一实现正增长的主要经济体。

货币金融支持力度增强、M_2两位数增长的同时,资金的流向同样值得关注。

钱去了哪儿?先看"一减一增"两组数据。减的是房地产贷款增速——前三季度,房地产贷款增速保持回落。9月末,全国主要金融机构(含外资)房地产贷款余额48.8万亿元,同比增长12.8%,增速较6月末回落0.3个百分点。增的是普惠小微贷款增速——9月末普惠小微贷款余额达14.6万亿元,同比增长29.6%,增速比上年末高了6.5个百分点,这一增速在年内已经连创新高。

(资料来源:陈果静.经济日报,2020年12月14日)

三 货币均衡

(一)货币均衡的含义

货币均衡是指从某一个时期看,货币供给量与货币需求量基本相适应的货币流通状态。这种状态表现为市场繁荣,物价稳定,社会再生产过程中物质替换和价值补偿都能正常顺利地进行。货币均衡是个动态的过程,是一个由均衡到失衡,再由失衡回复到均衡的不断运动的过程。货币均衡具有相对性,货币均衡实际上是一种在经常发生的货币失衡中暂时达到的均衡状态。货币均衡并非简单的数量绝对均衡,因为这种均衡是不可能达到的。货币均衡的实际意义就是货币供给量与货币需求量大致相适应,即在一定的弹性区间内,各自变动的货币供给量与货币需求量都属于货币均衡。

(二)货币均衡的标志

货币是否均衡单从数量上是无法说明的,由于货币均衡表现为经济均衡(社会总供求的协调),所以经济均衡的标志就是货币均衡的标志。

在实践中,经常用以下标志来衡量货币是否均衡。

1. 物价水平变动

在物价可以自由浮动的条件下,可用市场物价水平作为衡量货币均衡与否的标志。利用物价水平衡量货币均衡状态的主要标志是物价指数。物价指数是报告期物价水平比基期物价水平的变动率,它与货币供应量超过货币需求量的程度有同方向、同比例的关系。

如果物价稳定(物价指数在3%以内),说明社会商品与服务的供给与需求平衡,也可以说没有出现货币供应过多或过少的现象,即货币基本均衡。如果物价指数在8%,说明社会需求大于社会供给,造成需求增加的重要原因就是现实货币购买力增加,但这种有支付能力的货币购买力大于商品的可供应量,从而引起货币贬值,物价上涨。

2. 货币供应增长与生产和商品流通增长是否相适应

在一定的生产规模和商品销售规模下,需要一定量的货币为之服务。在货币流通速度变化不大的情况下,随着生产总值和商品销售额的增大,两者的增长率应大致接近。如果货币供给量增长过快,远远超过生产的增长速度,就可能意味着货币供应存在偏多的问题。当然这是以基期货币供应量与生产和商品流通基本适应为前提的。

3. 商品市场供求状况

在物价水平不能灵敏地反映市场货币是否均衡的状况下,可以直接从市场商品供应是否平衡去观察。如果出现大多数商品供应紧张,说明市场货币供应量偏多,如果出现大多数商品积压,则说明市场货币供应量偏少。

上述各种衡量标志都是从某一个侧面说明货币均衡的状况,为比较准确地判断货币是否均衡,实际上需要用多种指标相互比较才能确定。

虽然各个国家都在追求货币均衡这样的状态,但是在很多时候,货币失衡却成为不可避免的一种经济现象出现在各个国家的不同发展阶段。货币失衡有两种表现形式:一种表现为通货膨胀,一种表现为通货紧缩。

第二节 通货膨胀

一 通货膨胀的含义

通货膨胀是价值符号流通条件下的特有现象。进入 20 世纪 60 年代以后,无论是发达国家还是发展中国家,也不管是社会主义经济还是资本主义经济,都程度不同地受到过通货膨胀问题的困扰。由此,世界各国把通货膨胀问题作为重要的宏观经济问题来处理,大多数国家把反通货膨胀作为中央银行的首要任务,从而使通货膨胀理论成为当代货币银行理论体系的一个重要组成部分。

不同经济学家对通货膨胀的定义不尽相同。新剑桥学派代表人物琼·罗宾逊认为:"通货膨胀通常指的是物价总水平的持续上升。"货币学派代表人物弗里德曼认为:"通货膨胀在任何时空条件下都是一种货币现象。"并强调:"只有当物价水平向上移动是一个持续的过程时,这才是一种货币现象。"新古典综合学派代表人物保罗·萨缪尔森则认为:"通货膨胀是在一定时期内,商品和生产要素价格总水平的持续不断的上涨。"新自由主义者哈耶克指出:"通货膨胀一词的原意和真意是指货币数量的过度增长,这种增长会合乎规律地导致物价上涨。"

尽管西方经济学家的说法多种多样,但关于通货膨胀的定义有两点是共同的:一是有效需求大于有效供给;二是物价持续上涨。

马克思的货币理论中关于通货膨胀性质问题的定义,是与纸币的流通及其规律联系在一起的。所谓通货膨胀,是指在纸币流通的条件下,由于纸币的发行量超过商品流通中实际需要的货币必要量,从而引起的货币贬值、一般物价水平上涨的经济现象。

无论是西方经济学还是马克思的货币理论,均把通货膨胀与物价上涨联系在一起,将物价上涨作为通货膨胀的基本标志。因此,被大家普遍接受的通货膨胀的定义是:通货膨胀是在一定时间内一般物价水平持续上涨的现象。对于这个定义的理解应包括以下几个方面的内容:

第一,通货膨胀所指的物价上涨并非个别商品或劳务价格的上涨,而是指一般物价水平,即全部物品及劳务的加权平均价格的上涨。在非市场经济中,通货膨胀则表现为商品短缺、凭票供应、持币待购以及强制储蓄等形式。

第二,在通货膨胀中,一般物价水平的上涨是一定时间内的持续上涨,而不是一次性的、暂时性的上涨。部分商品因季节性或自然灾害等原因引起的物价上涨和经济萧条后恢复时期的商品价格正常上涨都不能叫作通货膨胀。

第三,通货膨胀所指的物价上涨必须超过一定的幅度。但这个幅度该如何界定,各国又有不同的标准。

阅读专栏 8.2

今年起全国 CPI 和 PPI 数据开启"五年基期轮换"

2月10日,国家统计局发布了以2020年为基期的全国CPI和PPI数据,这是基期轮换后的首次数据发布。按照统计制度规定,我国CPI、PPI和住宅销售价格指数每五年进行一次基期轮换,是为了准确监测和反映市场供需关系的实际变动,是国际惯例和通行做法。

CPI是综合反映一定时期内居民消费的商品和服务价格水平变动情况的相对数。由于居民消费的类别和品种成千上万,为观察其总体价格变动情况,通常选取一组消费量较大、最能代表多数人日常消费行为的商品和服务,用它们的价格变化情况,结合居民日常消费结构,来综合代表全部商品和服务的价格变化情况。为保证价格指数的连续性和可比性,通常在一定时期内把"一篮子"商品和服务固定,俗称"固定篮子"。随着经济社会发展,CPI调查的"固定篮子"需要及时调整,使"篮子"里的商品和服务更具代表性,使其组合更接近居民消费结构,据此计算的CPI能更准确地反映物价的实际变动。我国CPI将逢"5"和"0"的年份作为基期,在基期年选取"一篮子"商品和服务,五年保持不变,以兼顾指数的连续可比与消费结构变动的及时反映。2021—2025年,国家统计局将编制和发布以2020年为基期的CPI。

价格指数的基期轮换既包括调查分类目录、代表规格品和调查点的调整,也包括分类权数的调整。以本次CPI基期轮换为例,在调查分类方面,我国参考联合国制定的《按目的划分的个人消费分类(COICOP)》与我国的《居民消费支出分类》,结合实际情况调整了调查分类目录。调整后的调查分类目录大类保持不变,仍为8个大类,基本分类从262个增加至268个,在对部分消费项目删减、合并的基础上,增加了外卖、母婴护理服务、新能源小汽车、可穿戴智能设备、网约车费用等新兴商品和服务。在调查点方面,根据最新的调查分类目录,结合市场销售实际情况,重新抽选了调查网点。在分类权数方面,从住户收支与生活状况调查中获取到最新的居民消费支出数据,结合2020年开展的权数专项调查结果和相关行政记录,并参照当前国际做法,剔除了非洲猪瘟、新冠疫情等对居民消费支出的异常影响,对各分类权数进行了重新测算,以更加合理准确地反映居民消费结构。与上轮基期(2016—2020年)相比,新基期的权数总体变动不大。

(资料来源:张钦.北京青年报,2021年2月10日)

二 通货膨胀的类型

(一)按通货膨胀的程度分为爬行式、温和式、奔腾式和恶性通货膨胀

(1)爬行式通货膨胀是指价格总水平年上涨率不超过3%(一般为2%~3%),并且在经济生活中没有形成通货膨胀的预期。

(2)温和式通货膨胀是指价格总水平上涨比爬行式高,但又不是很快,具体百分比没有一个统一的说法。

(3)奔腾式通货膨胀是指物价总水平上涨率在两位数以上,且发展速度很快。

(4)恶性通货膨胀,或称超级通货膨胀是指物价上升特别猛烈,且呈加速趋势。此时,货币已完全丧失了价值储藏功能,部分地丧失了交易媒介功能,成为"烫土豆",持有者都设法尽快将其花费出去。当局如不采取断然措施,货币制度将完全崩溃。

(二)按市场机制的作用分为公开型和隐蔽型通货膨胀

(1)公开型通货膨胀的前提是市场功能完全发挥,价格对供求反应灵敏,过度需求通过价格的变动得以消除,价格总水平明显地、直接地上涨。

(2)隐蔽型通货膨胀则是表面上货币工资没有下降,物价总水平也未提高,但居民实际消费水准却下降的现象。其前提是,在经济中已积累了难以消除的过度需求压力,但由于政府对商品价格和货币工资进行了严格控制,过度需求不能通过物价上涨而吸收,商品供不应求的现实通过准价格形式表现出来,如黑市、排队、凭证购买、有价无货以及一些产品在价格不变的情况下质量下降等。

(三)按能否被预期分为预期性和非预期性通货膨胀

(1)预期性通货膨胀是指通货膨胀过程被经济主体预期到了,以及由于这种预期而采取各种补偿性行动引发的物价上升运动。如在工资合同中规定价格的条款,在商品定价中加入未来原料及劳动力成本上升因素。

(2)非预期性通货膨胀是指未被经济主体预见的,不知不觉中出现的物价上升。

经济学家将通货膨胀分为预期性和非预期性两种,主要作用在于考察通货膨胀的效应。一般认为只有非预期性通货膨胀才有真实效应,而预期性通货膨胀没有实在性的效果,因为经济主体已采取相应对策抵消其影响了。

(四)按成因分为需求拉上型、成本推进型和结构型通货膨胀

需求拉上型、成本推进型与结构型通货膨胀的内容在下面分析通货膨胀的成因中将具体阐述。

三 通货膨胀的成因——理论分析

虽然不同时期发生通货膨胀的原因是不同的,但从总量上讲,导致通货膨胀的压力主要来自需求方面和供给方面。

(一)需求拉上

当经济中总需求的扩张超出总供给的增长时,过度需求就会拉动价格总水平持续上涨,从而引起通货膨胀。由于总需求是由具有购买和支付能力的货币量构成的,总供给表现为市场上商品和服务的供给,因此需求拉上的通货膨胀可以通俗地表述为"太多的货币追求太少的商品"。当出现这种情况时,就会使对商品和服务的需求超出了现行价格条件下可得到的供给,从而导致一般物价水平的上涨。

(二)成本推进

进入20世纪70年代后,西方发达国家普遍经历了高失业和高通货膨胀并存的"滞胀"

局面。即在经济远未达到充分就业时,物价就会持续上涨,甚至在失业增加的同时,物价也上升,而需求拉上论无法解释这种现象。于是许多经济学家转而从供给方面寻找通货膨胀的原因,提出了成本推进论。

该理论认为,通货膨胀的根源并非总需求过度,而是由总供给方面生产成本上升所引起。因为在通常情况下,商品的价格是以生产成本为基础加上一定的利润而构成的。因此,生产成本的上升必然导致物价水平的上升。

经济学家还进一步分析了促使产品成本上升的原因:

(1)在现代经济中有组织的工会对工资成本具有操纵能力。工会要求企业提高工人的工资,迫使工资的增长率超过劳动生产率的增长率,企业则会因人力成本的加大而提高产品价格以转嫁工资成本的上升,而在物价上涨后工人又会要求提高工资,再度引起物价上涨,形成工资—物价的螺旋上升,从而导致"工资成本推进型通货膨胀"。

(2)垄断性大公司也具有对价格的操纵能力,是提高价格水平的重要力量。垄断性大公司为了获取垄断利润会人为地提高产品价格,由此引起"利润推进型通货膨胀"。

(3)汇率变动引起进出口产品和原材料成本上升,以及石油危机、资源枯竭、环境保护政策不当等造成原材料、能源生产成本的提高,都是引起成本推进型通货膨胀的原因。

(三)供求混合作用

需求拉上说撇开供给来分析通货膨胀的成因,而成本推进说则以总需求给定为前提条件来解释通货膨胀,二者都具有一定的片面性和局限性。尽管理论上可以区分需求拉上型通货膨胀与成本推进型通货膨胀,但在现实生活中,需求拉上的作用与成本推进的作用常常是混在一起的。因此人们将这种总供给和总需求共同作用情况下的通货膨胀称为供求混合推进型通货膨胀。实际上,单纯的需求拉上或成本推进不可能引起物价的持续上涨,只有在总需求和总供给的共同作用下,才会导致持续性的通货膨胀。

(四)经济结构变化

一些经济学家认为,在总需求和总供给处于平衡状态时,由于经济结构、部门结构的因素发生变化,也可能引起物价水平的上涨。这种通货膨胀被称为结构型通货膨胀。其基本观点是,由于不同国家的经济部门结构的某些特点,当一些产业和部门在需求方面或成本方面发生变动时,往往会通过部门之间的相互看齐过程而影响到其他部门,从而导致一般物价水平的上升。具体情况可以分为以下三种:

1. 需求转移

由于社会对产品和服务的需求不是一成不变的,在总需求不变的情况下,一部分需求转移到其他部门,而劳动力和生产要素却不能及时转移。这样,原先处于均衡状态的经济结构可能因需求的移动而出现新的失衡。那些需求增加的行业,价格和工资将上升;另一些需求减少的行业,由于价格和工资刚性的存在,却未必会发生价格和工资的下降,最终导致物价的总体上升。

2. 部门差异

部门差异型通货膨胀是指经济部门(如产业部门和服务部门)之间由于劳动生产率、价格弹性、收入弹性等方面存在差异,但货币工资增长率却趋于一致,加上价格和工资的向上刚性,从而引起总体物价上涨。许多西方经济学家相信,工人对相对实际工资的关心要超过对绝对实际工资的关心。因此,货币工资的整体增长水平便与较先进部门一致,结果就是落后部门的生产成本上升,并进而推动总体价格水平上升。

还有一种情况是由"瓶颈"制约而引起的部门间差异。如在有些国家,由于缺乏有效的资源配置机制,资源在各部门之间的配置严重失衡,有些行业生产能力过剩,而另一些行业如农业、能源、交通等部门却严重滞后,形成经济发展的"瓶颈"。当这些"瓶颈"部门的价格因供不应求而上涨时,便引起其他部门,包括生产过剩部门的价格上涨。

3. 国际因素

由国际因素引起的通货膨胀也叫北欧型通货膨胀,是由北欧学派提出的。它以实行开放经济的小国为研究背景,在这些国家,经济部门可以分为开放的经济部门和不开放的经济部门,由于小国一般只能在国际市场上充当价格接受者的角色,世界通货膨胀就会通过一系列机制首先传递到这些国家的开放经济部门,并进而带动不开放经济部门,最后导致价格总体水平上升。

四 通货膨胀的成因——现实分析

在现实经济运行中,形成通货膨胀的直接原因是货币供给过度,导致货币贬值,物价上涨。流通中的货币,无论是现金通货还是存款货币,均通过信用供给。因此,过度的信用供给是造成通货膨胀的直接原因。那么,又是由什么原因导致的过度的货币供给呢?

1. 财政原因

因财政原因迫使过度供给货币的情况一般有两种,即发生财政赤字,或推行赤字财政政策。财政赤字是指财政部门在执行国家财政预算过程中,因收入减少或支出增加而导致的财政收不抵支的状况;赤字财政是指政府在做财政预算时,把支出打高,留出收入缺口,形成预算赤字。赤字财政是一种宏观经济的扩张政策,目的在于刺激有效需求。

2. 信贷原因

因信贷原因迫使过度供给货币的情况主要是指银行信用提供的货币量超过了商品经济的发展对货币数量的客观需求,而导致的货币贬值、物价上涨现象,一般称之为信用膨胀。引起信用膨胀的原因很多,既有来自于财政赤字和社会上过热的经济增长要求的压力,也有来自于银行自身决策失误的问题。

3. 其他原因

那么,又是哪些因素会造成财政赤字或信用膨胀,导致货币供给过度呢?原因固然很多,也很复杂,主要有投资规模过大、国民经济结构比例失调、国际收支长期顺差等。政府应根据发生通货膨胀的实际状况来进行实证分析,以便对症下药,做出有效决策,从而抑制通货膨胀。

案例 8.2 一季度全国 CPI、PPI 走势总体平稳,基本符合预期

2021 年 4 月 9 日,国家统计局发布了一季度以及 3 月份全国 CPI(居民消费价格指数)和 PPI(工业生产者出厂价格指数)数据。

CPI 同比持平,预计全年"前低后稳"。一季度,全国居民消费价格同比持平。城市下降 0.1%,农村持平。其中,3 月份全国居民消费价格同比上涨 0.4%,环比下降 0.5%。分类

别看,一季度食品烟酒价格同比上涨0.6%,衣着下降0.2%,居住下降0.2%,生活用品及服务下降0.1%,交通通信下降1.4%,教育文化娱乐上涨0.3%,医疗保健上涨0.3%,其他用品及服务下降1.1%。在食品烟酒价格中,粮食价格上涨1.5%;鲜菜价格上涨4.8%;猪肉价格下降12.5%,其中3月份下降18.4%,降幅比2月份扩大3.5个百分点。一季度,扣除食品和能源价格后的核心CPI同比持平。

对于一季度CPI走势,国家统计局新闻发言人、国民经济综合统计司司长刘爱华表示,从今年一季度物价运行情况看,物价运行比较稳定,一季度居民消费价格和去年同期持平。"3月份当月,CPI从2月份的下降0.2%转为上涨0.4%。从总体上来讲,目前居民消费价格总体水平和去年同期持平,3月份当月上涨0.4%,比较温和。从结构上看,推动CPI转正的主要因素在于非食品价格中的汽柴油价格的上涨。3月份当月,汽油和柴油价格都同比上涨了约12%,在这两个能源产品的拉动下,CPI当月的涨幅转正,呈现0.4%的上涨。从商品类别来看,包括食品在内的价格上涨均比较温和,甚至是下降的。食品价格3月份当月同比下降了0.7%,大众比较关注的猪肉价格下降了18.4%。"

PPI恢复性上涨,预计全年"两头低、中间高"。一季度,全国工业生产者出厂价格同比上涨2.1%。其中,3月份同比上涨4.4%,涨幅比2月份扩大2.7个百分点,环比上涨1.6%。一季度,全国工业生产者购进价格同比上涨2.8%。其中,3月份同比上涨5.2%,涨幅比2月份扩大2.8个百分点,环比上涨1.8%。从较长周期看,全国PPI走出了此前一段的下跌期,今年一季度以来呈恢复性上涨态势。3月份,PPI同比上涨4.4%,环比上涨1.6%,涨幅比上月均有所扩大。

中国宏观经济研究院市场与价格研究所形势组研究员郭丽岩表示,受国际大宗商品价格上涨等输入性因素、去年同期对比基数较低等技术性因素以及春季新开工等季节性因素叠加影响,石油石化、黑色金属、有色金属等生产资料出厂价格涨势明显。展望后期,随着价格信号引导作用释放,主要生产资料产能利用率持续提升,上下游供需会进一步匹配,工业生产领域的稳价因素将明显增多,总体判断,此轮生产资料价格上涨是阶段性的,预计我国全年PPI呈"两头低、中间高"的走势,下半年将有所回落。

(资料来源:张沿棠.中国经济导报,2021年4月22日)

五、通货膨胀的治理

(一)治理通货膨胀的必要性

1.通货膨胀对社会再生产的负面影响

(1)通货膨胀不利于生产的正常发展。通货膨胀初期,会对生产有一定的刺激作用,但这种刺激作用是递减的,随之而来的就是对生产的破坏性影响。在商品和劳务价格普遍上涨的情况下,能源、原材料价格上涨尤其迅速。生产成本提高,生产性投资风险加大,生产部门的资金,尤其是周期长、投资大的生产部门的资金会转向商业部门或进行金融投机,社会生产资本总量由此而缩小。由于投资风险大,投资预期收益率下降,通货膨胀不仅使生产总量削弱,还会破坏正常的产业结构和产品结构。通货膨胀较严重的时候,投机活动猖獗、价格信号扭曲,在生产领域,投资少、周期短、产品投放市场快的加工产业受到很大刺激。由于货币流通速度加快,购买力强劲,市场商品供应相对短缺,企业生产单纯追求周期短、见效快,产品质量下降,最终结果是质次价高的加工产品生产过剩,而基础产业受到冷落。另外,通货膨胀使货币的价值尺度功能受到破坏,成本、收入、利润等均无法准确核算,企业的经营管理尤其是财务管理陷入困境,严重影响再生产活动的正常进行。

(2)通货膨胀打乱了正常的商品流通秩序。正常的商品流通秩序是:商品由生产企业生产后,经过必要的批发、零售环节,进入消费领域。在此过程中,生产企业和处于各流通环节的销售企业均获得正常合理的经营收入和利润,消费者也接受一个合理的价格水平。但是,在通货膨胀情况下,由于价格信号被严重扭曲,商品均朝着价格最高的方向流动,在投机利益的驱动下,商品会长期滞留在流通领域,成为倒买倒卖的对象,迟迟不能进入消费领域。由于地区间的物价上涨不平衡,商品追踪价格上涨最快和水平最高的地区,导致跨地区盲目快速地流动,加大了运输成本,一些商品从产地流向销地后,甚至又会从销地重新流回产地。由于国内市场商品价格上涨,必然会削弱其在国际市场上的竞争能力,从而使国内商品流向国际市场的通道受阻。在通货膨胀的情况下,人们重物轻钱,严重时会出现商品抢购,更有一些投机商会囤积居奇,进一步加剧市场的供需矛盾。

(3)通货膨胀是一种强制性的国民收入再分配。国民收入经过物质生产部门内部的初次分配之后,会由于税收、信贷、利息、价格等经济杠杆的作用而发生再分配。通货膨胀对每个社会成员来说,最直接的影响就是改变他们原有的收入和财富占有的实际水平。在物价普遍上升的时期,每个社会成员都必须接受已经或正在上升的价格。由于各个社会成员的收入方式和收入水平不同,消费支出的负担不同,消费领域和消费层次也不尽相同。因此,在同样的通货总水平下,有的成员损失小,有的成员损失大,有的成员则是受益者。一般来说,依靠固定薪金维持生活者,因为薪金的调整总是慢于物价上升,所以是主要的受害群体。最大的受益者是那些经营垄断性商品、从事囤积居奇的专门的投机商和不法经营者。通货膨胀降低了实际利率,使债务人的实际债务减轻,因而是受益者;而那些以一定利息为报酬的债权人,则由于实际利率下降而受到损失。

(4)通货膨胀降低了人们的实际消费水平。消费是生产的目的,消费水平是衡量社会成员生活质量的标准,消费的表现形式是对商品使用价值或效用的直接占有和支配。但是,在商品货币经济条件下,人们对商品使用价值的占有和支配一般都要先取得货币,人们的收入首先表现为一定的货币数量,而由货币数量转换为真实的消费品还需要通过市场。因此,货币收入等于消费的前提是货币稳定。通货膨胀使币值下降,人们在分配中得到的货币收入因此打了折扣,实际消费水平也就下降了。

2. 通货膨胀对金融秩序的负面影响

通货膨胀使货币贬值,当名义利率低于通货膨胀率,实际利率为负值时,贷出货币得不偿失,常常会引发居民提取存款,而企业争相贷款,将贷款所得资金用于囤积商品,赚取暴利。对经营信用业务的银行来讲,其存贷款活动承担着很大的风险,不如将资金抽回转向商业投机,因此,银行业出现危机。金融市场的融资活动也会由于通货膨胀使名义利率被迫上升,导致证券价格下降,陷于困境。至于严重的通货膨胀,则会使社会公众失去对本位币的信心,人们大量抛出纸币,甚至会出现以物易物的排斥货币的现象。到了这种程度,一国的货币制度就会走向崩溃。

3. 通货膨胀对社会稳定的负面影响

通货膨胀发生时,如果收入不增加,许多以工资收入为生的人,实际生活水平就会下降,这必然引起人们的不满,从而导致社会的不安定。通货膨胀加剧腐败,加剧社会两极化和社会矛盾。当通货膨胀率高于银行存款利率时就会出现负利率,负利率吞食了存款者的收入,而贷款者却可以"坐吃利差"。那些存款的城乡居民、领取固定收入的社会成员,尤其是那些失业者,在通货膨胀时期所受到的打击更严重,因而社会两极分化会加剧,社会矛盾尖锐。通货膨胀有损政府的声誉和权威。纸币是国家强制发行的价值符号,如果政府纸币发行过多,不能实现其价值,就会引起社会公众对政府的不信任,在某些突发事件的影响下,抢购和挤兑就难免发生。拉美的一些国家,就是因为过度的通货膨胀引起社会动荡,导致政府下台。

(二)治理通货膨胀的对策

1.紧缩的需求政策

通货膨胀的一个基本原因在于总需求超过了总供给,因此,政府可以采取紧缩总需求的政策来治理通货膨胀。紧缩总需求的政策包括紧缩性财政政策和紧缩性货币政策。

(1)紧缩性财政政策。紧缩性财政政策直接从限制支出、减少需求等方面来减轻通货膨胀压力,概括地说就是增收节支、减少赤字。一般包括以下措施:

①减少政府支出。减少政府支出主要包括两个方面:一是削减购买性支出,包括政府投资、行政事业费等;二是削减转移性支出,包括各种福利支出、财政补贴等。减少政府支出可以尽量消除财政赤字,控制总需求的膨胀,消除通货膨胀隐患。

②增加税收。增加税收可以直接减少企业和个人的收入,降低投资支出和消费支出,以抑制总需求膨胀。同时,增加税收还可以增加政府收入,减少因财政赤字引起的货币发行。

③发行公债。政府发行公债后,可以利用"挤出效应"减少民间部门的投资和消费,抑制社会总需求。

(2)紧缩性货币政策。通货膨胀是一种货币现象,货币供给量的无限制扩张是引起通货膨胀的重要原因。因此,可以采用紧缩性货币政策来减少社会需求,促使总需求与总供给趋向一致。紧缩性货币政策主要有以下措施:

①提高法定存款准备金率。中央银行提高法定存款准备金率、降低商业银行创造货币的能力,从而达到紧缩信贷规模、削减投资支出、减少货币供给量的目的。

②提高再贴现率。提高再贴现率不仅可以抑制商业银行对中央银行的贷款需求,还可以增加商业银行借款成本,迫使商业银行提高贷款利率和贴现率,结果企业因贷款成本增加而减少投资,货币供给量也随之减少。提高再贴现率还可以影响公众的预期,达到鼓励增加储蓄、减缓通货膨胀压力的作用。

③公开市场卖出业务。公开市场业务是中央银行最常使用的一种货币政策,是指中央银行在公开市场买卖政府债券以调节货币供应量的一种政策工具。在通货膨胀时期,中央银行一般会在公开市场向商业银行等金融机构出售政府债券,回笼货币,从而达到紧缩信用、减少货币供应量的目的。

④直接提高利率。利率的提高会增加信贷资金的使用成本,降低借贷规模,减少货币供应量;同时,利率的提高还可以增加储蓄存款,减轻通货膨胀压力。

2.积极的供给政策

通货膨胀通常表现为物价上涨,也就是与货币购买力相比商品供给不足。因此,在抑制总需求的同时,可以积极运用刺激生产的方法增加供给来治理通货膨胀。倡导这种政策的学派被称为供给学派,其主要措施有:

(1)减税。减税即降低边际税率(指增加的收入中必须向政府纳税的部分所占的百分比)。一方面,边际税率的降低提高了人们的工作积极性,增加了商品供给;另一方面,它提高了储蓄和投资的积极性,增加资本存量。因而,减税可同时降低失业率和增加产量,从而彻底降低和消除供给小于需求造成的通货膨胀。

(2)削减社会福利开支。削减社会福利开支是为了激发人们的竞争性和个人独创性,以促进生产的发展,增加有效供给。

(3)适当增加货币供给,发展生产。适当增加货币供给会产生积极的供给效应。例如会降低利率,从而增加投资,增加产量,导致总供给曲线向右移动,使价格水平下降,从而抑制通货膨胀。

(4)精简规章制度。精简规章制度就是给企业等微观经济主体松绑,减少政府对企业活动的限制,让企业在市场经济原则下更好地扩大商品供给。

3. 从严的收入政策

确切地说,收入政策应被称为"工资—价格政策"。收入政策主要针对成本推动型通货膨胀,通过对工资和物价上涨进行直接干预来降低通货膨胀。从发达国家的经验来看,收入政策主要采取了以下几种措施:

(1)工资—物价指导线。政府根据长期劳动生产率的平均增长率来确定工资和物价的增长标准,并要求各部门将工资—物价的增长控制在这一标准之内。只有这样才能维持整个经济中每单位产量的劳动成本的稳定,因而预定的货币收入增长就会使物价总水平保持不变。20 世纪 60 年代,美国肯尼迪政府和约翰逊政府都相继实行过这种政策,但是因为指导线政策以自愿性为原则,仅能进行"说服"而不能以法律强制实行,所以其实际效果并不理想。

(2)以税收为基础的收入政策。政府规定一个恰当的物价和工资增长率,然后运用税收的方式来"处罚"物价和工资超过恰当增长度的企业和个人。如果工资和物价的增长保持在规定的幅度内,政府就以减少个人所得税和企业所得税作为奖励。例如,在 1977—1978 年,英国工党政府曾经许诺,如果全国的工资适度增长,政府将降低所得税。澳大利亚也于 1967—1968 年实行过这一政策。

(3)工资—价格管制及冻结。政府颁布法令强行规定工资、物价的上涨幅度,甚至在某些时候暂时将工资和物价加以冻结。这种严厉的管制措施一般在战争时期较为常见,但当通货膨胀非常严重、难以对付时,和平时期的政府也能求助于它。美国政府曾实行过 3 个月的工资—价格冻结。

4. 其他治理措施

为治理通货膨胀,在一些国家还采取了收入指数化、币制改革等政策措施。

(1)收入指数化。鉴于通货膨胀现象的普遍性,而遏制通货膨胀又是如此困难,弗里德曼等许多经济学家提出了一种旨在与通货膨胀"和平共处"的适应性政策——收入指数化政策。收入指数化政策是指将工资、利息等各种名义收入部分或全部地与物价指数相联系,使其自动随物价指数的升降而升降。显然,收入指数化政策只能减轻通货膨胀给收入阶层带来的损失,但不能消除通货膨胀本身。

自 20 世纪 70 年代以来,多数发达国家都较为普遍地采用了收入指数化政策,尤其是工资指数化政策。实行这种政策的好处在于:第一,指数化政策可以缓解通货膨胀造成的收入再分配不公平的现象,从而消除许多不必要的扭曲。第二,指数化条款加重了作为净债务人的政府的还本付息负担,从而减少了政府从通货膨胀中获得的好处。由此可见,政府实行收入指数化政策的动机并不强烈。第三,当政府的紧缩性政策使得实际通货膨胀率低于签订劳动合同时的预期通货膨胀率时,指数化条款会使名义工资相应下降,从而避免实际工资上升造成的失业增加。

(2)币制改革。为治理通货膨胀而进行的币制改革,是指政府下令废除旧币,发行新币,变更钞票面值,对货币流通秩序采取一系列强硬的保障性措施等。它一般是针对恶性通货膨胀而采取的,当物价上涨已经显示出不可抑制的状态,货币制度和银行体系濒临崩溃时,政府会被迫进行币制改革。历史上,许多国家都曾实行过这种改革,但这种措施对社会震动较大,须谨慎从事。

思政案例　了不起的 2021 坚韧向上　世界看好中国经济增长

如果说 2020 年是不平凡的一年,疫情对中国经济提出了严峻的考验,那么 2021 年是复苏"回血"了不起的一年,中国经济坚韧向上,为世界经济增长贡献重要引擎。

超预期的任务清单。粮食"十八连丰"、就业超预期提前完成任务、进出口增速超预期、物价水平温和可控……从已公布数据来看,2021 年中国将超预期完成经济目标任务。

主要政府工作任务进展顺利。统计局消息显示,2021 年全年全国粮食产量再创新高,达到 13 657 亿斤,比上年增加 267 亿斤,增长 2.0%,连续 7 年保持在 1.3 万亿斤以上;前三季度经济增长 9.8%,疫情防控和经济发展保持全球领先;1—11 月,全国城镇新增就业 1 207 万人,超额提前完成全年预期目标;1—11 月,全国居民消费价格同比上涨 0.9%;1—11 月,货物进出口总额 353 903 亿元,同比增长 22.0%,对外贸易形势向好,外商直接投资和证券投资持续流入,外汇储备稳中有升。国家统计局服务业调查中心高级统计师赵庆河认为,这表明我国经济总体保持恢复态势,景气水平平稳回升。

GDP 增速或在 8% 左右。中国社会科学院金融研究所副所长、国家金融与发展实验室副主任张明认为,2021 年前三个季度,中国 GDP 增速分别为 18.3%、7.9% 与 4.9%,全年增速有望反弹至 8.0% 左右。国务院发展研究中心宏观经济研究部研究员张立群告诉中国网财经,2021 年经济发展已经恢复到疫情前水平,预计经济增速将高于 8%。充分释放经济增长潜力,保持合理的增长速度是现在和将来的工作重点。

世界看好中国经济。新冠疫情爆发以来,在强有力的疫情防控政策之下,中国成为 2020 年全球唯一实现正增长的主要经济体,成为支撑全球经济增长的中坚力量。实际上,国际社会一直看好中国经济发展潜力。在国际金融论坛(IFF)第 18 届全球年会上,IFF 发布了首期全球金融与发展报告。报告预测,2021 年全球经济将增长约 5.9%,中国仍将以 26.3% 的占比成为全球经济增长的最大贡献国。世界银行发布的最新版《中国经济简报:经济再平衡——从复苏到高质量增长》中指出,继 2021 年上半年强劲反弹之后,中国经济活动虽然在下半年有所降温,但今年中国实际 GDP 增长率将达到 8.0%,2022 年将增长 5.1%。国际货币基金组织(IMF)在最近一期《世界经济展望》中继续看好中国经济。报告预测,2022 年中国经济增长 5.6%,高于全球平均的 4.9%,发达经济体的 4.5% 和新兴及发展中经济体的 5.1%。IMF 总裁克里斯塔利娜·格奥尔基耶娃此前指出,全球经济持续复苏,但仍受到新冠病毒变异株的出现、新冠疫情的不确定性以及通货膨胀等因素影响。而中国实现了真正的经济复苏,成为世界经济增长的重要引擎。

(资料来源:畅帅帅.中国网财经,2022 年 1 月 6 日)

第三节 通货紧缩

一、通货紧缩的含义与标志

(一)通货紧缩的含义

通货膨胀与通货紧缩是影响现代经济发展的两大难题。对于前者,我们已经积累了一定的经验,对于后者,我们还比较陌生。1997年以来,国外一些权威机构和人士不断发出"全球通货紧缩"的警告,并指出今后"威胁全球经济的不再是通货膨胀,而是通货紧缩"。因此,我们必须认真面对和深入研究通货紧缩问题。

通货紧缩是一种宏观经济现象,其含义与通货膨胀相反,是指商品和服务价格的普遍持续下跌,表明单位货币所代表的商品价值在增值,货币在不断地升值。

由于引起通货紧缩的原因不同,通货紧缩还有狭义与广义之分。狭义的通货紧缩是指由于货币供应量的减少或货币供应量的增幅滞后于生产的增幅,致使对商品和劳务的总需求小于总供给,从而出现物价总水平的下降。广义的通货紧缩除了包括货币因素以外,还包括许多非货币因素,如生产能力过剩,有效需求不足,资产泡沫破裂,新技术的普及和市场开放程度的不断加快等,这些因素使商品和劳务价格下降的压力不断增大,从而可能形成物价的普遍下跌。

判断某个时期的物价下降是否是通货紧缩,一要看通货膨胀率是否由正变负;二要看这种下降是否持续了一定的时限。

关于通货紧缩的含义,我国目前有三种观点:一种观点认为,通货紧缩指物价的普遍持续下跌;另一种观点认为,通货紧缩是物价持续下跌,货币供应量持续下降,并与经济衰退伴随;第三种观点认为,通货紧缩是经济衰退的货币表现,因而必须具备三种特征:一是物价持续下跌,货币供应量不断下降;二是有效性需求不足,失业率上升;三是经济全面衰退。以上三种观点,尤其是后面两种说法,只是揭示了通货紧缩的程度与后果,但我们不能倒果为因,把经济是否下滑或衰退作为判断通货紧缩是否存在的标准,更不能把通货紧缩当作经济衰退的唯一原因。

(二)通货紧缩的标志

从通货紧缩的含义可以看出,通货紧缩的基本标志应当是一般物价水平的持续下降,但由于物价水平的持续下降有一定时限(一年或半年以上),且通货紧缩还有轻度、中度和严重的程度之分,因此,通货紧缩的标志可以从以下三个方面把握:

1. 价格总水平持续下降

这是通货紧缩的基本标志。因受1997年东亚金融危机的影响,1998—1999年,我国连续两年出现通货紧缩的某些特征,物价总体水平持续下降。GDP平减指数1998年比1997年下降2.4%,1999年又比1998年下跌2.3%。同期,CPI分别比上一年下降0.8%和1.4%;消费品零售价格指数分别下跌2.6%和3.0%。

2. 货币供应量持续下降

一定时期内,物价总水平的持续下跌可能与货币供应量(M_2)适度增长并存,这就需要进一步深入分析。一要把货币供应量增长率与经济增长率做对比,看二者的增长幅度是否相适应,如果货币供应量增长率滞后于经济增长率,就是通货紧缩的标志。二要观察货币供应量层次结构,分析货币供应的流动性(M_1/M_2)是否在下降。如果货币供应的流动性持续下降,这属于结构性的通货紧缩。三是要研究货币流通速度的变化,分析货币流量的变化情况。如果现金和存款货币的流通速度持续下降,从而引起货币流量逐年萎缩,同样是通货紧缩的一种表现形式。

3. 经济增长率持续下降

通货紧缩虽然不是经济衰退的唯一原因,但是通货紧缩使商品和劳务价格变得越来越便宜,但这种价格下降并非源于生产效率提高和生产成本的降低,因此,势必减少企业的收入;企业被迫压缩生产规模,又会导致员工失业,人们收入下降必然影响社会消费,消费减少又会加剧通货紧缩。由于通货紧缩,人们对经济前景看淡,投资消费缩减,最终会使经济陷入困境。

二 通货紧缩的成因与危害

(一) 通货紧缩的成因

引发通货紧缩的原因较多,既有货币因素,又有非货币因素;既有生产方面的原因,又有管理方面的原因;既有国外的原因,也有国内的原因。根据近代世界各国发生通货紧缩的情况分析,大体有以下几个方面的原因:

1. 货币紧缩

弗里德曼和施瓦茨认为,美国 1920—1921 年出现的严重通货紧缩完全是货币紧缩的结果。1919 年 4 月至 1920 年 6 月,纽约联邦储备银行曾经多次提高贴现率,先后从 4% 提高到 7%。大萧条期间出现的通货紧缩也是同样的原因。当然,货币紧缩往往是货币政策从紧的结果。货币当局为追求价格稳定,中央银行往往把政策目标定为零通货膨胀,从而采取提高利率等手段减少货币供应量。这样政策效果可能从一个极端走向另一个极端(治理了通货膨胀,引起了通货紧缩)。因此,不少学者认为,把货币政策目标定为零通货膨胀是非常危险的。

2. 资产泡沫破裂

导致通货紧缩的另一个原因是资产泡沫破裂。1986—1989 年,日本的经济泡沫泛滥成灾,股票和房地产价格扶摇直上。但当 1990 年 5 月经济泡沫破裂之后,股市狂泻,汇率大跌,企业和银行大量倒闭。从此,日本经济陷入长期的通货紧缩困境。

3. 多种结构性因素

不少经济学家把通货紧缩归结为多种结构性因素。主要包括:全球军费支出大量削减;大国的财政支出和赤字减少;中央银行继续同通货膨胀做斗争;科技进步降低了成本,提高了生产效率;信息技术强化了竞争,贸易壁垒被打破;经济全球化不断加快等。所有这些因素,形成了全球的生产能力过剩和供给过剩,促使综合物价长期下跌。

4. 流动性陷阱

凯恩斯把货币供应量的增加并未带来利率的相应降低,而只是引起人们手持现金增加的现象叫"流动性陷阱"。在正常情况下,货币供应量的增加会引起债券价格上升,人们会用多余的现金购买资产,从而使利率下降。但是一旦当人们认为目前的证券价格过高,今后可能下跌,利率也太低,今后可能升高时,人们就会放弃购买证券而保持现金。如果此时货币当局再增加货币供应量,只会使人们手持现金增加(被流动性陷阱吸收),而不能使利率改变,货币政策将不起作用。流动性陷阱的出现,使过量的现金转化为公众的手持现金或银行储备,并未使利率降低,不能刺激投资与消费增加,从而使经济萧条更趋严重。

(二)通货紧缩的危害

长期以来,通货紧缩的危害往往被人们轻视,并认为它远远小于通货膨胀对经济的威胁。然而,通货紧缩的历史教训和全球性通货紧缩的严峻现实迫使人们认识到,通货紧缩与通货膨胀一样,会对经济发展造成严重危害。而且,政策制定者很难防止通货紧缩的发生,或使通货紧缩趋势逆转。

1. 加速经济衰退

通货紧缩导致的经济衰退表现在三方面:一是物价的持续、普遍下跌使得企业产品价格下跌,企业利润减少甚至亏损,这将严重打击生产者的积极性,使生产者减少生产甚至停产,结果社会的经济增长受到抑制。二是物价的持续、普遍下跌使实际利率升高,这将有利于债权人而损害债务人的利益。而社会上的债务人大多是生产者和投资者,债务负担的加重无疑会影响其生产与投资活动,从而对经济增长带来负面影响。三是物价下跌引起的企业利润减少和生产积极性降低,将使失业率上升,实际就业率低于充分就业率,实际经济增长低于自然增长。

2. 导致社会财富缩水

通货紧缩发生时,全社会总物价水平下降,企业的产品价格自然也跟着下降,企业的利润随之减少。企业营利能力的下降使得企业资产的市场价格也相应降低。而且,产品价格水平的下降使得单个企业的产品难以卖出,企业为了维持生产周转不得不增加负债,负债率的提高进一步使企业资产的价格下降。企业资产价格的下降意味着企业净值的下降,财富的减少。通货紧缩条件下,供给的相对过剩必然会使众多劳动者失业,此时劳动力市场供过于求的状况将使工人的工资降低,个人财富减少。即使工资不降低,失业人数的增多也使社会居民总体的收入减少,导致社会个体的财富缩水。

3. 分配负面效应显现

通货紧缩的分配效应可以分为两个方面来考察,即社会财富在债务人和债权人之间的分配以及社会财富在政府与企业、居民之间的分配。从总体而言,经济中的债务人一般为企业,而债权人一般为居民,因此,社会财富在债务人与债权人之间的分配也就是在企业和居民之间的分配。

企业在通货紧缩的情况下,由于产品价格的降低,使企业利润减少,而实际利率升高,使作为债务人的企业的收入又进一步向债权人转移,这又加重了企业的困难。为维持生计,企业只有选择筹集更多的债务来进行周转,这样企业的债务总量势必增加,其债务负担更加沉重,由此企业在财富再分配的过程中将处于更加恶劣的位置。如此循环往复,这种财富的分配效应不断得到加强。

4. 可能引发银行危机

与通货膨胀相反,通货紧缩有利于债权人而有损于债务人。通货紧缩使货币越来越昂贵,这实际上加重了借款人的债务负担,使借款人无力偿还贷款,从而导致银行形成大量不良资产,甚至使银行倒闭,金融体系崩溃。因此,许多经济学家指出:"货币升值是引起一个国家所有经济问题的共同原因。"

案例 8.3　米歇尔渥克:我们面临着通货膨胀和通货紧缩双重风险

新冠肺炎疫情尚未消失,部分地区甚至出现了反复,全球经济的复苏仍充满不确定性。

对此,有观点认为,要谨防"灰犀牛"事件的发生。"灰犀牛",正是出自米歇尔渥克所著且被外媒评价为影响中国高层决策的书《灰犀牛:如何应对大概率危机》。它和"黑天鹅"一样,成为疫情之中提及频率颇高的词汇。"黑天鹅"比喻小概率而影响巨大的事件,而"灰犀牛"则比喻大概率且影响巨大的潜在危机。

新京报独家专访了全球畅销书《灰犀牛:如何应对大概率危机》作者米歇尔渥克。

新京报:截至目前,全球近200个国家确诊病例已经突破700万,死亡超40万人。如果这种态势持续下去,将会对世界经济格局带来什么样的影响?是否会引发裁员潮?

米歇尔渥克:美国的新冠肺炎病例数再次升至5月初以来的最高水平,拉丁美洲和非洲的病例数继续增加,再加上预计秋末和冬季将出现新一波疫情,该病毒将继续阻碍美国经济的复苏,进而影响全球经济。美国预计永久性地失去十分之四的工作岗位,这将继续拖累消费性支出。我们已经看到很多备受瞩目的公司破产或评级下调,分析人士预计,今年和明年还会有更多此类事件发生。全球酒店和运输业将继续受到严重打击。零售业也将遭受重创,供应链中断,造成局部通货膨胀,对肉类和其他食物的影响尤为明显。餐馆和牙医会增加收费,以支付个人防护设备和其他与COVID-19(新型冠状病毒肺炎)相关的费用。因此,我们面临着供应引发的通货膨胀和需求引起的通货紧缩的双重危险,这是一个危险的组合。

(资料来源:程子姣.新京报,2020年6月23日)

三 通货紧缩的治理

1. 扩张性的财政政策

扩张性的财政政策主要包括减税和增加财政支出两种方法。减税涉及税法和税收制度的改变,不是一种经常性的调控手段,但在对付较严重的通货紧缩时也会被采用。财政支出还可能通过投资的乘数效应带动私人投资的增加。政府既要增加基础设施投资和加强技术改造投资,以扩大财政支出的总量,又要注重优化财政支出的结构;既要增加中央政府投资,又要鼓励和带动地方和民间投资;既要坚持以内需为主,又要千方百计开拓国际市场,积极扩大外需;既要解决需求不足的问题,又要解决供给刚性和产业结构问题。

当然,增加财政支出只是弥补总需求缺口的临时性应急措施:一方面,政府举债能力有限,在国民经济中存在闲置资源时,财政支出虽可以扩大,但社会闲置资源毕竟有限,实行积极的财政政策也要适度,否则财政赤字会超过承受能力从而引发通货膨胀;另一方面,积极的财政政策对经济的带动作用也有限。如果通货紧缩的根本原因是缺乏有利可图的机会,那么用赤字财政政策来对付通货紧缩,就不能从根本上解决问题。

2. 扩张性的货币政策

扩张性的货币政策有多种方式,如扩大中央银行基础货币的投放、增加对中小金融机构的再贷款、加大公开市场操作的力度、适当下调利率和存款准备金率等。适当增加货币供应,促进信用的进一步扩张,从而使货币供应量与经济正常增长对货币的客观需求基本平衡。在保持币值稳定的基础上,对经济增长所必需的货币给予足够供应。货币政策的重点:一是以间接调控为主;二是调控货币总量与调节货币层次相结合;三是在需求管理的同时兼顾供给管理;四是寻找稳定币值、增长经济和防范金融风险的结合点。

3. 加快产业结构的调整

无论是扩张性财政政策还是扩张性货币政策,其作用都是有限的,因为作为需求管理的宏观经济政策工具,它们的着眼点都是短期的。对于生产能力过剩等长期因素造成的通货紧缩,短期性的需求管理政策难以从根本上解决问题,当供需矛盾突出时,在供需矛盾的背后,往往存在结构性的矛盾。因此,要治理通货紧缩,必须对产业结构进行调整。就产业结构的调整来说,主要是推进产业结构的升级,培育新的经济增长点,同时形成新的消费热点。对于生产过剩的部门或行业要控制其生产,减少产量。同时,对其他新兴行业或有发展前景的行业应采取措施鼓励其发展,以增加就业机会,提高居民收入,增强社会购买力。产业组织结构的调整也是在中长期内治理通货紧缩的有效手段。在生产能力过剩时,很多行业会出现恶性市场竞争,为了争夺市场,价格战会不断出现,行业利润率不断下降。如果价格战能在较短的时间里使一些企业退出市场,或者在行业内部出现较大范围的兼并与重组,即产业组织结构得到调整,则在调整后的产业组织结构中,恶性市场竞争会被有效制止,因恶性竞争带来的物价水平大幅度下降的情况也就有可能避免。

4. 其他措施

除了以上措施外,对工资和物价的管制政策也是治理通货紧缩的手段之一。比如,可以在通货紧缩时期制订工资增长计划或限制价格下降,这与通货膨胀时期的工资—物价指导线措施的作用方向是相反的,但作用原理是相同的。此外,通过对股票市场的干预也可以起到一定的作用,如果股票市场呈现牛市走势,则有利于形成乐观的未来预期,同时股票价格的上升使居民金融资产的账面价值上升,产生财富增加效应,也有利于提高居民的边际消费倾向。

关键概念

货币需求　　货币需求量　　货币供给　　货币供给量
基础货币　　货币均衡　　　通货膨胀　　通货紧缩

课后实训

一、单选题

1. 经济学意义上的货币需求是一种(　　)。
   A. 心理学意义上的需求　　　B. 一厢情愿的占有欲
   C. 有支付能力的需求　　　　D. 一种主观愿望

2. 马克思货币必要量规律的理论基础是(　　)。
   A. 劳动价值论　B. 剩余价值论　C. 货币金属论　D. 货币数量论

3. 凯恩斯提出的人们货币需求的第三动机是(　　)。
   A. 交易动机　　B. 预防动机　　C. 投资动机　　D. 投机动机

4. 凯恩斯的货币需求函数非常重视(　　)。
   A. 恒常收入的作用　　　　　B. 货币供应量的作用
   C. 利率的主导作用　　　　　D. 汇率的主导作用

5. 弗里德曼的货币需求函数强调的是(　　)。
   A. 恒常收入的影响　　　　　B. 人力资本的影响
   C. 利率的主导作用　　　　　D. 汇率的主导作用

6. 人们通常考察货币需求量的角度是(　　)。
   A. 增量　　　　B. 减量　　　　C. 流量　　　　D. 存量

7. 如果人们预期利率上升,则(　　)。

A. 多买债券、少存货币 　　　　　　B. 少买债券、多存货币
C. 卖出债券、多存货币 　　　　　　D. 少买债券、少存货币

8. 在国际收支中,如果收入小于支出,叫(　　)。
A. 逆差　　　　B. 借差　　　　C. 贷差　　　　D. 顺差

9. 在市场经济制度下,衡量货币是否均衡的标志是(　　)。
A. 货币流通速度与物价指数 　　　B. 汇价变化率
C. 货币流通速度变化率 　　　　　D. 物价变化率

10. 通货膨胀是一种(　　)。
A. 社会现象　　B. 心理现象　　C. 政治现象　　D. 经济现象

二、多选题

1. 研究货币需求量必须解决的基本问题有(　　)。
A. 人们为何需要货币 　　　　　　B. 需要多少货币
C. 货币需求受哪些因素影响 　　　D. 货币的购买力
E. 货币需求的结构

2. 凯恩斯把人们持有货币的三个动机划分为两类需求,即(　　)。
A. 对消费品的需求 　　　　　　　B. 对投资品的需求
C. 对奢侈品的需求 　　　　　　　D. 对保险品的需求
E. 对资本品的需求

3. 具有"流动性"的金融资产的特征是(　　)。
A. 价格稳定　　B. 购买力强　　C. 不兑现　　D. 还原性强
E. 可随时出售、转让

4. 对货币供应量有决定性影响的因素有(　　)。
A. 信贷收支　　B. 外汇收支　　C. 财政收支　　D. 贸易收支
E. 国际收支

5. 通货膨胀的根源是(　　)。
A. 分配领域　　B. 消费领域　　C. 流通领域　　D. 交换领域
E. 生产领域

6. 治理通货膨胀,应从(　　)方面入手。
A. 控制需求　　B. 刺激需求　　C. 调整政策　　D. 改善供给
E. 发展生产

7. 收入指数化方案可以收到的效果有(　　)。
A. 避免工资与物价螺旋上升 　　　B. 剥夺政府收入,打消其通胀动机
C. 抵消对个人收入的影响,克服分配不公　　D. 提高企业素质与产品质量
E. 增加财政收入,减少财政支出

8. 根据物价上涨的程度,通货膨胀可划分为(　　)。
A. 爬行式通货膨胀 　　　　　　　B. 温和式通货膨胀
C. 公开型通货膨胀 　　　　　　　D. 隐蔽型通货膨胀
E. 恶性通货膨胀 　　　　　　　　F. 奔腾式通货膨胀

9. 通货紧缩的标志是(　　)。
A. 价格总水平持续下降 　　　　　B. 货币供应量持续下降
C. 经济增长率持续下降 　　　　　D. 失业率减少
E. 信贷总量增加

第八章 货币供求

10.治理通货紧缩的政策和措施有(   )。
A.扩张性的财政政策　　　　B.扩张性的货币政策
C.扩大对外贸易　　　　　　D.加快产业结构的调整
E.推进金融政策制度建设

三、判断题

1.货币需求就是人们持有货币的愿望,而不考虑人们是否有足够的能力来持有货币。
(   )
2.反映一个国家通货膨胀程度的指标中,我国最常使用的是批发物价指数。(   )
3.通货膨胀与通货紧缩都是一种经济现象。(   )
4.商业银行存款总额等于派生存款总额加上原始存款总额。(   )
5.通货膨胀与社会制度相联系,与货币经济本身并无内在必然联系。(   )
6.经济衰退都是由通货紧缩造成的。(   )
7.货币供求完全相等称为货币均衡。(   )
8.中央银行是一国货币供给的源头。(   )
9.通货紧缩是指商品和劳务的价格持续下跌,货币在不断地升值的一种经济现象。
(   )
10.通货紧缩是经济衰退的唯一原因。(   )

四、案例分析题

2008年底爆发的全球金融危机波及F国,导致该国外贸出口大幅度下降、大量企业倒闭、工人失业、经济增长停滞等。为保障经济增长和扩大就业,F国出台了一系列刺激经济增长的方案,如增加国家基础建设投资支出、通过公开市场操作向市场释放大量流动性(2010年M_2余额比上年增长19.6%,M_1余额比上年增长21.3%等),结果造成市场需求旺盛但有效供给不足。与此同时,在国际上,由于美国不断推出量化宽松的货币政策,美元泛滥造成国际大宗商品价格猛涨,传导到F国,导致原材料价格上涨。2010年F国各月CPI同比增长的数据如下:1月增长1.8%,2月增长3.0%,3月增长3.4%,4月增长3.1%,5月增长3.3%,6月增长3.6%,7月增长3.8%,8月增长3.6%,9月增长3.7%,10月增长4.3%,11月增长5.2%,12月增长5.1%。人们在经济生活中普遍认为价格还会持续上涨。

1.2010年,F国通货膨胀的类型是(   )。
A.恶性通货膨胀　　　　　　B.温和式通货膨胀
C.奔腾式通货膨胀　　　　　D.爬行式通货膨胀
2.2010年,F国通货膨胀的成因是(   )。
A.经济结构变化　　　　　　B.成本推进
C.国际收支失衡　　　　　　D.需求拉上
3.应对全球金融危机给本国造成的经济停滞,除增加基础建设投资支出外,F国还可以采取的政策是(   )。
A.改革币制　　　　　　　　B.增加税收
C.收入指数化　　　　　　　D.提高工资收入
4.针对日益严重的通货膨胀预期,F国中央银行可能采取的货币政策措施是(   )。
A.降低利率　　　　　　　　B.增加对商业银行再贷款
C.降低存款准备金率　　　　D.提高再贴现率

第九章 财政政策与货币政策

章前引例

国家统计局公布的数据显示,一季度,国内生产总值249 310亿元,按可比价格计算,同比增长18.3%,比2020年四季度环比增长0.6%。接受中国经济时报记者采访时,国务院发展研究中心宏观经济研究部第二研究室副主任李承健认为:

首先,我国的疫情防控走在世界前列,要把握好经济复苏领先于世界的机遇期。要进一步提质增效,让海外订单继续留在我国。继续改善营商环境,并吸引更多的投资进入中国。其次,把握好形成以国内大循环为主体、国内国际双循环相互促进的新发展格局所迎来的机遇期。中国经济复苏强劲,尤其是服务消费领域,在更好激活国内消费市场潜力的同时,也能更好地促进对外开放。第三,把握好新一轮科技革命机遇期。随着我国经济进入中高速增长阶段,技术创新成为未来经济增长的主要动力。要促进鼓励创新、鼓励研发投入,通过转型升级,使我国产品在全球产业链保持相对领先地位。第四,把握好绿色发展机遇期。我国已宣布2030年前碳达峰、2060年前碳中和的战略目标。走绿色发展对产业升级提出更高要求,在相关领域的技术投入也会加大。

在宏观政策着力点方面,李承健认为,一方面,稳健的货币政策要更加灵活适度,用好已有金融支持政策,适时出台新的政策措施。尤其是要更好地满足中小微企业的融资需求,同时避免资金脱实向虚。另一方面,要继续执行制度性减税政策、阶段性的减税降费政策有序退出、强化小微企业税收优惠、多措并举强化对中小微企业普惠性金融支持、加大对制造业和科技创新支持力度。除了宏观政策不"急转弯",还要继续强化就业优先的政策。我国在就业领域面临的一些结构性矛盾,比如东部沿海一些城市用工需求得不到满足,同时,又存在大量人员找工作困难。因此,要着力稳定现有岗位,加强适应未来产业结构升级的职业技能培训,同时多措并举鼓励企业扩大就业。

如何引导市场形成合理预期?李承健表示,正确把握当前宏观政策取向,让企业有更好的市场预期。今年经济增速预期目标设定为6%以上,虽然在去年低基数的情况下,可能会出现高增速,但是6%的目标体现了我们不是追求高速度,而是更加强调经济结构调整、企业经营能力的恢复以及居民生活福利的改善。更加致力于靠改革创新、供给侧结构性改革等推动经济高质量发展。在具体的产业方面,比如类似房地产行业,避免资金过度向这些领域集中,而是要推动资金更多地流向其他实体企业、实体经济中去,鼓励企业创新发展。

(资料来源:王晶晶.牢牢把握机遇期,保持宏观政策连续稳定可持续.中国经济时报,2021年4月19日)

第九章　财政政策与货币政策

世界各国经济发展的实践表明,经济由于各种内在和外在的因素影响,热冷交替运行。消除经济剧烈波动的同时还要保持经济的稳定增长,光靠市场经济这只"看不见的手"调节是远远不够的。十八届三中全会提出,市场在资源配置中起决定性作用,并不是说政府就放手不管了,而是既要发挥好市场这只"看不见的手"的作用,也要发挥好政府"看得见的手"的作用,即把发挥市场配置资源的决定性作用与发挥政府的宏观调控作用结合起来,只有这样才能保持宏观经济稳定,保障市场有序公平竞争。

通过本章的学习,你将了解政府宏观调控目标及各目标之间的关系,在掌握财政政策与货币政策的概念、目标、工具的基础上,明确宏观调控的关键是处理好政府和市场之间的关系,认识财政政策与货币政策在宏观调控中的重要作用,即政府通过调整财政政策与货币政策并使之协调配合来实现宏观调控目标。

第一节　宏观调控

在市场经济条件下,存在市场失灵的情况,因而政府干预是必要的。任何一个国家都要进行宏观调控,但是每个国家的社会制度、经济状况、政治因素等不同,所以调控的手段自然不同,但希望达到的目标有些是相似的。同时,在不同时期调控目标的侧重点也有所不同,但宏观调控的最终目标却是一致的。经济增长率、通货膨胀率、就业率和国际收支是宏观经济最重要的四个变量,它们彼此相互联系、相互影响、相互制约,而且往往难以同时达到人们期望的理想状态,因此西方经济学称之为"神秘的四角"。

一　宏观调控的概念

宏观调控亦称国家干预,是政府实施政策措施以调节市场经济的运行。宏观调控体系是政府为实现宏观经济调控目标,对宏观经济运行进行干预、调节和控制而综合运用各种政策和措施的总称。

二　宏观调控的目标

1.经济增长

经济增长一般是指国内生产总值(GDP)的增加,即一国在一定时期内所生产的商品与劳务总量较上年同期的增加。它是一个国家维系生存的基本条件,经济不发展,社会就没有希望,国家就不能稳定。所以经济增长是世界各国政府追求的重要目标。我国是发展中国家,经济增长是实现其他一切目标的基础,这一目标在我国显得尤为重要。我国自改革开放以来,经济一直保持高速的发展势头,表9-1是2005—2020年我国的经济增长状况,以GDP增长率来衡量其变化。

表 9-1　　　　　　　2005—2020 年我国经济增长率

年份	GDP 增长率(%)	年份	GDP 增长率(%)
2005	11.4	2013	7.8
2006	12.7	2014	7.4
2007	14.2	2015	7.0
2008	9.7	2016	6.8
2009	9.4	2017	6.9
2010	10.6	2018	6.7
2011	9.6	2019	6.0
2012	7.9	2020	2.3

(资料来源:国家统计局网站)

思考与讨论:近几年,我国的经济增速一直保持在 6%~7% 的水平,但 2020 年的 GDP 比 2019 年只增长了 2.3%,为什么呢?

2. 物价稳定

物价总水平的相对稳定是经济稳定的标志,因此,它成为多数国家政府追求的一个目标。所谓物价总水平的相对稳定,不是冻结物价,而是把物价总水平的波动约束在经济稳定发展可容纳的空间内。物价总水平持续上涨称之为通货膨胀,物价总水平持续下降称之为通货紧缩。无论是通货膨胀还是通货紧缩,都会扰乱价格体系,扭曲资源配置,导致分配秩序和经济秩序的混乱,引起人民生活水平的下降,进而破坏社会的稳定,阻碍经济的正常发展。因此,物价稳定是一国经济建设和社会生活得以持续稳定发展的必要保证。经济学家一般认为,物价波动的幅度应控制在 3%~5%。

3. 充分就业

所谓充分就业是指在一般情况下,符合法定年龄、具有劳动能力并自愿参加工作者,都能在较合理的条件下,随时找到适当的工作。充分就业并不意味着消除失业。一些经济学家认为,失业率控制在 4% 左右即可视为充分就业。充分就业之所以成为各国财政政策的基本目标,一是因为劳动力是社会资源最重要的组成部分,充分就业是资源最优配置的必要前提和体现;二是因为充分就业是维持社会稳定的必要保证。绝对的或完全的充分就业是理想化的目标。

传统体制下,我国劳动就业是通过指令性计划安排的,常常不顾企业实际需要,硬性下达劳动力安置任务,造成冗员过多和隐性失业。随着市场经济体制的建立和完善,我国劳动力就业出现了新情况:一是企业有用人的自主权,不接纳不需要的劳动力,而且为追求经济效益向社会释放富余人员;二是大量农村劳动力因土地有限或因农闲无活可干,到城市寻找就业机会,形成民工潮;三是随着产业结构的调整及经济周期性波动,部分职工下岗分流,更换工作,近期内就业压力很大。安排好下岗职工的基本生活,做好剩余劳动力转移,支持再就业工程,把失业率控制在既定目标内,受到各级政府高度关注,也成为我国宏观调控的重要目标。

4. 国际收支平衡

国际收支是指一个国家与世界上其他国家之间在一定时期内全部的经济交易记录,既包括涉及外汇收支的项目,也包括不涉及货币收支而涉及实物收支的记录。具有实际意义的是国际收支基本平衡,即在短期内允许国际收支略有盈余或略有赤字,而在较长时间内以某一年份的盈余弥补某一年份的赤字以求收支平衡。一国过多的国际收支逆差或顺差,都会对货币供给形成压力,影响物价的波动,引起国际摩擦。例如,近几年我国政府屡出政策进行调控,但贸易顺差依然顽强地居高不下,人民币升值的压力也层层加大。在贸易顺差形成外汇储备的过程中,由于外汇储备不断增加,央行将被动投放大量的人民币(即外汇占款),从而增加市场的流动性。所以,贸易顺差的膨胀使控制流动性的压力也步步加大。同时,高额顺差会带来较多贸易摩擦。所以各国都把国际收支平衡作为宏观调控的目标之一。

三 宏观调控各目标之间的关系

宏观调控各目标之间的关系是比较复杂的,有的在一定程度上具有一致性,如充分就业与经济增长,二者呈正相关关系;但更多地表现为目标间的冲突性,如稳定物价与充分就业的矛盾,稳定物价与经济增长的矛盾,稳定物价与国际收支平衡的矛盾,经济增长和充分就业与国际收支平衡的矛盾。

1. 稳定物价与充分就业的矛盾

英国经济学家菲利普斯研究了1861—1957年英国的失业率和物价变动的关系,发现两者之间存在此消彼长的反向置换关系,他把这种关系概括为一条曲线,即菲利普斯曲线。这条曲线表明失业率低,物价上涨率就高;失业率高,物价上涨率就低。因为要减少失业或实现充分就业,需要创造更多的就业机会,这就要求增加投资,刺激社会总需求增加,即增加货币供应量,而货币供应量的增加容易导致物价上涨;如果要降低物价上涨率,就要减少货币供应量以抑制投资和社会总需求的增加,这意味着减少就业机会,提高失业率。稳定物价与充分就业,两者通常不能兼顾,可供我们选择的是:①失业率较高的物价稳定;②通货膨胀率较高的充分就业;③在物价上涨率和失业率之间权衡,相机抉择。一般是根据当时的社会经济条件,寻求物价上涨率和失业率之间的某种适当组合。

2. 稳定物价与经济增长的矛盾

现代市场经济的实践一般表现为经济的增长伴随物价的上涨。当然,从根本上说,只有经济增长了,商品丰富了,稳定物价才有物质基础。但是,经济的快速增长要求投资需求、消费需求快速增长,进而增加货币供应量,带动物价上涨。同样,调控目标只能根据当时的社会经济条件,寻求物价上涨和经济增长之间的某种适当组合。

3. 经济增长和充分就业与国际收支平衡的矛盾

经济增长和充分就业要求增加货币供应量,引起物价上涨,刺激进口增加,使国际收支出现逆差;反之,减少货币供应量,减少进口,有利于国际收支平衡,但又会增加失业和出现经济衰退。

我国政府为了实现上述目标,采用了各种各样的宏观政策调节。在众多政策中最常用的两大支柱政策是财政政策和货币政策。所以上述宏观调控目标也是财政政策和货币政策的最终目标。

➡ **思考与讨论**:一个国家可以同时达到经济增长、物价稳定、充分就业、国际收支平衡吗?

四 宏观调控的手段

1. 法律手段。法律手段是指政府通过经济立法和司法,运用经济法规来调节经济关系和经济活动的手段。

2. 经济手段。经济手段是指国家运用经济政策,通过对经济利益的调整来影响和调节经济活动的措施。主要有财政政策、货币政策、产业政策、价格政策。

3. 行政手段。行政手段是指国家通过行政机构,采取带强制性的行政命令、指示、规定等措施来调节和管理经济的手段。

> **案例 9.1** 中国宏观经济常态化全面开启
>
> 根据国家统计局数据,2021年一季度经济增速18.3%,投资增速26%,消费增速33.9%,一系列指标都表现强劲。这一方面是由于基数效应,另一方面也得益于去年整体政策的托举作用。从部分参数情况来看,疫情冲击所导致的很多缺口已经被补齐,中国宏观经济常态化的进程已经全面开启。具体来看,宏观经济步入常态化复苏新阶段有几个标志。
>
> 第一个标志是中小企业的景气指数开始复苏。中小企业PMI指数继13个月负增长之后,2、3月份首次提升到50%的荣枯线之上,分别达到51.6%和50.4%,标志着微观市场的缺口已经补齐。第二个标志是受疫情冲击最严重的餐饮和旅游服务业出现全面、补偿性反弹。一季度餐饮收入同比增长75.8%,恢复到2019年99%水平;旅游服务恢复到2019年95%水平。餐饮和旅游服务业的短板得到全面弥补。第三个标志是一季度需求端复苏呈现加速态势,供需缺口不断收窄,需求不足的问题开始缓和。最为明显的是,固定资产投资环比增速1.51%,创近8个月的高峰;消费环比增速达到1.75%,创近6个月的新高。同时,在出口推动下,一季度总需求扩张明显加速,供需缺口出现收敛。其中标志性的,是在3月份食品价格持续下滑时,CPI能够摆脱负增长的通缩困境,达到0.5%,非食品价格环比增速也达到了0.2%。第四个标志是就业质量和数量出现同步改善,就业市场出现明显调整。
>
> 目前,有人认为18.3%的GDP增速,相比于6%的潜在增长速度,可能意味着12%的正向产出缺口,从而预示着未来会出现较大的通货膨胀。需要重点说明的是,利用潜在增长速度来分析中国和世界经济的运行状态,是不具备理论意义的。因为在去年的疫情冲击下,各国生产能力受到很大影响,不能用一般的产出缺口理论来解释生产端的复苏。
>
> 宏观经济常态化仍处于开端阶段,也有几个重要的指标。第一,CPI刚刚转正,但环比还是负增长,核心CPI依然为负。这说明GDP的快速上升,是由供给端的补偿性反弹所驱动的,而不是由常态化增长所驱动的。第二,民间投资的两年平均增速仅在2%的水平,中小企业的景气状况虽然已突破荣枯线,但距离常态化仍有很长一段距离。第三,我们仍缺乏一些关键的就业指标。综上,常态化复苏的加速期刚刚开启,宏观经济距离全面常态化仍有一个阶段。在这一过程中,宏观经济可能会面临诸多风险。
>
> (资料来源:刘元春.中国财富管理50人论坛,2021年4月22日)

第二节　财　政　政　策

一、财政政策的概念

财政政策是市场经济条件下政府进行宏观调控的经济政策的重要组成部分。财政政策是政府为了实现社会总供求平衡的目标，对财政收支总量和结构进行调整的准则和措施的总和。

二、财政政策的分类

财政政策是通过一定方式发挥作用的。根据作用方式的不同，财政政策有以下分类：

(一)按财政政策对国民经济总量所具有的不同调节功能分类

1. 扩张性财政政策

扩张性财政政策亦称积极的财政政策，是指通过财政分配活动来增加和刺激社会总需求、促进经济增长的政策。扩张性财政政策主要通过减少税收、增加支出的方式来实现。减税可在财政支出规模保持基本不变的情况下，通过增加企业和个人的税后可支配收入，扩大社会总需求；而增加财政支出可直接扩大政府需求。其实施结果往往导致财政赤字扩大，因而许多人认为扩张性财政政策总是与赤字财政政策相联系的。当社会总需求不足时，通过扩张性财政政策可以扩大社会总需求，缩小与总供求之间的差距，实现供求基本平衡。

2. 紧缩性财政政策

紧缩性财政政策是指通过减少财政分配活动和抑制社会总需求来减缓通货膨胀的财政政策。实施紧缩性财政政策的基本措施是增加税收和减少开支。增加税收，可以减少企业和个人的税后可支配收入，减少社会总需求；减少开支可以直接减少社会总需求。一般在总需求过旺、通货膨胀较严重时采用。

3. 中性财政政策

中性财政政策亦称稳健的财政政策，是指通过财政收支平衡，使财政分配对社会总需求的影响保持中立的政策。对社会总需求既不产生扩张效应，也不产生紧缩效应。

(二)按财政政策调节方式分类

1. 自动稳定的财政政策

自动稳定的财政政策，是指无须借助外力，利用财政工具变量与经济变量之间的内在联系对经济进行自动调节的财政政策。它可以自发调节经济运行，具有内在的反周期功能。

具有自动稳定功能的财政政策工具主要有累进税、社会保障、财政补贴等转移性支出。当经济处于扩张期时，税收随之增加，转移性支出随之减少，从而抑制社会总需求的膨胀；当经济处于衰退期时，税收自动减少，转移性支出自动增加，从而扩大总需求，防止经济的进一步萎缩。

2. 相机抉择的财政政策

相机抉择的财政政策，是指政府根据对经济运行态势的判断，适时调整财政收支规模和结构，以实现预定目标的财政政策。这种政策的实施途径主要有调整预算方案、改变税种结构、调整支出结构等。

西方学者汉森提出的汲水政策和补偿性政策就是典型的相机抉择财政政策。所谓汲水政策，是指在经济萧条时，通过财政投资来启动社会需求，使其经济恢复活力，如同水泵启动时本身缺水而无法抽水时，必须先注入少量水，才能使水泵正常运转。补偿性政策是指政府用繁荣年份的财政盈余来补偿萧条年份的财政赤字，以缓解经济的周期性波动。

三 财政政策目标

财政政策目标是政府制定和实施财政政策要达到的预期目的。财政政策通过调节社会总需求与总供给，优化社会资源配置，实现促进充分就业、物价基本稳定、国际收支平衡和经济稳定增长的目标。

1. 促进充分就业

充分就业是衡量资源充分利用的一个指标，表示生产要素的投入情况，通常用失业率表示。充分就业是各国政府普遍重视的问题。失业率高，表明社会经济资源大量闲置和浪费，社会生产规模下降，还会引发一系列社会问题，造成社会动荡。因此，控制失业率是财政政策的主要目标之一。我国正处于经济转型期，正着力于加快经济结构和深化经济体制改革，在今后一个时期不可避免地会增加就业压力；加上庞大的人口基数和每年大量新增就业劳动力，使我国促进充分就业目标的重要性更为突出。

2. 物价基本稳定

物价基本稳定是各国政府努力追求的目标之一。经济发展速度的加快往往伴随着整体物价水平的上升，但过高的通货膨胀率会引起社会收入和国民财富的再分配，扰乱价格体系，扭曲资源配置，使正常的分配秩序和经济秩序出现混乱。相反，严重的通货紧缩也会给社会和经济发展带来消极影响，使资源无法充分有效利用，造成生产能力和资源闲置浪费，失业人数增加，生活水平下降。

3. 国际收支平衡

国际收支平衡是指经常项目收支、资本项目流入流出的差额之和为零，它是国际贸易和国际资本的综合平衡。其中经常项目亦称贸易项目，是指一国的商品和劳务的进口和出口；出口大于进口，经常项目有盈余，亦称国际贸易有顺差；出口小于进口，经常项目有赤字，亦称国际贸易有逆差。资本项目平衡是指资本流入等于资本流出；资本流入大于资本流出，资本项目有盈余；资本流入小于资本流出，资本项目有赤字。国际收支是现代开放经济的重要组成部分。一国国际收支状况不仅反映该国对外交往情况，还反映该国的经济稳定程度。一国国际收支出现逆差，表明国际贸易流动的净结果使其他国家对该国储备的索取权增加，从而削弱了该国的储备地位。如果一国国际收支长期不平衡，将使该国外汇储备不断减少，外债负担逐步增加，严重削弱其在国际金融体系中的地位，并导致该国国民收入增长率下降。随着经济全球化发展，国家之间经济发展的相互依赖性不断提高，各国政府越来越重视本国的国际收支平衡。

4.经济稳定增长

经济稳定增长是指一个国家或地区在一定时期内的经济发展速度和水平保持稳定。实现经济稳定增长,是一个国家生存和发展的条件,而且是国家宏观经济政策的重要目标,也是财政政策的重要目标。经济稳定增长决定于两个源泉,一是生产要素的增长,一是生产要素的技术进步程度。财政政策要通过引导劳动、资本、技术等各项生产要素的合理配置,实现经济持续稳定的增长。

四 财政政策工具

财政政策工具是指为实现既定的政策目标,所选择的组织方式和操作方式。财政政策工具是财政政策的载体,包括各种财政分配手段、制度、措施等。财政政策工具主要有政府预算、税收、国债、财政购买性支出、财政转移性支出等。

(一)政府预算

政府预算是国家的基本财政收支计划。从实际经济内容看,政府预算反映了政府活动的范围、方向和政策。它是财政政策的主要手段,具有综合性、计划性和法制性的特点,因此成为调控力度极强的一种政策工具。政府预算的调控作用主要表现在两个方面:

(1)通过预算收支规模的变动及收支对比关系的不同状态,可以有效地调节社会总供求的平衡关系。一般来说,在总需求大于总供给时,可以通过紧缩预算规模和实行预算收入大于支出的结余政策进行调节;当总供给大于总需求时,可以通过扩张预算规模和实行预算支出大于收入的赤字政策进行调节;在总供求基本平衡时,为保持这种平衡状态,国家预算应实行收支平衡的中性政策与之配合。

(2)通过预算支出结构的调整,可以调节国民经济中各种比例关系,从而形成合理的经济结构。政府预算增加对某个部门的资金支出,就能促进该部门的发展;反之,政府预算削减对某部门的拨款,则会限制该部门的发展。由此它可以调节经济结构,并且这种调节具有直接、迅速的特点。

政府预算调控能力的大小,直接取决于预算收入占国民收入的比重,这一比重越大,预算调控能力就越强;反之,则越弱。

(二)税收

税收既是政府组织收入的基本手段,也是调节经济的重要杠杆。作为经济杠杆,税收的调控作用主要表现在三个方面:

(1)调节社会总供给与总需求的平衡关系。流转课税与所得课税是我国税收的主体税种,二者具有不同的征税效应,从而对总供给与总需求产生不同的调节作用。流转课税的征税效应偏重于供给方面,提高或降低税率就会限制或刺激供给总量;所得课税的征税效应偏重于需求方面,在"累进税制"下,它具有"自动稳定"效应。

(2)通过税率调整、税收减免或加征等措施调整产业结构,优化资源配置。

(3)调节收入分配,使收入分配相对公平合理。税收的这一调节作用是其他任何手段都不能替代的。税收调节收入分配的作用主要是通过征收各种所得税、财产税实现的,所得税、财产税是对企业和居民收入的直接的和最终的调节,它与按劳分配原则配合运用可以防止贫富悬殊,体现社会公平。

(三)国债

国债是具有有偿特征的一种手段,具有财政调节与金融调节的双重特征和功能。国债的调节作用主要表现在:

(1)调节国民收入的使用结构。在不改变资金所有权的条件下,使居民手中尚未使用的消费资金转化为积累资金,调整积累与消费的比例关系。

(2)调节产业结构。一般来说,企业和商业银行投资主要注重投资项目的微观效益,当它与宏观经济目标发生矛盾时,国家可将以国债形式筹集的资金投入到那些微观效益较低但社会效益和宏观经济效益较高的项目上,如农业、"瓶颈"产业、基础工业等,促进经济结构的合理化。

(3)调节资金供求和货币流通,进而影响社会总供求。在金融市场健全的条件下,通过增加或减少公债发行量,调高或调低国债利率,可以有效调节资金供求和货币流通量,对社会总供求产生影响。

(四)财政购买性支出

财政购买性支出是政府利用财政资金购买商品和劳务的支出,主要用于政府投资和政府消费。购买性支出侧重于对资源配置状况以及社会总供求的平衡状况的调节,注重经济效率。

政府投资是国家重点项目建设和大中型项目建设的主要资金来源,是形成国有资产的主要物质基础。其调节作用主要表现在:

(1)形成和调整国民经济结构。财政投资建设的项目,都是关系国民经济全局的重点建设项目,这些项目直接关系到我国经济的持续、稳定、协调发展。

(2)调节总供求。财政投资从当前看是形成社会总需求的一部分,从长远看又会增加总供给。因此它具有调节供给与需求的双重功能,主要在于增加供给。

政府消费主要用于国防、行政和文教、科研、卫生事业等方面。通过消费性购买支出政策可以直接增加或减少社会总需求,引导私人生产的发展方向,并可调剂经济周期的波动。

(五)财政转移性支出

财政转移性支出又称财政转移支付,是指政府不直接购买,而是将财政资金转移到社会保障和财政补贴等方面,由接受转移资金的企业和个人去购买商品和劳务。

(1)社会保障支出具备"安全阀"和"减震器"的作用,当经济萧条、失业增加时,政府增加社会保障支出,可增加贫困阶层收入,增加社会购买力,有助于恢复供求平衡;当经济繁荣、失业减少时,政府减少社会保障支出,可以减缓需求过旺的势头。从1997年开始,中央财政连续大幅增加对养老保险的投入,主要用于补助部分省市的养老金支付缺口。同时,1999年底,按照国务院的要求,我国所有城市和县人民政府所在地已全部建立起了居民最低生活保障制度。随着经济的发展和人们生活水平的提高,目前我国各省市都提高了最低生活保障线。

(2)财政补贴主要用于教育、农业等各个方面。如目前的助学贷款,在校期间的学生贷款利息全部由财政补贴支出。

财政转移性支付工具要正常发挥调节作用必须具备以下条件:一是补贴数额和范围要适当;二是补贴要灵活,随经济条件的发展变化而调整,不能凝固化和只增不减。

➡ **思考与讨论**:一个国家的财政政策一旦确定后就一成不变吗?如果要变,其依据是什么?

案例 9.2　年度财政政策执行报告来了,聚焦"更加积极有为"

仅用 20 天,95%的中央直达资金就下达市县基层;全年新增减税降费超 2.6 万亿元超额达标;最大限度下沉财力兜牢兜实"三保"底线……财政部 6 日对外发布 2020 年中国财政政策执行情况报告,数里行间折射积极的财政政策更加积极有为。

2020 年是中华人民共和国历史上极不平凡的一年,新冠肺炎疫情突如其来,世界经济陷入衰退。在这样的特殊年份,我国对财政政策做出一系列创新安排,其中,建立财政资金直达机制备受关注。报告显示,按照"中央切块、省级细化、备案同意、快速直达"的原则,我国仅用 20 天时间,就将 95%的中央直达资金下达市县基层,省级财政细化下达时间平均只有一周,速度前所未有。资金直达,不仅要"一竿子插到底",还要看花到哪去了、花得怎么样。报告指出,2 万亿元直达资金中,1.56 万亿元资金已经投入使用,预算执行情况总体良好,重点领域支出保障有力,效果明显。同时,我国对这笔资金实施常态化监管,财政部指导省级财政部门和各地监管局通过提前介入项目评审、持续督导支出进度、发函问询、约谈警示、收回资金、调整项目等方式,确保直达资金政策不走样不跑偏。

2020 年,面对历史罕见的冲击,我国在"六稳"工作基础上,明确提出"六保"任务,特别是保就业保民生保市场主体,以保促稳、稳中求进,财政政策相应发力。以广大市场主体关心的减税降费为例,这份财政政策执行情况报告显示,全年下来,新增减税降费规模超过 2.6 万亿元,助企纾困成效显著。报告显示,截至 2020 年底,全国 10 万户重点税源企业销售收入税费负担率(企业缴纳的税收和社保费等支出占销售收入比重)预计同比下降 8%。全年来看,全国新办涉税市场主体 1 144 万户,同比增长 10.1%,有力支撑了保居民就业。

积极的财政政策更加积极有为,还体现在民生保障领域。养老金能不能按时足额发放?困难群众基本生活能不能得到较好保障?医疗保障水平能不能进一步提高?这些牵动着 14 亿人的大小事,都需要财政的"真金白银"来支撑。以基本养老金为例,报告显示,2020 年,中央财政下达基本养老金转移支付 7 885.06 亿元,支持各地基本养老保险待遇按时足额发放。与此同时,我国还健全了企业职工基本养老基金中央调剂制度,将调剂比例提高到 4%,22 个中西部地区和老工业基地省份从中受益,受益金额达到 1 768.45 亿元。

今年是我国现代化建设进程中具有特殊重要性的一年。在政策展望章节,报告指出,财政部将认真落实积极的财政政策要提质增效、更可持续的要求,积极发挥财政职能作用,确保"十四五"开好局起好步。

(资料来源:刘红霞,刘文昕.新华社,2021 年 3 月 6 日)

第三节　货币政策

一　货币政策的概念

货币政策并不等同于金融政策,它只是金融政策的一部分,是一国货币当局(主要指中央银行)运用各种工具,通过货币供应量和利率等中介目标影响宏观经济运行,以实现宏观经济目标的方针和措施的总称。一般包括三个方面的内容:①政策目标;②实现目标所运用的政策工具;③预期达到的政策效果。

货币政策的运用分为扩张性和紧缩性两种。扩张性货币政策是通过提高货币供应增长速度来刺激总需求,在这种政策下,取得信贷更为容易,利息率会降低。因此,当总需求与经济的生产能力相比很低时,使用扩张性货币政策最合适。紧缩性货币政策通过削减货币供应的增长率来降低总需求水平,在这种政策下,取得信贷较为困难,利息率也随之提高。因此,在通货膨胀较严重时,采用紧缩性货币政策较合适。

二　货币政策目标

货币政策目标是货币政策制定者期望货币政策运行的结果对宏观经济总体目标所能发挥的实际效应,一般可概括为:稳定物价、充分就业、经济增长、国际收支平衡和金融稳定。对于任何一个国家,上述各种目标往往不能同时兼顾。最明显的是稳定物价与充分就业之间、经济增长与国际收支平衡之间存在着相当严重的矛盾。如何在这些相互冲突的目标中做出适当的选择,是各国中央银行制定货币政策时所面临的最大难题。

1983年,我国货币政策目标为"发展经济、稳定货币"。1988年"抢购风潮"以后理论界基本形成一致观点,即要维持经济长期稳定增长。1995年颁布的《中华人民共和国中国人民银行法》明确指出,货币政策目标是"保持货币币值稳定,并以此促进经济增长"。货币币值稳定有对内和对外两方面的含义:对内的含义是保持物价稳定,必须管好货币总闸门,保持物价平稳事关百姓衣食住行,中国人民银行历来在政策制定和执行中对此高度重视。对外的含义是保持人民币汇率在合理均衡水平上基本稳定,为此要增强人民币汇率弹性,加强跨境资本流动宏观审慎管理,引导社会预期,把握好内部均衡和外部均衡的平衡。

三　货币政策工具

中央银行在实施货币政策、调控宏观金融方面,需借助于一些经济杠杆作为政策工具,以实现货币政策目标。一般而言,货币政策工具必须与货币运行机制相联系,并且具有可操作性。

(一)一般性货币政策工具

在市场经济体制下,国家普遍采用传统政策工具,其主要作用是对货币供应量进行总量调控。操作上最主要的有三大政策工具,即法定存款准备金率、再贴现政策和公开市场业务,也称为"三大法宝"。

1. 法定存款准备金率

法定存款准备金率,是指以法律形式规定商业银行等金融机构将其吸收存款的一部分上缴中央银行作为准备金的比率。作为政策工具,它必须建立在实行法定存款准备金制度的基础上。实行法定存款准备金制度的初衷是为了确保商业银行对存款提取有充足的清偿能力。20世纪30年代经济大危机之后,各国普遍实行了法定存款准备金制度。中央银行根据市场发展的需要,通过调高或调低法定存款准备金率,来增加或减少商业银行缴存的准备金数额,从而影响商业银行的贷款能力和派生存款能力,以达到调节货币供应量的目的。

法定存款准备金率通常被认为是货币政策最猛烈的工具之一。其政策效果表现在以下几个方面:

(1) 对存款乘数的影响。按存款创造原理提高法定准备金率等于降低扩张能力;反之,提高扩张能力。

(2) 对超额准备金的影响。当降低存款准备金率时,即使基础货币和准备金总额不发生变化,也等于解冻了一部分存款准备金,使之转化为超额准备金,超额准备金的增加使商业银行的信用扩张能力增强;反之,则相反。

(3) 宣示效果。存款准备金率上升,说明信用即将收缩,利率随之上升,公众会自动紧缩对信用的需求;反之,则相反。

法定存款准备金率的优点是中央银行具有完全的主动权,它是三大货币政策工具中最容易实施的一个工具,对货币供应量的作用迅速,一旦确定,各商业银行以及其他金融机构立即执行;对松紧信用较公平,一旦变动,能同时影响所有的金融机构。

法定存款准备金率的缺点是作用猛烈,缺乏弹性,不宜作为中央银行日常调控货币供给的工具轻易采用;政策效果在很大程度上受超额准备金的影响。如果商业银行有大量超额准备金,当中央银行提高法定存款准备金率时,商业银行可用超额准备金充抵法定准备金,而不必收缩信贷。

💡 **思考与讨论**:在通货膨胀居高不下的情况下,不断提高法定存款准备金率是唯一的解决方法吗?

2. 再贴现政策

再贴现是商业银行以未到期、合格的客户贴现票据再向中央银行申请贴现。对中央银行而言,再贴现是买进票据,让渡资金;对商业银行而言,再贴现是卖出票据,获得资金。再贴现是中央银行最早拥有的也是现在一项主要的货币政策工具。

再贴现作用于经济的政策效果表现在以下几个方面:

(1) 借款成本效果。中央银行提高或降低再贴现率来影响金融机构向中央银行借款的成本,从而影响基础货币投放量,进而影响货币供应量和其他经济变量。比如,中央银行认为货币供应量过多时可提高再贴现率,这首先影响到商业银行,使其减少向中央银行借款,中央银行基础货币投放减少,若货币乘数不变,则货币供应量相应减少;其次影响到商业银行,使其提高贷款利率,从而抑制客户对信贷的需求,收缩货币供应量。

(2) 宣示效果。中央银行提高再贴现率,表示货币供应量将趋于减少,市场利率将会提高,人们为了避免因利率上升所造成的收益减少,可能会自动紧缩所需信用,减少投资和消费需求。

(3) 结构调节效果。中央银行不仅可用再贴现率影响货币总量,还可用区别对待的再贴现政策影响信贷结构,贯彻产业政策。一是规定再贴现票据的种类,以支持或限制不同用途的信贷,促进经济"短线"部门发展,抑制经济"长线"部门扩张;二是按国家产业政策对不同种类的再贴现票据制定差别再贴现率,以影响各类再贴现的数额,使货币供给结构符合中央银行的政策意图。

再贴现作为货币政策工具运用的前提条件是:

(1)要求在金融领域以票据业务为融资的主要方式之一。因为没有普遍的客户票据贴现,就不可能有商业银行的再贴现;

(2)商业银行要以再贴现方式向中央银行借款。因为商业银行解决资金短缺的办法不仅是再贴现,还可以出售有价证券、收回贷款、同业拆借等;

(3)再贴现率低于市场利率。再贴现率低于市场利率,则商业银行比较借款成本后,更愿意向中央银行再贴现。

再贴现的优点主要有:有利于央行发挥最后贷款者的角色;比法定存款准备金率的调整更机动、灵活,既可以调节总量还可以调节结构;以票据融资,风险较小。其缺点是:再贴现的主动权在商业银行,而不在中央银行。如果商业银行可通过其他途径筹资,而不依赖再贴现,则中央银行就不能用再贴现控制货币供应总量及其结构。

3.公开市场业务

中央银行在证券市场上公开买卖国债、发行票据的活动即为中央银行的公开市场业务。中央银行在公开市场上的证券交易活动,其对象主要是商业银行和其他金融机构,目的在于调控基础货币,进而影响货币供应量和市场利率。

公开市场业务是比较灵活的金融调控工具。与法定存款准备金率政策相比较,公开市场业务更具有弹性,更具有优越性:一是中央银行能够运用公开市场业务,影响商业银行的准备金,从而直接影响货币供应量;二是公开市场业务使中央银行能够随时根据金融市场的变化,进行经常性、连续性的操作;三是通过公开市场业务,中央银行可以主动出击;四是由于公开市场业务的规模和方向可以灵活安排,中央银行有可能用其对货币供应量进行微调。但是它的局限性也比较明显:一是金融市场不仅必须具备全国性,而且要具有相当的独立性,可操作的证券种类必须齐全并达到一定的规模;二是必须有其他货币政策工具相配合,例如,如果没有法定存款准备金制度相配合,这一工具就无法发挥作用。

公开市场业务作用于经济的政策效果表现在以下几个方面:

(1)通过影响利率影响经济。中央银行在公开市场上买进证券,形成多头市场,证券价格上升,随之货币供应量扩大,利率下降,刺激投资增加,对经济产生扩张性影响。

(2)通过影响超额准备金来影响经济。中央银行若买进了商业银行的证券,则直接增加了商业银行在中央银行的超额准备金,商业银行运用这些超额准备金则使货币供应按乘数扩张,刺激经济增长。

运用公开市场业务的条件是:

(1)中央银行和商业银行都需持有相当数量的有价证券;

(2)要具有比较发达的金融市场;

(3)信用制度健全。

公开市场业务的优点有:主动权在中央银行;富有弹性,可对货币微调,也可大调,但不会像存款准备金政策那样作用猛烈;中央银行买卖证券可同时交叉进行,故很容易修正货币政策;根据证券市场供求波动主动买卖证券,可以起到稳定证券市场的作用。其缺点是:时滞较长,干扰因素多。

(二)选择性货币政策工具

选择性货币政策工具是中央银行对某些特殊领域实施调控所采取的措施或手段,作为一种补充方式,根据需要采用。

1. 证券市场信用控制

证券市场信用控制是指中央银行控制商业银行或证券交易所对交易者的信用贷款,规定贷款额占证券交易额的比例,以控制流向证券市场的资金,抑制过度投机。主要内容包括:

(1)规定以贷款方式购买证券时,第一次付款的额度;

(2)根据金融市场状况,随时调高或调低保证金比率。

2. 消费信用控制

消费信用控制是指中央银行对不动产以外的各种耐用消费品的销售融资予以控制,以抑制或刺激消费需求,进而影响经济。主要内容包括:

(1)规定用分期付款购买耐用消费品时第一次付款的最低金额;

(2)规定用消费信贷购买耐用消费品的最长期限;

(3)规定用消费信贷购买耐用消费品的种类;

(4)用消费信贷购买耐用消费品时,对不同的耐用消费品规定不同的放款期限等。在通货膨胀时期,中央银行通过消费信用控制可起到抑制消费需求和物价上涨的作用。

3. 不动产信用控制

不动产信用控制是指中央银行就金融机构对客户购买房地产等方面放款的限制措施,以抑制不动产的投机。主要内容包括:

(1)对金融机构的房地产贷款规定最高限额;

(2)规定房地产贷款的最长期限;

(3)规定第一次付款的最低金额等。

4. 优惠利率

优惠利率是指中央银行对国家重点发展的经济部门或产业如对农业、能源、交通等所采取的优惠措施,借以优化资源配置,调整产业结构。

(三)直接信用控制的货币政策工具

中央银行用行政命令或其他方式,直接控制金融机构尤其是商业银行的信用活动。

(1)贷款限额。即中央银行可以对各商业银行规定贷款的最高限额,以控制信贷规模和货币供应量;也可规定商业银行某类贷款的最高限额,以控制某些部门发展过热。

(2)利率限制。即中央银行规定存款利率的上限和贷款利率的下限,以限制商业银行恶性竞争。

(3)流动性比率。即中央银行规定商业银行全部资产中流动性资产所占的比重,借以限制商业银行信用扩张的直接控制措施。商业银行为了达到流动性比率,必须缩减长期放款,扩大短期放款和增加应付提现的资产。这样虽然会降低收益率,但提高了安全性,也起到了限制信用扩张、保护存款人利益的作用。

(4)直接干预。即中央银行直接对商业银行的信贷业务进行合理干预。如限制放款的额度和范围,干涉吸收活期存款,对经营管理不当者拒绝再贴现或采取较高的惩罚性利率。

(四)间接信用控制的货币政策工具

中央银行通过道义劝告、窗口指导等办法间接影响商业银行的信用创造。

(1)道义劝告。中央银行利用其在金融体系中的特殊地位和声望,以口头或书面的形式对商业银行和其他金融机构发出通告、指示,劝其遵守政策,主动合作。如房地产、证券市场投机盛行时,劝告金融机构减少对这两个市场的信贷等。

(2)窗口指导。主要内容是中央银行根据市场状况、物价的变动趋势及金融市场动向等,规定商业银行季度贷款的增减并指导执行。

四 货币政策中介目标

货币政策中介目标又称为货币政策中间指标、中间变量等,它是介于货币政策工具变量(操作目标)和货币政策目标变量(最终目标)之间的变量指标,货币政策目标一经确定,中央银行可以按照可控性、可测性和相关性的三大原则选择相应的中介目标,编制具体贯彻货币政策的指标体系,以便实施具体的政策操作和检查政策的实施效果。可以作为货币政策中介目标的变量指标有:

1. 利率

作为货币政策中介目标的利率,通常是指短期的市场利率,即能够反映市场资金供求状况、变动灵活的利率,在具体操作中有的使用银行间同业拆借利率,有的使用短期国库券利率。

中央银行能将短期市场利率作为货币政策中介目标,原因包括:

(1)短期市场利率具有可控性。中央银行可以通过调整再贴现率、准备金率或在公开市场上买卖国债,改变资金供求关系,引导短期市场利率的变化。

(2)短期市场利率具有可测性。短期市场利率与各种支出变量有着较为稳定可靠的联系,中央银行能够及时收集到各方面的资料对利率进行定量分析和预测。

(3)短期市场利率具有明显的相关性。短期市场利率的变化,会影响金融机构、企业、居民的资金实际成本和机会成本,改变其行为,最终达到收紧或放松银根、抑制或刺激投资的目的。

2. 货币供应量

货币供应量是整个社会的货币存量,是可以用作购买商品和支付劳务费用的货币总额。货币供应量能够成为中央银行货币政策中介目标,就可测性而言,是因为它们都分别反映在中央银行、商业银行和非银行金融机构的资产负债表内,可以随时进行量的测算和分析;就可控性而言,基础货币(M_0)由中央银行直接控制,狭义货币(M_1)、广义货币(M_2)虽不由中央银行直接控制,但中央银行可以通过对基础货币的控制、调整准备金率及其他措施间接控制;就相关性而言,中央银行只要控制住了货币供应量,就能够控制一定时期的社会总需求,从而有利于实现总需求与总供给的平衡,实现货币政策目标。从 1996 年开始,中国人民银行正式将货币供应量确定为货币政策的中介目标。

3. 超额准备金和基础货币

超额准备金对商业银行的资产业务规模有直接决定作用。但是,超额准备金往往因为其取决于商业银行的意愿和财务状况而不易为货币当局测度和控制。

基础货币是构成货币供应量倍数伸缩的基础,它可以满足可测性与可控性的要求,数字一目了然,数量也易于调控。

4. 通货膨胀率

随着经济与金融的不断发展,货币供应量与通货膨胀率等最终目标的相关性以及货币供应量自身的可控性和可测性也受到越来越多的干扰。为此,自 20 世纪 90 年代起,一些国家相继改弦更张,把货币政策中介目标由货币供应量转为通货膨胀率,由此形成所谓的通货膨胀率目标制。即设定一个合适的通货膨胀率并且予以盯住，如果通货膨胀率处于正常范围，参考利率、货币供应量等指标状况，制定适宜的货币政策；如果通货膨胀率超出范围，暂停其他项目的调节，以控制通货膨胀率为货币政策的主要任务。

较长时期以来，我国货币政策中介目标是 M_2 和新增人民币贷款。在某些年份，新增人民币贷款甚至比 M_2 受到更多关注。然而由于新增人民币贷款已不能准确反映实体经济的融资总量，因此只有将商业银行表外业务、非银行金融机构提供的资金和直接融资都纳入统计范畴，才能完整、全面监测和分析社会整体融资状况，也才能从根本上避免因过度关注贷款规模而形成的"按下葫芦浮起瓢"的现象，即商业银行通过表外业务绕开贷款规模。这些表外业务主要有银行承兑汇票、委托贷款、信托贷款等。以社会融资总量为中介目标实施货币政策，需要较为市场化的利率形成机制和更为优化的金融监管体制。

2011年4月14日，中国人民银行首次发布社会融资总量这个全新的中介指标，社会各界都非常关注。社会融资规模最大的特点就是全面反映金融对实体经济的资金支持情况。中国人民银行通过对近十多年来我国社会融资规模数据的统计和验证，表明社会融资规模是更为合适的中介目标，更适合我国融资结构的变化，而且与我国货币政策最终目标关联性更为显著。央行将社会融资规模纳入统计分析框架，其着眼点在于建立更全面的金融监测指标，使社会融资规模结合数量和价格调控，提升央行推进利率市场化的能力。

阅读专栏 9.1

社会融资规模指标未来的发展

自2010年首创以来，社会融资规模指标已成功编制了近十年（截至2019年10月），并为社会各界广泛接受与应用。2010年11月，中国人民银行调查统计司开始研究编制社会融资规模指标。2011年4月中旬，中国人民银行首次发布季度全国社会融资规模增量数据，2012年起开始发布月度数据，2014年起按季发布地区社会融资规模增量数据，2015年起按季发布社会融资规模存量数据，2016年起按月发布社会融资规模存量数据，自此社会融资规模存量数据具备了衡量同比增速的意义。目前社会融资规模指标已形成从季度到月度、从全国到分省、从增量到存量的全指标体系，并于2018年7月后做了两次修订。

社会融资规模的定义看似简单，即一定时期内（每月、每季或每年）实体经济从金融体系获得的资金额。这短短一句话的定义，实际上既概括了社会融资规模的本质，又为未来逐步完善、修订该指标留下了空间。例如，"一定时期内"后面括号里的"每月、每季或每年"，既给了"一定时期"这个时间段以衡量标准，又为今后修订留下可能。又如，最初的定义中，原本是"国内金融体系"，这符合现在社会融资规模的实际情况，但如果未来修订指标时，要把国外资金加入其中，就需要修改定义，于是在最后确定这一指标定义时，就删去了"国内"两字，为未来可能的指标修订留出余地。

随着经济金融的发展变化，社会融资规模指标的修订是正常的，但万变不离其宗，社会融资规模指标反映的是金融体系对实体经济的资金支持。社会融资规模指标发布之初，有人说指标有重复，也有人说有遗漏。社会融资规模指标并没有重复，但确实有遗漏，有些数据如私募股权、股权众筹等没放进去。因为统计的一个基本要求是能够获得准确的数据，而有些数据当时无法准确统计，且这些融资渠道的数量当时并不大，因此在初始编制指标时没有纳入，但并不妨碍指标的应用。随着融资渠道日趋多元化，有一些原先遗漏的指标有必要纳入。自2018年7月起，中国人民银行将"存款类金融机构资产支持证券"和"贷款核销"纳入社会融资规模统计,在"其他融资"项下反映。2018年9月起,中国人民银行将"地方政府专项债券"纳入社会融资规模统计,因为2018年8月以来地方政府专项债券发行进度加快,对银行贷款、企业债券等有明显的接替效应,其规模及对实体经济融资的影响已不容忽视。

(资料来源:盛松成.社会融资规模指标的意义究竟何在.中新经纬,2019年10月12日)

五 我国的货币政策工具

1. 公开市场业务

我国公开市场业务操作包括人民币公开市场业务操作和外汇公开市场业务操作两部分。外汇公开市场业务操作于1994年3月启动。1996年4月9日,中国人民银行首次向14家商业银行总行买进了2.9亿元的国库券,进行了首次人民币公开市场业务操作。1998年开始建立公开市场业务一级交易商(能够承担大额债券交易的商业银行)制度。这些交易商可以运用国债、政策性金融债券等作为交易工具与中国人民银行开展公开市场业务。

中国人民银行从1998年开始建立公开市场业务一级交易商制度,选择了一批能够承担大额债券交易的商业银行作为公开市场业务的交易对象。近年来,公开市场业务一级交易商制度不断完善,先后建立了一级交易商考评调整机制、信息报告制度等相关管理制度,一级交易商的机构类别也从商业银行扩展至证券公司等其他金融机构。

中国人民银行公开市场业务债券交易主要包括回购交易、现券交易和发行中央银行票据。其中回购交易分为正回购和逆回购两种,正回购为中国人民银行向一级交易商卖出有价证券,并约定在未来特定日期买回有价证券的交易行为;逆回购为中国人民银行向一级交易商购买有价证券,并约定在未来特定日期将有价证券卖给一级交易商的交易行为。现券交易分为现券买断和现券卖断两种,前者为央行直接从二级市场买入债券,一次性地投放基础货币;后者为央行直接卖出持有债券,一次性地回笼基础货币。中央银行票据即中国人民银行发行的短期债券,中央银行通过发行中央银行票据可以回笼基础货币,中央银行票据到期则体现为投放基础货币。

1999年以来,公开市场操作已成为中国人民银行货币政策日常操作的重要工具,对于调控货币供应量、调节商业银行流动性水平、引导货币市场利率走势发挥了积极的作用。2013年1月,立足现有货币政策操作框架并借鉴国际经验,中国人民银行创设了"短期流动性调节工具(Short-term Liquidity Operations,SLO)",作为公开市场常规操作的必要补充,在银行体系流动性出现临时性波动时相机使用。这一工具的及时创设,既有利于央行有效调节市场短期资金供给,熨平突发性、临时性因素导致的市场资金供求大幅波动,促进金融市场平稳运行,也有助于稳定市场预期和有效防范金融风险。2019年1月24日中国人民银行公告决定创设央行票据互换工具(Central Bank Bills Swap,CBS),以提高银行永续债(含无固定期限资本债券)的流动性,支持银行发行永续债补充资本,增强金融支持实体经济的能力。公开市场业务一级交易商可以使用持有的合格银行发行的永续债从中国人民银行换入央行票据。2019年2月20日,开展了首次央行票据互换操作,费率为0.25%,操作量为15亿元,期限1年。

2. 存款准备金

存款准备金由人民币存款准备金和外汇存款准备金构成。

人民币存款准备金是指金融机构为保证客户提取存款和资金清算需要而准备的资金。金融机构按规定向中国人民银行缴纳的人民币存款准备金占其人民币存款总额的比例就是人民币存款准备金率。

外汇存款准备金是指金融机构按照规定将其吸收外汇存款的一定比例交存中国人民银行的存款。外汇存款准备金率是指金融机构交存中国人民银行的外汇存款准备金与其吸收外汇存款的比率。

中央银行通过调整存款准备金率,影响金融机构的信贷资金供应能力,从而间接调控货币供应量。

3.中央银行贷款

中央银行贷款由再贴现和再贷款构成。

再贴现是中央银行对金融机构持有的未到期已贴现商业汇票予以贴现的行为。在我国,中国人民银行通过适时调整再贴现总量及利率,明确再贴现票据选择,达到吞吐基础货币和实施金融宏观调控的目的,同时发挥调整信贷结构、引导扩大中小企业融资、推动票据市场发展等方面的重要作用。

再贷款指中央银行对金融机构发放的贷款,是中央银行调控基础货币的渠道之一。中央银行通过适时调整再贷款的总量及利率,吞吐基础货币,促进实现货币信贷总量调控目标,合理引导资金流向和信贷投向。自 1984 年中国人民银行专门行使中央银行职能以来,再贷款一直是我国中央银行的重要货币政策工具。近年来,金融宏观调控方式由直接调控转向间接调控,再贷款所占基础货币的比重逐步下降,结构和投向发生重要变化。新增再贷款主要用于促进信贷结构调整,引导扩大县域和"三农"信贷投放。

2014 年 4 月,中国人民银行在广东和山东开始设立信贷资产质押再贷款(Loan Pledged Program,LPP)试点。设立的首要目的是鼓励地方小型金融机构支农、支小,解决其从其他窗口获得流动性时面临的优质抵押品不足的问题。从中长期看,成为央行投放流动性的一个重要渠道,具体投放多少流动性,主动权仍在央行。

2016 年 3 月,中国人民银行设立扶贫再贷款(poverty alleviation loan,PAL)。扶贫再贷款是中国人民银行为支持贫困地区地方法人金融机构发放涉农贷款提供的流动性支持,并实行比支农再贷款更优惠的利率,重点支持贫困地区发展特色产业和贫困人口就业创业。

4.利率政策

利率政策是我国货币政策的重要组成部分,也是货币政策实施的主要手段之一。中国人民银行根据货币政策实施的需要,适时地运用利率工具,对利率水平和利率结构进行调整,进而影响社会资金供求状况,实现货币政策的既定目标。

中国人民银行采用的利率工具包括:再贷款利率,指中国人民银行向金融机构发放再贷款所采用的利率;再贴现利率,指金融机构将所持有的已贴现票据向中国人民银行办理再贴现所采用的利率;存款准备金利率,指中国人民银行对金融机构交存的法定存款准备金支付的利率;超额存款准备金利率,指中国人民银行对金融机构交存的准备金中超过法定存款准备金水平的部分支付的利率。

5.常备借贷便利

从国际经验看,中央银行通常综合运用常备借贷便利和公开市场业务操作两大类货币政策工具管理流动性。常备借贷便利的主要特点:一是由金融机构主动发起,金融机构可根据自身流动性需求申请常备借贷便利;二是常备借贷便利是中央银行与金融机构"一对一"交易,针对性强;三是常备借贷便利的交易对手覆盖面广,通常覆盖存款金融机构。

借鉴国际经验,中国人民银行于 2013 年初创设了常备借贷便利(Standing Lending Facility,SLF)。常备借贷便利是中国人民银行正常的流动性供给渠道,主要功能是满足金融机构期限较长的大额流动性需求,对象主要为政策性银行和全国性商业银行,期限为1~3个月,利率水平根据货币政策调控、引导市场利率的需要等综合确定。常备借贷便利以抵押方式发放,合格抵押品包括高信用评级的债券类资产及优质信贷资产等。

6. 中期借贷便利

2014年9月,中国人民银行创设了中期借贷便利(Medium-term Lending Facility,MLF)。中期借贷便利是中央银行提供中期基础货币的货币政策工具,对象为符合宏观审慎管理要求的商业银行、政策性银行,可通过招标方式开展。中期借贷便利采取质押方式发放,金融机构提供国债、央行票据、政策性金融债、高等级信用债等优质债券作为合格质押品。中期借贷便利利率发挥中期政策利率的作用,通过调节向金融机构中期融资的成本来对金融机构的资产负债表和市场预期产生影响,引导其向符合国家政策导向的实体经济部门提供低成本资金,促进降低社会融资成本。

7. 抵押补充贷款

2014年4月,中国人民银行创设抵押补充贷款(Pledged Supplemental Lending,PSL)。为开发性金融支持"棚户区改造"提供长期稳定、成本适当的资金来源。抵押补充贷款的主要功能是支持国民经济重点领域、薄弱环节和社会事业发展而对金融机构提供的期限较长的大额融资。抵押补充贷款采取质押方式发放,合格抵押品包括高等级债券资产和优质信贷资产。

推出抵押补充贷款的目标是借抵押补充贷款的利率水平,引导和打造出一个中期政策利率,以实现央行在短期利率控制之外,对中长期利率水平进行引导和掌控。

8. 定向中期借贷便利

2018年12月,为加大对小微企业、民营企业的金融支持力度,中国人民银行决定创设定向中期借贷便利(Targeted Medium-term Lending Facility,TMLF),根据金融机构对小微企业、民营企业贷款增长情况,向其提供长期稳定资金来源。支持实体经济力度大、符合宏观审慎要求的大型商业银行、股份制商业银行和大型城市商业银行,可向中国人民银行提出申请。定向中期借贷便利资金可使用三年,操作利率比中期借贷便利利率优惠15个基点。

阅读专栏9.2

我国货币政策有较大的调控空间

2021年3月20日,中国人民银行行长易纲在中国发展高层论坛圆桌会上表示,近年来中国实施稳健的货币政策、支持实体经济的高质量发展的做法。

第一,我们有较大的货币政策调控空间。中国货币政策始终保持在正常区间,工具手段充足,利率水平适中。我们需要珍惜和用好正常的货币政策空间,保持政策的连续性、稳定性和可持续性。当前广义货币(M_2)同比增速在10%左右,与名义GDP增速基本匹配,10年期国债收益率约为3.2%,公开市场7天逆回购利率为2.2%。2020年居民消费价格指数(CPI)同比上涨2.5%。从上述数字可以看出,中国的货币政策处于正常区间,在提供流动性和合适的利率水平方面具有空间。

第二,货币政策既要关注总量,也要关注结构,加强对重点领域、薄弱环节的定向支持。在保持流动性总体合理充裕的基础上,货币政策能在国民经济重点领域、薄弱环节和社会事业等方面发挥一定程度的定向支持作用。新冠肺炎疫情以来,中国人民银行实施了多项措施,有效帮助中小企业维护就业稳定。

第三,货币政策需要在支持经济增长与防范风险之间平衡。中国的宏观杠杆率基本保持稳定,在为经济主体提供正向激励的同时,抑制金融风险的滋生和积累。

第四,货币政策需要为深化金融改革开放营造适宜的环境。总体看,当前,我们要实施好稳健的货币政策,支持稳企业保就业,持续打好防范化解重大金融风险攻坚战,进一步深化金融改革开放。

绿色金融方面,近年来,中国人民银行积极践行绿色发展理念,大力发展绿色金融,取得了积极成效。2020年末,中国本外币绿色贷款余额约12万亿元(约合2万亿美元),存量规模居世界第一;绿色债券存量约8 000亿元(约合1 200亿美元),居世界第二,为支持绿色低碳转型发挥了积极作用。

(资料来源:易纲.wind 咨讯,2021年3月22日)

第四节　财政政策与货币政策的协调配合

财政政策与货币政策是国家进行总需求管理的两大基本经济政策,是国家宏观调控的重要手段。虽然二者在宏观经济运行中都有较强的调节能力,但由于它们本身固有的特点,二者都有一定的局限性。无论是货币政策还是财政政策,仅靠某一项政策很难全面实现宏观经济的管理目标,没有双方的配合,单个政策的实施效果将会大大减弱,这就要求二者相互协调,密切配合,充分发挥它们的综合优势,共同实现宏观调控的目标。

一　财政政策与货币政策配合的必要性

1. 财政政策与货币政策调节范围的不同,要求两者必须协调配合

财政政策和货币政策都是以调节社会总需求为基点来实现社会总供求平衡的政策,但两者的调节范围却不尽相同。具体表现为:财政政策对社会总需求的影响主要是通过税收增减、国债发行、调整财政支出规模和结构来实现的,其主要在分配领域实施调节;货币政策对社会总需求的影响则主要是通过影响流通中的货币量来实现的,其调节行为主要发生在流通领域。正是这种调节范围的不同,使得不论财政政策还是货币政策,其对社会总供求的调节都有局限性。如财政政策为抑制需求而提高税率,压缩支出,要受到纳税人承受能力和已形成的支出规模的限制,力度过大会挫伤微观经济主体的积极性甚至破坏正常的经济运行,这就要求货币政策从流通领域加以配合。就货币政策而言,其政策松紧能增减社会需求,但要受到已经形成的信贷规模及相应的投资规模的限制,力度过大会引起资金短缺并进而导致整个流通过程梗阻,使经济秩序紊乱,这也要求财政政策从分配领域与之配合。

2. 财政政策与货币政策目标的侧重点不同,要求两者协调配合

财政政策与货币政策都对总量和结构进行调节,但在资源配置和经济结构上,财政政策比货币政策更强调资源配置的优化和经济结构的调整,有结构特征;而货币政策的重点是调节社会需求总量,具有总量特征。

具体来说,财政政策本身的功能特点决定了它对社会需求总量的影响较之货币政策为逊。由于税负及支出规模的调整涉及面大且政策性强,直接关系到国家的财政分配关系,并受实现国家职能所需财力数量的限制。因此,由此引起的赤字或结余都不可能太大,这就决定了财政政策对需求总量调节的局限性。与调节需求总量相比,财政政策对社会供求结构

的调整作用要大得多。对社会资源的配置,尽管市场机制可实现经济资源的最优配置,但要付出一定的代价。为了减少资源浪费,需要政府运用财政政策进行干预。财政政策对经济结构的调节主要表现在:用扩大或减少对某部门的财政支出,以"鼓励"或"抑制"该部门的发展。即使在支出总量不变的条件下,政府也可通过差别税率和收入政策,直接对某生产部门进行"支持"或"限制",从而达到优化资源配置和调节经济结构的效果。

货币政策对调控社会需求总量作用突出,而对供求结构的调整则有较大的局限性。货币政策是中央银行运用法定存款准备金率、再贴现率和公开市场业务等各种工具来增加或减少货币供应量,从而达到调节社会总需求的一种宏观经济调节手段。中央银行通过调整法定存款准备金率、再贴现率和公开市场业务等可以间接影响流通中的货币量和信贷总规模,因此货币政策从流通领域的调节对社会总供求矛盾的缓解作用也比较迅速、明显和有效。但在社会供求结构的调整方面,受信贷资金运动规律的制约,中央银行不可能将大量的贷款直接投入经济发展的滞后产业,特别是公共产品产业,因而货币政策在改善社会供求结构及国民经济比例关系方面的作用相对有限。

3. 财政政策与货币政策时滞性不同,要求两者协调配合

在政策制定上,财政政策的变动需要通过立法机构和立法程序,而货币政策的变动通常由中央银行决定;在政策执行上,财政政策措施通过立法之后还要交给有关执行单位具体实施,而货币政策在中央银行决策之后可以立即付诸实施。因此,财政政策的决策时滞和执行时滞一般比货币政策要长。但是从效果时滞来看,财政政策则可能优于货币政策。由于财政政策直接影响消费总量和投资总量,从而直接影响社会的有效需求。而货币政策主要是影响利率水平的变化,通过利率水平变化引导经济活动的改变,不会直接影响社会总需求。从这一点分析,出台后的货币政策比财政政策对经济运行产生影响所需时间长。

正因为财政政策与货币政策之间存在共性和个性,所以在对宏观经济进行调节时,应根据当时社会经济运行态势有选择地采用,并使其达到良好的配合效果。

二 财政政策与货币政策组合的方式

各国政府同时利用两大政策干预经济时,一般可以做出以下四种组合:

1. 财政、货币"双紧"

所谓"双紧"是指财政政策、货币政策同时进行紧缩。其具体措施主要有:在货币政策方面,提高利率水平,提高存款准备金率,缩减货币供应量;在财政政策方面,增税,缩减财政支出,减少企业和个人可支配的收入等。"双紧"政策是在社会总需求远远大于总供给,社会供给严重不足,出现了恶性通货膨胀时采用的一种政策。但这种组合有可能导致经济萧条,所以不可长期使用。

2. 财政、货币"双松"

所谓"双松"是指财政政策、货币政策同时进行扩张。其具体措施主要有:在货币政策方面,降低利率,降低存款准备金率,增加货币供应量;在财政政策方面,减少税收,扩大财政支出,增加企业和个人可支配的收入等。"双松"政策主要运用于经济萧条,社会总需求严重不足,生产资源大量闲置的情况。这种组合可刺激经济增长,缓解就业压力,但长期使用会削弱其作用,还会诱发通货膨胀。

3. "紧"货币、"松"财政

"紧"货币,使企业和公众的借贷数额减少、借贷成本增加,其结果是企业投资和居民的一般性投资减少。"松"财政,直接扩大了政府的支出和投资。当经济增长乏力,地区经济结构不合理,产业结构失衡时,通过扩大政府支出结构可增加社会需求。

4."紧"财政、"松"货币

"紧"财政,使政府的支出和投资直接减少。"松"货币,即扩大货币供应量,使公众能够以较低的成本获得较多的资金,其结果是调整了政府和私人企业的投资结构。当财政赤字偏大时,可通过控制财政支出的规模减少需求,同时货币政策适度增加货币供应量,以保持经济适度增长。

综上所述,单独使用"双松"或"双紧"主要为解决总量问题;"一松一紧"主要是解决结构问题。在这几种组合中,政府究竟采用哪一种取决于客观经济环境,实际上主要取决于政府对客观经济情况的判断。

▷ **思考与讨论**:某国的经济处于这样一个状态:存在严重的失业和高额的国际收支赤字,同时有轻度的通货膨胀。请问应采用何种财政政策和货币政策的搭配形式来恢复经济平衡?

思政案例　　财政、货币政策协调联动有威力

财政政策和货币政策是宏观调控体系框架的两大工具。中央经济工作会议提出,要继续实施积极的财政政策和稳健的货币政策,财政政策和货币政策要协调联动。当前我国经济发展面临需求收缩、供给冲击、预期转弱的三重压力,财政政策和货币政策必须进一步协同配合、形成合力,以更有效地稳定宏观经济大盘。

从近年来的实践看,稳健的货币政策从总量上稳住货币供应,保持货币供应量和社会融资规模增速同名义经济增速基本匹配,并发挥结构性货币政策工具的精准"滴灌"作用。在货币政策保持稳健的基础上,财政政策则侧重从结构上发力,确保对国家重点领域和项目的支持力度,推动经济稳定增长。二者共同发力,促进经济运行在合理区间,实现一系列宏观调控目标。自2020年以来,在统筹疫情防控和经济社会发展中,财政政策和货币政策配合更加密切。通过减税降费、专项债券、再贷款、再贴现等财政政策与货币政策工具搭配,助力经济平稳恢复。面对"三重压力",财政、货币等宏观政策的应对备受关注,需要在一系列既有政策的基础上,进一步加强协调联动,精准有效发挥政策作用,保持经济运行在合理区间。

在保市场主体方面,要继续打出助企纾困的"组合拳"。疫情发生以来,我国通过财政、货币的工具组合,实施了减税降费、小微企业延期还本付息政策工具、普惠小微信用贷款支持工具等,有效为市场主体特别是中小企业纾困解难。当前市场主体仍然面临较大困难,需要财政货币政策持续"输血"。

在明确继续实施减税降费的同时,近日召开的国务院常务会议又做出新部署,包括明年起将普惠小微企业贷款延期还本付息支持工具转换为普惠小微贷款支持工具,将普惠小微信用贷款纳入支农支小再贷款支持计划管理等措施。这表明我国明年将继续加大力度助企纾困,对于稳定市场预期和信心具有重要作用。

政府债务管理是财政政策和货币政策协调联动的重要领域。在地方政府债券发行方面,要合理把握专项债券发行节奏,保持市场流动性合理充裕,确保债券顺利发行。同时,引导金融机构加强金融服务,保障重大项目合理融资需求。对地方政府债务风险的防控,特别是防范化解地方隐性债务风险,需要加强对地方政府、金融机构等主体的监管,严堵违法违规举债融资的"后门",管控新增项目融资的金融"闸门"。

除了财政政策与货币政策之间加强协调联动,财政、货币政策与就业、产业、投资等政策也要协同配合,以形成集成效应。同时,要防止出现"合成谬误",避免政策只顾局部忽略整体,彼此抵消或减弱政策效果,影响宏观调控目标实现。各项宏观政策要握指成拳、形成合力,提高宏观调控精准性、有效性,护航我国经济稳定前行。

(资料来源:曾金华.经济日报,2021年12月27日)

关键概念

宏观调控　　　　财政政策　　　　扩张性财政政策　　　紧缩性财政政策
货币政策　　　　货币政策工具　　公开市场业务　　　　货币政策中介目标
扩张性货币政策　紧缩性货币政策

课后实训

一、单选题

1. 可以发挥社会"安全阀"和"减震器"作用的政策工具是(　　)。
   A. 税收　　　　B. 购买性支出　　　C. 社会保障支出　　D. 国债
2. 能够提高供给能力的财政补贴是(　　)。
   A. 生产性补贴　　B. 消费性补贴　　C. 弹性补贴　　D. 固定补贴
3. 按照(　　),财政政策可以分为扩张性政策、紧缩性政策和平衡性政策。
   A. 作用空间　　　　　　　　　　B. 作用时间
   C. 调节经济周期要求　　　　　　D. 调节经济总量要求
4. 实施紧缩性财政政策,一般是采用(　　)的措施。
   A. 增加税负或增加支出　　　　　B. 增加税负或压缩支出
   C. 降低税负或压缩支出　　　　　D. 降低税负或增加支出
5. 中央银行为实现特定的经济目标而采取的各种控制、调节货币供应量或信用量的方针、政策、措施的总称是(　　)。
   A. 信贷政策　　B. 货币政策工具　　C. 货币政策　　D. 货币政策目标
6. 货币政策的制定者和执行者是(　　)。
   A. 中央政府　　B. 商业银行　　C. 财政部　　D. 中央银行
7. 扩张性货币政策的主要措施之一是(　　)。
   A. 提高法定存款准备金率　　　　B. 提高商业银行存贷款利率
   C. 降低再贴现率　　　　　　　　D. 在公开市场上卖出证券
8. 物价稳定的前提或实质是(　　)。
   A. 经济增长　　B. 充分就业　　C. 币值稳定　　D. 国际收支平衡
9. 中央银行最早拥有的货币政策工具是(　　)。
   A. 存款准备金率　　B. 再贴现　　C. 再贷款　　D. 公开市场业务
10. 当社会的总需求明显大于社会的总供给时,为尽快抑制社会总需求的增加,应当采取的政策组合是(　　)。
    A. 松的财政政策与紧的货币政策　　B. 松的财政政策与松的货币政策
    C. 紧的财政政策与紧的货币政策　　D. 紧的财政政策与松的货币政策

二、多选题

1. 财政政策目标一般可归纳为(　　)。
   A. 经济增长　　　B. 充分就业　　　C. 价格稳定　　　D. 货币稳定
   E. 国际收支平衡

2. 实行相机抉择财政政策时,税收主要是通过(　　)来调整社会总供求关系。
   A. 累进税制调整　B. 税基调整　　　C. 税率调整　　　D. 税种调整
   E. 优惠政策调整

3. 在经济萧条时,政府可以通过(　　)来刺激经济增长。
   A. 发行短期国债　　　　　　　　B. 发行长期国债
   C. 向金融机构发债　　　　　　　D. 向社会公众发债

4. 自动稳定的财政政策主要是通过(　　)的运行来实现的。
   A. 政府采购制度　　　　　　　　B. 累进税制
   C. 短期国债　　　　　　　　　　D. 失业救济金制度
   E. 价格补贴

5. 下列选项中,(　　)反映了实行扩张性财政政策所必然引发的后果。
   A. 财政收入增加　　　　　　　　B. 财政支出增加
   C. 财政赤字增加　　　　　　　　D. 物价补贴增加
   E. 社会总需求增加

6. 财政政策工具包括(　　)。
   A. 窗口指导　　　　　　　　　　B. 购买性支出
   C. 转移性支出　　　　　　　　　D. 国债
   E. 预算

7. 利率市场化,就是利率将逐步放开,由市场决定,中央银行将主要控制(　　)。
   A. 商业银行存款利率　　　　　　B. 商业银行贷款利率
   C. 准备金存款利率　　　　　　　D. 再贷款利率
   E. 再贴现利率

8. 紧缩性货币政策的主要措施有(　　)。
   A. 提高法定准备金率　　　　　　B. 提高再贴现率
   C. 降低再贴现率　　　　　　　　D. 公开市场上买进证券
   E. 公开市场上卖出证券

9. 宏观调控目标之间存在矛盾的是(　　)。
   A. 经济增长与充分就业
   B. 物价稳定与经济增长
   C. 经济增长和充分就业与国际收支平衡
   D. 物价稳定与充分就业

10. 一般性货币政策工具包括(　　)。
    A. 存款准备金率　　B. 再贴现　　　C. 优惠利率　　　D. 道义劝告
    E. 公开市场业务

三、判断题

1. 货币政策与财政政策都是通过直接改变市场的总需求来调节经济的。(　　)
2. 货币政策是间接调节政策,财政政策是直接调节政策。(　　)

3. 充分就业就是具有民事行为的人完全就业。（   ）
4. 物价稳定就是物价始终保持在一个固定水平。（   ）
5. 对中央银行而言，再贴现是出让已贴现的票据；对商业银行而言，是买进票据的活动。
（   ）
6. 传统的货币政策工具有法定存款准备金率、再贴现政策和公开市场业务。（   ）
7. 基础货币和超额准备金是货币政策的远期目标。（   ）
8. 货币政策中介目标是为实现货币政策最终目标而选定的中间性或传导性金融变量。
（   ）
9. 财政政策与货币政策是政府在宏观调控中常用的经济手段。一般来讲，为抑制经济过热，可以采取提高存款准备金、增加税收、减少财政支出等措施。（   ）
10. 中央银行在公开市场上买进有价证券时，会使货币供应量减少，从而引起利率上升，从而导致经济的降温。（   ）

四、案例分析题

2018年6月19日，中国人民银行发布公告称，为对冲期高峰、政府债券发行缴款。当日有500亿元央行逆回购到期等因素的影响，满足市场对资金的需求，中国人民银行开展了700亿元7天期、200亿元14天期、100亿元28天期逆回购操作，中标利率分别为2.55%、2.70%、2.85%；同时，为弥补银行体系的中长期流动性缺口，当日中国人民银行还开展了2 000亿元中期借贷便利（MLF）操作。

1. 此案例中，中国人民银行开展的逆回购操作属于（   ）。
   A. 公开市场操作   B. 票据再贴现政策
   C. 存款准备金政策   D. 直接信用控制
2. 通过2 000亿元中期借贷便利（MLF）操作，能够获得中长期流动性支持的金融机构是（   ）。
   A. 商业银行   B. 证券公司
   C. 投资公司   D. 投资银行
3. 中国人民银行通过当日的逆回购操作，向市场（   ）。
   A. 投放资金1 000亿元   B. 投放资金500亿元
   C. 回笼资金1 000亿元   D. 回笼资金500亿元
4. 关于中国人民银行此次逆回购操作的说法正确的是（   ）。
   A. 向一级交易商买入有价证券，并约定在未来特定日期卖出有价证券
   B. 进行逆回购操作的有价证券，既可以是国债也可以是上市公司发行的股票
   C. 逆回购交易不能连续进行，存在政策效果具有不确定性的风险
   D. 中国人民银行的逆回购操作，会引起市场货币供应的增加